근현대 광주전남잡지
해제집
(1900-1980)

일러두기

1. 이 책은 2022년 대한민국 교육부와 한국연구재단의 지원을 받아 수행된 연구 성과의 공유 차원에서 기획되었다.
2. 이 책의 구성 체제는 표제어, 서지사항 표, 해제, 잡지사진의 차례로 이루어져 있다. 표제어의 순서는 가나다순으로 하였다.
3. 이 책에 수록된 잡지의 소장처와 소장자를 여기에 밝혀둔다.
   귀한 자료의 촬영을 승낙해주신 여러 관계자분들께 깊이 감사드린다.
   1) 소장기관 : 서울대학교 도서관, 전남대학교 도서관, 조선대학교 도서관, 원광대학교 도서관, 우석대학교 도서관, 전주대학교 도서관, 군산대학교 도서관, 제주대학교 도서관, 고하문학관, 일제강점기 군산역사관
   2) 소장가 : 서상진, 엄동섭, 종걸
4. 표제어는 잡지의 제목이다. 제목과 권호수를 표기할 때는 발표 당시의 표기를 그대로 밝혔다.
5. 서지사항 표에서는 제호, 판형, 발행일, 발행편집인, 표지화·컷, 간별·정가, 면수, 인쇄소, 발행처, 기타 정보를 제시했다. 서지사항 정보를 표기할 때는 발표 당시의 표기를 그대로 밝혔다.
6. 해제는 서지사항과 목차 내용 외에 해당 잡지가 가지고 있는 다양한 특성과 자료로서의 중요성을 서술했다.
7. 원칙적으로 해제와 본문은 한글로만 표기하였으나 의미상 필요한 경우 잡지 원문에 나온 한자, 영어, 일본어를 괄호 안에 부기하였다.
8. 잡지 원문의 맞춤법과 띄어쓰기는 독자들이 읽기 편하도록 현대어 표기법을 따랐다. 또한 잡지 원문의 외래어는 외래어 표준어 규정에 맞게 현대어로 표기함으로써 가독성을 높였다. 다만 직접 인용한 원문은 될 수 있는 대로 원형을 유지하였다.
9. 작품명은 「」, 코너명은 〈〉, 단행본은 『』, 원문에서 인용한 것은 ""로 묶었다.

이 저서는 2022년 대한민국 교육부와 한국연구재단의 지원을 받아 수행된 연구임
(NRF-2022S1A5C2A02093507)

한국로컬리티총서 2

근현대 광주전남잡지

해제집

(1900-1980)

신아출판사

발간사

어제의 기억에 내일의 숨을 불어넣으며

　잠든 과거에 숨을 불어넣을 책 한 권이 내 서재에 채워졌다. 이 책은 인문도시센터가 2022년에 발행한 『근현대 전북잡지 해제집』이다. 과거 전북 지역민의 삶과 문화, 시선과 사유, 우정과 연대의 자취를 쫓아 오늘의 눈과 손끝으로 디지털 생기를 불어넣은 첫 파생물이다. '근현대 로컬리티 잡지 수집 발굴 해제 및 DB화' 사업으로 진행된 '한국 로컬리티 총서' 시리즈의 첫 번째 도서이며, 여러 기관의 관심과 협조, 여러분의 조언과 도움, 연구원 포함 센터 구성원의 노력으로 세상에 내놓은 첫 결실이기도 했다.

　이번에는 총서 두 번째 도서로 『근현대 광주·전남잡지 해제집』을 발행한다. 역시 잡지소장가 서상진 선생님의 지지와 격려, 도움을 받으면서 현존하는 광주·전남잡지의 소장처를 찾고, 직접 자료를 수집하여 가공하고, 잡지 해제와 데이터베이스를 구축하는 일련의 프로세스를 거쳐 제작됐다. 이 책은 한국연구재단의 '인문사회연구소사업'을 통해서 호남권역 근현대 잡지에 관한 해제를 완성하는 첫 시도이기도 하다. 다소 거창하게 들릴지 모르지만, 향후 지역 잡지를 연구할 학자들에게 해제집과 DB가 접근성과 용이성 차원에서 도움을 줄 수 있다는 기대와 바람을 생각하면 기쁜 마음이 설레기도 한다.

　『근현대 광주·전남잡지 해제집』은 1단계 2년차 사업의 결과물이기도 하다. 이를 고려하여 이 해제집에서는 근현대(1900~1980) 광주·전남 잡지 가운데 수집을 완료한 127종의 서지사항, 지면에 관한 정보 등을 개괄적으로 설명함으로써 후속 연구의 기반을 마련하고자 하였다. 일례로 근대전환기의 『호남학보』를 비롯하여, 일제강점기에 발행된 『목포상공회의소월보』, 『호남월보』, 『목포평론』, 『전남농보』, 해방기에 발행된 『국어연구』, 『공우』, 『교도월보』, 1950년대에 발행된 『갈매기』, 『주간시사』, 『신문학』, 『시정신』, 『다도해』, 『영도』, 『전남회보』, 1960-1970년대에 발행된 『교육전남』, 『목포문학』, 『대하』, 『원탁문학』, 『시향』, 『민족시』, 『맥』, 『월간향토』, 『월간호남』, 『용봉』 등의 해제 정보는 여러 연구자에게 연구 동기를 부여하고, 연구의 기회를 제공할 것으로 기대된다.

  잡지 해제 작업에는 국문학, 언론학, 역사학, 교육학, 경제학 등을 전공한 공동연구원과 전임연구원이 참여했고, 그 과정에서 자문위원이신 최명표 선생님과 이동순 선생님의 조언이 큰 도움이 됐다. 아울러 본 사업에 최적화된 데이터베이스를 구축하기 위해서 정동원 교수와 학생연구원들이 땀 흘리며 설계와 검증 작업을 지속하고 있다. 그러한 바탕 위에서 제주지역의 잡지 해제집도 곧 출간할 예정이다.

  이 책이 나오기까지 여러 기관과 개인의 협조와 지원을 받았다. 이들의 관심과 도움이 없었더라면 이 연구 성과는 빛을 보기 어려웠을 것이다. 소장 자료를 촬영할 수 있도록 허용해준 전남대학교 도서관, 조선대학교 도서관, 서울대학교 도서관, 원광대학교 도서관, 우석대학교 도서관, 일제강점기 군산역사관, 고하문학관 관계자와 종걸, 정훈, 최범호 선생님에게 이 자리를 빌려 감사의 인사를 드린다.

  끝으로 해제집이 발간되기까지 이지혜 연구원의 헌신이 있었고, 많은 학생연구원이 수집과 보정 작업에 열의를 다했다. 특히 해제집 발간을 위해서 고생한 김진흠 박사와 김기성 박사 등 전임연구원의 열정에 깊은 감사의 말을 전하며 발간사를 갈음한다.

2023년 8월
국립군산대학교 인문도시센터장   오원환

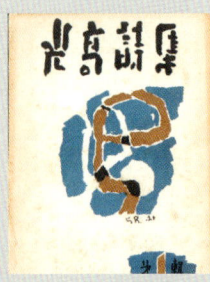

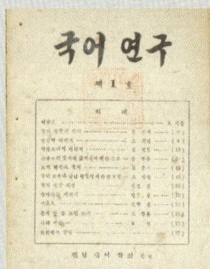

목차

발간사

근현대 광주·전남 잡지의 지형과 특성 · 12

1 갈매기 · 38
2 경영논총 · 42
3 공우 · 44
4 광고 · 46
5 광고시집 · 50
6 광조 · 54
7 광주상의 · 56
8 광주학생독립운동기념회관 관보 · 58
9 교도월보 · 62
10 교육전남 · 64
11 국문학보 · 68
12 국어연구 · 70
13 기봉 · 74
14 나루 · 78
15 남정 · 82
16 농업경영연구 · 86
17 다도해 · 90
18 대하 · 94
19 대하춘추 · 98

20	덕림 · 100
21	도서벽지교육연구 · 104
22	도화 · 106
23	동맥 · 110
24	동백 · 114
25	동신 · 118
26	동심의 시 · 122
27	동인문학 · 124
28	등대 · 128
29	맥 · 132
30	목문학 · 136
31	목요시 · 138
32	목포문학 · 142
33	목포상업회의소 월보 · 146
34	목포예총 · 148
35	목포평론 · 152
36	무등문학 · 156
37	무등학총 · 160
38	무·영문학 · 162
39	문리대 · 164
40	문리대학보 · 168
41	문예창작 · 172
42	문학자 · 176

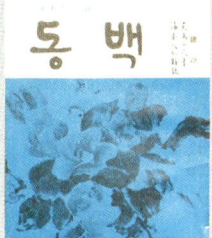

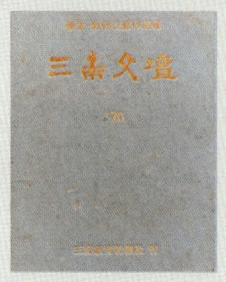

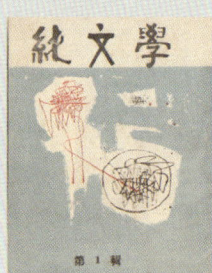

43 　미국학연구 · 180
44 　민족시 · 182
45 　벌판 · 186
46 　법정대학보 · 188
47 　비둘기 · 192
48 　사대학보 · 196
49 　삼남문단 · 200
50 　새마을연구(전남대학교) · 204
51 　새마을연구(조선대학교) · 208
52 　새전남 · 212
53 　서광 · 216
54 　서원 · 220
55 　서중춘추 · 224
56 　소설문학 · 228
57 　송림 · 232
58 　순농 · 236
59 　순문학 · 240
60 　숭신 · 242
61 　승주공보 · 246
62 　시예술 · 248
63 　시정신 · 250

64	시조문예 · 254
65	시향 · 258
66	신문학 · 260
67	신문화 · 264
68	씨앗 · 268
69	아동문예 · 272
70	어학교육 · 276
71	여울물 · 278
72	여천공보 · 282
73	영도 · 284
74	영산강(전남향우회) · 288
75	영산강(시조예술동인회) · 292
76	옥주 · 296
77	용봉 · 300
78	용봉논총 · 304
79	원탁문학 · 306
80	월간전매 · 310
81	월간해남 · 314
82	월간향토 · 318
83	월간호남 · 322
84	월계 · 326

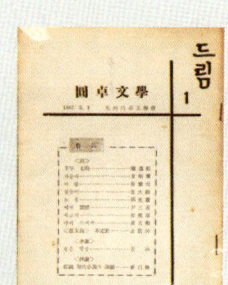

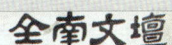

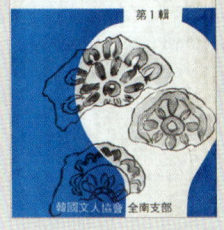

85	육모정 · 330
86	이화학연구지 · 332
87	임해지역개발연구 · 334
88	장성향토문화 · 338
89	전남공대 · 340
90	전남교육 · 344
91	전남농보 · 348
92	전남농업 · 350
93	전남문단 · 354
94	전남법학 · 358
95	전남의 교육 · 360
96	전남한약 · 362
97	전남회보 · 366
98	전일그라프 · 370
99	조대문학 · 372
100	조대학보 · 374
101	주간시사 · 378
102	진도 · 380
103	청구 · 384
104	청죽 · 386
105	청해진 · 390
106	청호 · 392

107	토풍시 · 396	
108	통일문제연구(전남대학교) · 398	
109	통일문제연구(조선대학교) · 400	
110	포토전매 · 404	
111	학생문단 · 408	
112	학생지도연구(순천농업전문대학) · 412	
113	학생지도연구(광주교육대학) · 414	
114	한듬문학 · 416	
115	한련 · 420	
116	함평학보 · 422	
117	해바라기 · 426	
118	해전문화 · 430	
119	행화촌 · 434	
120	향림 · 436	
121	호남문화연구 · 440	
122	HONAM MATHEMATICAL JOURNAL · 444	
123	호남불교 · 446	
124	호남월보 · 450	
125	호남학보 · 452	
126	횃불 · 456	
127	흑조 · 460	

근현대 광주·전남 잡지의 지형과 특성[1]

황태묵·이지혜[2]

1. 서론

한국 근현대사에서 신문과 잡지 등의 연속 간행물은 우리 사회의 이슈와 담론을 전달하는 주요 매체였다. 그 가운데서도 잡지는 신문보다 체계적이고 전문적인 내용을 구성해 나가면서 역동적인 변모를 거듭해 왔다. 이와 관련해 잡지가 당대의 시류적 상황과 요구를 반영하며 다양한 분야의 지식과 정보를 독자들에게 전달하는 역할을 수행하였음은 주지의 사실이다. 이러한 특성으로 말미암아 잡지는 우리의 과거와 현재를 이해하는 핵심 매체의 하나로 자리잡으며 특별한 사회문화적 위상을 지니게 되었다. 이는 광주·전남 잡지의 경우도 크게 다르지 않다.

주지하다시피 광주·전남 지역의 근현대 사회적 지형은 잡지 매체와의 긴밀한 상호작용 속에서 이루어졌다. 호남 지역의 계몽과 신학문 보급에 기여한 근대전환기의 『호남학보』를 비롯하여, 일제강점기에 발행된 『자유예원』, 『호남월보』, 『목포

---

[1] 이 글은 2021년 11월 30일에 발행한 국어문학회의 『국어문학』 78집에 수록된 내용을 수정·보완한 것이다.
[2] 황태묵(군산대학교 인문도시센터 전임연구원)·이지혜(전남대학교 국어국문학과 석사수료)

평론』, 『호남평론』, 『전남농보』와 해방기에 발행된 『경성』, 『공우』, 『새싹』, 『국어연구』, 『교도월보』, 1950년대에 발행된 『갈매기』, 『주간시사』, 『신문학』, 『시정신』, 『다도해』, 『영도』 등의 광주·전남 잡지는 이를 단적으로 보여준다.

이처럼 호남학회의 『호남학보』에서부터 시작되었다고 보이는 광주·전남의 잡지 발간은 100년의 역사를 넘겼다. 그런 가운데 지역과 관련된 잡지 발간도 지속적으로 이어져 왔다. 이 과정에서 이들 잡지가 담당했던 역할은 적지 않다 할 것이다. 실제로 이 시기에 발행된 광주·전남 잡지들은 한 세기가 넘는 시대 변화를 수용하며 지역 사회의 여론뿐 아니라 지역 사회를 추동해간 중요한 사회적 제도였다. 이는 잡지 매체가 근현대 광주·전남의 형성과 발전을 가능하게 했던 핵심 기반이었음을 시사한다. 최근 들어 일부 연구가 잡지 매체와 관련하여 광주·전남의 시대적, 사회적 배경을 조명하고 있는 현상도 이 같은 학문적 관심의 결과라 할 수 있다.[3]

그럼에도 그간의 잡지 연구는 대체로 서울에서 발간된 잡지에 관심이 모였다. 그런 탓에 지역 잡지에 대한 연구는 상대적으로 소홀했다. 분야 별로 상당한 성과가 쌓인 곳도 있으나 그럴 경우에도 개별 잡지에 국한되거나 동일 유형의 잡지 비교 연구에 무게가 쏠렸다. 이는 근현대를 아우르는 잡지 자료에 대한 종합적 목록화가 아직 미비한 때문이기도 하다. 이것은 광주·전남 잡지의 연구 동향으로도 확인되는 사안이다.

이런 현실을 개선하기 위한 노력의 일환으로, 군산대학교 인문도시센터에서는 2019년도 9월부터 '근현대 로컬리티 잡지 수집 발굴 해제 및 DB화' 연구를 수행 중에 있다. 이 연구의 일차적인 목표는 총 6년에 걸쳐 1900년부터 1980년 사이에

---

[3] 대표적인 연구로는 전남문인협회 편, 『전남문학변천사』, 도서출판 힌림, 1987; 최덕교 편, 『한국잡지백년』 1-3, 현암사, 2004; 박태일, 『한국 지역문학연구』, 소명출판, 2019; 이동순, 『광주전남 지역문학과 매체』, 푸른사상, 2020 등이 있다.

발행된 호남과 영남 지역 잡지 가운데 수집 가능한 모든 잡지 원문을 DB화하는 것이다. 그에 따라 연구 1단계(3년) 2년차에서는 광주·전남 잡지 총 127종(178권)의 원문을 1차로 수집하였다. 본고는 이 조사의 내용을 기반으로 삼아 진행되는 후속 연구라 할 것이다.[4]

이러한 점을 고려하여 이 글에서는 현재까지 수집한 광주·전남 잡지 127종에 대한 통계적 분석을 통해 자료 전체의 현황과 특성을 개괄적으로 제시함으로써, 후속 연구의 발판을 마련하고자 한다.[5] 이러한 작업은 광주·전남 잡지의 지형도를 드러내고, 향후 광주·전남 잡지를 종합적으로 조망할 수 있는 시각을 제공할 수 있을 것으로 기대된다.

2. 광주·전남 잡지 현황 개관

앞에서 밝힌 대로 연구진은 2020년 9월부터 현재까지 근현대 광주·전남 잡지에 대한 전수 조사를 진행하였다. 그리고 그 결과물로 총 180종에 달하는 잡지 목록을 확보함으로써 광주·전남 잡지 데이터베이스 구축을 위한 토대를 마련하였다. 그러나 실재 확인 과정에서 전수 조사에서는 확인되나 실재를 확보하지 못한 자료가 있었고, 실재는 확인되나 아직 연구진이 확보하지 못한 자료도 여럿 있

---

[4] 근현대 광주·전남 잡지의 현황을 검토하기 위해서는 우선 광주·전남 잡지의 개념 정립이 선행되어야 할 것이다. 이에 대해서는 선행 연구로 하채현·이지혜, 「근현대 전북 잡지의 지형과 특성」, 『열린정신 인문학연구』 21(2), 원광대학교 인문학연구소, 2020, 159-160면과 같은 인식을 공유하고 있다. 이 글에서는 이러한 선행 연구를 준거로 삼아 광주·전남 잡지를 지역(민)과 지역사회를 대상으로 한 지역 매체로 정의하고자 하며, 발행 주체는 제한이 없음을 밝혀 둔다.

[5] 수집 과정에서 자료의 성격에 맞지 않는다고 판단되는 대학 논문집 및 요람, 기관 보고 및 요람, 연구 보고서 등은 연구 대상에서 제외하였다.

었다.[6] 그 결과 총 127종의 광주·전남 잡지가 수집 마무리됐다. 보다 많은 잡지 자료를 아우르지 못한 아쉬움은 있지만, 그럼에도 이 127종의 잡지는 기존 연구의 한계를 극복하고 보완하는 준거로 쓰일 것이다.

이 장에서는 127종의 광주·전남 잡지 자료를 시기별·종별·지역별로 분석하고, 그 변화 양상과 특성을 개관함으로써 지역잡지의 존재 양상을 검토하고자 한다. 본격적인 분석에 앞서 지금까지 수집된 광주·전남 잡지 매체의 발간 현황을 제시하면 〈표 1〉과 같다.

〈표 1〉 광주·전남 잡지 127종 목록 현황

잡지명	발간일	발행처	호수	종별	간별	언어	지역	비고
호남학보	1908.06.25	호남학회	1호	학회지	월간	국한문	서울	
목포상공회의소월보	1911	목포상업회의소	16호	기관지	월간	일문	목포	
전남교육(全南の敎育)	1925.12.06	전남교육회	1호	학회지	계간	일문	광주	
호남월보(湖南月報)	1931.06.05	전라남도	54호	기타	월간	국한문	전남	
목포평론	1933.01	목포평론본사	1호	문학지	월간	국한문	목포	
전남농보(全南農報)	1942.02.01	전남농우회	3권 2호	기관지	월간	일문	광주	
국어연구	1946.04.16	전남국어학회	1호	학회지	부정기	국한문	광주	
공우(工友)	1947.09.01	광주공업중학교	2호	교지	부정기	국한문	광주	
교도월보(敎導月報)	1949.10.25	전라남도농업기술원	제1권 제5호	기관지	월간	국한문	광주	
갈매기	1951.02.01	해구목포경비부 정훈실	1호	정훈지	월간	국한문	목포	
신문학	1951.06.01	광주문화사	1호	문학지	부정기	국한문	광주	
주간시사(週刊時事)	1951.08.07	광주지구미국공보원	미상	기관지	주간	국한문	광주	
시정신	1952.09.05	시울동인회	1호	문학지	연간	국한문	목포	
다도해	1952.10.01	다도해동인회	속간호	문학지	월간	국한문	광주	
향림	1954.07.26	순천농림고등학교	1호	교지	연간	국한문	순천	

---

[6] 사실 몇 번의 자료 조사만으로 근현대 광주·전남 잡지의 전모를 파악하는 것은 불가능에 가까운 작업이라고 할 수 있다. 이는 앞으로 수정하고 보완해야할 과제가 될 것이다.

잡지명	발간일	발행처	호수	종별	간별	언어	지역	비고
영도(零度)	1955.02.01	영도동인회	1호	문학지	부정기	국한문	광주	
전남회보(全南會報)	1956.01.10	재경전남학우회	1호	종합지	부정기	국한문	서울	
신문화	1956.07.15	신문화사	1호	기관지	부정기	국한문	광주	
동인문학(同人文學)	1957.09.01	조선대문학동인회	1호	문학지	부정기	국한문	광주	
벌판	1957.09.09	목사벌판문예동인회	20호	문학지	부정기	국한문	목포	
청구(靑丘)	1957.10.15	광주소피아여자고등학교	1호	교지	부정기	국한문	광주	
광고시집(光高詩集)	1958.08.20	광주고등학교문예부	1호	교지	부정기	국한문	광주	
옥주(沃州)	1958.09.10	재광진도유학생회	1호	종합지	부정기	국한문	광주	
덕림(德林)	1958.12.20	광주남중학도호국단	3호	교지	연간	국한문	광주	
순문학(純文學)	1959.09.13	광주문화사	1호	문학지	부정기	국한문	광주	
국문학보	1959.10.18	전남대문리대 국문학연구회	1호	학회지	부정기	국한문	광주	
목포문학	1960.03.15	항도출판사	1호	기관지	부정기	국한문	목포	
청죽	1960.06.29	담양중학교, 담양농업고등학교	4호	교지	부정기	국한문	담양	
함평학보(咸平學報)	1960.07.25	재경함평학우회	1호	종합지	부정기	국한문	함평	
영산강(榮山江)	1960.12.15	전남향우사	1호	문학지	월간	국한문	서울	
햇불	1961.03.18	광주사범학교	36호	교지	연간	국한문	광주	
한련(旱蓮)	1962	미상	1호	문학지	부정기	국한문	목포	
서광(瑞光)	1962.02.20	광주사범대학학예부	5호	교지	부정기	국한문	광주	
문학자(文學者)	1962.08.15	무등교육출판주식회사	1호	문학지	부정기	국한문	광주	
숭신	1963.02	숭의중학교, 숭의고등학교	1호	교지	부정기	국한문	광주	
시예술	1963.06.15	향문사	1호	문학지	부정기	국한문	광주	
호남문화연구	1963.12.30	전남대학교호남학연구원	1호	기관지	연간	국한문	광주	
조대문학	1964.10.30	조선대학교문학연구실	5호	문학지	부정기	국한문	광주	
행화촌(杏花村)	1964.11.20	강진청양회	1호	문학지	부정기	국한문	강진	
육모정	1964.12.15	조선대학교 부속고등학교	2호	동인지	월간	국한문	광주	
대하(大河)	1965.05.01	대하문학동인회	1호	문학지	계간	국한문	광주	
시향(詩鄕)	1965.07.01	시향동인회	1호	문학지	계간	국한문	광주	
비둘기	1965.09.30	순천남국민학교	1호	교지	부정기	국문	순천	
대하춘추(大河春秋)	1965.11.20	산문문학동인회	1호	문학지	월간	국한문	광주	
전남공대	1966.02.20	전남대학교	1호	교지	부정기	국한문	광주	
여천공보	1967.01.11	여천군수	2호	기관지	월간	국한문	여천	

잡지명	발간일	발행처	호수	종별	간별	언어	지역	비고
원탁문학(圓卓文學)	1967.05.01	광주원탁문학회	1호	문학지	부정기	국한문	광주	
광조(光潮)	1967.08.01	재경광고동창회	2호	교지	부정기	국한문	서울	
승주공보	1967.11.20	승주군수	195호	기관지	월간	국한문	승주	
기봉(技峯)	1967.12.20	조선대학교병설 공업고등전문학교	1호	교지	연간	국한문	광주	
농업경영연구 (農業經營研究)	1967.12.25	전남대학교농과대학 농업경영연구회	2호	학회지	부정기	국한문	광주	
씨앗	1968.09.30	KSCM농수연합회	1호	문학지	부정기	국한문	여수	
해바라기	1969.01.05	전남여자중고등학교	17호	교지	부정기	국한문	광주	
목문학(木文學)	1968.05.10	목문학동인회	1호	문학지	부정기	국한문	목포	
월간해남(月刊海南)	1968.08.20	월간해남사	3호	기관지	월간	국한문	해남	
전남법학(全南法學)	1969.02.10	전남대학교 법과대학 법학회	4호	학회지	격년간	국한문	광주	
호남불교(湖南佛敎)	1970.01.20	정광고등학교 호남불교편집부	1호	종교지	부정기	국한문	광주	
동신	1970.01.25	광주동신중·종합고교 광주동신여자중·종합고교	1호	교지	부정기	국한문	광주	
전남교육	1970.04.01	전남교육사	5호	기관지	월간	국한문	광주	
용봉(龍鳳)	1970.06.09	전남대학교 총학생회	1호	교지	연간	국한문	광주	
월간호남	1970.07.01	호남평론사	1호	종합지	월간	국한문	광주	
조대학보(朝大學報)	1970.08.15	조선대학교 총학생회	4호	교지	연간	국한문	광주	
영산강(榮山江)	1970.08.20	정문사	1호	문학지	계간	국한문	광주	
삼남문단(三南文壇)	1970.09.30	삼남교육신보사	1호	문학지	부정기	국한문	광주	
전일그라프	1970.10.01	전남일보사	49호	기관지	월간	국한문	광주	
이화학연구지 (理化學研究誌)	1970.12.30	전남대학교이화학연구소	1호	학술지	연간	국한문	광주	
새전남	1971.03.31	전남공론사	34호	종합지	월간	국한문	광주	
어학교육	1971.04.20	전남대학교 어학연구소	3호	학술지	연간	국한문	광주	
월간향토(月刊鄕土)	1971.06.30	월간향토사	1호	기관지	월간	국한문	목포	
동백	1971.08.03	동백사	7,8월호	기관지	격월간	국문	해남	
진도(珍島)	1971.12.01	진도공론사	8호	기관지	월간	국한문	진도	
등대(燈臺)	1972.01.25	조선대학교 사범대학 학생회	1호	교지	부정기	국한문	광주	
도화(道花)	1972.02.01	원불교 여수지부	2호	회지	부정기	국한문	여수	
학생문단	1972.03.01	정문사	1호	기관지	부정기	국문	광주	
용봉논총(龍鳳論叢)	1972.04.15	전남대학교 인문과학연구소	1호	학술지	연간	국한문	광주	

잡지명	발간일	발행처	호수	종별	간별	언어	지역	비고
한듬문학	1972.12.12	전남해남한듬문학회	1호	문학지	부정기	국한문	해남	
도서벽지교육연구 (島嶼僻地敎育硏究)	1972.12.25	목포교육대학 도서벽지교육연구소	1호	학술지	부정기	국한문	목포	
광주학생독립운동 기념회관 관보	1972.12.26	광주학생독립운동 기념회관	1호	기관지	부정기	국한문	광주	
송림(松林)	1972.12.31	목포교육대학 학생회 학예부	3호	교지	연간	국한문	목포	
소설문학	1973.03.05	흑룡출판사	1호	문학지	부정기	국한문	광주	
교육전남	1973.03.25	전라남도교육위원회	15호	기관지	계간	국한문	광주	
장성향토문화	1973.04.30	향토문화개발협의회	1호	기관지	부정기	국한문	장성	
미국학연구 (美國學硏究)	1973.04	전남대학교 미국문화연구소	1호	학술지	연간	국한문	광주	
전남문단(全南文壇)	1973.06.20	한국문인협회전남지부	1호	기관지	연간	국한문	광주	
전남농업(全南農業)	1973.08.01	전남농업사	8월호	기관지	월간	국한문	광주	
문리대(文理大)	1973.10.15	전남대학교 문리과대학 학생회	6호	교지	부정기	국한문	광주	
동맥(動脈)	1973.12.25	조선대학교 의과대학 학생회	1호	학회지	부정기	국한문	광주	
포토전매(포토全每)	1974.04.30	전남매일신문사	1권 4호	기관지	월간	국한문	광주	
통일문제연구 (統一問題硏究)	1974.10.15	전남대학교 통일문제연구소	1호	학술지	연간	국한문	광주	
문리대학보 (文理大學報)	1974.12.31	조선대학교 문리과대학 학생회	1호	교지	부정기	국한문	광주	
월계(月桂)	1975.02.01	조선대학교 체육대학 학생회	1호	교지	연간	국한문	광주	
사대학보(師大學報)	1975.02.21	조선대학교 사범대학 학생회	4호	교지	연간	국한문	광주	
해전문화(海專文化)	1976.01.11	목포해양전문학교	7호	교지	부정기	국한문	목포	
법정대학보 (法政大學報)	1976.01.20	조선대학교 법정대학 학도호국단	1호	교지	부정기	국한문	광주	
청호(靑湖)	1976.02.20	목포청호문학회	1호	문학지	부정기	국한문	목포	
나루	1976.03.10	목포시대학학도호국단 문예부연합체	1호	문학지	부정기	국한문	목포	
토풍시(土風詩)	1976.05.15	전남학생시조협회	1호	문학지	연간	국한문	광주	
청해진(淸海鎭)	1976.06.10	재경완도향우회	1호	종합지	부정기	국한문	서울	
남정(南庭)	1976.10.30	전남대학교 여학생부	1호	교지	연간	국한문	광주	
경영논총(經營論叢)	1976.12.30	전남대학교 경영대학원	1호	학술지	연간	국한문	광주	
광고(光高)	1977.01	광주고등학교문예부	26호	교지	부정기	국한문	광주	

잡지명	발간일	발행처	호수	종별	간별	언어	지역	비고
전남한약(全南漢藥)	1977.04	사단법인 전남한약협회	1호	학술지	부정기	국한문	광주	
무등문학(無等文學)	1977.05.15	전남학생시조협회	2호	문학지	연간	국한문	광주	
서원(瑞元)	1977.02.16	광주서원전문학교 학도호국단 문예부	1호	교지	부정기	국한문	광주	
순농(順農)	1977.10.28	순천농림전문학교 학도호국단	3호	교지	부정기	국한문	순천	
민족시	1977.12.20	민족시연구회	1호	문학지	연간	국한문	광주	
광주상의(光州商議)	1978.01	광주상공회의소	1호	기관지	월간	국한문	광주	
학생지도연구	1978.01.10	광주교육대학 학생지도연구소	4호	학술지	부정기	국한문	광주	
서중춘추(西中春秋)	1978.봄	서중회	5호	종합지	반년간	국한문	서울	
새마을연구	1978.02	조선대학교 새마을연구소	1호	학술지	연간	국한문	광주	
시조문예(時調文藝)	1978.09.01	한국시조작가협회 전남지부	9호	기관지	반년간	국한문	광주	
새마을연구	1978.12.10	전남대학교 새마을연구소	2호	학술지	연간	국한문	광주	
흑조	1979.01.05	흑조시인회	6호	문학지	부정기	국한문	목포	
맥(脈)	1979.02.10	조선대학교 학도호국단 이부대학제대	16호	교지	부정기	국한문	광주	
통일문제연구 (統一問題硏究)	1979.02.28	조선대학교 통일문제연구소	1호	학술지	연간	국한문	광주	
목포예총(木浦藝總)	1979.03.03	예총목포지부	1호	기관지	부정기	국한문	목포	
아동문예	1979.04.01	아동문예사	4호	문학지	부정기	국문	광주	
월간전매(月刊全每)	1979.04.01	전남매일신문사	1호	종합지	월간	국한문	광주	
무영문학(無榮文學)	1979.04.08	여음사	1호	문학지	부정기	국한문	광주	
HONAM MATHEMATICAL JOURNAL	1979.07.30	대한수학회 전라·제주지부	1호	학회지	연간	영문	광주	
문예창작	1979.12.20	광주Y공보출판부	1호	문학지	연간	국한문	광주	
동심의 시	1980.01.10	현대문화사	1호	문학지	부정기	국문	광주	
여울물	1980.03.02	진도군교육청	1호	기관지	부정기	국문	진도	
목요시	1980.05.10	백제출판사	2호	문학지	부정기	국한문	목포	
임해지역개발연구	1980.09.30	목포대학교 임해지역개발연구소	1호	학술지	부정기	국한문	목포	
학생지도연구	1980.12.25	순천농림전문학교	2호	학술지	부정기	국한문	순천	
무등학총(無等學叢)	1983.01.15	전남대학교 인문사회과학대학 학도호국단	15호	학회지	연간	국한문	광주	

위 표의 광주·전남 잡지 127종의 목록은 현재까지 확인한 것만을 정리한 것일 뿐 이 목록에 포함되지 않은 각종 기관과 단체의 기관지·동인지들이 더 있을 것이다. 대표적으로 1946년 청춘수첩문학동인회에 의해서 발간되었던 동인지 『청춘수첩』, 1948년 호남문화동인회가 발간했던 종합잡지 『호남문화』, 1949년 젊은이동인회에서 발간했던 동인지 『젊은이』 등을 들 수 있다. 이러한 지역 문학동인회의 활동과 동인지 매체 발간은 일찍이 해방기 지역 문학사회의 토대를 구축하면서 문학담론 생산이나 문학의 대중화에 기여했던 것으로 보인다. 그러나 아직까지 실물이 전하지 않는 상태여서 아쉬울 뿐이다. 이 자리에서는 현재 확인 가능한 127종의 매체 특성을 개관함으로써 지역잡지에 대한 논의를 진행하고자 한다.

1) 시기별 분석

먼저 여기서는 광주·전남 잡지 127종의 구성 비율을 파악하기 위해 10년 단위로 연대별 분석을 수행하고, 시대의 흐름에 따라 이들 추이가 어떻게 변화해 가는지 살펴볼 것이다. 광주·전남 잡지의 변화 추이를 좀더 쉽게 이해하기 위해 연대별 잡지 발간 현황을 제시하면, 아래의 〈표 2〉와 〈그림 1〉과 같다.

〈표 2〉 연대별 현황

연대	종수	비율
1900년대	1	0.8%
1910년대	1	0.8%
1920년대	1	0.8%
1930년대	2	1.6%
1940년대	4	3.2%
1950년대	17	13.4%
1960년대	30	23.6%
1970년대	65	51.1%
1980년	6	4.7%
계	127	100%

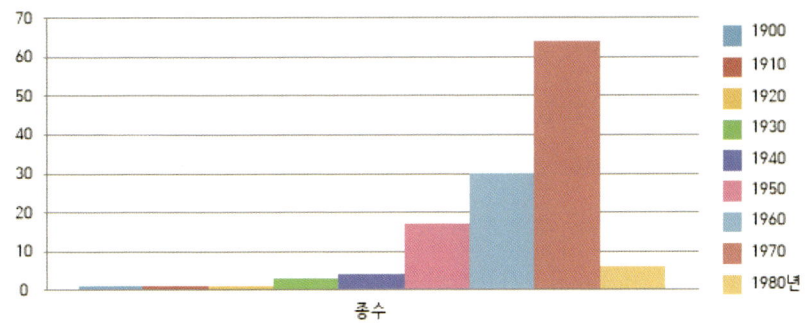

〈그림 1〉 연대별 잡지 종수 변화 추이

〈표 1〉을 보면 근현대 광주·전남 잡지의 연대별 큰 흐름을 잘 살펴 볼 수 있다. 먼저 시기별로 살펴보면 1900년대부터 1920년대는 각 1편(0.8%), 1930년대는 2편(1.6%), 1940년대는 4편(3.2%), 1950년대는 17편(13.4%), 1960년대는 30편(23.6%), 1970년대는 65편(51.1%), 1980년은 6편(4.7%)으로 지속적으로 증가하는 추세를 보여주고 있다.

내용을 분석해보면 근대의 형성기로 볼 수 있는 애국계몽기부터 1920년대까지는 잡지의 종수가 전체 대비 2.4%를 차지하고 있으며, 1930년대에도 1.6%에 그쳐 아직 양적으로 미미한 수준에 머물러 있음을 보여준다. 전체 30년 동안의 구성 비율도 4%에 그치고 있어 상대적으로 매우 적은 비중을 차지하고 있음을 알 수 있다. 이는 애국계몽기나 일제강점기의 시대적 특수성을 감안하더라도 지역에서 잡지가 아직 본격적인 매체로 정착되지 못했음을 보여주는 것이라 할 수 있다.

이 정체 추세는 1940년대 특히 해방 후를 기점으로 완만하지만 꾸준한 증가 추세로 바뀜을 알 수 있다. 그러다가 1950년대에 오면서 13.4%로 급증하는 흐름을 보여주고 있다. 이 같은 양적 성장은 해방과 전후에 형성된 각종 사회단체의 조직과 지역(학생)문학사회의 형성 때문으로 보인다. 이는 각종 단체의 기관지나 일정한 이념을 표방한 잡지 매체의 발간으로 이어졌다. 정치적, 사회적 격변이 매체 활동에 직접적인 영향을 끼친 경우로 볼 수 있다.

이러한 증가세가 1960년대부터 대폭 확대된다는 것도 매우 흥미로운 현상이라 할 수 있다. 1960년대에는 23.6%로 증가하였다가 1970년대로 오면 51.1%로 급증하는 것을 알 수 있다. 이 같은 상승세는 연대별 잡지 종수의 추이를 그래프로 나타낸 〈그림 1〉을 통해서도 쉽게 확인된다. 연대별 증감의 추이를 그래프로 살펴보면 상당한 변화가 있음을 볼 수 있는데, 특히 가장 가파른 상승 곡선을 보여주고 있는 1970년대가 최고의 융성기임을 알 수 있다. 이는 산업화 시대를 거치면서 대중적 선호도가 높고 장르별로 전문화된 동인지가 다수 발간된 영향으로 보인다.

그 한 예로 1970년대는 문학동인회 활동이 매우 활발하게 전개된 시기였다는 사실을 들 수 있다. 예컨대, 이 시기에 광주지역에서는 나락문학회·석혈문학동인회(1971), 전남문단·광주아동문학가협회·소설문학동인(1973), 시조작가협회전남지회(1974), 전남아동문학가협회(1975), 용봉문학동인회·터알·전남수필문학회(1976), 민족시연구회(1977), 전남교단문학동인회(1978), 무영문학동인회·문예창작·목요시동인회(1979) 등이 발족하였고, 목포지역에서는 월간향토·어린이목포(1971), 호유회(1973), 청호문학회(1974), 목포시대학문예부연합체·씀회동인(1976), 나루문학동인회(1979) 등이 생겼으며, 여수지역에서는 관솔(1971), 여수문학(1975) 등의 단체가 창립되면서 동인 활동이 더욱 활발해졌음을 주목할 필요가 있다. 그리고 이들은 장르별(시·소설·아동문학·시조·수필), 지역별(광주·목포·여수), 출신별(황토문학동인→나락문학회, 시조작가협회전남지회→호남시조문학회, 전남아동문학회→전남아동문학가협회, 목포시대학문예부연합체→나루문학동인회, 관솔→여수문학)로 세분화되고 전문화되며 다양화되는 경향을 띠었다.

한편 1980년 역시 4.7%의 비율을 보이며 1970년대의 성장세가 1980년대에도 계속 이어질 것임을 객관적 수치로 보여주고 있다. 실제로 1980년대에 발행된 『김향문화』(김향문화재단, 광주), 『이랑』(조대공전문학동인'이랑', 광주), 『한국시학』(통신동인한국시학회, 광주), 『목포시』(세종출판사, 목포), 『민족과문학』(서상훈, 광주), 『동아시림』(동아여중고문예시지, 광주), 『도서문화』(목포대학도서문화연구소, 목포), 『순천문학』(순천문학동우회, 순천), 『강남문학』(순천문학동우회, 순천), 『새솔』(새솔문학회, 목포), 『예향』(광주일보사, 광주), 『교육현장』(사계절, 광주), 『호남문학』(호남문학회, 광주), 『민족현실과 지역운동』(도서출판 광주, 광주), 『여수문화』(여수문화원, 여수), 『애향목포』(목포애향협의회, 목포), 『쟁기머리산그늘』(도서출판광주, 광주), 『심상시조』(국민시조선양회, 광주), 『광주문학』(한국문협광주지부, 광주), 『시조예술』(국민시조선양회, 광주), 『농민의길』(도서출판광주, 광주), 『민족과 지역』(규장각, 광주), 『가교문학』(광주YWCA가교문학회, 광주), 『백양』(백양회, 광주), 『나주문학』(한국문협나주지부, 나주), 『무안문학』(무안문학회, 무안), 『풀잎문학』(풀잎문학동인회, 목포), 『함평문학』(한국문협함평지부, 함평), 『민중운동』(광주전남민중운동협의회, 광주), 『전남문화재』(전라남도, 광주), 『흙담』(광주흙담동화동인회, 광주), 『골무』(전남여상반야시조문학회, 광주), 『아침이슬』(조선대학교총동아리연합회, 광주) 등등의 지역 잡지는 이를 뒷받침하는 구체적인 증좌라 할 것이다. 1980년대에 광주전남 잡지의 활성화 배경에는 지역의 사회 문화 운동에 대한 지역민의 관심과 더불어 당대의 사회역사적 맥락을 지역 잡지가 적극 반영한 결과로 풀이된다.

이와 관련해 〈그림 1〉의 전체적인 형태는 지금까지 살펴본 연대별 잡지 발간 추이의 특징을 집약적으로 보여준다. 그것은 시간의 흐름에 따라 기울기가 고조되는 그래프의 형태를 나타내고 있다. 이는 광주·전남의 잡지 매체가 80년의 기간 동안에 역동적인 성장과 변모를 거듭해 왔음을 깨닫게 해준다. 이러한 통계적 분석은 이 시기에 광주·전남 잡지의 대체적인 규모와 저변을 가늠해보는 기준으로 삼을 수 있을 것이다.

2) 종별 분석

여기서는 전체 잡지 127종을 대상으로 종별 분석을 수행하고자 한다. 구체적으로 종별 분석은 국립중앙도서관 연속간행물 대분류 기준에 따라 일반잡지, 공공잡지, 학술지, 기타 등 4개로 구분하여 분석을 실시하였다.[7] 이러한 분류 체계에 따른 종별 잡지 현황을 제시하면, 아래의 〈표 3〉과 같다.

〈표 3〉 종별 분류 현황

대분류	종수	비율
일반잡지	49	38.6%
공공잡지	54	42.5%
학술지	23	18.1%
기타	1	0.8%
계	127	100%

광주·전남 잡지 중 가장 많은 잡지는 공공잡지이다. 공공잡지는 기관지와 교지를 합쳐 54종(42.5%)에 이르는데, 이 가운데 기관지는 24종, 교지는 30종으로 파악되었다. 다음으로 많은 잡지는 일반잡지로 49종(38.6%)에 이른다. 일반잡지 가운데 가장 많은 비중을 차지하는 잡지는 문학지로, 총 34종으로 파악되었다. 학술지는 1908년 6월 25일에 발간된 『호남학보』를 비롯하여 『전남의 교육』(1925), 『국어연구』(1946), 『국문학보』(1959), 『호남문화연구』(1963) 등 23종(18.1%)이다. 기타 잡지는 『호남월보』(1934)로, 문예란이 포함되어 있고 일제강점기 광주·전남 지역의 소식을 확인할 수 있기에 포함했다. 분류 과정에서 기관지와 문예지 사이에 걸쳐 있거

 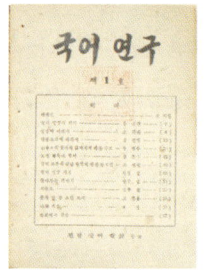  

표지 사진(좌로부터 『전남의 교육』, 『국어연구』, 『학생문단』, 『여울물』)

---

[7] 근현대 지역 잡지 분석 대상과 분석 기준에 대해서는 하채현·이지혜, 「근현대 전북 잡지의 지형과 특성」, 앞의 논문 참조.

나 변경 사례를 지닌 잡지가 발견되었다. 그러한 경우에는 잡지의 목차와 내용을 보고 분류하였다. 『학생문단』(1972)과 『여울물』(1980) 등이 그러하다.

한편 본고는 국립중앙도서관의 연속간행물 수집 자료 기본 방침과 십진법 자료 분류 체계에 의거하여 앞선 대분류 체계를 다시 세부적으로 재조정했다. 재분류 기준에 따라 일반잡지와 공공잡지 104종의 분야별 현황을 살펴보면 〈표 4〉와 같다. 〈그림 2〉는 〈표 4〉의 수치를 토대로 일반잡지와 공공잡지의 분야별 발간 추이를 비교하기 쉽게 그래프로 나타낸 것이다.

〈표 4〉 일반잡지와 공공잡지 분류 현황

대분류	중분류												계
	철학	종교	사회과학	자연과학	기술과학	문화예술	언어	문학	역사	청년	여성	시사종합	
일반잡지	0	2 (1.9%)	0	0	0	5 (4.8%)	0	36 (34.6%)	0	0	0	7 (6.7%)	50 (48%)
공공잡지	0	0	5 (4.8%)	0	2 (1.9%)	10 (9.6%)	0	33 (31.8%)	1 (1%)	0	0	3 (2.9%)	54 (52%)
계	0	2 (1.9%)	5 (4.8%)	0	2 (1.9%)	15 (14.4%)	0	69 (66.4%)	1 (1%)	0	0	10 (9.6%)	104 (100%)

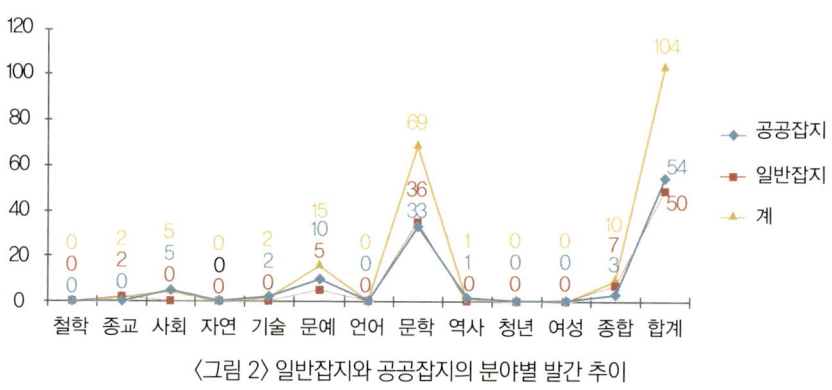

〈그림 2〉 일반잡지와 공공잡지의 분야별 발간 추이

먼저, 앞 표에서 나타난 일반잡지의 분야별 발간 추이를 보면 공공잡지의 분야별 추이와 비슷한 경향성을 발견할 수 있다. 실제로 일반잡지와 공공잡지의 양과 비율을 검토해보면 문학 분야가 각각 34%와 33%로 전체 67%의 비중을 차지하고 있다. 다음으로 문화예술 분야가 전체 15종으로 14.6%의 비중을 보이고 있다. 그런데 문화예술의 경우에는 공공잡지가 9.6%의 비중을 보여 일반잡지에 비해 더 많이 발간된 것으로 나타난다. 이는 산업화시기에 기관과 단체를 중심으로 지역 향토 문화예술에 대한 관심과 탐색이 활발하게 일어났기 때문으로 보인다. 반면에 시사종합의 경우에는 일반잡지가 5.8%의 비중을 보여 공공잡지에 비해 더 많이 발간된 것으로 나타난다. 이어 사회과학, 기술과학 분야들은 비슷한 비율을 보이며 그 외 철학, 여성 분야는 전무한 것으로 나타나고 있다.

이상의 분석 결과는 일부 자료 검토에 불과하다는 점을 감안하더라도 광주·전남 잡지 발간이 모든 영역에서 균등하게 생산되지 못하고 특정 분야에 편중되고 있는 것을 볼 수 있다. 실제로 문학 분야의 잡지는 나머지 분야의 잡지를 모두 합친 비율보다 높은 수치를 나타내고 있다. 이것은 무엇보다 광주·전남 잡지의 뿌리가 『자유예원』, 『청구』, 『Socie May』, 『시문학』 등의 문학잡지로부터 출발하였다는 것과 이에 따른 근대문학의 수요와 관심이 날로 증가하면서 문학잡지의 영향력도 점차 확대된 것으로 풀이된다. 이는 문학과 관련된 매체의 발행이 연대별로 상당 부분 증가한 것과도 비례한다. 다만 문학 분야의 편중이 두드러지고 있는 현재의 수치는 다양한 분야의 잡지 수집을 통해 훗날에 수정·보완될 수 있을 것으로 생각한다. 이를 위해서는 짧지 않은 연구, 조사 기간 동안 광주·전남 지역 잡지의 추가 수집과 발굴 조사가 수반되어야 할 것이다.

한편 수집된 자료 가운데 사회과학으로 분류된 잡지들은 산업과 행정 관련 기관지들로 『목포상공회의소월보』(1911), 『여천공보』(1967), 『승주공보』(1949) 등으로 나타났다. 기술과학으로 분류된 잡지들은 농업 관련 기관지들로 『교도월보』(1949),

『전남농업』(1973), 일본어로 발간된『전남농보』(1942) 등이 이에 해당한다. 또한 문화예술 분야에는 지명을 제호로 한『옥주』(1958), 『월간해남』(1969), 『진도』(1971) 등의 향토문화 잡지와『포토전매』(1974), 『전일그라프』(1970) 등의 사진 잡지가 포함되어 있다. 시사종합에는 전시(戰時) 중에 광주 미국공보원에서 주간으로 발행한『주간시사』(1951)를 비롯하여 재경 전남출신 대학생들의 학우회보인『전남회보』(1956), 전남공론사의『새전남』(1971), 광주서중학교 재경 동문회보인『서중춘추』(1978) 등의 잡지가 있다.

이 중에『주간시사』는 28면으로 구성된 얇은 잡지로, 전시답게 한국전쟁관련 내용으로 채워져 있다. 표지에는 해군목포지구 위성사령관 송인명 중령을 실었고, 뒤표지에는 3.8선 이북 전황도(戰況圖)가 그려져 있다. 본문에는 권두사를 비롯하여 개성회담의 진행, 정전회담, 국제소식, 지방소식, B29 · B26편대 활약소식, 당시의 전시상황 소식 등이 기사로 실려 있다. 미국 문화의 소개 및 문화 교류를 위해 설립한 미국공보원에서 한국전쟁기간 발행한 정기간행물로서 이 시기 한국사회의 동향을 파악하는 데에도 중요한 잡지라 할 수 있겠다. 또한『전남회보』는 이기붕 · 신익희 · 김준연 등 당대 유명 인사들의 축사와 미국에서 저명한 작가로 활동 중인 소설가 박상식의 단편소설「태양과 그림자」등이 실려 있다는 점에서 주목을 끈다. 나아가 전남 출신 재경 인사의 방명록과 서울 소재 대학의 간사 명단이 나란히 수록되어 있다는 점에서 학계의 연구가 필요한 아주 귀한 자료라 할 만하다.

표지사진(좌로부터『주간시사』,『전남회보』)

다음으로 일반잡지와 공공잡지 중에서 가장 많은 종수를 차지하고 있는 문학잡지의 현황을 살펴보면 〈표 5〉와 〈그림 3〉과 같다.

〈표 5〉 문학잡지 현황

중분류	소분류		종수	비율
문학	1	시	15	21.7%
	2	소설	4	5.8%
	3	희곡	0	0%
	4	비평	1	1.5%
	5	수필	1	1.5%
	6	동화동시	4	5.8%
	7	시조	4	5.8%
	8	기타	40	57.9%
계			69	100%

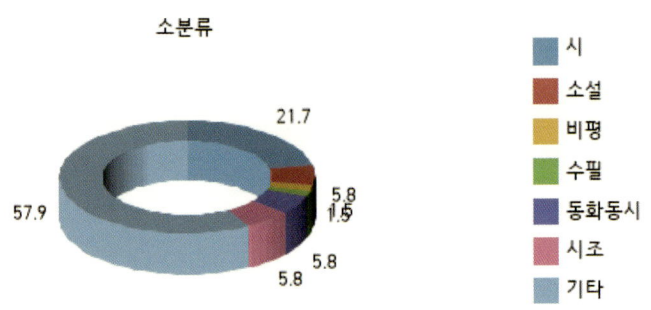

〈그림 3〉 문학잡지 장르별 비율

문학잡지의 장르별 현황을 보면 기타가 40종에 57.9%로 가장 많은 비중을 차지하고 있다. 여기서 기타는 시와 산문, 논단과 번역문 등 여러 장르가 혼합된 교지와 문예지, 회지와 기관지를 가리킨다. 이 중에서 교지는 21종이다. 대표적으로

『공우』(1947, 광주공업중학교), 『향림』(1954, 순천농림고등학교), 『덕림』(1958, 광주남중학교), 『청죽』(1960, 담양중학교·담양농업고등학교), 『기봉』(1957, 조선대학교병설공업고등전문학교), 『횃불』(1961, 광주사범학교), 『숭신』(1963, 숭의중학교·숭의고등학교), 『전남공대』(1966, 전남대학교), 『해바라기』(1969, 전남여자중고등학교), 『용봉』(1970, 전남대학교), 『해전문화』(1976, 목포해양전문학교), 『광고』(1977, 광주고등학교), 『서원』(1977, 광주서원전문학교), 『맥』(1979, 조선대학교) 등이 있다. 전체적으로 보면 중고등학교의 교지는 10곳, 대학교의 교지는 11곳으로 파악된다. 이 가운데 대학 교지를 발행한 조선대학교병설공업고등전문학교와 광주사범학교는 현 조선이공대와 광주교육대학교, 목포해양전문학교와 광주서원전문학교는 현 목포해양대학교와 광주보건대학교의 전신에 해당한다.

다음으로 문예지는 13종이다. 대표적으로 『신문학』(1951, 광주문화사), 『다도해』(1952, 다도해동인회), 『순문학』(1959, 광주문화사), 『목포문학』(1960, 항도출판사), 『문학자』(1962, 무등교육출판주식회사), 『조대문학』(1964, 조선대학교문학연구실), 『목문학』(1969, 목문학동인회), 『삼남문단』(1970, 삼남교육신보사), 『한듬문학』(1972, 전남해남한듬문학회), 『무영문학』(1979, 무영문학동인회), 『아동문예』(1979, 아동문예사) 등을 들 수 있다. 이러한 광주·전남 지역의 문예지에서 주목되는 사항은 다음과 같다. 첫째, 광주·전남의 문예지를 종별로 보면 동인지, 간별로는 부정기가 대부분이며, 대체로 단명했다는 것이다. 둘째, 따라서 광주·전남의 문예지는 편집위원 체제보다 동인체제가 주류를 이루며, 이는 지역 공동체, 문학적 유대나 친소관계, 학맥에 의한 결합이라는 특성을 드러낸다.

1960년대에 들면서 향우회지와 문인단체의 기관지가 증대한 것도 주목할 만하다. 『영산강』(1960, 전남향우사), 『행화촌』(1964, 강진청향회), 『광조』(1967, 재경광고동창회) 등의 회지와 『학생문단』(1972, 한국문협전남지부학생문단편집부), 『전남문단』(1973, 한국문인협회전남지부) 등의 기관지 잡지가 그러한 예에 속한다. 이같은 회지와 기관지의 출현으로 광주·전남 지역 문인들의 발표 지면이 확대되고 특히 학생문단의 독자적인 활동 기반이 마련된 것은 크게 강조될 만하다. 이 가운데 『전남문단』은 14집(1986년)까지 이어졌으며 1987년부터 제호를 『전남문학』으로 바꾸어 31집(1996년)까지 발간되었다.

기타에 이어서 시가 15종으로 21.7%를 차지하고 있는데, 이는 시 장르가 대중적 친숙도와 선호도가 높은 장르라는 사실을 보여준다. 『시정신』(1952, 시울동인회), 『영도』(1955, 영도동인회), 『벌판』(1957, 목포벌판문예동인회), 『광고시집』(1958, 광주고등학교 문예부), 『시예술』(1963, 시예술동인회), 『시향』(1965, 시향동인회), 『원탁문학』(1967, 광주원탁문학회), 『청호』(1976, 목포청호문학회), 『민족시』(1977, 민족시연구회), 『흑조』(1979, 흑조시인회), 『목요시』(1980, 목요시동인회) 등이 이에 해당한다. 이어서 소설과 동화동시와 시조가 각각 5.8%, 수필과 평론이 각각 1.5%의 비중을 차지하고 있다. 대표적으로 『소설문학』(1973, 소설문학동인회), 『비둘기』(1965, 순천남국민학교문예반), 『영산강』(1970, 시조예술동인회), 『목포평론』(1933, 목포평론사) 등이 그러한 예에 속한다.

이처럼 광주·전남 잡지 중에서 특히 문학잡지 비중이 높은 이유는 조운, 박용철, 박화성, 차재석, 조희관, 김현승, 박흡, 오유권, 이동주 등 지역을 대표하는 선배 문인들이 후학을 양성하면서 지역문학의 활성화에 지대한 영향을 끼친 사실에서 그 원인을 찾을 수 있을 듯하다. 실제로 문학잡지 중에서 청년학생들의 동인지는 32종으로 전체의 47%로 나타난다. 이 수치는 결코 적지 않은 분량과 비중이라고 할 수 있다. 특기할 만한 것은 당시 동인으로 활동했던 사람들 중에서 다수가 훗날 중앙 문단에 데뷔한다는 것이다. 이 역시 선배 문인들의 헌신적인 문학 활동과 무관하지 않다. 이러한 분위기에 힘입어 동인지 『영도』(1955), 『순문학』(1959), 『대하』(1965), 『원탁문학』(1967), 『목문학』(1969), 『청호』(1976), 『무영문학』(1979) 등이 탄생하게 된다.

3) 지역별 현황

마지막으로 잡지 127종의 발행단체를 대상으로 지역별 매체 발간 분석을 수행해 보고자 한다. 구체적으로 발행단체의 소재지를 산출하여 그 지역별 분포 현황을 살펴볼 것이다. 이러한 분석 기준에 따른 지역별 매체 발간 현황을 제시하면 다음의 표와 같다.

〈표 6〉 지역별 매체 발간 현황

구분	종수	비율
광주	85	66.9%
목포	18	14.1%
서울	6	4.7%
순천	4	3.1%
해남	3	2.4%
여수	2	1.6%
진도	2	1.6%
장성	1	0.8%
함평	1	0.8%
강진	1	0.8%
담양	1	0.8%
여천	1	0.8%
승주	1	0.8%
전남	1	0.8%
계	127	100%

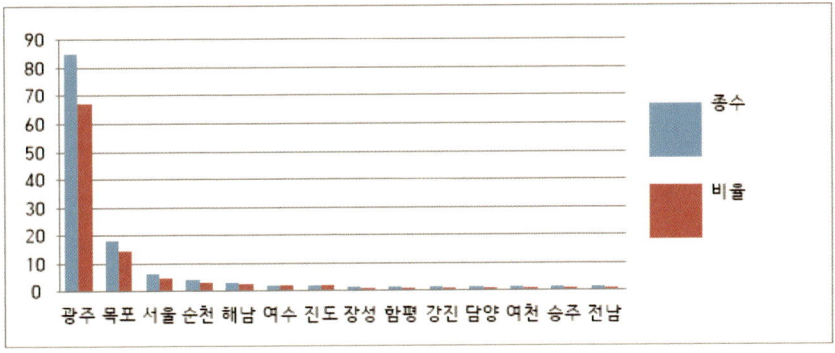

〈그림 4〉 광주전남잡지 지역별 분포도

광주 · 전남 잡지 127종의 지역별 분포를 높은 비율 순으로 살펴보면, 광주, 목포, 서울, 순천, 해남, 여수, 진도 순으로 나타난다. 그 뒤를 장성, 함평, 강진, 담양, 여천, 승주, 전남이 따르고 있다. 이러한 조사 결과는 광주 · 전남 지역의 잡지가 지역별로 고르게 산포되어 있음을 보여준다. 그러나 지역별 매체 비율을 살펴보면 지역별 분포와 뚜렷한 차이를 보여주고 있다. 이것은 지역별 종수만 보아도 쉽게 알 수 있다.

전체 127종에서 광주, 목포, 서울 지역의 종수는 총 109종으로 전체의 85.7%에 이르는 압도적 다수를 점하고 있다. 특히 최다 종수를 기록한 광주 지역은 전체의 66.9%를 넘는 비율로서 다른 지역의 잡지를 모두 합친 비율보다 높은 수치를 나타내고 있다. 이는 그동안 광주 · 전남의 잡지 발간이 주로 광주를 중심으로 이루어졌음을 말해준다. 그러나 해방 전후로 광주 · 전남 지역 각급 학교와 단체의 교지, 동창회지, 기관지, 동인지 등의 연속간행물이 봇물 터지듯 나왔음을 감안하면, 아직 수집되지 못한 잡지가 적지 않을 것이다.

실제로 전수 조사 목록에 오른 『크낙새』(진도), 『샛별문학』(함평), 『청구』(강진) 『자유예원』(영광), 『순아』, 『여향』, 『시작』, 『씨크라멘』, 『늪채』, 『아기섬』, 『관솔』, 『여수문학』, 『종산시사』, 『다도해』, 『해암동인』(이상 여수), 『송사리』, 『은원』, 『해솔』, 『별밤』, 『밀꽃』, 『보리수』, 『바위』, 『호박』, 『여울』, 『어린이목포』, 『송림』, 『초록별』, 『목포교육』, 『목요회』, 『해안선』, 『보륨문학』, 『청호문학』, 『직전』, 『전우』, 『새싹』, 『경성』, 『학생예원』, 『새별』, 『청춘수첩』, 『예술문화』, 『Socie May』, 『전남공론』, 『전남평론』, 『목포휘보』, 『목포시사』, 『풀잎이슬』, 『시류』, 『강강술래』(이상 목포), 『문학예술』, 『젊은이』, 『상록집』, 『광고타임스』, 『각서』, 『백지』, 『유달문학』, 『전남문화』, 『초점』, 『학생문예』, 『청록두』, 『꽃동산』, 『꽃마을』, 『꿈꾸는 아기곰』, 『돌개바람』, 『이삭』, 『시조예술』, 『광주수필』, 『시누대』, 『나락』, 『모란촌』, 『이랑』, 『광주아동문학』, 『은방울』, 『시조평론』, 『어린이시조』, 『오월시』, 『5세대』, 『기린봉』, 『남도문학』, 『주간소년』, 『누리,

『온누리』, 『주간소년』, 『전일연감』, 『전매어린이』, 『동인석혈』, 『녹명』, 『용봉문학』(이상 광주) 등이 발굴의 손길이 필요한 잡지다.

　광주·전남 지역 근현대 잡지 수집이라는 쪽에서 볼 때, 앞으로 자료 수집의 폭을 더 넓힐 필요가 있다. 새로운 지역의 잡지가 유입되지 않는 한 원자료의 양적, 질적 편협성은 피하기 어려우며, 그만큼 연구의 전망도 밝지 않을 것이다. 연구진이 기획한 애초의 목표가 달성되기 위해서는 향후 기존 연구에서 수집하지 못한 지역 잡지를 발굴하려는 노력이 적극 뒤따라야 할 것이다.

3. 광주·전남 잡지의 특성

　지금까지 수집한 광주전남 지역 잡지 127종을 통해 다음과 같은 특성을 추출할 수 있다.

　첫째, 광주·전남 지역 잡지의 전개 과정은 한국 잡지의 흐름과 유사한 도정을 보여준다는 점이다. 두루 알다시피 한국의 근현대사는 극적이라 할 만큼 역동적인 변모를 거듭해 왔다. 이 과정에서 전국 각지의 잡지 매체는 1세기가 넘는 시대 변화를 수용하며 여러 측면에서 현저한 변모를 거쳐 왔다. 특히 해방과 한국전쟁은 한국 잡지의 매체 지형에 커다란 변화를 가져오는 결정적인 계기가 되었는데, 이는 광주·전남의 잡지를 통해서도 확인되는 사안이다. 이런 조건 속에서도 잡지가 그 시대와 지역의 구심점이 되어 왔다는 것도 주목할 부분이다. 일제 치하 경성에서 발행된 잡지가 경성의 구심점이 되었던 것처럼 해방기 목포에서 발행된 잡지는 목포의 구심점이 되어주었다. 그 점에서 지역 사회의 구심점은 매체의 발행과 긴밀하게 연결되어 있는데, 광주·전남의 매체 또한 이와 무관하지 않다는 것을 알수 있다. 애국계몽기와 일제강점기를 거쳐 해방기에서 현재에 이르는 광주·전남

지역 잡지의 태동과 성장은 바로 이러한 사회상을 반영한다 하겠다. 이는 광주·전남 잡지가 당대의 정치·사회적 조건과 복잡하면서도 중층적인 사회문화구조 내에서 전개되어 왔음을 일깨워준다.

둘째, 광주·전남 잡지는 별개의 것으로 존재하는 것이 아니라 일정한 연관성을 지니고 있다는 점이다. 통계적 분석 결과에 눈길을 줄 경우 광주·전남 잡지들이 유기적으로 결합되지 못하고 개별화된 형태로 나타났다고 볼 수 있다. 그러나 지역의 매체 발간 전통을 살피면, 잡지 주체 즉 편집인과 발행인, 또는 주요 동인이 같은 사람인 경우가 많다. 예컨대 1920년대 강진에서 김윤식(영랑), 차부진, 김길수, 김현구 등이 결성한 동인회 〈청구〉는 1930년대 박용철의 순문학지 『시문학』 발간에 영향을 미치고 『시문학』(3호) 종간은 종합잡지인 『문예월간』(4호) 창간으로 이어진다.

또한 1933년 1월 목포에서는 나만성이 『목포평론』(5호)에서 『전남평론』으로, 다시 『호남평론』(32호)으로 이어지는 종합지를 연속 발간하기도 했다.[8] 해방 이후 조희관과 차재석의 문학 활동도 주목되는 지점이다. 두 사람 모두 1946년 『보국문화』를 시작으로 전쟁기 정훈잡지 『갈매기』(4호)와 『전우』(35호)를 비롯하여 주간지 『새벌』, 『시정신』(4집), 1960년대 『목포문학』의 발간과 편집을 번갈아 주도하면서 지역 매체의 보급과 활성화에 주력하였다. 또한 목포 지역 청년학생을 중심으로 한 『벌판』, 『별밤』, 『은원』, 『여울』, 『해솔』, 『청도문학』, 『송사리』, 『밀꽃』, 『보리수』, 『바위』, 『호박』, 『문학자』 등의 동인지 발간에도 많은 영향을 끼쳤다. 이러한 사례는 광주·전남의 매체 전통이 지역에서 활동한 선배 문인들을 구심점으로 순환의 고리를 이어오고 있음을 잘 보여주고 있다.

---

[8] 이동순에 따르면, 1935년 1월부터 1937년 8월까지 2년 4개월 동안 『호남평론』에 발표한 장르별 작가는 시 53명, 소설 17명, 수필 22명, 시조(민요, 한시 포함) 14명, 희곡 10명, 비평 3명, 아동문학 2명이다. 이에 대해서는, 이동순, 『광주전남 지역문학과 매체』, 앞의 책, 38면 참조.

셋째, 이러한 영향으로 광주·전남 지역은 전술한 청년학생들의 매체 발간이 두드러진다는 점이다. 청년학생들의 매체는 종별로 볼 때, 동인지와 교지가 압도적이고, 장르별로는 문학지가 주류를 이루며, 대체로 단명하였다는 특성을 보인다. 그러나 몇 개의 동인지는 현재까지 지속되는 것으로 확인된다. 대표적으로 1967년 5월 원탁문학회가 발간한 동인지『원탁문학』을 들 수 있다. 초기에는 계간으로 발행되다가(1967년에는 봄, 가을 두 번 발행) 1969년 제10집에서「〈원탁〉 발언」을 게재한 이후 원탁문학회가 '원탁시회' 혹은 '원탁시문학회'라는 명칭으로 정착되면서 1970년 제11집부터는 연간으로『원탁시』가 나왔다. 2023년 현재까지도 발행되는 동인지라는 점에서『원탁문학』은 광주·전남 지역 문학사에서 중요한 의미를 가진다고 볼 수 있다. 그런 점에서『원탁문학』동인지는 학생문단 형성과 활동에 중요한 토대를 이루었다고 할 수 있다. 지역 학생들의 동인 활동과 매체 발간으로 지역 문학사회가 활성화되는 양상을 보여준다는 것도 특징적인 현상이라 할 만하다.

4. 결론 : 연구의 과제와 전망

이 글의 목적은 1900년부터 1980년까지 광주·전남 지역에서 발간된 잡지 매체 127종에 대한 통계적 분석을 통하여, 근현대 광주·전남 잡지의 현황과 특성을 파악하는 것이었다. 본 논문에서 논의된 127종의 광주·전남 잡지의 현황과 특성을 요약하면 다음과 같다.

첫째, 연대별 증감 추이를 보면 시대적 흐름에 따라 발간 비중이 전체적으로 증가하는 경향성을 보여주었다. 구체적으로 1900년대부터 1940년대 전반까지의 잡지 종수는 대체로 미미한 수준이었다가 1940년대 후반에 증가하기 시작하여 1950

년대와 1960년대에 큰 폭의 증가를 보였으며, 1970년대에 가장 비약적으로 증가하는 추세를 보이고 있다. 이러한 추이는 광주·전남의 잡지 매체가 당대의 정치적, 사회적 격변의 영향 하에서 역동적인 성장과 변모 양상을 보여준 결과로 풀이된다.

둘째, 종별 분류 체계에 따른 주요 잡지 편수는 공공잡지, 일반잡지, 학술지, 기타 순을 보였다. 먼저 공공잡지는 54종(42.5%)의 비율을 보여 가장 높은 비중을 차지한 것으로 확인되었으며, 다음으로 일반잡지는 49종(38.6%)에 이르는 것으로 확인되었다. 또한 공공잡지 가운데 기관지는 24종, 교지는 30종으로 파악되었으며, 일반잡지 가운데 문학지는 34종으로 파악되었다. 이어 학술지는 23종(18.1%), 기타는 1종(0.8%)의 비율을 보여 상대적으로 적은 비중을 나타냈다.

셋째, 공공잡지와 일반잡지의 학문 분야별 발간 추이를 보면 대체로 유사한 경향성을 보여주었다. 이 가운데 문학 분야가 전체 69종(67%)의 비중을 보여 가장 높은 분야였던 것으로 확인되었다. 다음으로 문화예술 분야가 전체 15종(14.6%)의 비중을 보였지만 그 내용을 분석해보면 일반잡지 보다 기관지 형식의 공공잡지가 더 많이 발간된 것으로 나타났다. 이어 시사종합 분야가 9종(8.7%)로 나타났고, 사회과학 분야의 경우에는 5종(4.9%)으로 나타남으로써 학문 분야별 매체 발간 진폭이 큰 것으로 확인되었다.

넷째, 문학잡지를 장르별로 분석한 결과, 기타 40종(57.9%)〉시 15종(21.7%) 순으로 나타났고, 소설과 동화동시와 시조는 각각 4종(5.8%), 비평과 수필은 각각 1종(1.5%)으로 조사되었다. 이 가운데 광주·전남 지역 문학잡지의 절반을 차지하고 있는 기타 장르는 시와 산문, 논단과 번역문이 혼합된 교지와 동인지, 회지, 기관지, 정훈지 등으로 확인되었다. 시 장르는 15종(21.7%)의 비중을 보여 적지 않은 비율을 차지한 데 비해, 소설과 수필 등은 근대문학의 주요 장르로 인식되면서도 상대적으로 매우 낮은 비중을 나타냈다.

다섯째, 광주·전남 잡지 127종의 지역별 분포 현황을 살펴본 결과, 대상 기간에 한 종이라도 잡지를 발간한 지역은 광주, 목포, 서울, 순천, 해남, 여수, 진도, 장성, 함평, 강진, 담양, 여천, 승주, 전남 등으로 나타났다. 지역별 분포에 있어서는 광주와 목포 지역이 103종(81%)의 비중을 보여 전체의 2/3이상을 차지하는 것으로 나타났다. 이는 그동안의 광주·전남의 잡지 발간이 다른 지역보다 주로 광주와 목포 지역에서 많이 생산되어 왔음을 보여준다.

이상의 연구 결과는 광주·전남 지역 잡지의 발간 현황과 특성을 파악하는데 필요한 기초자료로 의미가 있을 것이다. 하지만 본 연구는 광주·전남 지역 잡지를 통계학적으로 분석하였기 때문에 개별 잡지에 대한 엄밀하고 두터운 분석을 진행하지 못했다는 한계가 있다. 또한 근현대 광주·전남 잡지의 현황과 흐름이 제한적이나마 검토된 것은 그 나름대로의 성과라 하겠으나 수집 자료가 충분하지 않아 전체적이고 거시적인 연구가 되지 못했다는 한계를 가지고 있다. 여기에서 다루지 못한 광주·전남 잡지에 대해서는 향후 자료 수집과 더불어 추가 연구가 수반되어야 할 것이다.

갈매기

題　　號	갈매기 創刊號	판　　형	15×20.5
발 행 일	1951.02.01.	발행편집인	趙昺基
표지화·컷	表紙컷: 張德, 題字: 鄭兢謨	간별, 정가	월간, 비매품
면　　수	128	인 쇄 소	第一印刷社(木浦市 務安洞 3番地) 인쇄인: 鄭判吉
발 행 처	해군목포경비부 정훈실	기　　타	海軍木浦警備府

　『갈매기』창간호는 해군목포경비부(海軍木浦警備府) 정훈실(政訓室)에서 1951년 2월 1일에 발행한 정훈 잡지이다. 창간호의 판권사항을 보면 편집 겸 발행인은 해군목포경비 정훈실장(政訓室長) 조병기(趙昺基)이고, 인쇄인은 정판길(鄭判吉), 인쇄소는 제일인쇄소(第一印刷所, 木浦市 務安洞 3番地)로 총 128면이다. 제자(題字)는 정극모(鄭兢謨)가 쓰고, 표지 컷은 장덕(張德)이 그렸다.

　정훈실장 조병기는 창간사를 통해 '스탈린과 그 앞잡이 김일성을 비롯한 공산주의 신봉자들의 탄압에 맞서 민족성과 인간성을 지켜내기 위해'『갈매기』를 창간하였다고 하였다. 목차를 보면 정훈실장 조병기의 〈창간사〉와 문재근(文在槿)의 〈축시(祝詩)〉「갈매기를 축하하노라」를 시작으로 〈시사논평(時事論評)〉, 〈시(詩)〉, 〈정신생활(精神生活)의 각성(覺醒)〉, 〈규수문원(閨秀文苑)〉, 〈문화논평(文化論評)〉, 〈창작(創作)〉, 〈편집후기〉 등의 코너가 있고, 사이사이에 차재석(車載錫)의「해군목포사령부(海軍木浦警備府) 송인명(宋寅明) 중령(中領)을 찾아서」, 헨리 신부(神父)의「유물론 공산주의 세계에 인간다운 살길은 없다」, 정훈실 편「우리 무적해군은 이렇게 자라났다」등의 글이 수록되어 있다.

　〈시사평론〉과 〈정신생활의 각성〉 그리고 〈문화논평〉에는 모두 8편의 글이 수록되어 있는데, 이 가운데 한국전쟁에 참전한 UN군에 대해 다룬 백상건(白尙健)의「국제경찰군(國際警察軍)의 역사적의의(歷史的意義)」, 공산주의 극복을 주장하는 조정두(趙正斗)의「정신무장(精神武裝)」, 단군설화를 재검토하여 거기에 나타난 민족사상을 고찰한 이진모(李珍模)의「단군설화(檀君說話)와 민족사상(民族思想)」등이 눈에 띈다. 목포와 광주 지역의 문화예술인들의 작품을 다수 배치한 것도 눈에 띄는 대목이다. 〈시〉 코너에는 조희관의「싸우라 족속(族屬)아」, 김현승의「우리 여기 모임은」, 장병준의「대한(大韓)의 길」, 목일신의「갈매기」, 이수복의「회한(悔恨)」, 박흡의「말뚝의 노래」, 정송해의「햇불」등이 실려 있고, 〈창작〉 코너에는 이가형(李佳炯)의 단편「성선설(性善說)」, 김해

석(金海錫)의 단편 「돌아온 아들」, 차범석(車凡石)의 희곡 「별은 밤마다」가 실려 있다.

이외에 여성작가들의 작품란 〈규수문원〉을 따로 두어 작가적 역량을 키우는 토대를 제공하기도 하였다. 〈규수문원〉에는 이석봉과 임성순의 시 「여교사」와 「빛」 외에 박순자의 수필 「단상(斷想)」이 함께 실려 있다. 이 가운데 이석봉은 시인 박흡의 아내로 전남여중교사이던 1962년 『동아일보』 신춘문예에 소설 「빛싸이는 해구」가 당선되어 소설가로 활동하였으며, 영문학을 전공한 임성순도 등단을 거친 후 후일 여러 권의 시집을 냈는데 『갈매기』가 그 출발점이 되었다. 이 점에서 『갈매기』는 지역의 문화예술인들의 문예 작품을 전면에 배치함으로써 전쟁으로 피폐해진 대중들을 위안하는 문화공작에 충실하려 애썼다.

그런데 선행 연구에 따르면, 『갈매기』 제2호는 3·4월 합병호, 제3호는 5월호로 발행되었다가 제4호를 발간함과 동시에 종간된 것으로 보인다. 그러나 『갈매기』는 한국전쟁기 해군목포경비부 정훈실이 수행하였던 정훈공작과 지역 문화예술인들의 활동상을 보여주는 자료로서 의의가 있다. 전남대학교 도서관에 소장된 『갈매기』 창간호를 DB화 하였다.

황태묵·이지혜, 「근현대 광주·전남 잡지의 지형과 특성」, 『국어문학』 78호, 국어문학회, 2021과 이동순, 「해군목포경비부의 정훈잡지 『갈매기』 발굴의 의미」, 『근대서지』 8호, 근대서지학회, 2013을 참고하였다.

갈매기 創刊號 차례

題字 鄭寅普 漢陽
祝詩「갈매기」에게
★ 表紙·扉面
我誦室長 趙 鼎 基(4)
 文 在 模(5)

時事評論
創刊辭 國際警察軍의 歷史的意義 白 衡 鎰(6)
美英會談의 意義와 韓國
海軍木浦警備府司令官
宋寅明 中領을 찾아서 車 載 錫(8)

詩
싸우라 族屬아 조 희 관(13)
우리 여기 모임은 김 현 승(14)
大韓의 길 장 병 준(16)
말뚝의 노래 이 수 복(22)
悔恨 박 홀(24)
횃불 정 송 해(26)
갈매기 목 일 신(27)

精神生活의 覺醒
유룡론 공산주의 세대에 인간마운 살음은 없다
헨리-神父(30)

再建教育의 指針 安 龍 伯(34)
精神武裝 趙 正 斗(37)
眞正한 自由는 崔 保 羅(40)
精神生活에서
우리 無敵海軍은 이렇게 자라낫다
飛躍하는 木浦海軍의 이모저모
政訓室(46)

閨秀文苑
女教師
斷 想(詩)
및 이 석 봉 50
박 순 자 52
임 성 순 51

海外消息
로막 지식고
어휘더듬이
편집실(54)

文化評論
檀君說話와 民族思想 李 珍 永(56)
南畵
北韓과 音樂 許 昌 文(60)

創作
性善說(戲曲二幕) 金 佳 炯(64)
토끼頌 조 희 관(63)
돌아온 아들
별은 밤마다 李 海 錫(75)

原稿募集 ○ 編輯後記 凡(80)

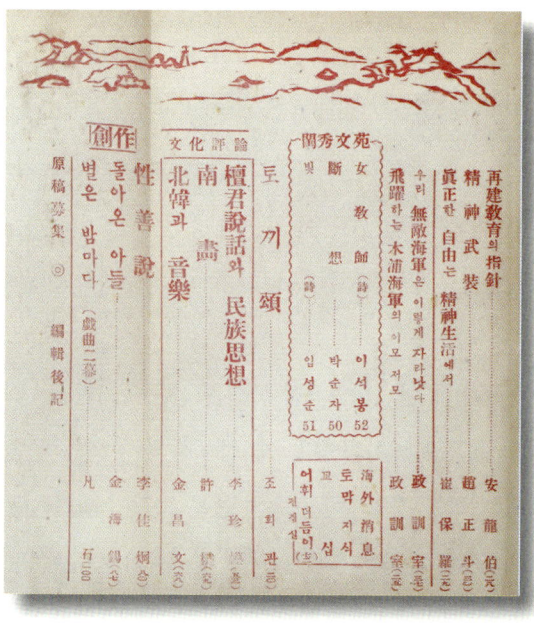

경영논총

題　　　號	經營論叢 第1輯	판　　　형	17×25
발 행 일	1976.12.30.	발행편집인	發行: 朴應淳
표지화·컷		간별, 정가	연간, 非賣品
면　　　수	145	인 쇄 소	全南大學校 出版部
발 행 처	全南大學校 經營大學院	기　　　타	광주, 125면과 126면 순서 뒤바뀜

『경영논총(經營論叢)』은 전남대학교 경영대학원에서 1976년 12월 30일에 창간한 학술지이다. 제1집은 심산(心山) 박응순(朴應淳) 교수(敎授) 화갑기념특집호(華甲紀念特輯號)이다. 판권사항을 보면 발행소는 전남대학교 경영대학원, 발행인은 박응순, 인쇄소는 전남대학교 출판부로 총 145면의 비매품이다.

제1집은 경영대학원 원장 박응순의 발간사와 문하생 일동의 송수사(頌壽辭)를 시작으로 전남대학교 상과대학 교수 양귀현(梁貴泫), 박광순(朴光淳), 송면(宋勉), 김명근(金明根), 이정구(李楨九), 전남대학교 공과대학 강사 이성웅(李聖雄)의 논문 6편이 실려 있는데, 이 가운데 송면의 「환경문제(環境問題) 마케팅 전략(戰略)」과 김명근의 「전통회계(傳統會計)에의 정보과학적(情報科學的) 접근(接近)」 등이 주목된다.

제5집은 1980년에 발간되었으며 모희춘(牟喜春) 교수(敎授) 화갑기념(華甲紀念) 논문집(論文集)으로 기획되었다. 제5집도 문하생 일동의 송수사(頌壽辭)를 시작으로 전남대학교 경영대학 교수의 논문 10편이 실려 있는데, 이 중 유면식(劉冕式)의 「EMS 창설을 통해 본 유럽 경제통합(經濟統合)의 배경과 전망」, 이방원(李芳遠)의 「미이행(未履行) 계약(契約)의 측정모델 연구」 등이 눈에 띈다.

이처럼 『경영논총』은 1970년대 후반 전남대학교 경영대학원의 학술적 경향을 보여주는 자료로서 의의가 있다. 전남대학교 도서관에 소장된 제1집과 제5집을 DB화 하였다. 황태묵·이지혜, 「근현대 광주·전남 잡지의 지형과 특성」, 『국어문학』 78호, 국어문학회, 2021을 참고하였다.

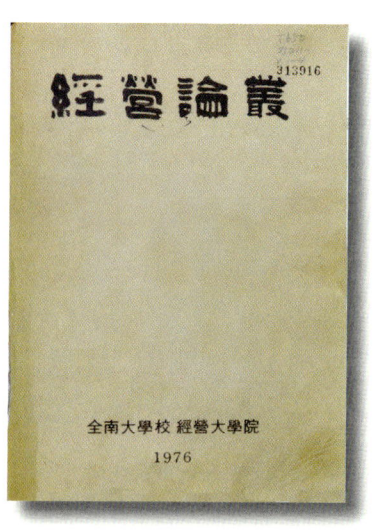

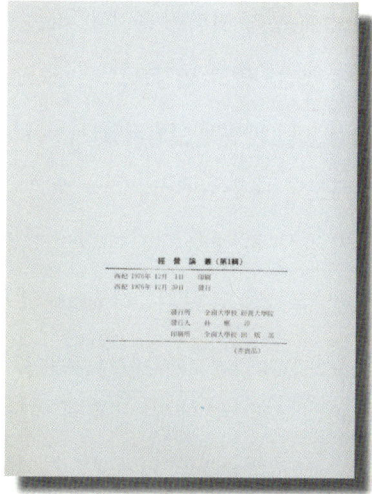

공우

題　　號	工友 第2號	판　　형	15×21
발 행 일	1947.09.01.	발행편집인	發行: 朴學圭, 編輯: 朴晃
표지화·컷		간별, 정가	연간, 非賣品
면　　수	본문: 41, 부록: 4	인 쇄 소	東光新聞社印刷局(光州府 光山洞 78) 인쇄: 崔東彦
발 행 처	光州工業中學校	기　　타	광주

　『공우(工友)』 제2호는 광주공업중학교(현 광주공업고등학교)에서 1947년 9월 1일 발행한 교우회지(校友會誌)이다. 판권사항을 보면 편집은 박황(朴晃), 발행인은 박학규(朴學圭), 인쇄소는 동광신문사인쇄국(東光新聞社印刷局), 인쇄인은 최동언(崔東彦)이며, 총 41면의 비매품이다. 〈머리말〉에 "우리「공우」의 탄생이 이제 첫 돌도 채 지내지 못한 벌거숭이지만 그 우렁찬 소리는 벌써 두 번째 우리 귀창을 울린다."라는 기록이 있는 것으로 보아『공우』는 1946년에 창간되었고 연간으로 발행되었음을 알 수 있다. 이는 광주공업중학교가 1946년 10월에 설립되었다는 사실로도 뒷받침된다.

　본문의 내용은 〈머리말〉, 〈논문〉, 〈시〉, 〈문예〉, 〈학예〉, 〈창작〉, 〈편집후기〉, 〈부록〉으로 구성되어 있으며, 교사와 학생이 필진으로 함께 참여하였다. 교사의 경우 김종화(金鍾和)의 논문「학도와 환경」과 토목강좌「다리의 기원(起源)」, 지영길(池英吉)과 천경성(千慶成)의 시「청년의 노래」와「비오는 징심(澄心) 고찰(古刹)에서」, 박황의 역사 강의「조선문화사」와 장편소설「애사(哀史)」, 조만일(趙萬逸)의 기계재료 강의「철(鐵)과 동(銅)」등이 수록되어 있다.

한편 학생들의 글은 〈문예〉 코너에서 다수 발견할 수 있다. 수필로는 기계과 양회암(梁會岩)의 「우리나라」, 기계과 권형길(權亨吉)의 「양군(梁君)」, 토목과 정장완(鄭樟完)의 「우리나라의 독립」, 전기과 최민홍(崔敏洪)의 「공상 선수」, 기계과 장종훈의 「나의 동생」, 기계과 문준식(文俊植)의 「우리나라의 장래」와 학생들의 대담을 정리한 「웃음거리」 등이 실려 있다.

「공우」 제2호는 해방 후 2년이 되는 시점에 발간되었기 때문에, 교우회지임에도 시대적 상황과 나라의 장래에 대한 학생들의 글이 다수 실려 있는 점이 인상적이다. 또 교과서의 부족한 부문을 채워주는 차원에서 교사들의 학술강좌를 연속적으로 배치한 것도 눈에 띄는 특징이다. 이 점에서 「공우」 제2호는 해방기 광주공업중학교 구성원들의 학문적인 관심과 문학적 소양을 보여주는 자료로서 가치가 있다. 개인이 소장한 『공우』 제2호를 DB화 하였다.

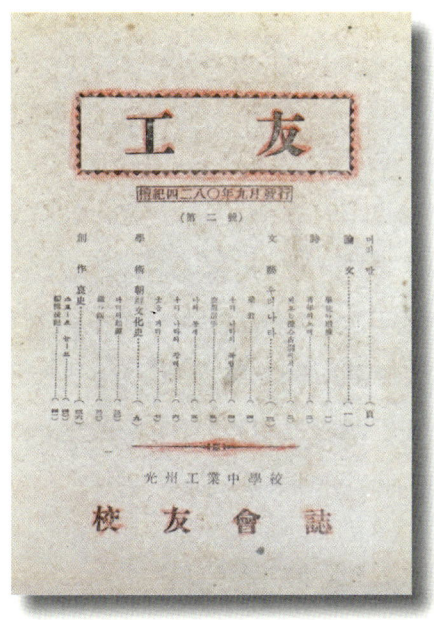

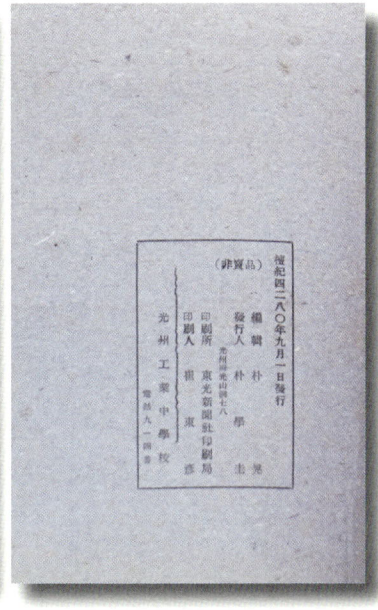

광고

題　　號	光高 제26호	판　　형	15×21
발 행 일	1977.01.	발행편집인	발행: 김해중, 편집: 光高文藝部
표지화·컷	表紙: 崔貞夫, 題字: 孫榮珠	간별, 정가	부정기, 비매품
면　　수	280	인 쇄 소	국제문화사(광주시 광산동 41)
발 행 처	광주고등학교	기　　타	광주, 1950년 교지창간

『광고』 제26호는 광주고등학교에서 1977년 1월에 발행한 교지이다. 판권 사항을 보면 발행인은 김해중, 편집인은 광고문예부(光高文藝部), 인쇄처는 국제문화사(광주시 광산동 41), 총 280면의 비매품이다. 학생 편집위원으로 양홍준(3년), 김수현(3년), 김성화(3년), 김형수(2년), 백준(2년), 백옥인(2년)이 참여하였고, 지도교사는 임종숙이 맡았다. 표지는 최정부(崔貞夫)가 그리고, 제자는 손영주(孫榮珠)가 썼다.

본문의 대략적인 내용은 〈논단〉, 〈특집1〉, 〈광고시원〉, 〈특집2〉, 〈졸업의 장〉, 〈교사수필〉, 〈보고〉, 〈취미〉, 〈수필〉, 〈기행〉, 〈서간〉, 〈독후감〉, 〈산문〉, 〈창작〉, 〈편집후기〉 등으로 구성되어 있으며, 교사와 학생들이 필진으로 함께 참여하였다. 〈논단〉에는 교사 8인과 학생 5인의 글이 수록되어 있는데, 교사의 글로는 이태영(李泰英)의 「국민정신교육의 강화」, 서기남(徐基南)의 「다다이즘이란?」, 안영우(安榮祐)의 「세계어로서의 프랑스어」, 장석진(張錫軫)의 「해조 간장 개발에 관한 연구」, 학생의 글로는 민경철(3년)의 「병신과 머저리」와 이청준의 작품세계」, 조병연(3년)의 「한글 전용론」, 문종남(2년)의 「사상과 인물의 전형성(典型性)」 등이 눈에 띈다. 고등학생의 글임에도 논리적이며 호소력이 깊은 점이 인상적이다.

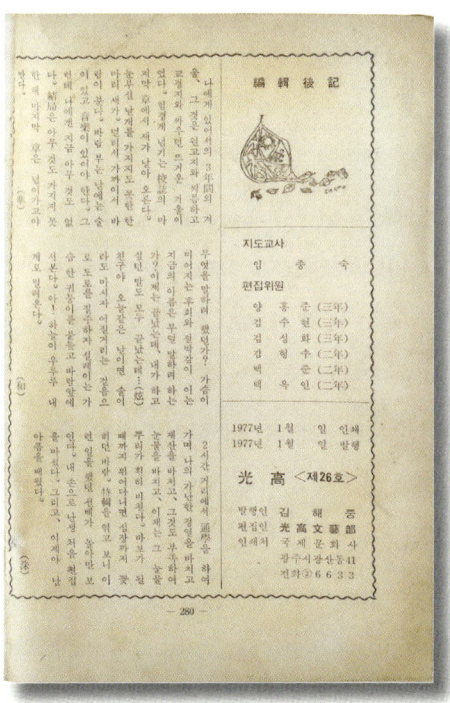

〈특집1〉은 '광고인(光高人)의 길'이라는 제하에 졸업생 선배들의 조언을 듣는 형식으로 꾸려졌다. 고귀남(高貴南, 1회), 이균범(李均範, 1회), 최웅(崔雄, 2회), 마삼열(馬三熱, 5회), 박정구(朴定求, 5회), 조진환(曺晋煥, 7회), 김응열(金應熱, 8회), 문순태(文淳太, 9회) 등이 필진으로 참여하였다.

이 가운데 눈에 띄는 필진은 「진실의 아픔을 쓸 수 있겠는가」를 쓴 소설가 문순태이다. 문순태는 전라남도 담양군 출생으로 조선대학교 국문과를 졸업하고 『전남일보』 편집국장과 순천대학교 교수를 역임하였다. 1973년 『한국문학』 신인상에 「백제의 미소」가 당선되어 등단하였으며, 『철쭉제』, 『타오르는 강』 등이 대표적 작품이다. 〈특집2〉는 '4반세기 광고문학사(光高文學史)'라는 주제로 광주고등학교 문예반 선배들의 행적을 문예부에서 조명하는 형식으로 꾸려졌다.

한편 〈광고시원〉과 〈창작〉은 주로 재학생들의 시와 소설로 내용이 채워졌다. 졸업생으로는 윤삼하(尹三夏)가 시 「아침의 변용(變容)」을 발표하며 필진으로 참여하였다. 윤삼하는 광주고등학교 재학 시절 1세대 문예부 활동을 하면서 박봉우, 강태열, 주명영 등과 1952년에 동인지 『상록집(常綠集)』을 발간하였는데, 이 당시 문예부의 첫 지도교사는 시인 박흡이었다. 본문 지면에는 윤삼하의 제2시집 『소리의 숲』 출간을 알리는 광고(廣告)가 게재되어 있기도 하다.

특기할 것은 이러한 매체 발간의 전통이 이성부, 문순태, 민용태, 이이화 등의 광주고등학교 문예부 2세대의 문학적 활동에도 지속적으로 이어진다는 것이다. 즉 이러한 문학적 분위기에 힘입어 훗날 광주고등학교 출신 선후배들이 의기투합하여 결성한 동인지 『영도(零度)』(1955), 『광고시집』(1958) 등이 탄생하게 된다.

이처럼 『광고』는 단일 학교에서 가장 많은 문인을 배출한 광주고등학교의 문학적인 분위기와 광주고등학교 문예부 선후배의 문학적 발자취를 살필 수 있는 자료라는 점에서 중요한 가치가 있다. 개인이 소장한 『광고』 제26호를 DB화 하였다. 황태묵·이지혜, 「근현대 광주·전남 잡지의 지형과 특성」, 『국어문학』 78호, 국어문학회, 2021과 이동순, 「광주고등학교 문예부 활동의 문단사적 의미 – 『상록집(常綠集)』과 『광고시집(光高詩集)』을 중심으로」, 『인문학연구』 46호, 조선대학교 인문학연구소, 2013을 참고하였다.

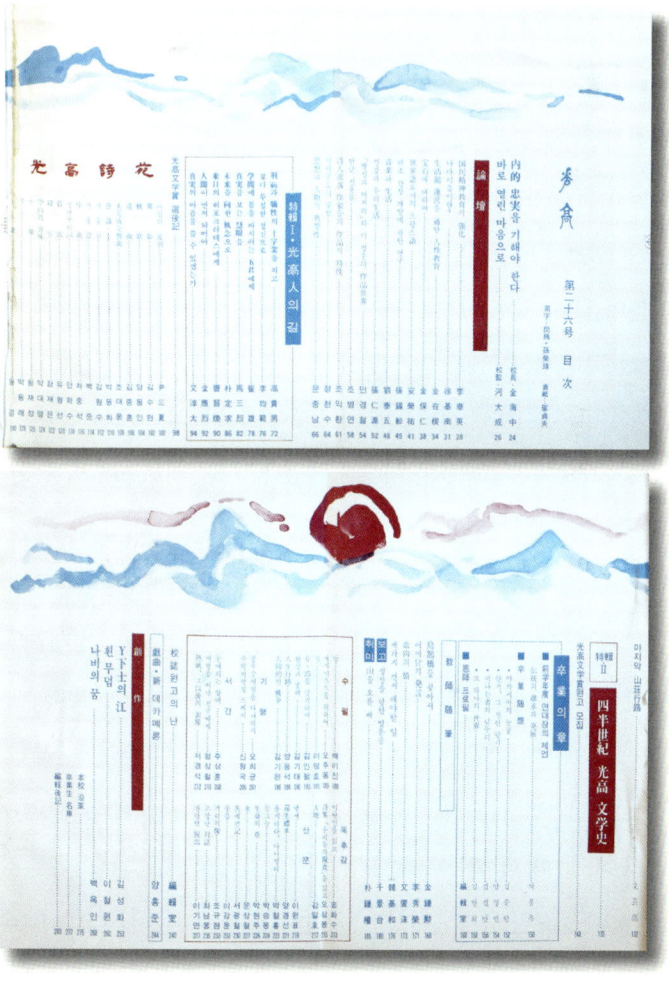

광고시집

題　　　號	光高詩集 第1輯	판　　　형	15.5×21.2
발　행　일	1958.08.20.	발행편집인	光州高等學校文藝部
표지화·컷	표지: 朴錫載, 컷:梁秀雅	간별, 정가	
면　　　수	64	인　쇄　소	全南日報社印書館
발　행　처	光州高等學校文藝部	기　　　타	광주, 90부 한정판

『광고시집』 제1집은 1958년 8월 20일에 광주고등학교 문예부 선후배 학생들이 발간한 동인지이다. 판권사항을 보면, 발행 겸 편집은 광주고등학교문예부(光州高等學校文藝部), 인쇄소는 전남일보사인서관(全南日報社印書館), 총 64면으로 되어 있다. 당시 인쇄본 90부 한정판으로 출판되었는데, 표지화는 박석재(朴錫載), 컷은 양수아(梁秀雅)가 맡았다.

본문의 내용은 1부에 선배들의 시, 2부에 후배들의 시로 구성되어 있으며, 〈서(序)〉는 김현승, 〈후기〉는 이성부가 썼다. 시인 김현승이 이 동인 시집의 서문을 쓴 것은 학생들이 주말마다 그를 찾아다니며 시를 지도받은 인연이 작용한 것으로 알려져 있다. 1부에는 박성룡의 「ATELIER」, 정현웅의 「음악」, 박봉우의 「순금(純金)의 고독」, 윤삼하의 「나무의 사상(事象)」, 정재완의 「눈 오는 밤에」 등 광주고등학교 출신 선배들의 시 5편이 수록되어 있다.

한편 2부에는 김석돌(2학년)의 「노을과 상(像)」, 문순태(2학년)의 「꽃 소묘(素描)와 선(線)」, 이안범(2학년)의 「바람과 황혼(黃昏)」, 손세민(1학년)의 「추억」, 민용태(1학년)의 「자정(子正)」, 하은호(2학년)의 「바위」, 윤재성(2학년)의 「소리와 강」, 김용상(2학년)의 「토요일 풍경」, 이성부(2학년)의 「별과 이름」, 김영호(2학년)의 「맥랑

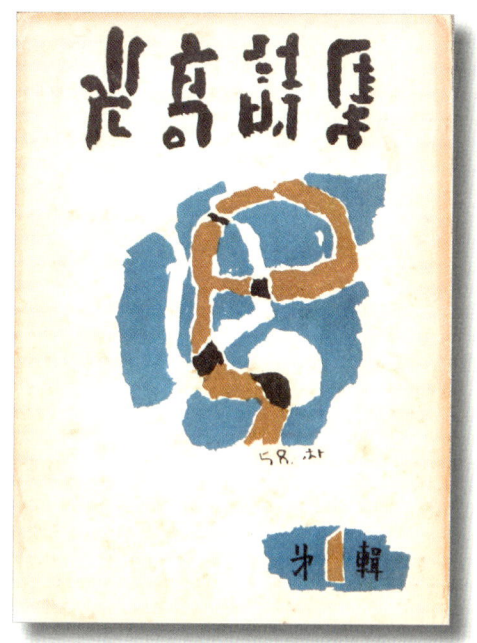

(麥浪)」등 재학생의 시 10편이 실려 있다.

　박봉우, 박성룡, 정현웅, 윤삼하 등은 광주고등학교 문예부 1세대로 활동하면서 동인지 『상록집』을 낸 바 있는데, 이성부, 문순태, 민용태 등의 광주고등학교 문예부 2세대들은 선배들의 활동을 이어받아 『광고시집』으로 응답하였다. 이 가운데 2세대를 주도적으로 이끈 이는 단연 이성부였다. 이성부는 1학년 때부터 광주고등학교 교지 『광고타임즈』를 편집하고 후기를 썼을 뿐만 아니라 각종 문예작품 공모대회에서 단연 두각을 나타냈을 정도로 일찍부터 남다른 문학적 재능을 발휘하였다.

　이러한 『광고시집』은 『상록집』과 더불어 광주고등학교 문예부 청년 문사들의 습작기 활동을 파악할 수 있는 자료로서 중요한 가치가 있다. 개인이 소장한 『광고시집』 제1집을 DB화 하였다. 황태묵·이지혜, 「근현대 광주·전남 잡지의 지형과 특성」, 『국어문학』 78호, 국어문학회, 2021과 이동순, 「광주고등학교 문예부 활동의 문단사적 의미 - 『상록집(常綠集)』과 『광고시집(光高詩集)』을 중심으로」, 『인문학연구』 46호, 조선대학교 인문학연구소, 2013을 참고하였다.

目次

序・金顯承・一〇
― 先輩 ―

ATELIER・朴成龍・一六
音樂・鄭顯雄・一八
純金의孤獨・朴鳳宇・二一
나무의事象・尹三夏・二四
눈오는밤에・鄭在浣・二六
― 在學生詩 ―

노을・像・金石둘・三〇
꽃素描・線・文淳太・三四
바람・陽地・李安範・三八
追憶・孫世民・四二
子正・민용태・四四
위・河銀鎬・四六
소리・江・尹在成・四八
土曜日風景・金容相・五二
별・이름・金盛夫・五四
蔘濱・金榮鎬・五八
後記・六一

表紙…朴錫載
컷…梁秀雅

광조

題　　號	光潮 第2輯	판　　형	15×21
발 행 일	1967.08.01.	발행편집인	高在琫
표지화·컷	表紙·컷: 朴匡哲, 題字: 申相豪	간별, 정가	연간, 비매품
면　　수	52	인 쇄 소	
발 행 처	在京光高同窓會	기　　타	主幹: 朴萬永

『광조(光潮)』는 재경광고동창회(在京光高同窓會)가 연간으로 발행한 동창회지이다. 1966년 11월에 창간되었으며, 제2집은 1967년 8월 1일에 발행되었다. 제2집의 판권사항을 보면, 편집 겸 발행인 고재봉(高在琫), 주간 박만영(朴萬永)이며, 총 52면으로 되어 있다. 표지·컷은 박광철(朴匡哲), 제자(題字)는 신상호(申相豪)가 맡았다.

본문에는 회장 고재봉의 〈권두언〉 「합심협력(合心協力)하는 기풍진작(氣風振作)을」을 비롯해 서울에 거주하는 광주고등학교 동문들의 〈논단〉, 〈나의 회상기〉, 〈설문〉, 〈광조 뉴스〉, 〈회원명단〉, 〈편집후기〉 등이 실려 있다. 특히 〈논단〉에 실린 김희석(金喜錫)의 「호남벌의 의지적 전망」과 정윤형(鄭允炯)의 「호남 「푸대접」의 경제적 의미」에서는 호남인들의 가치관을 토대로 사회·경제적인 호남 청년들의 임무를 강조했다는 점이 주목된다.

〈편집후기〉에 따르면, 이러한 편집 구성은 "호남의 번영과 모교의 발전과 과거의 영광을 되찾자는 희망"과 함께 '당시 많은 호남인들의 관심사였던 「푸대접」 문제'를 분석하기 위해 기획되었다는 것을 알 수 있다. 또한 시인 이성부와 판사 나석호의 〈나의 회상기〉, 각계각층에서 활동하는 동문들의

〈설문〉에는 당시 광주고등학교 동문들의 면면과 관심사가 잘 드러나 있다.

이처럼 『광조』는 광주고등학교 동창회를 아우르는 재경호남인들의 애향심과 자의식을 엿볼 수 있는 자료라는 점에서 의미가 있다. 개인이 소장한 『광조』 제2집을 DB화 하였다.

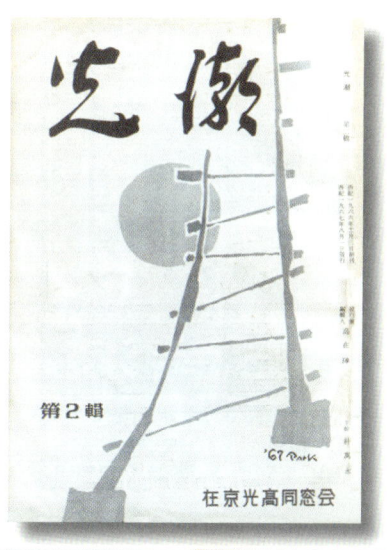

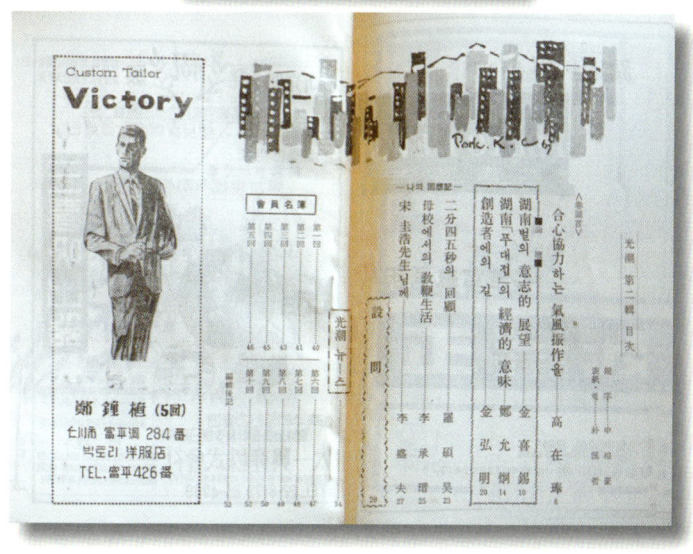

광주상의

題　　號	光州商議 1월호	판　　형	18×25
발 행 일	1978.01.	발행편집인	發行: 申泰浩, 編輯: 朴墡洪
표지화·컷		간별, 정가	월간
면　　수	58	인 쇄 소	無等商行印刷部 인쇄인: 金泰俊
발 행 처	光州商工會議所(光州市 東區 錦南路 2가 7)	기　　타	창간호

　『광주상의(光州商議)』는 1978년 1월에 광주상공회의소(光州商工會議所)에서 발행한 기관지로, 광주지역 상공인들의 대화의 장이자 각 분야에 걸친 기업활동을 대외적으로 널리 선전하며 소개하는 것을 목적으로 하고 있다. 1978년 1월호의 판권사항을 보면, 발행소는 광주상공회의소, 발행인은 신태호(申泰浩), 편집인은 박선홍(朴墡洪), 인쇄인은 김태준(金泰俊), 인쇄소는 무등상행인쇄부(無等商行印刷部)이다. 총 58면이며 월간으로 발행되었다.

　1978년 1월호의 주요 내용은 〈권두언〉과 〈신년시〉를 필두로 광주상공회의소의 「78년도 사업계획의 방향」, 「새해 전남도정(全南道政)」, 「새해 광주시정(廣州市政)」 그리고 「전남수출의 당면과제」에 대한 대한무역진흥공사(大韓貿易振興公社) 광주사무소장(光州事務所長) 오일상(吳一相)의 글이 있다. 특히 〈지역경제동향〉이라는 코너를 통해 제조, 수출, 금융, 건축, 물가 등의 섹션을 나누어 광주·전남지역의 경제상황을 분석하고 있다. 또한 〈통계〉 부분에는 「전국주요경제지표」, 「전라남도 수출실적」과 함께 광주시의 수출, 금융, 건축, 물가 등의 통계를 제공하고 있는 것이 주목된다.

이처럼 『광주상의』는 당시 광주지역의 경제상황을 살펴볼 수 있는 자료로서 의의가 있다. 전남대학교 도서관에 소장된 1978년 1월호를 DB화 하였다. 황태묵·이지혜, 「근현대 광주·전남 잡지의 지형과 특성」, 『국어문학』 78호, 국어문학회, 2021을 참고하였다.

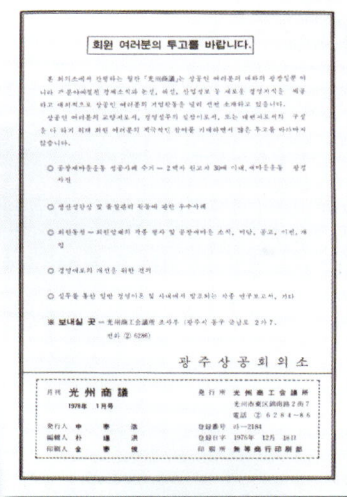

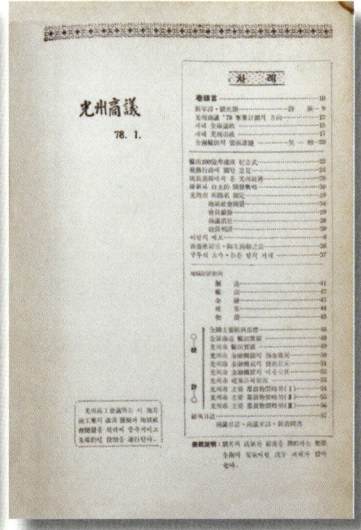

광주학생독립운동
기념회관 관보

題　　　號	광주학생독립운동기념회관 관보 창간호	판　　　형	18.5×25.3
발 행 일	1972.12.26.	발행편집인	조병윤
표지화·컷		간별, 정가	부정기, 비매품
면　　　수	48	인 쇄 소	범일인쇄사 오상근
발 행 처	광주학생독립운동기념회관	기　　　타	광주

『광주학생독립운동 기념회관 관보』는 1967년 11월 개관한 광주학생독립운동 기념회관에서 발행한 관보이다. 1972년 12월 26일에 창간호가 발행되었다. 발행인은 조병윤, 인쇄인 오상근, 발행처는 범일인쇄사이다. 총 48면이며 비매품이다. 책의 표지에 '관보 광주학생회관'이라고 표기되어 있는 것으로 보아 광주학생독립운동 기념회관은 광주학생회관으로도 불렸던 것 같다. 제호 아래에는 태극기를 펼쳐 든 남녀 학생의 그림이 표지를 장식하고 있다.

책의 본문은 앞부분에 교육감 최정기의 〈권두언〉과 관장의 〈창간사〉, 〈건립취지〉, 〈연혁〉, 〈학생독립운동 중요일지〉를 제외하면 크게 〈현황〉과 〈특집〉으로 구분되어 있다. 〈현황〉에는 광주학생회관의 「기본목표와 운영방침」, 「기구조직」, 「시설」, 「운영」, 「자치활동」 등이 포함되어 있다. 〈특집〉에는 광주학생운동과 관련된 글들이 여러 편 실렸는데, 이 가운데 제2차 학생운동 동지 대표 기영도의 「광주학생 독립운동을 중심으로 서봉(瑞峯) 최정기(崔貞基) 선생의 발자취를 더듬어 본다」, 조선대학교 교수 박준채의 「광주학생운동의 사적 의의」, 광주전남여자고등학교 교장 노희원의 「광주학생 독립운동과 정신교육」 등이 주목된다.

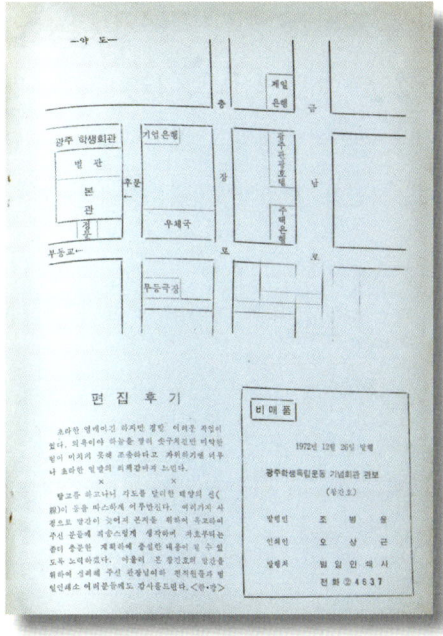

광주학생독립운동 기념회관은 1929년에 있었던 광주학생독립운동을 기념하며 민족 주체의식 고취와 학생 교양·생활 태도 확립에 기여하고자 건립되었다고 한다. 1967년에 광주시 동구 황금동에 건축되었으나 2014년에 서구 화정동으로 이전하였다. 현재 기념관과 도서관, 기념탑 등이 조성되어 운영되고 있다.

『광주학생독립운동 기념회관 관보』는 광주학생운동이 광주 지역에서 어떤 의미를 가진 사건인지, 어떤 방식으로 기억되고 있는지를 확인할 수 있는 자료라고 할 수 있다. 개인이 소장하고 있는 『광주학생독립운동 기념회관 관보』 창간호를 DB화 하였다. 광주학생독립운동기념회관의 웹사이트를 참조하였다.

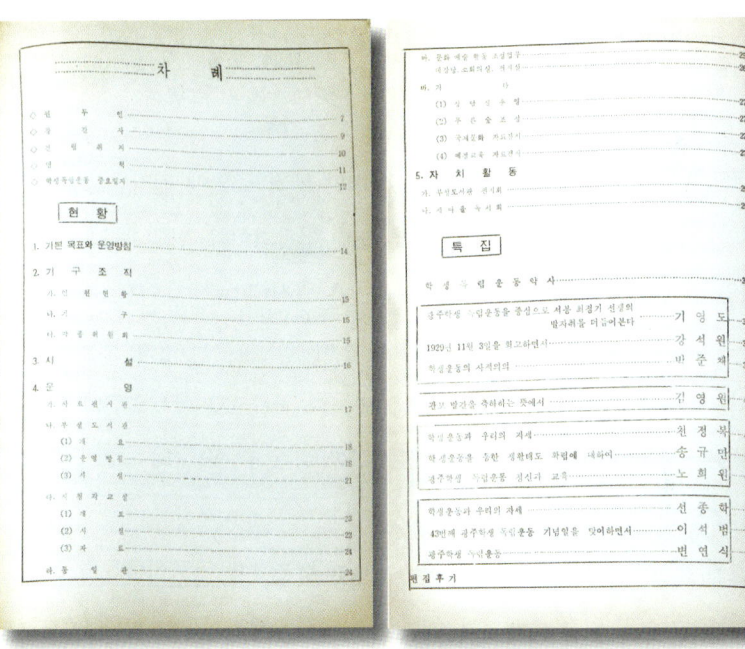

교도월보

題　　號	敎導月報 제1권 제5호	판　　형	16×22
발 행 일	1949.10.25.	발행편집인	宋在哲(全羅南道 光州市 農城洞 260番地)
표지화·컷		간별, 정가	월간
면　　수	56	인 쇄 소	全南紙工株式會社印刷局(全羅南道 光州市 忠壯路 4街 32番地), 인쇄: 朴信海
발 행 처	全羅南道農業技術院	기　　타	麥類展示圃場 特輯號

『교도월보(敎導月報)』 제1권 제5호는 1949년 10월 25일에 전라남도농업기술원(全羅南道農業技術院)에서 발간한 농업 관련 기관지이다. 판권사항을 보면, 발행인 및 편집인은 송재철(宋在哲), 인쇄인은 박신해(朴信海), 인쇄소는 전남지공주식회사인쇄국(全南紙工株式會社印刷局, 全羅南道 光州市 忠壯路 4街 32番地), 발행소는 전라남도농업기술원이다. 총 56면이며 월간으로 발행되었다. 책의 표지에는 제호 아래에 '11월호'라고 표기되어 있으며, 원 안에 보리 그림이 삽입되어 있다.

제1권 제5호는 맥류(麥類) 전시포장(展示圃場) 특집호로 발행되었으며, 본문에는 농업기술원 원장 송재철의 〈권두사〉「농업증산기술의 가치」를 필두로 「전시포장을 설명하여 드리는 말씀」, 「맥류종자갱신(麥類種子更新)의 실적거양(實績擧揚)을 논함」, 「본도(本道) 맥류 전시포장 설계서(設計書)」, 「감저(甘藷) 저장법(貯藏法)」, 「농사월중행사(農事月中行事)」, 「농사상담」, 「기상표(氣象表)」 등의 글이 수록되어 있다. 이 가운데 「본도 맥류 전시포장 설계서」에는 농업기술원에서 실험한 자료들 중 보리 품종의 시기별 재배 방법을 '표목기재예(標木記載例)'란에 소개하여 농업인의 이해를 돕고 있는 점이 특징이다.

이러한 『교도월보』는 전라남도 농업과 농촌의 발전을 위한 기술개발 및 보급 지도 등의 목적으로 발행한 자료라는 점에서 의미가 있다. 개인이 소장한 『교도월보』 1권 제5호를 DB화 하였다. 황태묵·이지혜, 「근현대 광주·전남 잡지의 지형과 특성」, 「국어문학」 78호, 국어문학회, 2021을 참고하였다.

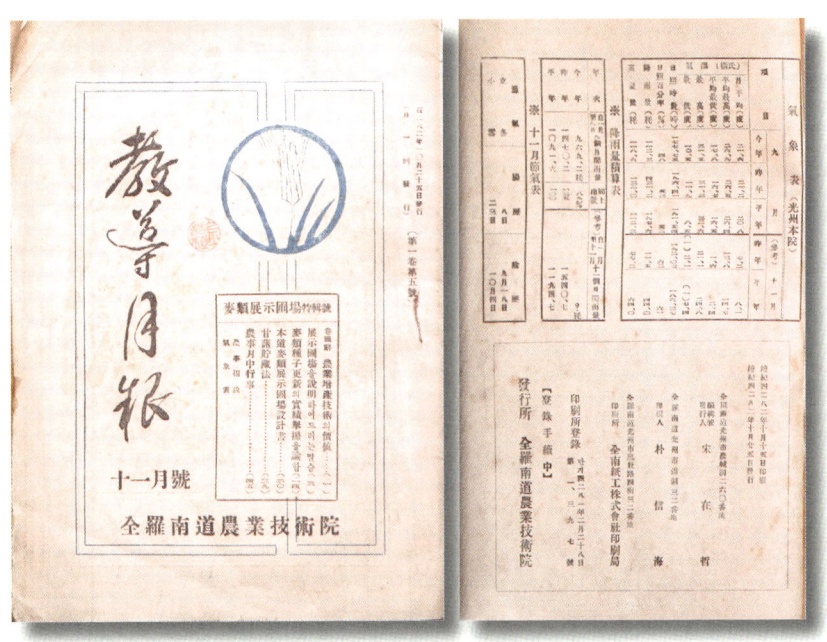

교육전남

題　　號	교육전남 제15호	판　　형	15.2×20.4
발 행 일	1973.03.25.	발행편집인	발행: 전라남도교육위원회 편집: 전라남도교육연구원
표지화·컷	표지: 광주학생탑 제호: 장전 하남호	간별, 정가	계간, 비매품
면　　수	226	인 쇄 소	도서출판 국제문화사, 월간 전남 교육사 인쇄국, 전남매일출판국
발 행 처	전라남도교육위원회	기　　타	광주

　『교육전남』은 전라남도교육위원회에서 발행하던 계간지로 전라남도교육연구원에서 발행하여 보급하던 『교육연구보』를 개칭한 것이다. 제15호는 1973년 3월 25일에 발행되었으며, 제16호는 1973년 6월 25일에 발행되었다. 제15호와 제16호의 판권사항을 보면, 발행인과 편집인에는 모두 전라남도교육위원회와 전라남도교육연구원으로 되어 있고, 인쇄소는 각각 도서출판 국제문화사, 월간 전남교육사 인쇄국, 전남매일출판국의 이름이 올라가 있다. 면수는 220면 전후이며, 비매품이다.

　대략적인 구성은 〈논단〉, 〈특집〉, 〈실천기〉 혹은 〈연구실천기〉, 〈현장가이드〉, 〈창작〉, 〈시원〉 등으로 이루어져 있으나 권호별로 약간씩 변화가 있다. 특히 매호마다 〈특집〉을 마련하여 교육당국의 지침이 교육현장으로 전달되도록 노력하고 있다. 〈특집〉 가운데 주목할 만한 것은 다음과 같다.

　1976년 9월에 발행된 제29호의 특집은 '반공교육'으로 〈반공교육 Ⅰ〉과 〈반공교육 Ⅱ〉로 나누어 수록되었다. 이중 광주교육대학(光州敎育大學) 교수 박익종(朴翼鍾)은 「주체적 민족의식(主體的 民族意識)과 승공이념 확립(勝共理念 確立)의 교육」

을 통하여 '주체적 통일역량을 구축하기 위한 유신이념과 새마을 정신이 고취된 가치관확립의 교육이 과감히 실시되어야 하며, 북괴를 능가하고 총화적 역량을 신장하는 획기적 승공교육만이 구국유신의 교육임을 명심하여야 할 것이다'라고 하였다.

다음으로 1977년 10월에 발행된 제33호의 특집은 〈국민정신교육〉이다. 여기서 조대부고(朝大附高) 교장 문창식(文昌植)은 「유신정신(維新精神)의 진작(振作)을 고창(高昌)함」이라는 글에서 '유신이념(維新理念)에는 한국적 민주주의를 시행하자는 근본 정신이 들어 있으며 유신정신은 어느 점으로 보나 불비한 점이 없으니 오직 우리는 이 정신 밑에서 희망한 내일을 바라보며 장엄한 전진이 있어야 될 줄 안다'고 하였다.

마지막으로 1979년 11월에 발행된 제41호의 특집은 〈새마음 교육〉이다. 이때 전남대학교 사범대학 교수 김용선(金容善)은 「새마음 교육의 장(場)과 기회(機會)」를 쓰면서 '새마을 운동'과 '새마음 운동'을 비교하여 '새마을 운동은 물질적, 경제적 측면 즉 소득신장에 주안점을 둔 것이라면 새마음 운동은 문화적, 정신적 측면 즉 인간존중에 바탕을 두고 있으며, 나를 아끼고 이웃을 귀히 여기며 나라를 사랑하는 본래의 선성(善性)을 다시 갖게 하는 운동이 새마음 갖기 운동이다'라고 하였다.

이처럼 『교육전남』은 당시 전라지역 교육당국의 교육방침을 살펴볼 수 있는 자료로서 의의가 있다. 원광대학교 도서관에 소장된 제15-16호, 제27-30호, 제32호-44호를 DB화 하였다. 황태묵·이지혜, 「근현대 광주·전남 잡지의 지형과 특성」, 『국어문학』 78호, 국어문학회, 2021을 참고하였다.

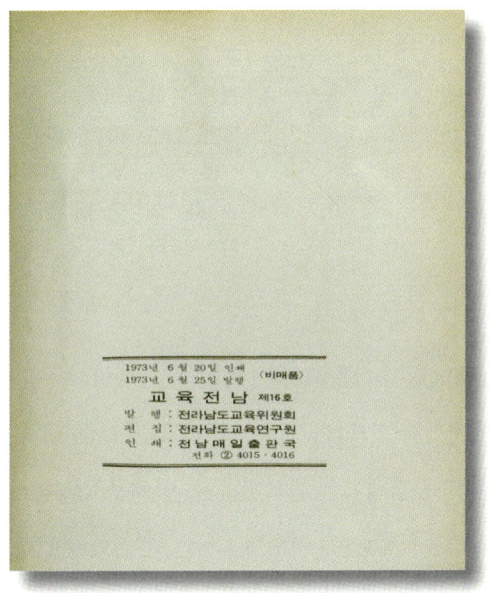
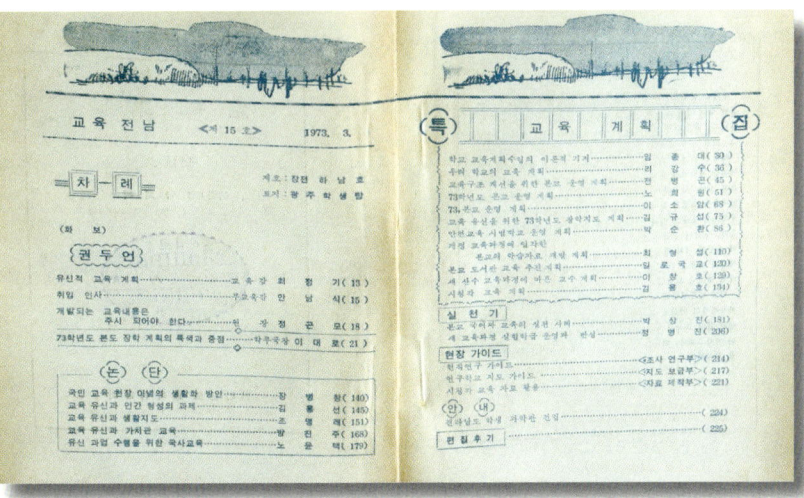

국문학보

題　　號	국문학보 제1집	판　　형	15×21
발 행 일	1959.10.18.	발행편집인	全南大學校 文理大學 國文學研究會
표지화·컷		간별, 정가	부정기, 非賣品
면　　수	138	인 쇄 소	全南印刷所
발 행 처		기　　타	광주. 증 金聖培先生님惠存

『국문학보』제1집은 1959년 10월 18일에 전남대학교 문리대학 국문학연구회(國文學研究會)에서 발간한 학회지이다. 창간호의 판권사항을 보면, 편집 및 발행은 전남대학교 문리대학 국문학연구회, 인쇄는 전남인쇄소(全南印刷所)이며, 편집위원으로 정동척(鄭東坧), 이순택(李順澤), 임영동(林永東), 김상원(金相元), 김원태(金源兌)가 참여하였다. 총 138면이며 비매품이다.

본문의 내용은 〈차례〉, 〈연구〉, 〈창작〉, 〈자료〉로 구성되어 있다. 〈차례〉에는 전남대학교 총장 최상채(崔相彩)의 「축사」를 비롯하여 문리과대학장 주수만(朱洙萬)의 「격동사」, 국문학회장 이돈주(李敦柱)의 「창간사」가 실려 있다. 〈연구〉에는 학회 회원 정익섭(鄭益燮)의 「김소월론-그의 시혼(詩魂)을 중심으로」, 홍순탁(洪淳鐸)의 「이두(吏讀) 부사접미사 고(考)」, 박요순(朴堯順, 대학원생)의 「만해(萬海)의 조국애와 「님의 침묵」」, 이돈주(4학년)의 「계림유사(鷄林類事) 표기분석 시도」, 윤원택(尹元澤, 4학년)의 「고려가요의 사상적 고찰」, 문연웅(文蓮雄, 3학년)의 「도연명의 생애」 등 6편의 논문이 수록되어 있다.

〈창작〉에는 이순택(3학년)의 시 「목석(木石)의 노래」, 김광웅(金光雄, 4학년)의 수필 「Wanderung」, 송기숙(3학년)의 소설 「진공지대(眞空地帶)」 등이 수록되어 있다. 마지막으로 〈자료〉에는 김기동(金起東) 교(校)「임진록」과 지춘상(池春相)의 「전남지방의 민요」가 수록되어 있다.

이처럼 『국문학보』는 1950년대 후반 전남대학교 문리과대학 국문학연구회 구성원들의 학문적인 관심과 문학적 소양을 잘 보여주는 자료로서 의미가 있다. 개인이 소장한 『국문학보』 제1집을 DB화 하였다. 황태묵·이지혜, 「근현대 광주·전남 잡지의 지형과 특성」, 『국어문학』 78호, 국어문학회, 2021을 참고하였다.

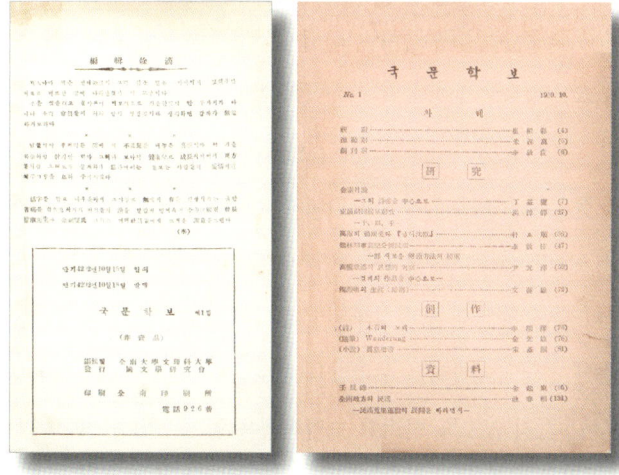

국어연구

題 號	국어연구 제1호	판 형	15×21
발 행 일	1948.04.16.	발행편집인	유찬식
표지화·컷		간별, 정가	연 2회, 70원
면 수	58	인 쇄 소	무등서적인쇄주식회사
발 행 처	전남국어학회(광주부 동명동 1번지)	기 타	광주

『국어연구』는 전남국어학회에서 발간한 학회지로 제1호는 1948년 4월 16일, 제2호는 1948년 12에 발행되었다. 이로 보아 발간주기는 연 2회 발행되었음을 알 수 있다. 판권사항을 보면, 제1호와 제2호 모두 발행인은 유찬식, 인쇄인은 무등서적인쇄주식회사, 발행소는 전남국어학회(광주부 동명동 1번지)이다. 2호의 특이점은 발행인, 인쇄인, 발행소라는 단어 대신에 '편이', '박은데', '펴는데' 라는 순 우리말을 사용했다는 점이다. 1호와 2호의 면수는 58면과 42면이며, 정가는 각각 70원과 100원으로 되어 있다.

전남국어학회는 해방 후 전라남도 광주시의 학자 및 교수들이 우리말 연구를 위해 모인 학술단체이다. 전남국어학회의 강령을 보면 다음과 같다. "첫째, 우리말 우리글은 우리 손으로 닦아 세계문화에 이바지하자. 둘째, 우리는 말과 글을 통일하고 바로쓰기에 노력하자. 셋째, 우리글은 가로글씨로 단행하자. 넷째, 우리생활에서 '한자'를 빨리 구축하자. 다섯째, 우리말에서 일본티를 뽑아버리자. 여섯째, 우리겨레는 글장님이 없도록 하자."

이를 볼 때 전남국어학회는 우리말을 바로 쓰고, 문맹자를 줄이며, 일본식 외래어를 사용하지 않도록 하려고 노력했음을 알 수 있다. 명예고문에는 이

국어연구

극로, 오철식, 최현배, 최흥종, 고문에는 이은상, 신철균, 고영환, 명예회장에는 박건원, 위원장에는 유찬식, 총무위원은 김진철, 연구부위원은 강요한, 김후근, 이강수, 찬조위원은 이종륙, 이혁, 박학규 등이었다. 한국 정부가 수립되기 직전 시기, 우리말 연구에 대한 학문적 열정으로 전남지역 교수들과 학자들이 뜻을 모아 전남국어학회를 만들고 연구를 했다는 점은 국어학계에서 상당한 의미를 갖는다.

1호는 「머리말」을 시작으로 본 학술지가 갖는 의미, 앞으로의 방향에 대해 언급하고 있다. 유찬식의 「국어연구의 의의」, 조희관의 「말 밑에 대하여」, 김건철의 「혀옆소리에 대하여」, 조병원의 「국어교육과 남남 방언에 대한 한 고찰」, 김문상의 「보건체육과 국어」와 편집실의 「국어 연구 지침」, 연구실의 「서동요」 등 국어학 전반에 걸친 논문들이 수록되어 있다. 그리고 본문 말미에는 '전남국어학회 찬조회원 가입 표준 및 수속 방법'과 입회 순으로 '찬조회원 명부'가 수록되어 있다.

 1호가 국어학 관련 글로 대부분이 채워졌다면 2호에서는 다양한 장르의 글들이 수록되었다는 점에서 1호와 차이를 갖는다. 2호에는 〈한글날 특집〉으로 글 네 편이 실렸고, 이어 〈편지〉, 〈수필〉, 〈시〉, 〈시조〉, 〈연구논문〉 등이 채워져 있다. 이 가운데서 〈편지〉는 조희관 「맘만 다는 일」, 〈수필〉은 조종응 「국어 상식의 편편론」, 〈시〉로는 박기동의 「행복」, 〈시조〉는 허연의 「빈주머니」에서」, 〈연구논문〉으로는 김종률의 「민요 수집의 국문학적 의의」, 송병수의 「한자 안 쓰기 문제의 검토」 등이 눈에 띈다. 2호에 게재된 글들 모두 가로쓰기로 되어있으며 순 한글체라는 점도 주목되는 특징이다. 개인이 소장한 『국어연구』 제1호와 제2호를 DB화 하였다. 황태묵·이지혜, 「근현대 광주·전남 잡지의 지형과 특성」, 『국어문학』 78호, 국어문학회, 2021을 참고하였다.

기봉

題　　　號	技峯 創刊號	판　　　형	15×21
발 행 일	1967.12.20.	발행편집인	發行: 金禹錫, 編輯: 朝大工專文藝部
표지화·컷	表紙畵: 金鍾洙, 컷: 송광영 외 미술부 題字: 宋寅淳	간별, 정가	연간, 비매품
면　　　수	247	인 쇄 소	朝大印書館
발 행 처	朝鮮大學校倂設工業高等專門學校	기　　　타	광주

　　『기봉(技峯)』은 조선대학교병설공업고등전문학교(현 조선이공대학교)에서 발행한 교지이다. 1967년 12월 20일에 창간되었으며, 제2호부터 제4호는 1968년 12월 20일, 1969년 12월 20일, 1979년 12월 15일에 발행되었다. 이로 보아 『기봉』은 매년 12월 20일 즈음에 발행되었음을 알 수 있다. 창간호부터 제4호까지의 판권사항을 보면, 발행인 김우석(金禹錫), 편집인 조대공전문예부(朝大工專文藝部), 인쇄소 조대인서관(朝大印書館)으로 동일하며 면수는 각각 247면, 197면, 199면, 212면으로 되어 있다.

　　표지화는 교사 김종수(金鍾洙), 제자(題字)는 교사 송인순(宋寅淳)이 맡았으며, 컷은 송광영 외 미술부에서 담당하였다. 〈편집후기〉에 따르면, 제호는 교장 김우석이 지었다고 한다. 창간호의 학생 편집위원으로 고덕주(高德柱), 박덕수(朴德洙), 송현기(宋炫基), 윤영춘(尹永春), 조낙현(曺洛鉉) 등이 참여하였고, 임순모(任純模), 박홍섭(朴洪燮), 서춘식(徐春植), 정권미(鄭權采) 등이 지도교수로 이름을 올렸다.

　　본문의 내용은 〈축시〉와 〈창간사〉를 필두로 〈화학 좌담〉, 〈논단〉, 〈작품 전시회를 마치고〉, 〈과학 해설〉, 〈음악 순례〉, 〈좌담〉, 〈졸업백서〉, 〈이송교감(離途交感)〉, 〈독서를 위한 가이드〉, 〈시원(詩苑)〉, 〈기행〉, 〈수필〉, 〈창작〉, 〈편집후기〉 등으로 구성되어 있다. 창간 〈축시〉 「대승(大乘)의 종(鐘)을」은 시인 박홍원(朴烘元)이 썼는데, 박홍원은 조선대학교 교수를 역임하며 원탁시 동인으로 활동한 인물이기도 하다. 〈논단〉에는 교수와 재학생의 논문이 수록되어 있다. 교수의 경우 17인이 필진으로 참여하였는데, 전임강사들이 대부분을 차지하고 있다.

수록된 글들의 면면을 보면 김영인(金永寅, 도시계획 전임강사)의 「대광주(大光州)를 위한 용도지역(用途地域) 계획안」, 이철우(李哲雨, 기계공학 전임강사)의 「디젤 엔진의 피스톤 주요부에 대한 고찰」, 송찬일(宋燦日, 전기공학 전임강사)의 「디젤 엔진의 피스톤 주요부에 대한 고찰」(본문의 제목은 「송전선로(送電線路)의 접지방식(接地方式)에 대한 고찰」로 되어 있음), 김일두(金一斗, 화학 전임강사)의 「수지처리(樹脂處理)한 염색포(染色布)의 일광견뢰도(日光堅牢度)」처럼 공업고등전문학교의 특성이 반영된 글들이 대다수를 차지하고 있다. 하지만 김영휴(金永休, 법제경제 전임강사)의 「언론·출판의 자유에 대하여」, 정석산(鄭石山, 음악 전임강사)의 「민요에 대하여」 같은 해당 전공분야의 특성이 반영된 글도 균형 있게 수록하고 있다.

〈논단〉에 재학생이 필진으로 참여한 글로는 「internal combustion 엔진의 종류와 원리」(김종윤, 기계5), 「스테레오 음악에 대하여」(송현기, 전기5), 「박피압연가공(薄皮壓延加工)의 문제점」(조낙현, 금속5), 「수문학(Hydrology)에 대하여」(최명식, 토목4), 「유지정제(油脂精製)의 성립과 조건」(공업화학과 5학년) 등이 있다. 한편 〈시원〉과 〈기행〉, 〈수필〉, 〈창작〉은 재학생들의 글로만 채워졌다. 이러한 지면 구성은 제4호까지 일관되게 이어졌는데 공업고등전문학교의 교지임에도 재학생들의 문예작품이 내용의 상당 부분을 차지하는 특성을 볼 수 있다. 당시 공업고등전문학교는 5년제 교육기관이었는데, 『기봉』은 1992년 제22호까지 발행한 것으로 확인된다. 개인이 소장한 『기봉』 제1-4호를 DB화 하였다. 황태묵·이지혜, 「근현대 광주·전남 잡지의 지형과 특성」, 『국어문학』 78호, 국어문학회, 2021을 참고하였다.

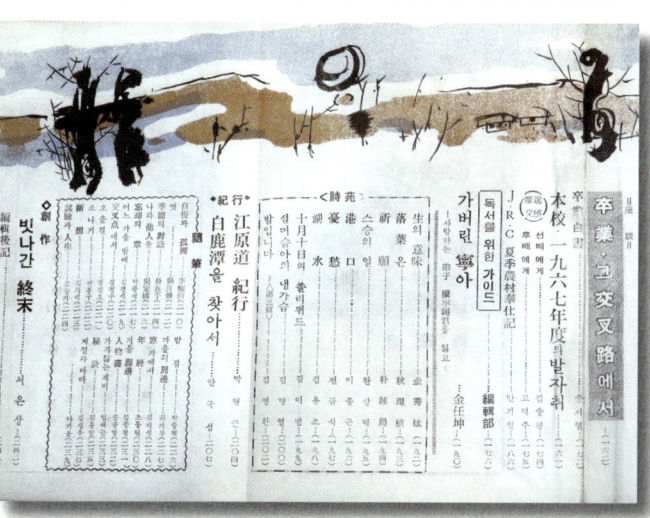

나루

題　　號	나루 創刊號	판　　형	15×21
발 행 일	1976.03.10.	발행편집인	發行:池炯元 編輯委員:지형원·오재원·전성련
표지화·컷	表紙畵: 南農, 題字: 南中	간별, 정가	부정기, 非賣品
면　　수	86	인 쇄 소	全南大學校出版部
발 행 처	木浦市大學學徒護國團文藝部聯合體	기　　타	목포

『나루』는 목포시대학 학도호국단 문예부 연합체가 발행한 동인지이다. 1976년 3월 10일에 창간되었다. 목포시대학 학도호국단 문예부 연합체는 목포교육대학(현 목포대학교), 목포성골롬반간호전문학교(현 목포가톨릭대학교), 목포해양전문학교(현 목포해양대학교) 등 3개 대학의 문학도들이 1975년에 결성한 동인이다. 창간호의 판권사항을 보면, 발행인은 지형원(池炯元), 편집위원으로 지형원·오재원·전성련이 참여하였으며, 인쇄처는 목포가 아닌 광주의 전남대학교 출판부로 되어 있다. 비매품으로 면수는 86면이다. 표지화는 남농(南農) 허건(許楗), 제자(題字)는 남중(南中)이 맡았다.

본문의 내용은 운영위원장 지형원의 〈창간사〉, 예총목포지부장 차재석(車載錫)과 지도간사 김용일(金容日)의 〈격동사〉를 필두로 〈시〉, 〈특집 좌담〉, 〈수필〉, 〈논단〉, 〈창작·콩트〉, 〈희곡〉 등 21명의 작품으로 구성되어 있다. 구체적으로 〈시〉에는 강정숙, 신수균(申秀均), 박순례(朴順禮), 신종식(申鍾植), 황부영(黃夫映), 최점순, 지형원, 김성연(金聖蓮), 〈수필〉에는 박영자(朴英子), 박원석, 윤중기(尹重基), 정희숙, 이문임(李文任), 문행규, 추향주(秋香珠), 양선일, 〈논단〉에는 오재원

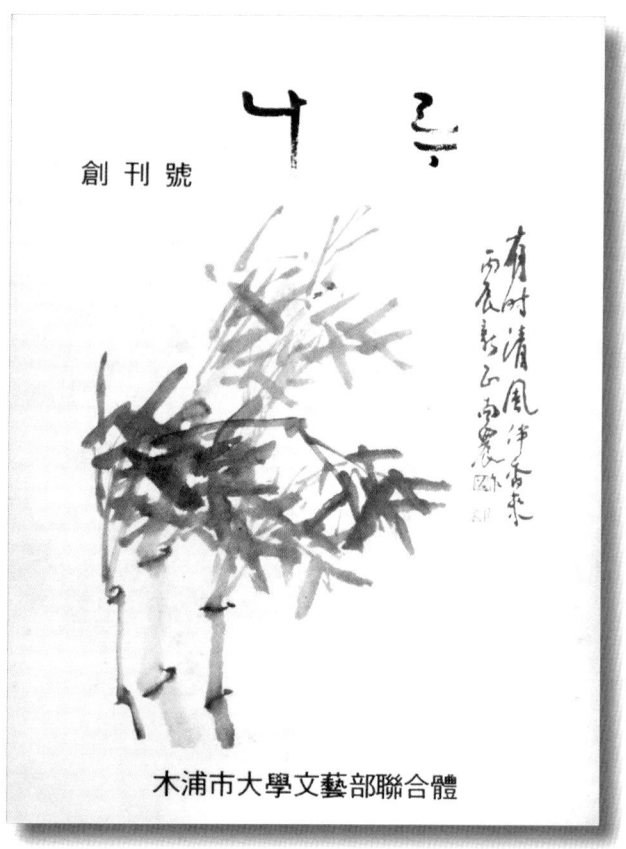

(吳在源), 박수호(朴守浩), 〈창작·콩트〉에는 정연근(鄭然根), 정금덕(丁金德), 〈희곡〉에는 채희윤(蔡熙潤)이 동인으로 이름을 올렸다.

창간호 〈휘보〉의 『나루』 주요활동 기록」에 따르면, 목포 예총이 지방 대학 문학인을 육성하기 위해 문인협회와 교대신문사의 관계자들과 협력하여 동인 결성을 지원하였음을 알 수 있다. 그럼에도 방학 중 회원들의 연락이 수월하지 않아 욕심대로 되지 않음을 아쉬워하고 있는 〈편집후기〉를 보면 지역문학의 활로와 확장에 대한 동인들의 고민이 꽤 깊었음을 확인할 수 있다. 이러한 『나루』는 1970년대 목포 지역 대학생들의 동인활동과 지역문학 양상을 살펴볼 수 있는 동인지라는 점에서 의미가 있다. 개인이 소장한 『나루』 창간호를 DB화 하였다. 황태묵·이지혜, 「근현대 광주·전남 잡지의 지형과 특성」, 『국어문학』 78호, 국어문학회, 2021을 참고하였다.

● 編輯後記

찬 바람에 어깨가 마냥 움츠러지는 이
계절에 싱싱하게 태양을 담뿍 담고
이 나루터임을 자랑스럽게 내리고
오는 것 같은 감격이라 할까. 그러나 처녀
지를 걷고 있는 모습들을 보자 ···(이하 판독 불가)

―86―

■나루·創刊號
■印刷日·一九六六·三·六
■編輯委員·지형원·오재열·전성관
■發行處·木浦市大學生護國團文藝部聯合體 ■發行人·池俱況
■印刷處·全南大學 校出版部
■發行日·一九六六·三·十 ■非賣品

나루 創刊號

□詩
 얼굴 ·········· 池俱況/8
 □發刊辭 ·········· 車載鎰/10
 □激勵辭 ·········· 金聖達/11
 夜間步行 ·········· 강봉원/12
 所願 ·········· 中秀결/14
 歸鄉 ·········· 朴頭섭/18
 푸른 바다 ·········· 裵주결/20
 스위트피 ·········· 서집송/22
 狂曲 ·········· 池집송/24
 우산 ·········· 全聖進/26

□特輯·座談
 무엇을 어떻게 나타내려 했나 ·········· (전지부)/28

□隨筆
 마도 人生 ·········· 朴英子/32
 雨中斷想 ·········· 朴重섭/34
 어떤 쉬첬시간 ·········· 尹文任/37
 아아 回回 ·········· 任春섭/40
 風景畵 ·········· 홍秋섭/44
 계절, 그 언저리 ·········· 강선섭/46

□論壇
 古典文學의 鑑賞 ·········· 吳在源/48
 李箱 文學의 難解性 ·········· 朴守喬/54

□創作·꽁트
 終聲演習 ·········· 鄭然植/62
 中이 옵시다 ·········· 丁金德/66

□戱曲
 診斷書 ·········· 鄭熙淵/72

□家族/3 □수筆/30 □活動報告서/81
□편집후기/83 □편집위원/84

남정

題　　號	南庭 창간호	판　　형	15×21
발 행 일	1976. 10. 30.	발행편집인	발행: 朴光淳
표지화·컷	제자: 하남호, 표지화: 곽남배 목차·컷: 홍신표	간별, 정가	
면　　수	172	인 쇄 소	전남대학교 출판부
발 행 처	전남대학교 여학생부	기　　타	1-3집 영인본, 157-170면 없음

『南庭(남정)』은 전남대학교 여학생부(女學生部)에서 발행한 교지이다. 창간호의 판권사항을 보면 1976년 10월 30일에 발행하였고, 발행인은 박광순(朴光淳), 발행처는 전남대학교 여학생부, 인쇄처는 전남대학교 출판부이며, 총 171면이다.

전남대학교 총장 민준식(閔俊植)은 〈권두언〉을 통해 "종합교지로 … 『龍鳳(용봉)』이 있는데, 이번에 새롭게 여학생지가 창간을 보게 됨으로써 … 건실한 학풍조성에 이바지함은 물론, 여학생지로서의 특실을 살려감으로써 교시(校是)인 진리·창조·봉사의 정신을 보다 효과적으로 구현하기 위한 교량적 역할을 감당하게 되었음을 뜻깊게 생각하는 것이다."라고 창간의 의의를 부여하고 있다.

전체적인 구성은 〈권두언〉, 〈창간사〉, 〈격려사〉, 〈축시〉 등 축사를 비롯하여 〈논단〉, 〈교양연재〉, 〈특집 Ⅰ〉, 〈특집 Ⅱ〉, 〈동문·학생 간담회〉, 〈편집실 기획〉, 〈제언〉, 〈나의 대학생활〉 등의 코너로 짜여져있으며, 시, 수필, 콩트, 단편소설과 같은 문학작품 역시 실려 있다. 이밖에 「화보」, 「학도호국

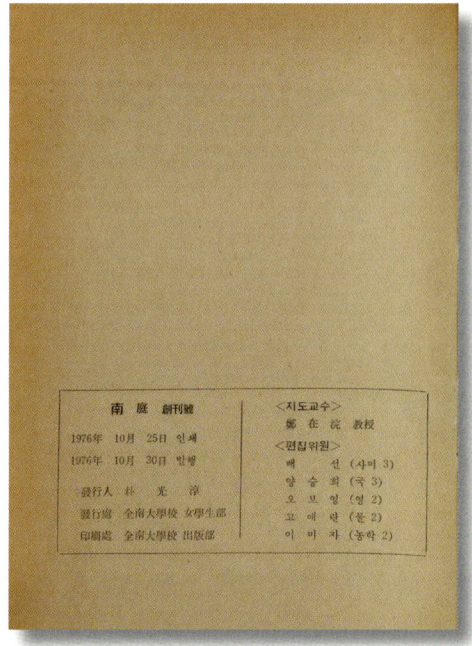

단 여학생부 활동보고」, 「편집후기」가 수록되어 있다.

이 가운데 〈특집 Ⅱ - 여학생이 바라는 여성·가정〉에 실린 이은희의 「20대 여성의 사랑의 모럴」, 〈제언 - 본교 여학생에게 바란다〉에 실린 정영숙의 「잉태의 기하학」, 〈논단〉에 수록된 백정혜의 「19세기 후반의 시대상황과 인상주의」, 정춘란의 수필 「권태를 찾아」 등이 눈에 띤다.

이처럼 『남정』은 전남대학교 여학생들의 학문적 성과와 학교생활 그리고 문학동향을 파악할 수 있는 자료로 가치가 있다. 전남대학교 도서관이 소장하고 있는 창간호를 DB화 하였다. 전남대학교60년사편찬위원회, 『전남대학교 60년사 : 1952-2012』, 전남대학교, 2012를 참고하였다.

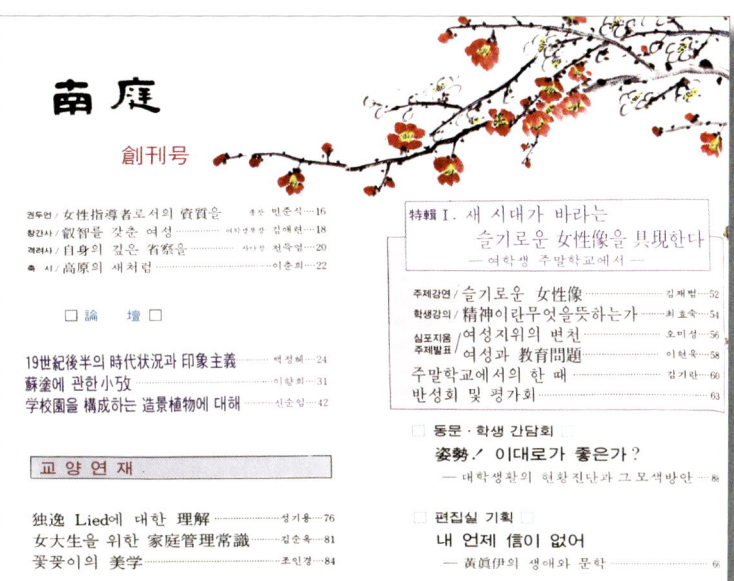

南庭

創刊号

권두언 / 女性指導者로서의 實質을	총장 민준식 — 16
창간사 / 叡智를 갖춘 여성	학장 김애련 — 18
격려사 / 自身의 깊은 省察을	학생과장 전육엽 — 20
축 시 / 高原의 새처럼	이춘희 — 22

□ 論 壇 □

19世紀後半의 時代狀況과 印象主義	맹성혜 — 24
蘇軾에 관한 小攷	이창희 — 31
学校園을 構成하는 造景植物에 대해	신순임 — 42

교양연재

独逸 Lied에 대한 理解	성기용 — 76
女大生을 위한 家庭管理常識	김순옥 — 81
꽃꽂이의 美学	조인경 — 84

特輯 I. 새 시대가 바라는 슬기로운 女性像을 具現한다
—여학생 주말학교에서—

주제강연 / 슬기로운 女性像	김재범 — 52
학생강의 / 精神이란 무엇을 뜻하는가	최효숙 — 54
심포지움 / 여성지위의 변천	오미성 — 56
주제발표 / 여성과 教育問題	이현욱 — 58
주말학교에서의 한 때	김기란 — 60
반성회 및 평가회	— 63

□ 동문·학생 간담회 □
姿勢! 이대로가 좋은가?
—대학생활의 현황진단과 그 모색방안— 8

□ 편집실 기획 □
내 언제 信이 없어
— 黃眞伊의 생애와 문학 — 69

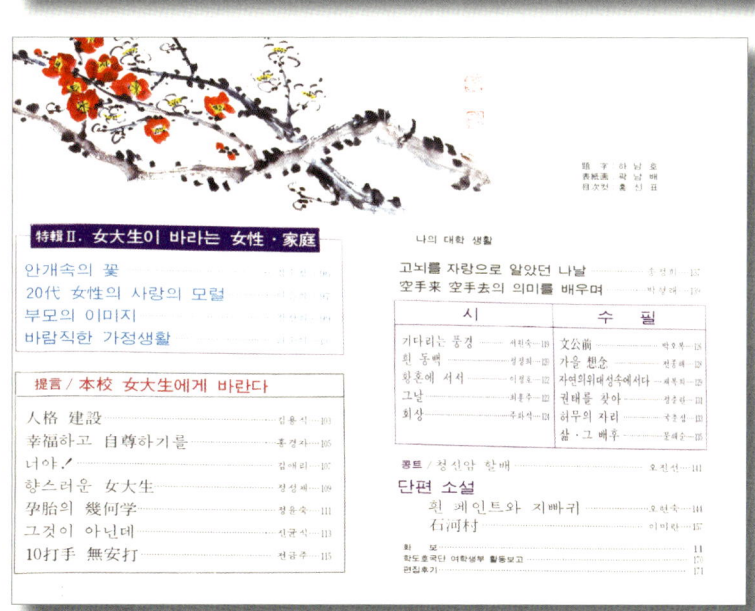

題字 이남호
表紙畵 곽남배
目次畵 홍신일

特輯 II. 女大生이 바라는 女性·家庭

안개속의 꽃	
20代 女性의 사랑의 모럴	
부모의 이미지	
바람직한 가정생활	

提言 / 本校 女大生에게 바란다

人格 建設	김용식 — 103
幸福하고 自尊하기를	홍경자 — 105
너야!	김애리 — 107
향스러운 女大生	정성애 — 109
孕胎의 幾何学	장윤숙 — 111
그것이 아닌데	신군식 — 113
10打手 無安打	연금주 — 115

나의 대학생활

| 고뇌를 자랑으로 알았던 나날 | 손성희 |
| 空手来 空手去의 의미를 배우며 | 박양자 |

시	수 필
기다리는 풍경 …서진수	文公萷 …박우복—128
흰 동백 …성설희	가을 想念 …반문혜
황혼에 서서 …이명표	자연회위대성에서나 …세복자
그날 …세호주	권태를 찾아 …성효원
회상 …주하성	허무의 자리 …주은성
	삶·그 배우 …문혜숙

□ 콩트 / 청신암 할매 | 오진선 — 141

단편 소설

| 흰 페인트와 지빠귀 | 오현숙 — 143 |
| 石河村 | 이미라 — 157 |

화 보	11
학도호국단 여학생부 활동보고	
편집후기	□

농업경영연구

題　　號	農業經營研究 第2輯	판　　형	19×26
발 행 일	1967.12.25.	발행편집인	發行: 羅成萬, 編輯: 曺喜佑
표지화·컷		간별, 정가	부정기
면　　수	145	인 쇄 소	崇德商社 孔版印刷部
발 행 처	전남대학교 농과대학 농업경영연구회	기　　타	광주

『농업경영연구(農業經營研究)』는 전남대학교 농과대학 농업경영연구회에서 발간한 학회지이다.(판권지에는 농업경영연구회, 표지와 연혁에는 농업경영학연구회, 속간사에는 농업경제학회연구회로 표기되어 있다. 여기에서는 판권지의 표기를 따랐다.)『농업경영연구』제2집은 1967년 12월 25일에 발행되었다. 발행인은 나성만(羅成萬), 편집인은 조희우(曺喜佑)이며, 편집지도교수에는 이필규(李弼圭), 송재철(宋在哲), 최재율(崔在律), 편집위원에는 김우상(金佑相), 김용수(金瑢洙), 양종식(梁鍾植)이 이름을 올렸다. 총 145면으로 숭덕상사 공판인쇄부(崇德商社 孔版印刷部)에서 인쇄하였다.

1962년 11월 19일 발족한 농업경영연구회는 1966년 8월 15일에『농업경영연구』창간호를 발행하였다. 본문에 "우리 연구회의 1년간의 결정(結晶)"이라는 구절이 나오는 것으로 보아 연간을 계획한 것으로 보이는데, 제2집은 4~5개월 정도 늦춰졌고 그래서 본문에서 '속간'이라는 표현을 쓴 것으로 보인다. 편집후기에는 하기방학 때 발행했어야 했다고 쓰여있다.

제2집의 본문은 〈논문〉과 〈휘보〉, 〈연구회 활동〉으로 구분되어 있다. 〈논문〉에는 「농경학과(農經學科)의 교육계획 및 실시방안」, 「농업근대화를 위한 농

農業經營研究
(第二輯)

〈目　次〉

卷頭辭 ··· 髙　成　燦 ······(1)
머 리 말 ··· (3)

〈論 文〉

農經學科 敎育計劃 및 實施方案 ··· 宋　在　哲 ······(5)
農業近代化를 위한 農業組織構造改善의 方向 ····························· 辰　在　律 ······(55)
地域社會開發을 爲한 部落自主指導育成方案 ····························· 郭　用　煥 ······(77)
農村產業과 都市產業의 合理的 聯關
　—農工倂進政策을 中心으로— ··· 金　張　天 ······(86)
시파의 流通過程 分析 生産者 收益增進方案 ····························· 吳　洋　子 ······(97)
農村費困의 根本要因에 對해 論함 ··· 吳　　　▢ ······(109)
Vynyle House 農業의 經濟性分析
　—羅州地方에 있어서 若實作을 利用한 兼業園藝
　　栽培를 中心으로— ··· 金　東　柱 ······(121)
農地整理事業에 關한 小考 ··· 安　生　珉 ······(131)

〈彙 報〉

李晸生 敎授 農學博士學位請求論文選選 ○柳東變 先生 美國 Cornell 大學碩士
(M.S.)課程 留學 ○金誠勳 先生 美國 Hawaii 大學에서 博士(Ph.D.) 課程修了
··········○金映秀 大學院生 本大學院에서 碩士學位論文選選 ··············(49)
農業經營學科에 對한 美國의 學長研究機關 ADC에서 支援 ············(54)

〈研究會 活動〉

會 訓 ··· (139)
會員名單 ··· (142)
編輯後記 ··· (145)

1967

全南大學校 農科大學 農業經營學研究會

업경영구조개선의 방향」, 「지역사회개발을 위한 부락자원(部落自源)지도자 육성방안」, 「농촌사업과 도시산업의 합리적 연합 – 농공병진정책(農工倂進政策)을 중심으로」, 「사과의 유통과정 분석과 생산자 수익증진방안」, 「농촌빈곤의 근본 요인에 대해 논함」, 「Vinyl House 농업의 경제성 분석 – 나주지방에 있어서 답이작(畓裏作)을 이용한 고등원예재배를 중심으로」, 「농지정리사업에 대한 소고」 등 교수와 학생의 전문적인 글들이 수록되어 있다. 아울러 〈휘보〉에는 학회 회원들의 동정과 소식이, 〈연구회 활동〉에는 회칙, 회원명부, 편집후기가 수록되어 있다.

  『농업경영연구』는 1960년대 전라남도 농업문제를 이해하는데 매우 중요한 잡지라는 점에서 의의가 있다. 개인이 소장하고 있는『농업경영연구』제2집을 DB화 하였다.

編輯後記

훨씬 일찍 하기방학에 나와야 할것이 겨우 이제 나오게 되었다.

기왕 나왔던 創刊號의 意義를 헛되게 하지않기 爲해 어려운 條件에서 續刊을 强行하려니 겨울放學의 따뜻한 이불과는 이별하지 않으면 안되었다.

비록 內容이 서툴더라도 서로 硏究하고 批判하여 우리 實力이 더욱 向上될 수 있는 것이 이 硏究紙의 使命이라 생각되어 될수있으면 學生의 論文을 많이 실으려 애썼다.

다음 號에는 投稿가 많아 編輯者가 論文選択에 골머리를 알고 또 훨씬 volume이 큰 册이 나올 것을 期待한다.

特히 이번에 뒤에서 積極 밀어주신 宋, 李 兩先生任께 感謝드리며 적은 時間에 일을 서두르고 보니 活字나 內容에 不足한 点이 많으리라 생각되어 會員 여러분의 많은 理解를 求하며 다음 號에 더 큰 期待를 걸어본다.

　　　　　　　　　　　　　　　　　　編輯部

◎ 編輯指導教授
　　　李　鋼　圭
　　　宋　在　哲
　　　崔　在　律
◎ 編輯委員
　　　金　佑　相
　　　金　晦　洙
　　　栗　鎌　植

1967年12月21日　印刷
1967年12月25日　發行
農業経営研究 ＜第二輯＞
發行人　羅　成　萬
編輯人　曺　喜　佑
發行所　全南大学校 農科大学
　　　　農業経営研究会
印刷所　崇德商社 孔版印刷部
　　　㊂ 1131　㊂ 6675

다도해

題 號	多島海 10月號	판 형	19×26.5
발 행 일	1952.10.01.	발행편집인	朴鐘午
표지화·컷	表紙: 李經模, 컷: 千百元	간별, 정가	월간, 5000원
면 수	43	인 쇄 소	韓國印刷公社(光州市 光山洞 78番地), 인쇄: 高文錫
발 행 처	多島海社(光州市 光山路 5街 99番地)	기 타	광주, 續刊

『다도해(多島海)』는 광주의 다도해사(多島海社)에서 월간으로 발행한 종합잡지이다. 현재 실물로 남아 있는 것은『다도해』속간 10월호와 송년호뿐이어서 정확한 창간 시기는 확인되지 않는다. 『다도해』속간 10월호는 1952년 10월 1일에 발행되었으며, 송년호는 1954년 11월 25일에 발행되었다. 속간 10월호와 송년호의 발행인 및 편집인은 박종오(朴鐘午)로 동일하며, 인쇄소는 각각 한국인쇄공사(韓國印刷公社, 光州市 光山洞 78番地)와 전남일보인서관(全南日報印書館)으로 되어 있다. 속간 10월호의 표지화는 이경모, 컷은 천백원(千百元), 송년호의 표지는 소송(小松), 컷은 임병성(林炳星)의 이름이 올라가 있다. 속간 10월호는 42면으로 임시정가 5,000원이며, 송년호는 46면으로 임시정가 150환이다.

『다도해』10월호의 본문을 보면, 이해원이 번역한「대담한 외교정책」, 박인성(朴仁成)의「경제적 위기의 소인」, 박영종(朴永鍾)의「우리로서의 세계정책」, 김덕성(金德性)의「하(夏)기 뇌염에 대하여」, 정찬식(鄭燦植)의「한국연극의 진로」, 김연범(金連範)의「헬싱키 기행」, 동령(東嶺)의「비극의 도서(島嶼)」, 장달삼

(莊達三)의 「문학근감(文學近感)」, 편집실의 「인간 본연의 목적」, 「다도춘추」, 「설문」, 「다도해 타임스」 등등 정치, 경제, 사회, 문화를 망라한 다양한 주제의 글이 수록되어 있다. 특히 당시 마라톤 국가대표 선수였던 김연범 선수가 국가대표로 올림픽에 참가하면서 '우리나라에서 헬싱키까지의 여정'과 함께 올림픽의 이모저모를 기록한 글이 인상적이다. 이외에도 〈수필〉, 〈시〉, 〈콩트·창작〉 등의 문예작품이 실려 있다. 구체적으로 〈수필〉에는 허연(許演)의 「손님」, 천경자(千鏡子)의 「어떤 선물」, 황도(黃道)의 「커피-회상」, 〈시〉에는 박흡(朴洽)의 「노계(老鷄)」, 이동주(李東柱)의 「소묘」, 김악(金岳)의 「연가(戀歌)」, 〈콩트·창작〉에는 박석창(朴石倉)의 「잊지 못할 사람들」, 현영갑(玄永甲)의 「새 길로」 등이 수록되어 있다.

『다도해』 송년호는 박종우의 〈권두언〉을 필두로 〈논단〉, 〈교육특집〉, 〈수필사단(史壇)〉, 〈시원(詩苑)〉, 〈명작동화〉, 〈단편소설〉 등으로 구성되어 있다. 구체적으로 〈논단〉에는 이은태(李恩泰)의 「민주주의의 맹점과 재성(再省)」, 김형택(金兄澤)의 「미국의 양대 정당」, J.C.크로케트의 「소련의 비밀경찰」, 김재희(金在禧)의 「인간실현론」, 〈교육특집〉에는 임종대(林鍾大)의 「도의(道義)의 측면문제」, 박진동(朴鎭東)의 「농촌교육과 중학입시」, 김홍삼(金洪三)의 「교육자치제의 육성은 시교위의 개조에서부터」, 〈수필사단〉에는 양동주(梁東柱)의 「한국사상의 오대승첩(五大勝捷)」, 김용팔(金榕八)의 「또 하나의 탕자(蕩子)의 입장에서」 등등 정치, 사회, 국제, 교육, 철학 등 다양한 주제의 글을 인문학적 관점에서 소개하고 있다.

한편 〈시원〉 코너에는 가람 이병기의 「풍란(風蘭)」, 김해강(金海剛)의 「시를 못 쓰는 시인」, 신석정(辛夕汀)의 「운석(隕石)처럼」, 박흡(朴洽)의 「마을」, 이철균(李鐵均)의 「벽(壁)」 등 8편의 창작시를 수록하고 있으며, 〈명작동화〉에서는 외국 동화인 '왕자와 거지'를 「거지왕자」라는 제목으로 소개하였다. 〈단편소설〉로는 김일로(金一鷺)의 「들국화」가 실려 있다.

속간 10월호와 비교해 보았을 때 송년호는 문예작품을 비롯하여 시사적인 내용이 보다 확대되는 특성을 볼 수 있다. 이러한 『다도해』는 전쟁기 지역잡지의 양상과 호남지역 문인들의 교류 활동을 살펴볼 수 있는 잡지라는 점에서 중요한 의미가 있다. 개인과 서울대학교 도서관이 소장하고 있는 『다도해』 속간 10월호와 송년호를 DB화 하였다. 황태묵·이지혜, 「근현대 광주·전남 잡지의 지형과 특성」, 『국어문학』 78호, 국어문학회, 2021을 참고하였다.

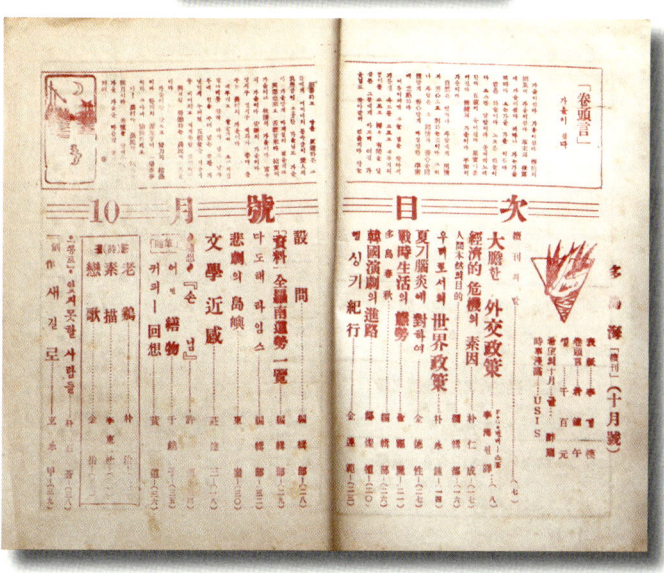

대하

題　　號	大河 第1輯	판　　형	15.5×21
발 행 일	1965.05.01.	발행편집인	發行: 大河文學同志會, 編輯: 曺圭相
표지화·컷	題字: 月灘 朴鍾和 圖案: 曺圭相	간별, 정가	계간
면　　수	98	인 쇄 소	東洋社(全南 光州市 黃金洞 54)
발 행 처	大河文學同人會	기　　타	광주. 300부 한정판 중 116호 散文文學同人誌

『대하(大河)』는 대하문학동인회(大河文學同人會)에서 발행한 산문문학 동인지이다. 제1집은 1965년 5월 1일에 필사본 300부 한정판으로 발행되었다. 판권사항을 보면 발행은 대하문학동지회(大河文學同志會), 편집은 조규상(曺圭相), 인쇄는 동양사(東洋社, 全南 光州市 黃金洞 54)에서 하였다. 면수는 98면이며, 제자(題字)는 월탄(月灘) 박종화(朴鍾和), 도안(圖案)은 조규상이 담당하였다. 표지에는 동인 명단이 나열되어 있다. 면면을 보면, 권택희(權澤姬), 김만옥(金萬玉), 김애숙(金愛淑), 유왕무, 이길희(李吉熙), 이은주, 조학순, 고정화(高貞花), 김경단(金京段), 김영재(金永在), 박희숙, 안경란(安炅蘭), 양치중(梁致仲), 유연선(柳然鮮), 이계홍(李啓弘), 이준남(李俊男), 조규상(曺圭相), 조야백(曺也白), 천현주, 최재원, 황애(黃愛) 등 21인이 동인으로 참여하였다.

본문의 내용은 〈발간사〉, 〈수필 6인집〉, 〈창작〉, 〈편집후기〉 등으로 구성되어 있다. 동인 일동이 쓴 〈발간사〉를 보면 '이번에 내놓은 동인지는 많은 탄생과 많은 사멸을 거듭한 시가 아니고 순 산문문학 동인지라는데 더 의미가 있음'을 중요한 가치로 밝히고 있다. 이러한 의도에 따라 〈수필 6인집〉에는 김경단, 황애, 양치중, 조규상, 천현주, 안경란 등 6명의 작품이 수록되어 있고, 〈창작〉에는 김영재, 박희숙, 유연선, 이계홍, 이준남, 조야백, 최재원의 콩트와 고정화의 연재단편 「봄을 기다리는 여인」이 수록되어 있다. 또한 〈편집후기〉에서는 '7명의 동인 작품이 늦게 도착하여 실지 못했고 다음호에 수록 예정'이라고 밝히며 산문 특집호를 예고하기도 하였다. 한편 본문에는 육모정 동인회의 동인지 『육모정』 4집 발간을 알리는 광고가 실려 있어 『육모정』은 최소 4집까지 발행되었음을 확인할 수 있다.

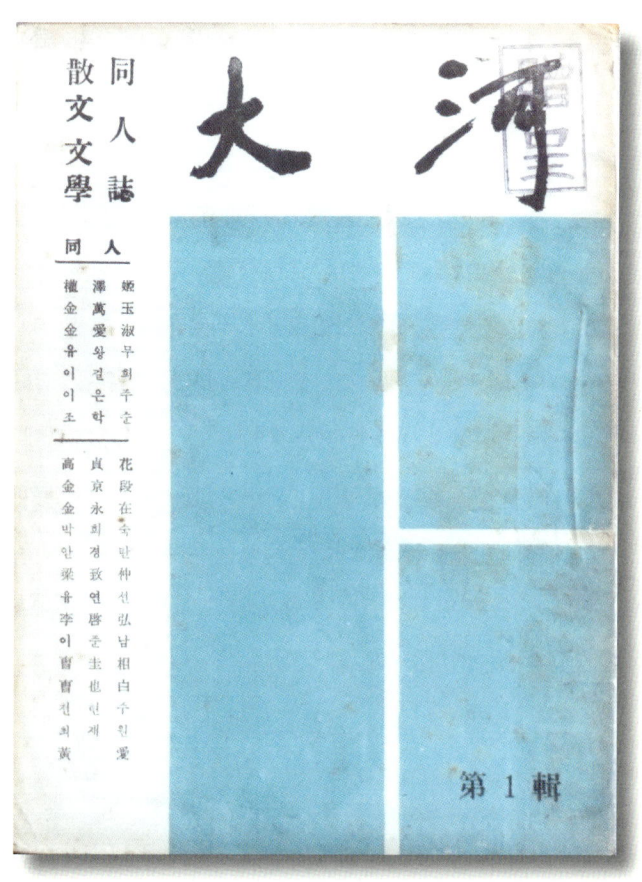

『대하』 2집은 1집 출간 후 3개월 만에 출간하였다. 이로 보아 『대하』는 계간 주기로 발행되었음을 알 수 있다. 1965년 8월 5일에 발행되었고, 편집위원은 조규상, 조야백(曺也白), 김영재(金永在)이다. 인쇄소는 조대인서관(朝大印書館), 면수는 90면이다. 1집과 달리 인쇄본이고 발행부수를 조금 늘린 500부 한정판, 정가 70원으로 발행하였다. 표지를 천경자(千鏡子)가 그렸는데 전남잡지 표지의 상당수가 천경자의 작품으로 채워져 있다는 점이 흥미롭다.

  2집 본문은 〈소설〉과 〈수필〉 등으로 구성되어 있는데, 1집과 달리 〈소설〉의 비중이 크게 늘어난 것이 주목된다. 〈소설〉에는 권택희, 이계홍, 이은주, 이준남, 정중수(丁重秀), 조규상, 채현석(蔡鉉錫), 신동규(申東珪) 등 8명의 작품이 수록되어 있고, 〈수필〉에는 유금호(俞金湖), 김경단, 김영재, 김태환(金台煥), 안경란, 유연선, 이길희, 장송난, 조야백 등 9명의 작품이 수록되어 있다. 〈편집후기〉에 따르면, 1집과 달리 2집에서는 김만옥 외 몇 명 동인들이 개인 및 본회 사정으로 잠시 빠지고 정중수, 채현석, 신동규, 김태환, 장송난 등이 대하문학동인회에 새로 합류한 것으로 보인다. 또한 1집에 연재하였던 단편은 그 뒤가 좋지 않아 부득이 중단하고 신동규의 중편 「설악산」을 4회 예정으로 게재한다는 내용을 편집자의 사과 형식으로 전하고 있다. 이러한 『대하』는 광주전남지역의 첫 산문문학 동인지라는 점에서 의미를 갖는다. 개인이 소장한 『대하』 제1집과 제2집을 DB화 하였다.

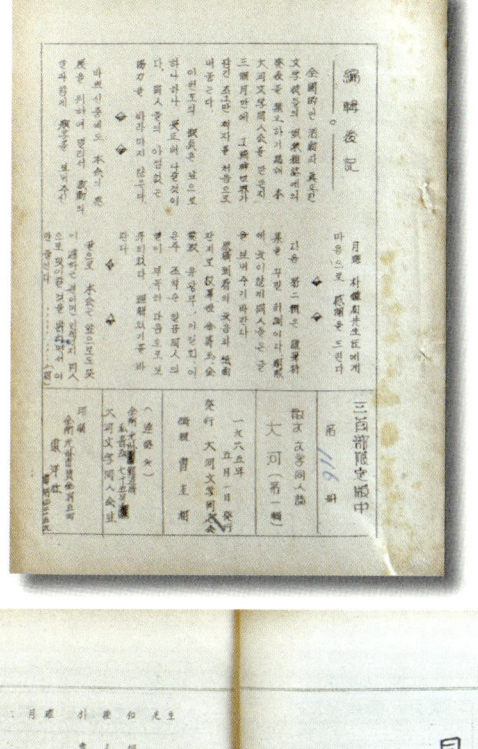
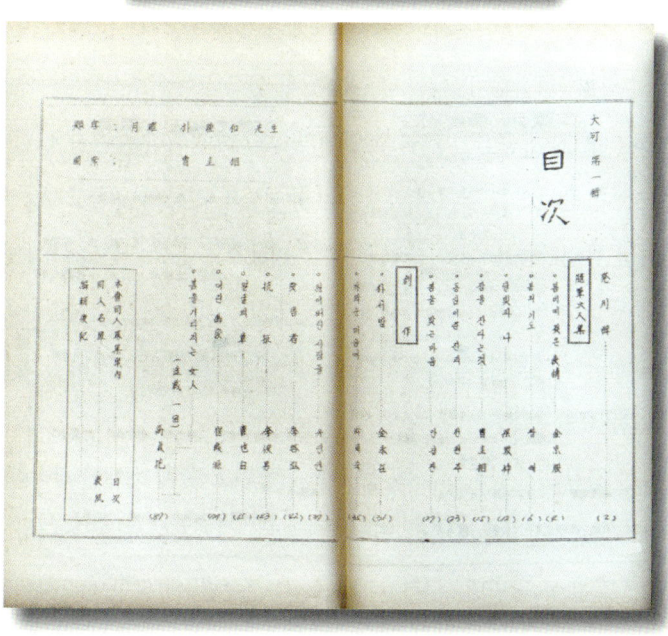

대하춘추

題　　號	大河春秋 創刊號	판　　형	27×37
발 행 일	1965.11.20.	발행편집인	발행: 曺圭動, 편집: 金永在
표지화·컷	題字: 月灘 朴鍾和, 圖案: 曺圭相	간별, 정가	月刊
면　　수	6	인 쇄 소	
발 행 처	散文文學同人會(서울 동대문 우체국 사서함 97호)	기　　타	주간: 曺圭相, 타블로이드 신문형태

　『대하춘추(大河春秋)』는 산문문학동인회(散文文學同人會)가 1965년 11월 20일에 월간으로 발행한 회보이다. 판권사항을 보면, 발행인은 조규훈(曺圭動), 편집은 김영재(金永在), 주간은 조규상(曺圭相)이 하였다. 타블로이드판으로 면수는 6면이다.

　본문의 내용은 〈동인소식〉, 〈설문〉, 〈계단 밑에서〉, 〈시〉, 〈연재소설〉, 〈논설〉, 〈수필〉, 〈편집후기〉 등으로 구성되어 있다. 〈동인소식〉에는 계간 동인지 『대하』 제3집이 근간인 12월 20일에 발행할 예정이라는 기사에 뒤이어 본지(本紙)는 운문(韻文)을 겹쳐서 공부하는 동인들과 전국의 문학도들을 위해 차호부터는 동인작품을 대폭 줄이고 알찬 내용으로 문학신문(文學新聞)을 매월 20일에 발행할 예정이라는 기사가 나와 있다. 이로 보아 『대하춘추』는 동인 자격을 전국 각지의 문학도로 확대하고, 전국 규모의 동인지로 변화를 꾀하고자 했음을 알 수 있다.

　하지만 창간호에 실린 주소록 명단이나 〈동인소식〉에 소개된 김태환(金台煥), 채현석(蔡鉉錫), 김영재(金永在), 권태희(權澤姬), 이계홍(李啓弘), 조규상(曺圭相), 이준남(李俊男) 등의 면면, 〈시〉, 〈연재소설〉, 〈수필〉에 필진으로 참여한 조규훈(曺圭勳), 정중수(丁重秀), 신동규(申東珪), 김경단(金京段), 안경란(安炅蘭) 등의 면면을 볼 때 산문문학동인회와 대하문학동인회는 결이 같은 동인회로 보인다. 『대하』 제2집 〈편집후기〉에서 밝힌 "전부 소화 못 시키는 산문과 시작(詩作), 그리고 동인들의 세계를 알고자 별도 광고한 바와 같이 '대하(大河) 별지(別誌)'를 발행하기로 하였다."는 내용 또한 이런 맥락에서 이해할 수 있다.

한편 〈설문〉으로 진행된 「동인활동과 본회 동인지를 위한 현역문인의 발언」에는 한국문학에 끼친 동인지의 영향력, 문학도들의 동인활동에 대한 현역 작가 김승옥, 이호철, 박화성, 이범선, 박용구, 원형갑 등의 발언이 담겨있어 이를 통해 동인지에 대한 당시 작가들의 인식을 파악할 수 있다. 이 밖에도 외부 필진인 이문환(李文桓, 여원사(女苑社) 편집부 부국장)과 이형기(李炯基)의 「수필이란 것」, 「한 마디의 조언」 등을 중심으로 일종의 독자 특집란을 마련한 것이 눈에 띈다. 이러한 『대하춘추』는 산문문학 동인들의 활약상과 문학관을 살펴볼 수 있는 자료라는 점에서 의미가 있다. 개인이 소장한 『대하춘추』 창간호를 DB화 하였다.

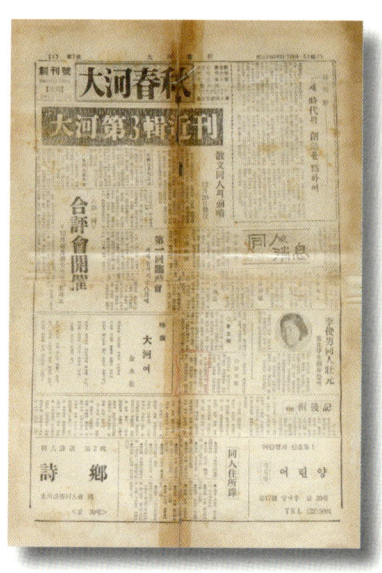

덕림

題　　　號	德林 제3호	판　　　형	15.5×21
발　행　일	1958.12.20.	발행편집인	發行: 光州南中學徒護國團
표지화·컷		간별, 정가	부정기, 非賣品
면　　수	103	인　쇄　소	全南日報印書館(光州市 錦南路 2街)
발　행　처	광주남중학교	기　　타	광주. 1956년 창간호발행 著者: 韓亨錫

　『덕림(德林)』은 1951년에 개교한 광주남중학교(現광주무진중학교) 교지이다. 제3호는 1958년 12월 20일에 발행되었는데, 교장 한형석이 쓴 『덕림』 제3호를 내면서」에서 '세 살 난 우리 "덕림"'이라 표현하고 있다. 이 같은 기록을 통해 볼 때 창간호는 1956년에 발행된 것으로 보인다. 제3호의 판권사항을 보면, 저자는 한형석(韓亨錫), 발행은 광주남중학도호국단(光州南中學徒護國團), 인쇄소는 전남일보인서관(光州市 錦南路 2街), 면수는 103면으로 비매품이다.
　본문의 내용은 교장과 교감의 머리말을 필두로 〈교양〉, 〈시단〉, 〈수필〉, 〈창작〉 등으로 구성되어 있다. 〈교양〉에는 교사와 졸업생, 재학생의 글이 두루 수록되어 있다. 교사의 경우 백우선, 오경오, 김인두, 조영직, 박진철, 정원기, 국승휴, 장석진 등이 필진으로 참여하였다. 수록된 글들의 면면을 보면 「동물이야기」, 「교사의 괴로움」, 「병상 단상」, 「우리는 깨끗한 말씨를 쓰자」, 「취미와 독서」, 「중학체육의 내용」, 「우리는 일을 합시다」, 「인류는 어디로」 등 다양한 주제의 글이 실려 있다. 재학생으로는 이정부(3년), 이광학(3년), 손상하(2년) 등이 필진으로 참여하여 「부여기행」, 「부여를 찾아서」, 「국제연합

일을 맞이하여」 등의 글을 발표하였으며, 광주고등학교 2학년에 재학 중인 이곤수는 「아우들에게 보내는 글」을 발표하였다.

〈시단〉의 경우에도 교사와 학생의 시 작품이 두루 포함되었다. 교사의 시로는 김재민의 「언덕길에서」, 김호중의 「농촌의 사시절」, 김병옥의 「체육시간」 등이 있으며, 학생의 시로는 조강래(3년)의 「황혼길에서」를 비롯하여 이두봉(2년)의 「해바라기」, 최행조(3년)의 「가을밤」, 심우섭(3년)의 「붉은 감」, 김요남

(3년)의 「고요한 밤」, 주영곤(3년)의 「무제(無題)」, 오남용(2년)의 「낙엽」, 이환(2년)의 「꿈」, 김상신(3년)의 「해당화」, 박형만(1년)의 「포도」 등 13편의 작품이 수록되어 있다. 이밖에 〈수필〉은 학생의 글로만 꾸며졌으며, 〈창작〉에는 김두철(3년)의 「잃어버린 공과금」, 윤채현(3년)의 「풍난」, 김인화(3년)의 「황혼」 등 장편(掌篇)소설 3편이 수록되어 있다.

한편 1960년 광주남중학교는 전남상업고등학교를 병설 인가하였는데, 이러한 상황 때문에 그 이후에는 광주남중학교와 전남상업고등학교가 『덕림』을 공동 발행하였다. 1964년 1월 15일에 발행한 『덕림』 제7호의 판권사항을 보면, 발행인 박석주, 발행소 전남상업고등학교·광주남중학교, 인쇄소 남선인쇄공업사, 면수는 115면이다. 학생 편집위원으로 김성대, 조창수, 정공렬, 이백규 등이 참여하였고, 정소파, 최응록은 지도교사로 참여하였다. 표지·컷은 교사 김장현(金長鉉)이 담당하였다.

본문의 내용은 〈권두언〉, 〈시〉, 〈연구·논단〉, 〈기행〉, 〈앙케트〉, 〈수필〉, 〈에티켓〉, 〈우리 시단〉, 〈창작〉, 〈부록〉 등으로 구성되어 있다. 〈권두언〉에는 교장 박석주의 「배우는 학생」을 필두로 중학교 교감 최영준의 「학생들에게 거는 기대」, 고등학교 교감 박익효의 「현대 학생의 기질」이 나란히 실려 있고, 본문 역시 중고등학교 학생의 글과 교사의 글이 두루 수록되어 있다. 이 가운데 〈시〉와 〈연구·논단〉은 교사의 글로, 〈기행〉, 〈우리 시단〉, 〈창작〉은 학생의 글로만 이루어져 있다면 〈수필〉은 교사와 학생의 글로 구성되어 있다는 점에서 일정한 차이가 있다. 이처럼 『덕림』 7호는 〈연구·논단〉, 〈기행〉, 〈앙케트〉, 〈에티켓〉 등의 코너를 추가하여 이전보다 다양한 내용 구성으로 이루어진 것이 특징이다. 개인이 소장한 『덕림』 제3호와 제7호를 DB화 하였다.

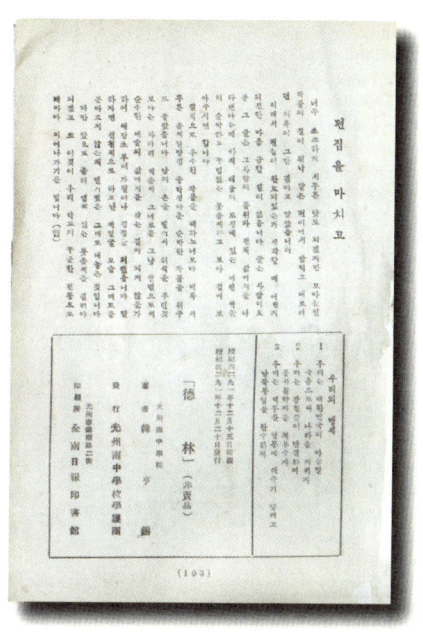

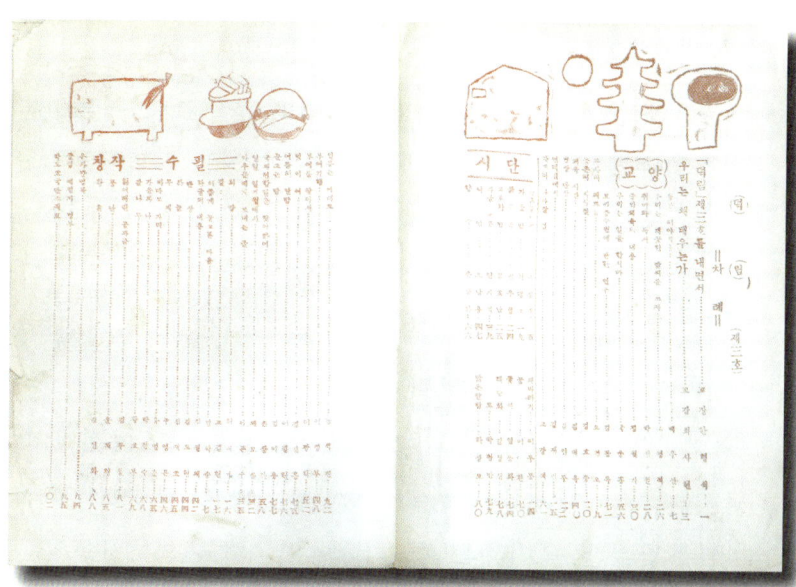

도서벽지교육연구

題　　號	島嶼僻地敎育硏究 第1輯	판　　형	19×26
발 행 일	1972.12.25.	발행편집인	
표지화·컷		간별, 정가	非賣品
면　　수	131	인 쇄 소	新韓經濟新報社
발 행 처	木浦敎育大學 島嶼僻地敎育硏究室	기　　타	

　『도서벽지교육연구(島嶼僻地敎育硏究)』는 목포교육대학(木浦敎育大學) 도서벽지교육연구실(島嶼僻地敎育硏究室)에서 1972년 12월 25일 창간한 학술지이다. 제1집의 판권사항을 보면 발행소는 목포교육대학 도서벽지교육연구실이고, 인쇄소는 신한경제신보사(新韓經濟新報社)이며, 총 131면에 비매품이다.

　목차를 보면 간행사나 축사가 없이 바로 수록논문이 나온다. 총 4편의 논문이 실려 있는데 이 가운데 김식중(金湜中)·안규철(安圭哲)·박감순(朴甘淳)은 「도서벽지교육행정(島嶼僻地敎育行政)의 효율화(效率化) 방안 – 신안군(新安郡)을 중심으로-」에서 도서벽지교육진흥법의 성실한 이행을 통해 도서벽지의 교육을 진흥시킬 수 있을 것이라고 주장하였다. 다음으로 한수인은 「섬학교 어린이들의 생활지도를 위한 기초연구」를 통해 섬 학교 어린이와 도시 학교 어린이들의 특성에 대해서 비교하였다.

　다음으로 박기언(朴基彦)은 「사회조사실태(社會調査實態)를 통하여 본 도서벽지교육(島嶼僻地敎育)의 사회교육(社會敎育) 방안」을 통해 도서벽지사회 및 학교의 낙후성 및 부진성을 지적하고 학교가 해야 할 사회교육의 개선방안을 제시하였다. 마지막으로 한영만(韓永萬)은 「도서벽지교육개선(島嶼僻地敎育改善)을 위한 교수(敎授)-학습과정(學習過程)의 효율화(效率化) 방안」을 통해 도서벽지교육 낙후 요인으로서의 비능률적인 교수-학습과정을 효율화하는 방안에 대해서 모색하였다.

이처럼 『도서벽지교육연구』는 1970년대 목포교육대학에서 진행된 도서벽지교육에 대한 관심과 그 실태를 살필 수 있는 자료로서 의의가 있다. 전남대학교 도서관에 소장된 제1집을 DB화 하였다. 황태묵·이지혜, 「근현대 광주·전남 잡지의 지형과 특성」, 『국어문학』 78호, 국어문학회, 2021을 참고하였다.

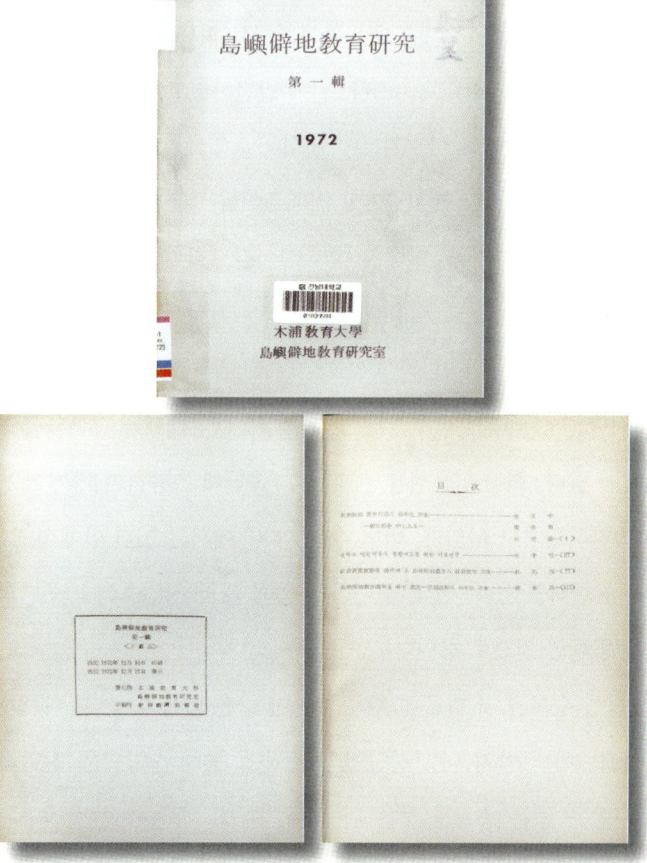

도화

題 號	道花 제2집	판 형	19×25.5
발 행 일	1972.02.01.	발행편집인	발행: 원불교여수지부학생회 편집: 임용현
표지화·컷	표지·컷: 김우원	간별, 정가	비매품
면 수	106	인 쇄 소	여수 삼성프린트사
발 행 처	원불교 여수지부	기 타	원기 57년

『도화(道花)』는 원불교 여수지부 학생회에서 펴낸 회지이다. 제2집의 판권 사항을 보면 1972년(원기 57년) 2월 1일에 발간하였고, 펴낸 곳은 원불교 여수지부, 펴낸이는 원불교 여수지부 학생회(전남 여수시 고소동 302), 만든 곳은 여수 삼성프린트사이며, 총 106면의 비매품이다. 학생 편집위원으로 김영초, 강원용, 박지정, 김지원, 박태원, 박지훈, 김도희, 정연운, 곽미원, 이승현, 김우원 등이 참여하였고, 임용현과 박달식은 편집장과 지도를 담당하였다.

본문의 구성은 〈권두법설〉, 〈설교〉, 〈속간사〉, 〈논단〉, 〈수상〉, 〈일기문〉, 〈도화시단〉, 〈독후감〉, 〈서간문〉, 〈기행문〉, 〈앙케트〉, 〈특별기고〉 등으로 이루어져 있다. 회장 임용현은 〈속간사〉「속간에 즈음하여」에서 제2집은 7년 만에 속간하였다고 하였다. 반면 〈편집후기〉에서는 "6년 만에 빛을 본 도화 2호"라 표현하고 있다. 이 같은 기록을 통해 볼 때 창간호는 1965년과 1966년 사이에 발행한 것으로 보인다.

제2집에 수록된 글 가운데 주목할 만한 글은 다음과 같다. 〈논단〉 코너에 고등학교 2학년 박지훈은 「신앙인의 자세」를 통해 신앙인은 '진리적이고 인류에 도움을 주는 종교를 찾은 뒤에 늘 배우고 배운 것을 실천하는 생활을

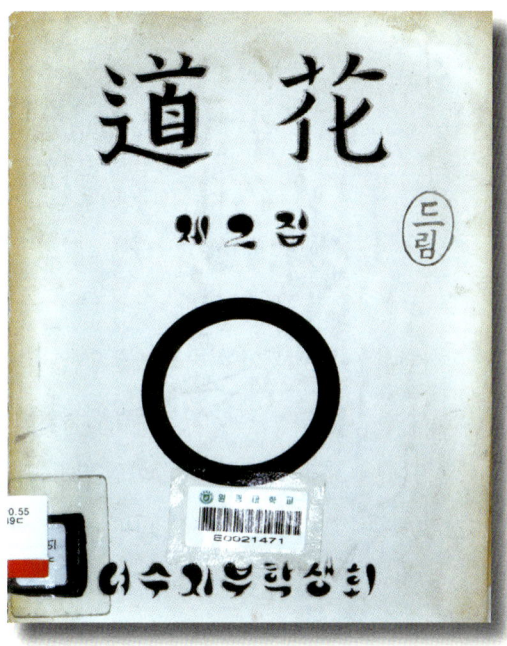

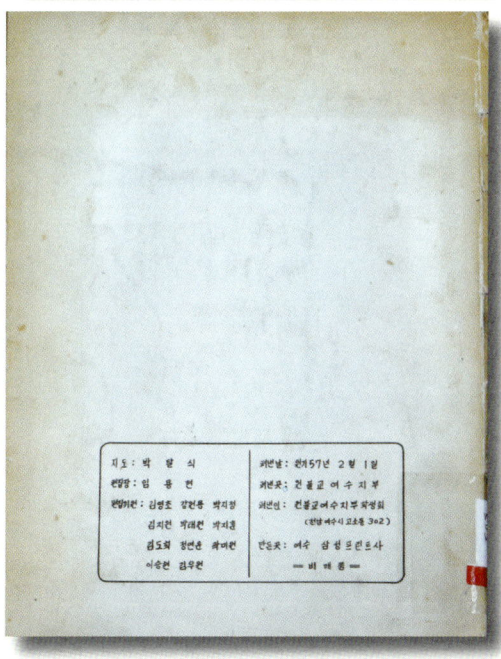

해야 한다'고 주장하면서 '이렇게 되어야 종교는 필요한 것이고 인류를 구할 수 있다'고 하였다. 〈도화시단〉 가운데는 원불교의 사상을 시로 노래한 고등학교 2학년 곽일정의 「원의 세계」와 고등학교 3학년 박경실의 「일원의 꽃」 등이 있다. 이밖에 〈기행문〉 코너에서 중학교 3학년 김정조의 「『문장대』를 오르면서」와 〈수상〉 코너에 실린 고등학교 2학년 강원용의 「고향과 연인」 등도 눈에 띤다.

　이처럼 『도화』는 1970년대 여수지역 원불교 학생들의 종교에 대한 태도와 문학적 경향 등을 살필 수 있는 자료로서 의의가 있다. 원광대학교 도서관에 소장된 제2집을 DB화 하였다. 황태묵 · 이지혜, 「근현대 광주 · 전남 잡지의 지형과 특성」, 『국어문학』 78호, 국어문학회, 2021을 참고하였다.

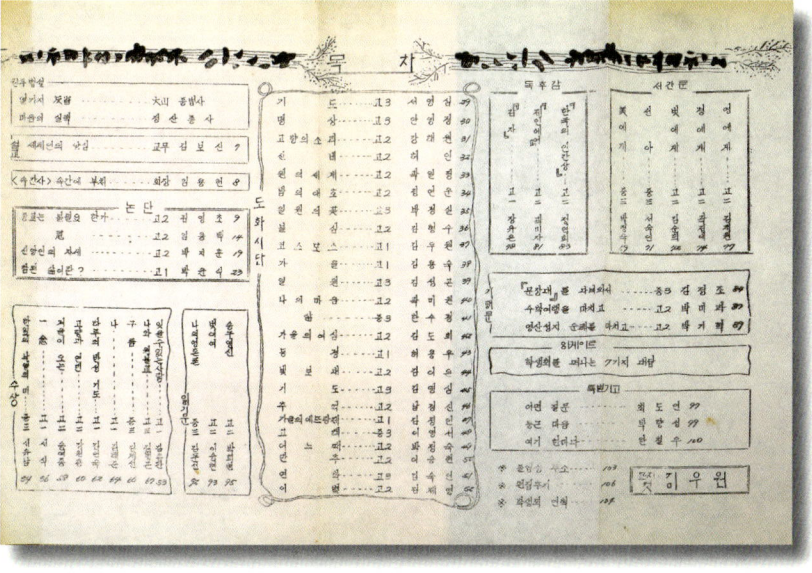

동맥

題　　號	動脈 創刊號	판　　형	15×20.7
발 행 일	1973.12.25.	발행편집인	발행: 조선대학교 의과대학 학생회 편집:『動脈』편집위원회
표지화·컷	표화: 황영성, 목차컷: 이사범, 삽화컷: 손병훈, 제자: 南龍 김용구	간별, 정가	
면　　수	290	인 쇄 소	조선대학교 인서관
발 행 처	조선대학교 의과대학 학생회	기　　타	광주

『동맥(動脈)』은 조선대학교 의과대학 학생회에서 발행한 학보(學報)이다.『동맥』창간호는『동맥』편집위원회에서 편집하였고, 조선대학교 인서관에서 인쇄하여 1973년 12월 25일에 발행하였다. 편집 지도교수는 박영집, 편집장 이봉수, 편집위원은 최동, 성병현, 박환실, 박석호, 김경자, 장영숙, 강혜영, 오성희 등이다. 제자는 남용(南龍) 김용구, 호랑이 그림의 표지화는 황영성, 목차 컷은 이사범, 삽화와 컷은 손병훈이 그렸다.

목차를 보면 학생회장 이정남의 〈창간사〉와 학장 양남길과 총장 박철웅의 〈격려사〉, 다음으로 〈교수논단〉과 〈학생논단〉, 〈시리즈〉, 〈특별기고〉, 〈시촌(詩村)〉, 〈수필〉, 〈동맥만평〉, 〈여로(旅路)〉, 〈콩트〉, 〈번역〉, 〈단편〉, 〈편집후기〉, 〈1973년도 학생회 임원명단〉 등이 이어진다. 총 290면이다. 〈교수논단〉에는 교수 9명, 〈학생논단〉에는 학생 4명의 논문이 실려 있는데, 대부분 의학과 관련된 글들이 실렸으나 학장 양남길이 쓴「지역사회 의학 – 의학교육을 중심으로」와 의학과 3학년 문재선이 쓴「지역적으로 본 민요의 특성과 배경」등은 지역학 관련 논문으로도 주목할 만하다.

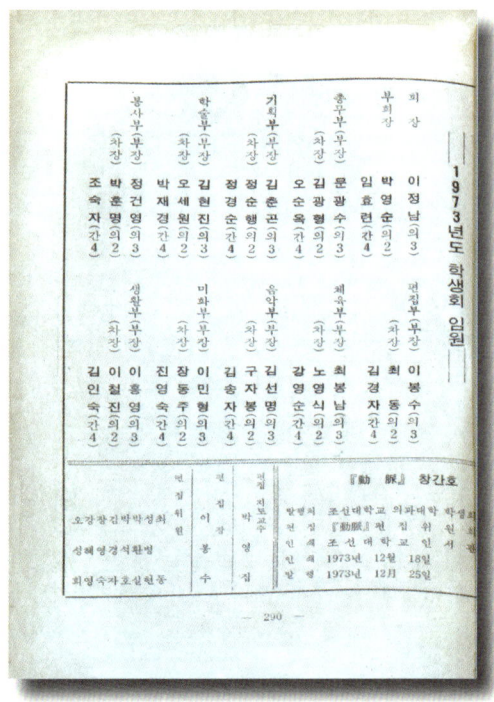

〈시리즈〉에는 의학과 학생들의 「연극부 창립에 대한 이야기」, 「의료봉사 활동 소고(小考)」, 「세계 축구사의 변모와 한국 축구의 미래상」 등의 글이 수록되어 있다. 〈특별기고〉에는 여대학장 최성준(崔聖俊)의 「한국정치의 방향 설정과 전쟁」, 사대교수 김영원(金永元)의 「우리 역사 문화의 성격에 대한 고찰」, 사대교수 구창환(丘昌煥)의 「문학의 이해」 등 다양한 주제의 글이 실렸다. 이어 문예 작품으로는 시 15편과 번역시 1편, 수필 20편, 기행문 4편, 콩트 1편, 번역 1편, 단편소설 1편이 수록되어 있다. 눈에 띄는 필진으로는 동문 시인 문병란(文炳蘭)을 들 수 있는데, 외부 필진으로 참여하여 시 「아이성(我耳聲)」을 발표하였다. 문병란을 제외하면 대부분 조선대 교수와 재학생의 작품이 실렸다.

이러한 『동맥』은 조선대학교 의과대학 교육 현장의 문제와 의과대학 학생들의 다양한 관심사를 살펴볼 수 있는 자료라는 점에서 의미가 있다. 개인이 소장하고 있는 『동맥』 창간호를 DB화 하였다.

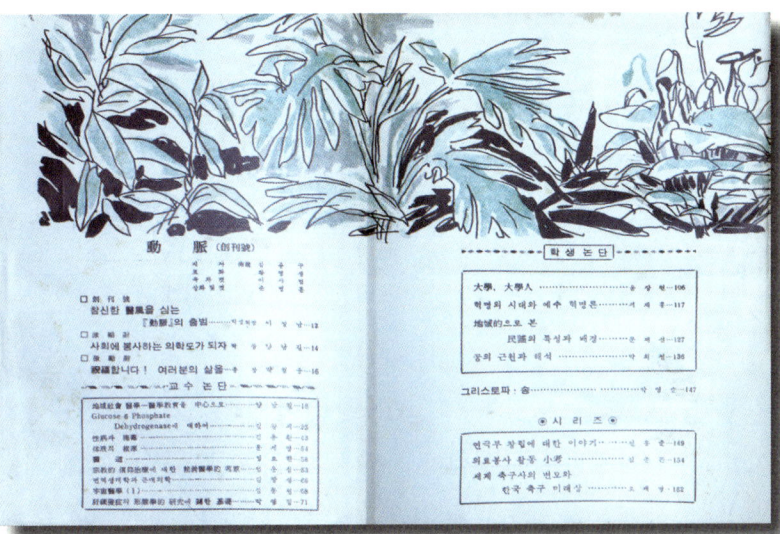

動脈 (創刊號)

□ 創刊號
참신한 醫風을 싣는 〈動脈〉의 출범 ······ 13
□ 激勵辭
사회에 봉사하는 의학도가 되자 ······ 14
□ 勸勉辭
勸勉합니다! 여러분의 살음을 ······ 16

교수논단

地域社會 醫學-醫學敎育의 中心으로 ······ 18
Glucose & Phosphate Dehydrogenase에 대하여 ······ 43
性病과 雜菌 ······ 54
結核의 終焉 ······ 54
腸 道 ······
문화적 退行현상에 대한 批判醫學的 考察 ······
변연계학과 근대의학 ······ 66
宇宙醫學 (1) ······ 68
好碱菌性의 形質轉換의 硏究에 關한 基礎 ······ 71

● 학생논단 ●

大學, 大學人 ······ 106
혁명적 시대와 예수 혁명론 ······ 117
地域的으로 본 民謠의 특성과 배경 ······ 127
공회 근원과 의식 ······ 130

그리스토파·솜 ······ 147

● 시 리 즈 ●

연극무장팀에 대한 이야기 ······ 149
의료봉사 활동 소묘 ······ 154
세계 축구구의 변모하 ······
한국 축구의 미래상 ······ 162

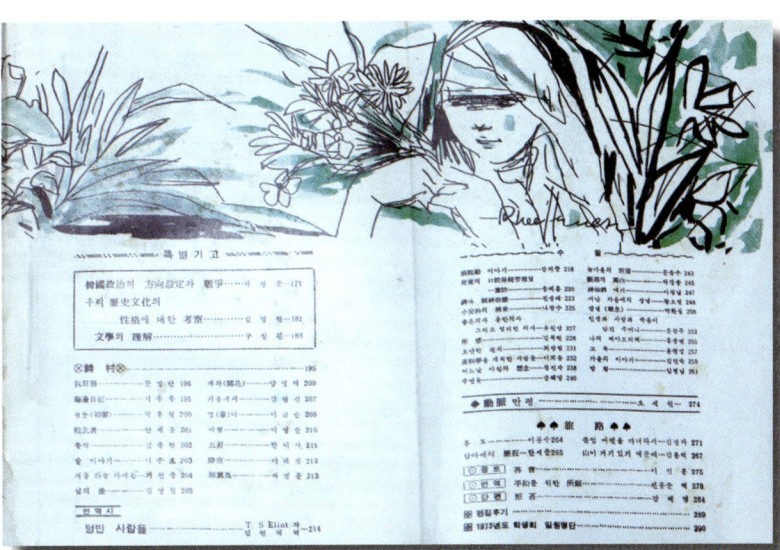

특별기고

韓國政治의 方向設定과 課題 ······ 171
우리 歷史文化의 性格에 대한 考察 ······ 181
文學의 理解 ······ 185

◈ 詩 村 ◈ ······ 195

...

번역시
덤민 시합들 ······ T S Eliot 작 214

◈ 動脈만화 ◈
······ 274

◈◈ 旅 路 ◈◈

...

1973년도 학생회 임원명단 ······ 390

동백

題　　號	동백 7·8月號	판　　형	15×21
발 행 일	1971.08.01.	발행편집인	고순상
표지화·컷	題字: 天馬山人	간별, 정가	격월간, 300원
면　　수	106	인 쇄 소	인쇄: 고순상
발 행 처	동백사	기　　타	해남, 회장: 황도훈

『동백』 7·8월호는 동백사가 1971년 8월 1일에 격월간으로 발행한 종합잡지이다. 책머리에 따르면, 『동백』은 사정에 의해 1970년 통권 제16호를 최종호로 등록이 취소된 『월간해남』의 후신으로, 1970년 5월 월간 『동백』으로 제호를 바꿨다가 1970년 12월 말에 다시 격월간으로 바꿔 발행하였음을 알 수 있다. 1971년 7·8월호의 판권사항을 보면, 회장 황도훈, 편집발행 겸 인쇄인 고순상, 면수 106면으로 정가 300원이다. 제자(題字)는 천마산인(天馬山人)이 담당하였다.

책머리의 「본지 편집 대강」과 〈편집후기〉에 따르면, "1. 해남군민의 민생을 위해서 제언하고 건의하여 그 권익에 봉사한다. 2. 해남의 자랑을 계발하고 선양한다. 3. 해남인의 동정을 민감하게 반영하여, 상호유대에 일조가 되게 한다. 4. 선대의 인문을 계승하고 새 해남의 인문을 창도한다."는 편집 노선을 밝히고 있다. 이러한 맥락에서 『동백』은 표지에 '해남인(海南人)의 잡지'라고 명시하는 한편 목차 역시 〈향우발언〉, 〈해남학(海南學) 서설〉, 〈우리들의 새 사무관 소식〉, 〈특집〉, 〈해남의 자랑〉, 〈해남 그 역사의 향기〉, 〈우리말 강좌〉, 〈향우동정〉 등 주로 해남의 현안, 역사, 문화, 인물을 알리는 글들

로 편성하였다.

  한편 동백사 회장 황도훈은 〈권두언〉을 통해 "아름다운 고향 해남을 더욱 아름다운 고향으로 있게 하기 위해서" 해남인의 상호유대를 권유하는 글을 발표하고 있다. 하지만 「제발 헐뜯지 말자」라는 제목에서 알 수 있듯, 당시 해남 지역 인사들의 오랜 갈등이 해남 재건과 발전에 커다란 걸림돌이 되어 왔음을 확인할 수 있다. 또한 책 서두에 「제7대 대통령 취임사」가 수록된 사실로 미루어 『동백』의 편집 노선이 당시 정치 상황으로부터 자유로울 수 없었음도 짐작할 수 있다. 눈에 띄는 필진으로는 시인 고정희(당시 삼산·남도신보사 기자)를 들 수 있다. 고성애라는 필명으로 『월간해남』의 기자로 활동했던 고정희는 본명으로 「자랑스런 고향 해남으로」를 발표하였다.

  이러한 『동백』은 『월간해남』의 명맥을 이어가는 잡지이면서 당시 해남의 문제와 실태를 살펴볼 수 있는 자료라는 점에서 가치가 있다. 개인이 소장한 『동백』 1971년 7·8월호를 DB화 하였다.

편집 후기

▲「해남」의 창간을 앞두고 그 이 계발 월들지 말자
의 향기를 人海南 그 안에서 학을 집념성이 하렵니다. 정성을
여서 담뿍이 주시기 바랍니다. 귀하고 고운 향기를 海南的 人들에게 전
해 드리고 싶습니다. 이 계간지가 고은 香을 도움이 되리라 바랍니다.

▲ 해남인의 동향과 이 본지가 추구하는 문화 전반에 걸쳐 소개하려 합니다.

▲ 해남의 동향은 앞으로 계속 보내주시 기 바랍니다.

▲ 해남의 동향은 정보입수의 기회가 개방된 데까지 계속 보내겠습니다.

창간의 인사를 겸해서 이 지면을 빌어 많은 협력과 성원을 부탁드립니다. 앞으로 끊임없는 노력으로 독자의 충고를 받들어 알찬 동정이나 제공할
우동정과 해남郡 소개하는 기본정보 서제공을 하려 합니다.

▲ 해남 여러분의 「광주」 동정에도 많은 성원 있기를 바랍니다.

이러한 국민의 소리를 그림받아 민의를 국회에 전달하는 일이라 할것입니다.

▲ 본지는 이러한 임연의 결실로 이번 정기국회가 열리자 「國民」 가라 앉혀주시기 바랍니다.

그동안 위대한 농촌에서의 새생활 운동을 전개하는 그러한 인사를 가고 있습니다. 이는 「國民」이 국회의원에 위하여 보내는 책임있는 정기문운동이라 생각합니다.

▲ 여기에서 보여질 좋은 결실을 하여 국민은 국민다운 기대를 가지도록 다 성원하기를 바라는 마음 간절합니다.

▽ 앞으로 계속을 조금 지우친 경향이 있으나 고산 윤선도님의 분을 온존한다.

격월간·동 백
1971년 7월 30일 인쇄
1971년 8월 가격 300원 발행
발행겸편집인 : 고 순 상
발행소 : 광주시 광산동 92번지
등록 1970. 5. 2 나1310
사무소 : 해남읍 해남중앙리
전화 452번

※ 본지는 잡지윤리실천요강을 준수한다.

동백 〈격월간〉 七·八月號 第7·第8出人

〈권두언〉
제7대 대통령 취임사 | 계발 월들지 말자 | 8
人間 任忠植論 | 草 人 | 12
任忠植議員에게 바란다 | 黃道勳 | 17
왜 任忠植씨를 뽑았는가 | 文珍錡 | 22
자랑스러운 故鄕 海南을 | 高貞姬 | 28

海南學序說
海南의 自然 | 유기술의 세 | 30
海南의 歷史 | 金東雲 | 40
海南의 人物 | | 43

作曲家 劉信의 近況 | | 50

白 薺 春 (집념編부) | | 58

特輯 · 아침재의 奇蹟 · 飛鷲牧場 | | 60
前文 | |
海南의 特殊動物과 植物의 王國으로 | |
野望과 理想의 사람들 〈興農·숲興場〉 | |

海南의 자랑
崔炳吾 寫眞展 | | 62 70
孤山의 人間과 文學 | 金正業 | 74 82
孤山의 詩歌文學 〈作品〉 | | 68 71
孤山의 作品考 | 趙熹雄 | 37 106

편집 후기
장장의 이 三重부담에 대하여 | |
우리생활과 새말에 關하여 | |
3月人選正誤追加·寫眞訂正 | |

동신

題 號	동신 창간호	판 형	15×21
발 행 일	1970.01.25.	발행편집인	발행: 이혁, 편집: 광주동신중·종합고교 광주동신여자중·종합고교 문예반
표지화·컷	제자: 김길, 컷: 김성식, 표화: 이원자, 화보: 김홍인	간별, 정가	비매품
면 수	300	인 쇄 소	국제문화사
발 행 처	광주동신중·종합고교 광주동신여자중·종합고교	기 타	

『동신』은 사단법인 동강학원에 소속된 네 학교 즉 광주동신중학교, 광주동신여자중학교, 광주동신종합고등학교, 광주동신여자종합고등학교에서 1970년 1월 25일에 창간한 교지이다. 창간호의 판권사항을 보면 발행인은 이혁, 편집인은 광주동신중·종합고교 광주동신여자중·종합교고 문예반이며, 인쇄소는 국제문화사로 총 300면의 비매품이다. 표화는 이원자, 화보는 김홍인, 컷은 김성식, 제자(題字)는 김길이 담당하였다.

창간호의 구성을 보면 우선 이사장 이장우의 〈격려사〉「과제 3장」을 비롯하여 〈창간사〉로 고등학교 교장 이혁의 「졸업생에게」, 중학교 교장 이용의의 「교지『동신』을 내면서」, 여자중학교 교장 나금주의 「동신의 딸들에게 영광이 있기를」이 이어진다. 이후 〈축간사〉, 〈선생님 논단〉, 〈인물촌평〉, 〈일본유학기〉, 〈인터뷰〉, 〈특집〉, 〈보고문〉, 〈교사 프로필〉, 〈앙케트〉, 〈졸업특집〉, 〈동신춘추〉, 〈기록편〉 등의 코너로 구성되었다. 〈동신춘추〉 코너의 경우는 세부적으로 〈시의 광장〉, 〈에세이의 광장〉, 〈논단〉, 〈기행문〉, 〈콩트〉, 〈창작〉, 〈시나리오〉로 꾸려졌다.

이 가운데 눈에 띠는 글을 다음과 같다. 우선 〈선생님 논단〉 코너에서 교사 이재휴는 「소련과 중공간의 대전은 일어날까?」를 통해 중공과 소련의 대립이 격화되면서 북한이 난처한 상황에 빠졌고, 미국 군사 전문가들이 미국이 나서서 중공과 소련을 중재해야 한다는 의견을 제시했다고 하였다. 다음

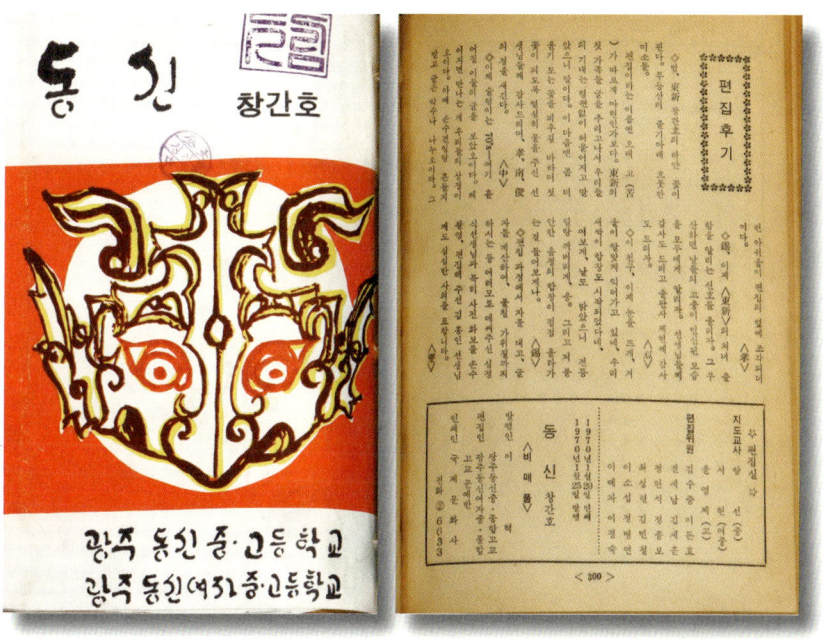

으로 교사 양중승은 「격동하는 프랑스」라는 글을 게재하여 프랑스에서 진행되는 '68혁명'의 상황을 비교적 상세하게 전달하고 있다. 이밖에도 〈논단〉 코너에 고등학교 3학년 오훈교의 「권위주의에 대하여」, 〈동신춘추〉 코너에 실린 교내 백일장 장원 작품 고등학교 1학년 김홍식의 시 「코스모스」, 교사 장춘의 수필 「구름」 등도 주목된다.

이처럼 『동신』은 광주동신중학교, 광주동신여자중학교, 광주동신고등학교, 광주동신여자고등학교의 교직원과 학생들이 가지고 있던 시사적 관심과 문학적인 소양을 살펴볼 수 있는 자료로서 의의가 있다. 전남대학교 도서관에 소장된 창간호를 DB화 하였다. 황태묵·이지혜, 「근현대 광주·전남 잡지의 지형과 특성」, 『국어문학』 78호, 국어문학회, 2021을 참고하였다.

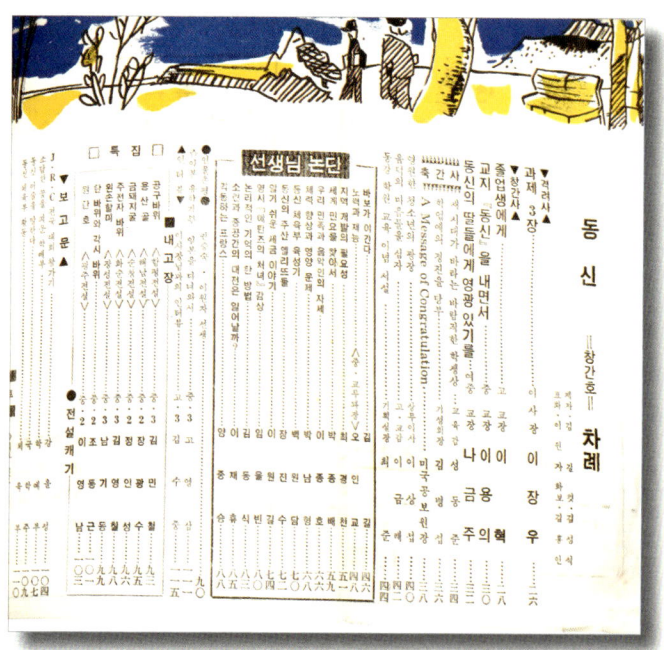
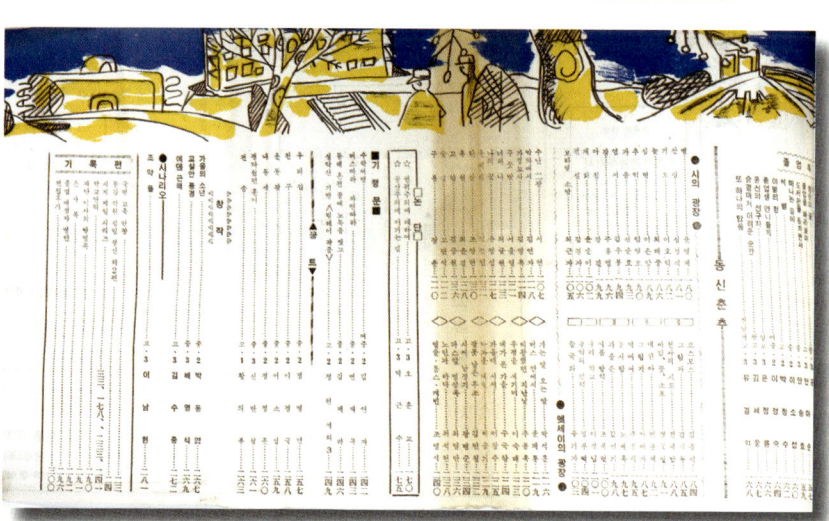

동심의 시

題　　號	동심의 시 1	판　　형	13×21
발 행 일	1980.01.10.	발행편집인	「동심의 시」 동인회
표지화·컷		간별, 정가	비매품
면　　수	91	인 쇄 소	
발 행 처	도서출판 현대문화사	기　　타	광주, 10인 시집

『동심의 시』는 '동심의 시' 동인이 연간으로 발행한 동시 동인지이다. 1980년 1월 10일에 창간되었다. 동심의 시 동인은 중고등학교 교사들이 중심이 된 동인으로 "스스로의 부단한 조탁과 서로의 진실한 격려를 통하여 좋은 시 짓기에 힘쓸 것"을 표방하며 순수동시 운동의 목적으로 결성되었다. 1979년 아동의 해를 맞이하여 '동심의 시'라는 명칭으로 동인회가 발족되었으며, 이봉춘, 문삼석, 이준섭, 전원범, 최일환, 고영규, 이준관, 경철 등 10명의 시인이 참여하였다. 동인에는 광주·전남에서 활동하는 시인들을 중심으로 고영규, 이준관, 이준섭 등 전북에서 활동하는 시인들이 포함되어 있다. 창간호는 '10인 시집'이라는 부제가 붙었다.

속지에는 "여기 그 첫 열매로서 열 사람의 시 아흔 두 편을 모아 「동심의 시」⑴을 내어 뜻있는 많은 이에게 드립니다."라는 글이 실려 있다. 동인별 작품을 보면, 경철은 동시조 「선생님」 외 16작품을, 이준관은 「초가을 저녁」 외 9작품을, 고영규는 「쓰레기 장에 핀 꽃, 호박꽃」 외 5작품, 최일환은 「한 더위에」 외 7작품을, 전원범은 「서울 1, 2, 3, 4, 5」 외 4작품을, 이준섭은 「가을 산」 외 8작품을, 문삼석은 「가을 구름」 외 7작품을, 위영남은 연작시 「바다」 10편을, 김재창은 연작시 「눈 오는 날 ⑴, ⑵」 외 6편을, 이봉춘은 연작시 「가을의 말⑴-⑸」외 2편을 수록하고 있으며, 작품에 앞서 각 동인의 경력 및 이력이 자세히 소개되어 있다. 편집후기는 따로 없고 책 끝에「동인주소록」을 실었다.

1990년대에는 여수의 이성관, 광주의 장사도, 김삼진, 군산의 진흥원이 동심의 시에서 활동하였다. 현재『동심의 시』는 2021년(39집)까지 발행된 것으로 확인되고 있다. 개인이 소장한『동심의 시』제1집을 DB화 하였다. 최일환,「아동문학 변천사」, 전남문인협회 편 ,『전남문학변천사』, 도서출판 한림, 1997을 참고하였다.

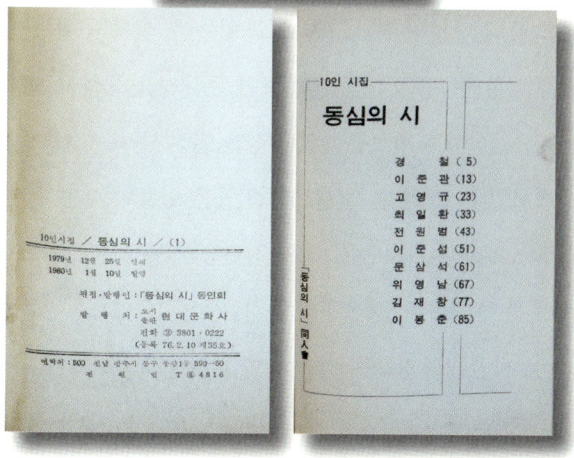

동인문학

題　　　號	同人文學 創刊號	판　　　형	15×21
발 행 일	1957.09.01.	발행편집인	發行: 李泰鎬, 編輯: 韓春洪
표지화·컷	表紙畵 目次컷: 吳天, 內容컷: 李學童, 題字: 宋寅淳	간별, 정가	非賣品
면　　　수	128	인 쇄 소	東亞社
발 행 처	朝大文學同人會	기　　　타	광주

『동인문학(同人文學)』은 조대문학동인회(朝大文學同人會)에서 1957년 9월 1일에 창간한 문학동인지이다. 창간호의 판권사항을 보면, 발행인은 이춘호(李春鎬), 편집인은 한춘홍(韓春洪), 발행소는 조대문학동인회, 인쇄소는 동아사(東亞社)이며, 면수는 128면으로 비매품이다. 표지화와 목차 컷은 오천(吳天), 내용 컷은 이학동(李學童), 제자(題字)는 송인순(宋寅淳)이 담당하였다.

본문의 내용은 〈창간사〉, 〈시〉, 〈창작〉, 〈평론〉, 〈편집후기〉 등으로 구성되어 있다. 회장 이태호의 창간사를 보면 '본지(本誌)는 일절의 당파성을 경계하고 이를 물리칠 것이다.'라고 밝히고 있는데, 이를 통해『동인문학』은 순수 동인지를 지향했음을 알 수 있다. 또한 '주체성을 통하여 전통을 계승, 한국현대문학을 건설하고 향토문학의 특성을 발전'시키는 것을 목적으로 한다고 창간사에서 밝히고 있다. 실제로 동인들은 이를 이루기 위해『동인문학』발간 이전부터 매월 정기모임을 갖고「김현승의 서정시에 대하여」와「김소월 시에 대하여」를 주제로 한 장용건의 특강, 서정시의 밤, 동인들의 자작시 낭송, 재광(在光) 시인들의 찬조시 낭송 등을 개최하기도 하였다.

한편 〈시〉에는 주기운(朱基運)의「수인(囚人)」을 비롯하여 김석태(金碩泰)의

「들꽃」, 강상원(姜祥遠)의 「폐허에 서서」, 심회준(沈會俊)의 「여백(餘白)의 풍속(風俗)」, 양효성(楊孝成)의 「잊는다는 것」, 박석철(朴錫哲)의 「칠월의 기원(祈願)」, 박광순(朴光淳)의 「시조(時調) 삼장(三章)」, 한춘홍(韓春洪)의 「국화」 등이 수록되어 있다. 〈창작〉에는 황도훈(黃道勛)의 「장례비(葬禮費)」, 문성탁(文聖鐸)의 「실격자」, 윤순성(尹淳成)의 「떠나는 배와 함께」, 정철인(鄭哲仁)의 「플라타너스 잎」, 〈평론〉으로는 셀던 로드맨(Selden Rodman)의 「현대시 약사(略史)」, 김봉영(金琒永)의 「봉건시대와 자연문학(自然文學)」 등이 수록되어 있다.

광주 지역 동인지인 『동인문학』은 지역에서 출간하지 않고 서울에서 출간하였다는 점이 타 광주잡지와 다르다. 동인회 회장인 이태호는 1946년 『청춘수첩』 동인의 회장을 맡기도 했다. 개인이 소장한 『동인문학』 창간호를 DB화 하였다.

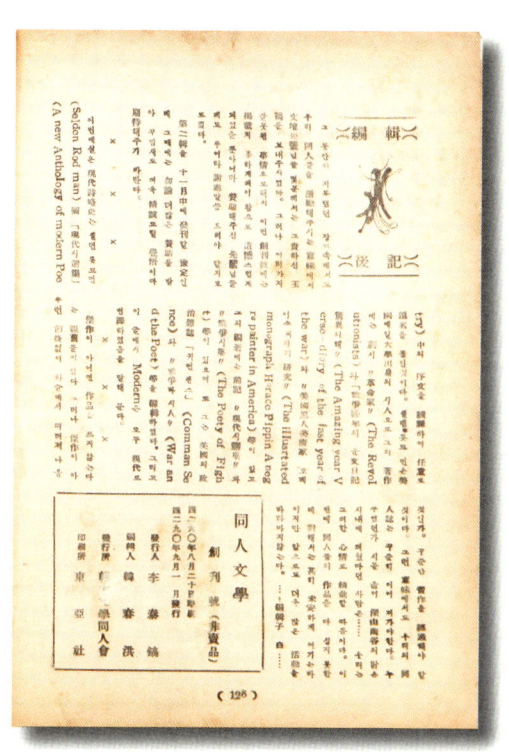

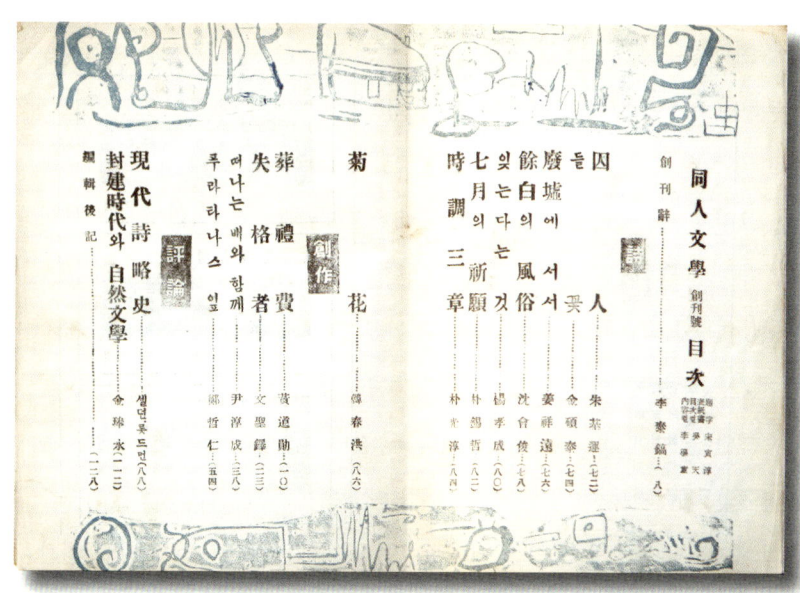

등대

題 號	燈臺 창간호	판 형	15×20.5
발 행 일	1972.01.25.	발행편집인	사범대학 학생회
표지화·컷		간별, 정가	
면 수	198	인 쇄 소	조선대학교 인서관
발 행 처	조선대학교 사범대학 학생회	기 타	광주

『등대(燈臺)』는 조선대학교(朝鮮大學校) 사범대학(師範大學) 학생회에서 발간한 교지이다. 1972년 1월 25일에 창간되었다. 창간호의 판권사항을 보면, 발행인은 사범대학교 학생회, 인쇄는 조선대학교 인서관에서 하였고, 총 198면이다. 학생 편집위원으로 송연근, 고진형, 신정호, 송희정, 설재록, 고선심 등이 참여하였고, 김수남은 편집부장, 사범대학장 정철인은 편집지도 교수로 참여하였다.

본문의 내용은 동문 시인이자 국문과 교수 문병란의 〈창간송시(創刊頌詩)〉 「하나의 출발」과 사범대학 학생회장 주영길의 〈창간사〉 「등대여! 더 밝은 빛을」, 그리고 사범대학장 정철인의 〈격려사〉 「고귀한 씨앗을 알차게 가꾸도록」, 김수남의 〈제언〉 「새로운 출발의 기쁨」을 비롯하여 〈교수논단〉, 〈특집〉, 〈학생논단〉, 〈좌담회〉, 〈교직 오리엔테이션〉, 〈교수수필〉, 〈등대 시단〉, 〈학생수필〉, 〈방송드라마〉, 〈콩트〉, 〈단편〉, 〈편집후기〉 등으로 이루어져 있다.

수록된 글 중에 눈에 띠는 것은 다음과 같다. 우선 〈교수논단〉 코너에는 정영구의 「레이저통신」, 장신덕의 「초기의 심포니(교향곡)」, 주길순의 「고대소설의 표제고(表題攷)」 등이 있고, 〈학생논단〉 코너에는 오경숙의 「그래도 인간

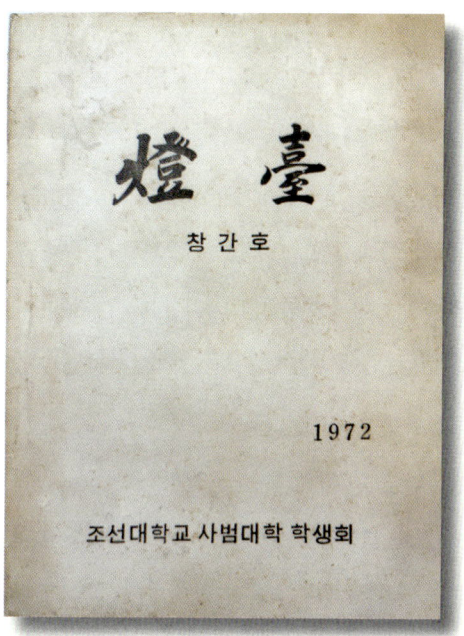

은 실존 한다」, 공순환의 「자동차 배기Gas는 왜 무서운가!」, 정철의 「4차원의 예술」, 이건철의 「지방대학의 관념」 등이 주목된다. 〈특집〉에는 '한국교육의 문제점'을 주제로 한 강충환의 「시민 변화와 새인간상」, 최용섭의 「교육 운동의 사회적 배경」, 고광남의 「교육제도 운영에 관한 제언」 등의 논문이 실려 있으며, 〈좌담회〉에는 「교생 실습을 통해서 본 이모저모」가 실려 있는데, 사범대 교수와 학생다운 시각을 보여주고 있다.

한편 〈등대 시단〉에는 시인 문병란의 시 「사자후」를 비롯하여 이현숙의 「달밤」, 정오진의 「수세미 미학(美學)」, 박향님의 「엽신(葉信)」, 안영섭의 「분수에서」, 이종하의 「풍경 501강당」, 유제대의 「추억」 등 재학생들의 시 작품 6편을 실었다. 이밖에 고진형의 방송드라마 「도로(徒勞)」, 정병표의 단편 「종행기(終行記)」, 설재록의 단편 「꿈의 파편」 등도 눈여겨 볼만하다. 또한 〈학생수필〉에는 학생들의 수필 작품 7편이 실려 있는데, 이 글들에서 예비교사의 소명을 무겁게 인지하는 진지함을 엿볼 수 있다는 점이 특징이다.

이처럼 『등대』는 조선대학교 사범대학의 교수와 학생들이 가지고 있던 학문적 관심사를 살펴볼 수 있는 자료로서 의의가 있다. 개인이 소장한 『등대』 창간호를 DB화 하였다.

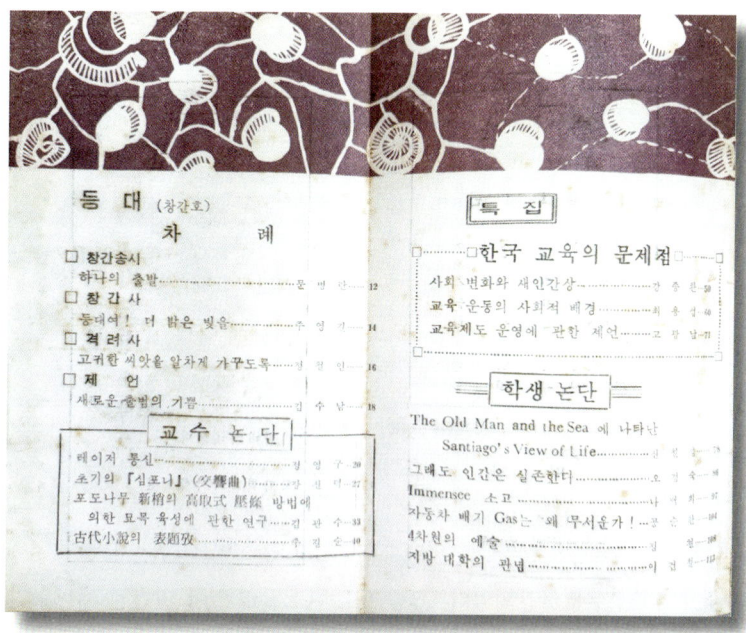

등대 (창간호)
차 례

□ 창간송시
　하나의 출발 …………………… 문 병 란 12
□ 창간사
　등대여! 더 밝은 빛을 ………… 추 영 근 14
□ 격려사
　고귀한 씨앗을 알차게 가꾸도록 … 정 설 안 16
□ 제 언
　새로운 출발의 기틀 …………… 김 수 만

교수논단
레이지 통신 ……………………… 정 현 구 20
초기의 『심포니』(交響曲) ……… 장 성 덕 25
포도나무 新梢의 高取式 壓條 방법에
　의한 묘목 육성에 관한 연구 … 김 선 규 33
古代小說의 表題攷 ……………… 주 종 연 40

특 집
□□한국 교육의 문제점□□
사회 변화와 새 인간상 ………… 강 주 진
교육 운동의 사회적 배경 ……… 최 홍 섭 44
교육제도 운영에 관한 제언 …… 고 창 남

학생논단
The Old Man and the Sea에 나타난
　Santiago's View of Life …………… 김 정 호
그래도 인간은 실존한다 ………… 오 영 숙 96
Immensee 소고 ………………… 나 덕 진
자동차 배기 Gas는 왜 무서운가! … 문 승 훈 104
4차원의 예술 …………………… 유 영 미
지방 대학의 편린 ………………… 이 건 무

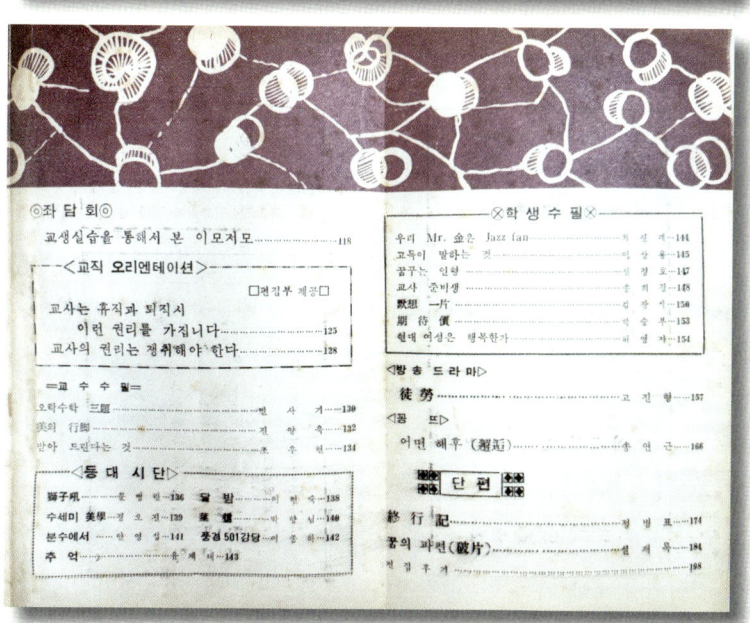

◎ 좌 담 회 ◎
교생실습을 통해서 본 이모저모 …………… 118

―〈교직 오리엔테이션〉―
　　　　　□편집부 제공□
교사는 휴직과 퇴직시
　이런 권리를 가집니다 ……………………… 125
교사의 권리는 쟁취해야 한다 ……………… 128

=교 수 수 필=
오락수학 三題 ……………………… 변 사 기 130
美의 行脚 …………………………… 진 양 욱 132
받아 드린다는 것 …………………… 조 수 현 134

〈등대 시단〉
獅子賦 ………… 문 병 란 136　달 밤 … 이 한 석 138
수세미 美學 … 정 오 진 139　葉 目 … 박 창 실 140
분수에서 ……… 안 영 실 141　풍경 501강당 … 이 종 화 142
추 억 ………… 유 재 태 143

× 학생 수필 ×
우리 Mr. 金은 Jazz fan …………… 이 성 애 144
고독이 말하는 것 ………………… 이 상 훈 145
꿈꾸는 인형 ……………………… 이 정 호 147
교사 준비생 ……………………… 송 미 경 148
默想 一片 ……………………… 김 장 수 150
期 待 價 ……………………… 김 승 부 153
현대 여성은 행복한가 …………… 최 영 자 154

〈방송 드라마〉
徒 勞 ……………………………… 고 진 형 157

〈꽁 뜨〉
어떤 해후 (邂逅) ………………… 송 연 근 166

❖❖ 단 편 ❖❖
終行記 …………………………… 정 병 표 174
꿈의 파편 (破片) ………………… 설 저 목 184
편집 후기 ………………………… 198

題　　　號	脈 第16號	판　　　형	14.5×21
발 행 일	1979.02.10.	발행편집인	發行: 朝鮮大學校 學徒護國團 二部大學梯隊 編輯: 二部大學學報編輯委員會
표지화·컷	表紙畵·題字: 陳元章	간별, 정가	
면　　　수	256	인 쇄 소	朝鮮大學校 出版局
발 행 처	朝鮮大學校 學徒護國團 二部大學梯隊	기　　　타	광주

『맥(脈)』은 조선대학교(朝鮮大學校) 이부대학(二部大學) 학생회에서 발간한 학보(學報)로 1959년에 창간되었다. 그중 1979년 2월 10일에 발간된 제16호의 판권사항을 보면 발행은 조선대학교 학도호국단 이부대학제대(二部大學梯隊), 편집은 이부대학학보편집위원회(二部大學學報編輯委員會), 인쇄는 조선대학교 출판국에서 하였고, 총 256면이다. 표지화와 제자는 진원장(陳元章)이 하였다.

목차의 구성은 학도호국단 연대장 조무호의 〈발간사(發刊辭)〉와 학장 고창현(高昌鉉)의 〈격려사(激勵辭)〉「바른 전통(傳統)의 닻을 올리면서」, 그리고 박홍원(朴烘元)의 〈권두시(卷頭詩)〉「신록(新祿)의 언덕」을 비롯하여 〈교수논단〉, 〈특집〉「논문작성법」, 〈학생논단〉, 〈동문기고〉, 《맥》문원(文苑), 〈창작〉, 〈자료〉 등으로 이루어져 있다. 이 가운데 《맥》문원〉은 시, 수필, 기행문, 체험수기로 짜여졌다.

수록된 글 중에 눈에 띄는 것은 다음과 같다. 우선 〈교수논단〉 코너에는 성인 범죄의 감소에 가출 및 비행 청소년에 대한 예방책이 효과가 있을 수 있다고 한 오도기(吳道基)의 「가출소년의 예방대책」, 19세기 말 독립협회(獨立協會)를 통해 한국인 스스로 자주적 근대화를 수행할 수 있는 사상이 마련되어 있었다고 주장한 김기삼(金淇森)의 「한말(韓末) 독립협회(獨立協會)의 개혁사상에 대한 소고(小考)」 등이 주목된다. 다음으로 〈학생논단〉 코너에는 한국 경제의 문제를 베블런의 이론을 통해 살펴본 노상채(盧相彩)의 「제도학파(制度學派)의 이론을 통한 한국경제의 고찰 –상기업(商企業)과 기계과정(機械過程)의 대립을 중심으로–」, 농촌 소도시의 이상적 구조를 연구한 박정남(朴正南) 「소도시(小都市)의 이

상적 개발에 대한 고찰」(목차에는 누락되어 있음)이 있다.

〈『맥』 문원〉 코너 중에서는 선계현의 시 「봉선화」, 고영규의 시 「괴성(怪城)」, 추현식(秋現植)의 수필 「여유(餘裕)라는 말의 의미」, 조도철의 수필 「회전목마(回轉木馬)의 삶」, 김행곤의 소설 「선과 악」 등도 눈여겨 볼만하다. 또한 제16호의 〈자료〉 코너에는 창간호부터 제15호까지(1959년~1977년)의 〈논단〉 코너에 실린 글들의 목록이 실려 있다.

이처럼 『맥』은 조선대학교 이부대학의 교수와 학생들이 가지고 있던 학문 및 문학적인 관심을 살펴볼 수 있는 자료로서 의의가 있다. 전남대학교 도서관에 소장된 제16호를 DB화 하였다. 황태묵·이지혜, 「근현대 광주·전남 잡지의 지형과 특성」, 『국어문학』 78호, 국어문학회, 2021을 참고하였다.

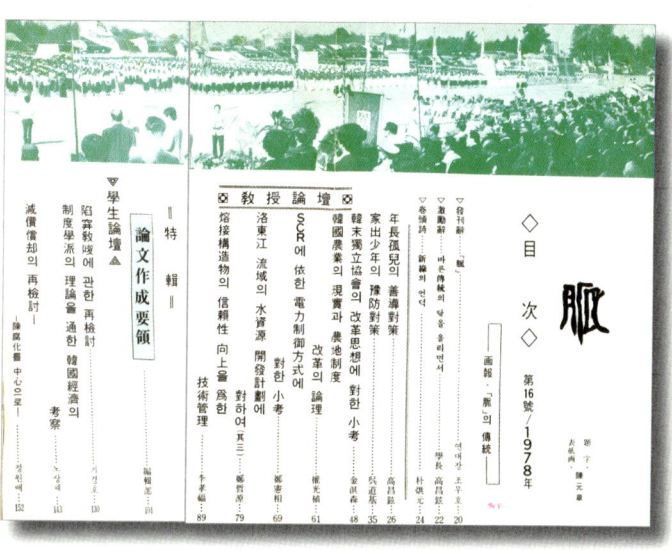

◇目次◇ 第16號／1978年

―画報,「脈」의傳統―

題字 朱衣凍
表紙畵 陳元章

◎發刊辭─「脈」..1

◎激勵辭─새로運城에서 넓음울리면서..2

◎卷頭詩─斷線의 언덕...학장 朴僖九 4

◎敎授論壇

年長孤兒의 善導對策..金昌鉉 22

家出少年의 豫防對策..高昌銓 26

韓末獨立協會의 改革思想에 對한 小考...柳道基 35

韓國農業의 現實과 農地制度 改革의 論理..權光植 48

SOC에 依한 電力制御方式에 對한 小考...鄭憲相 61

洛東江 流域의 水資源 開發計劃에 對하여 (其三)..吳哲珠 79

焙接構造物의 信賴性 向上을 爲한 技術管理 ....李孝祖 89

▲學生論壇▲

=特 輯=

論文作成要領 ....編輯部 111

陷算敎喩에 관한 再檢討
制度學派의 理論을 通한 韓國經濟의 考察..盧相郁 130

減價償却의 再檢討
―陳腐化를 中心으로―..鄭熙伯 152

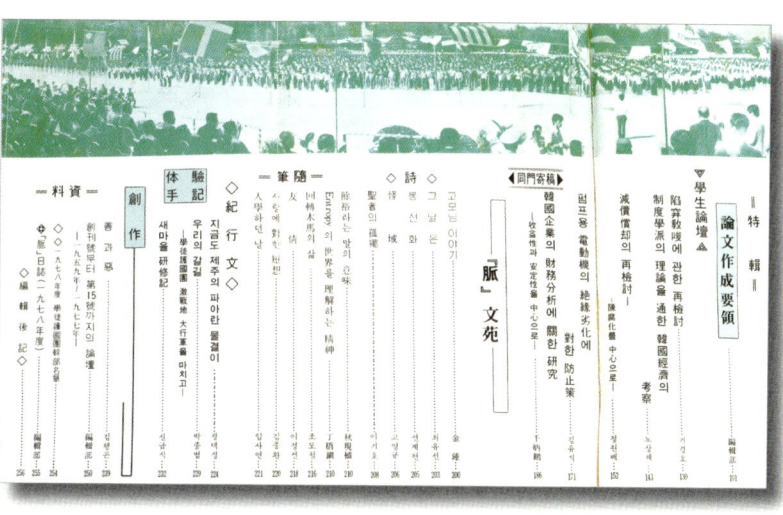

▲學生論壇▲

=特 輯=

論文作成要領 ....編輯部 181

陷算敎喩에 관한 再檢討
制度學派의 理論을 通한 韓國經濟의 考察..盧相郁 141

減價償却의 再檢討
―陳腐化를 中心으로―..鄭熙伯 168

◇同門寄稿◇

韓國企業의 財務分析에 關한 硏究
―收益性과 安定性을 中心으로─...下秉鵑 186

「脈」文苑

◎詩

고별의 이야기..金 緯 200

물결..201

선화..205

◎隨筆

聖書의 孤獨..

Europe의 世界를 理解하는 精神..

回桐木馬의 友情..

인생하는..金鎬 228

◎紀行文

지금도 제주의 파아란 물결이..朴英七 228

우리의 갈길
―學徒護國團 激戰地 大行軍을 마치고―..林내성 232

體驗記

새마을 硏修記...

一創 作

善과 惡...

一資 料

新刊號부터 第15號까지의 論壇...編輯部 254

「脈」日誌(一九七七年度～一九七八年度)

◇編 輯 後 記◇..編輯部

목문학

題　　　號	木文學 創刊號	판　　　형	15.5×21
발　행　일	1969.05.10.	발행편집인	편집: 박순범
표지화·컷	表紙컷: 姜東文, 構成: 朴洵範 題字: 車載錫	간별, 정가	부정기, 비매품
면　　　수	105	인　쇄　소	항도인쇄공예사 (구 항도출판사, 목포시 금동 2가 3번지)
발　행　처	목문학동인회	기　　　타	목포

『목문학(木文學)』은 목문학 동인회가 발행한 동인지이다. 1969년 5월 10일에 창간되었다. 목문학 동인은 목포에서 활동했던 동인으로 교사들이 주축이 되어 만들어졌다. 창간호의 판권사항을 보면, 발행 목문학동인회, 편집 박순범, 인쇄 항도인쇄공예사(구 항도출판사, 목포시 금동 2가 3번지), 면수 105면이다. 표지 컷은 강동문(姜東文), 구성은 박순범(朴洵範), 제자(題字)는 차재석(車載錫)이 하였다.

본문의 내용은 〈창간사〉를 필두로 제1부 〈시〉, 제2부 〈산문〉, 제3부 〈창작 논픽션〉으로 구성되어 있다. 회장 박순범은 〈창간사〉에서 예향(藝鄕)의 도시 목포의 전통을 되찾고 목포 문학의 방향성을 찾기 위해 『목문학』을 만들었다고 밝히고 있다. 박순범은 1950년대부터 작품 활동을 시작한 시인으로 목포예총 지부장을 역임한 인물이기도 하다. 창간호에는 회원 17인의 시, 수필, 소설, 논픽션 작품이 실렸는데, 박순범, 김신철, 김상길, 김재희, 정중수, 김학래(金鶴來), 최연종(崔淵鍾), 김복임, 최능자(崔綾子), 김관호, 박길장, 김춘애(金春愛), 김수원(金水源), 최두호, 정성심, 이준행(李俊行), 김희웅(金熙雄) 등이 필자로 참여하였다. 책 끝의 〈회원프로필〉에는 이들의 사진과 함께 간단한 약력을 싣기도 하였다.

이러한 『목문학』은 『목포문학』, 『목요회』과 함께 1960년대 목포 지역 문학 활동의 저변을 넓히는 데 기여한 잡지로 제6호까지 나왔다고 전해진다. 개인이 소장한 『목문학』 제1호를 DB화 하였다.

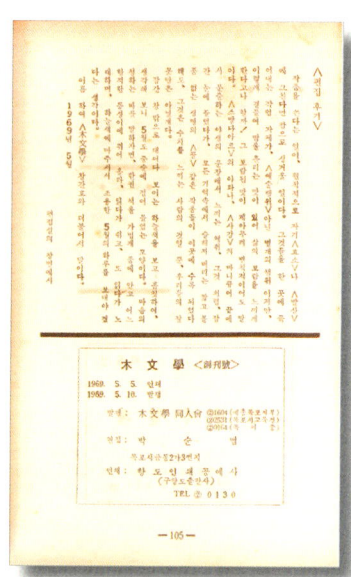
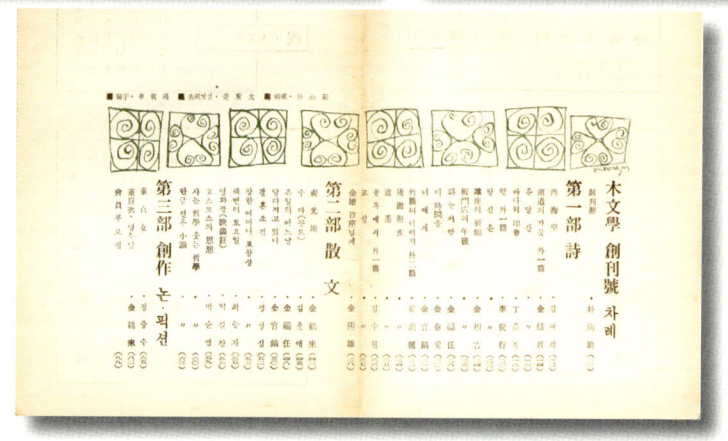

목요시

題　　號	木曜詩 제2집	판　　형	15×21
발 행 일	1980.05.10.	발행편집인	
표지화·컷		간별, 정가	연간, 1,200원
면　　수	56	인 쇄 소	
발 행 처	백제출판사(광주시 장동 55의 58)	기　　타	광주. 저자: 木曜詩同人會

　　『목요시(木曜詩)』는 목요시 동인회(木曜詩 同人會)가 연간으로 발행한 시 동인지이다. 목요시 동인은 1979년 봄에 결성되었으며 1979년 9월 강인한(姜寅翰), 고정희(高靜熙), 국효문(鞠孝文), 김종, 허형만(許炯萬)에 의해 제1집이 발행되었다. 제2집은 1980년 5월 10일에 발행되었다. 제2집의 판권사항을 보면, 저자는 목요시 동인회, 발행은 백제출판사(광주시 장동 55의 58), 면수는 56면, 정가는 1,200원이다. 앞표지에는 '1980 봄'과 '목요시 7인 시집'이라 표기되어 있으며, 뒤표지에는 필진으로 참여한 송수권(宋秀權), 강인한, 허형만, 고정희, 김종, 김준태(金準泰), 국효문의 사진이 실려 있다.

　　목요시 동인은 매호마다 '선언'으로 동인지의 지향점을 분명히 드러냈다. 특히 광주민주화운동 이후 나온 선언은 변화된 동인의 정체성과 성향을 알 수 있다는 점에서 주목할 필요가 있다. 요컨대 제1집의 "오늘의 시가 상업예술이 아니고 비상업적인 예술이라는 가장 기본적인 입장에서 우리는 모든 상업주의를 거부한다."라는 선언이 보여주듯 초창기 목요시 동인은 상업성으로부터 자유로운 창작을 추구했다. 하지만 1979년 10·26과 12·12, 1980년의 봄으로 이어지는 일련의 혼란한 정국 속에서 발간한 제2집의 「두 번째

선언」에서는 "시는 사실의 기록이 아니라는 것을, 시는 진실의 표현이라는 것을 우리는 재확인한다."라고 선언함으로써 시대의 목격자로 진실만을 쓰겠다는 의지를 표명하였다.

그리고 광주민주화운동 이후의 3권의 동인지와 1권의 선집에서는 광주민주화운동의 충격을 선언으로 드러내며 문학의 도구성을 강조하는 쪽으로 동인지의 방향성을 바꾸었다. 또한 목요시 동인은 창작방법을 쇄신하며 새로운 시 형식을 실험하기도 하였다. 그들의 이러한 활동은 당시 광주에서 적극적으로 전개되던 문학운동·출판운동과 같은 맥락에 있었다. 중견 시인들이 주축이 되었던 목요시 동인은 따라서 오월시 동인과 함께 1980년 광주 지역 소집단 문학운동을 보여주는 대표적인 집단이었다는 점에 그 문학적 지향성이 드러나 있다.

이처럼 시대적 조건을 문제의식으로 내세우며 문학운동을 전개한 목요시 동인은 1983년에 『목요시선집』을 낸 뒤, 1986년에 『목요시』 제6집을 발행하고 해체하였다. 이러한 『목요시』는 목요시 동인의 지향점과 작품 성향을 살필 수 있다는 점에서, 그리고 1980년대 초반의 집단적인 시운동의 가능성을 확인할 수 있는 동인지라는 점에서 문학적 의의가 있다. 개인이 소장한 『목요시』 제2집을 DB화 하였다. 허형만, 「문학동인활동변천사」, 전남문인협회 편, 『전남문학변천사』, 도서출판 한림, 1997과 이동순, 「목요시 동인의 '선언'과 변화양상」, 『리터러시연구』 제11권 제3호, 한국리터러시학회, 2020.6을 참고하였다.

□ 후 기

　지난 해 가을에 제1집을 낸 후 한 겨울의 고독 속을 돌아와 이제 제2집 묶음을 내게 되어 기쁘다.

　그토록 우리의 심혈을 쏟는 詩業의 과정 중 많은 변모를 가져왔다. 高靜熙 同人이 서울「백조」사로 옮기고, 鞠孝汶 同人이 신주로 이사했다. 모두의 건강과 전필을 축원한다.

　세 식구가 늘었다. 시집 1집부터 함께하려 했으나 개인 사정이 여의치 않았던 宋秀權, 金準泰 同人이 참여하게 되어 우리 同人會가 막강하게 보완되었다고 본다.

　이제 우리는 또 새로이 출발한다. 우리의 진실을 위하여, 우리에게 주어진 삶의 의무감과 준엄성을 인식하면서, 오로지 우리의 뜨거운 가슴을 간직하면서 출발한다.

木曜詩　7人詩集

1980년 5월 1일 인쇄
1980년 5월 10일 발행

발행 　木曜詩 同人會
인쇄 　백제출판사

광주시상상동 55의 58
전화 ② 1732

값 1,200원

차　례

宋　秀　權 …………… 2
　購物／傳說／겨울把守兵／靑鶴洞 一泊

姜　寅　翰 …………… 6
　과수구를 묶으며／동하중／霜에 대하여／촉배의 노래／불현한 사랑／이런 太平歌／변두리에서・1／변두리에서・2

許　炳　萬 …………… 14
　생일 날에 앉아／밤비 公開狀／아, 이제는 우리 푸르른 自由／歸路／아내의 장기

高　靜　熙 …………… 24
　간척지・1／간척지・2／간척지・3／간척지・4

김　　　종 …………… 32
　부끄러움을 만나기 위하여・Ⅰ／부끄러움을 만나기 위하여・Ⅲ／自由港／새로운 和容詞／달빛까지 비켜가며／敗者와 敗色／洞族

金　準　泰 …………… 42
　비행기와 農民／자기 몸뚱이를 죽이지 않고 아파하는 마음 속에 해꽃 같은 세월이 피어오든다／강학중氏／三八線 앞에서 北韓땅을 바라보는 技法, 그리고 統一을 꿈꾸는 술꾼 色西氏／우리들의 그리운 강빈은 변함입니다／참한 쉬어가기를 좋아하는 사람을 위하여 부르는 노래

鞠　孝　汶 …………… 50
　野薔期１・２／입음／넘뛰기／기다림／아침의 꽃

목포문학

題　　號	木浦文學 NO1	판　　형	15.5×21
발 행 일	1960.03.15.	발행편집인	發行: 車載錫 編輯: 木浦文化協會內 木浦文學會
표지화·컷	表紙畵:白洪基 컷:白榮洙 姜東文	간별, 정가	부정기, 400원
면　　수	118	인 쇄 소	港都出版社印刷局 인쇄: 金光珍
발 행 처	港都出版社	기　　타	목포

『목포문학(木浦文學)』은 목포항도출판사(木浦港都出版社)에서 발간한 목포문학회(木浦文學會)의 문예지이다. 제1집은 1960년 3월 15일 발행되었다. 판권사항을 보면, 발행인은 차재석(車載錫), 편집은 목포문화협회 내 목포문학회, 인쇄인은 항도출판사 인쇄국의 김광진(金光珍), 표지는 천지석판사(天地石版社)에서 맡았다. 면수는 118면으로 정가는 400원이다. 표지화는 백홍기(白洪基), 컷은 백영수(白榮洙)·강동문(姜東文)이다. 편집위원으로는 백두성(白斗星), 전승묵(全承黙), 차재석, 김우정(金宇正), 권일송(權逸松), 정규남(丁圭南)이 참여하였다.

본문의 내용은 〈창작〉 코너로 구성되어 있으며, 호남지역 작가들의 희곡, 소설, 시, 동요 등이 수록되어 있다. 희곡으로는 차범석(車凡錫)의 「상주(喪主)」, 소설로는 백두성의 「상사형(相似形)」, 천승세(千勝世)의 「쉬어가는 사람들」, 천승걸(千勝傑)의 「탈출」, 시로는 이동주(李東柱)의 「하오유한(下午有恨)」, 전승묵의 「자세」, 권일송의 「유달산」 등 시 12편과 김일로(金一路)의 동요 「정답대요」가 실렸다. 한편 소설가 박화성(朴花城)은 「목포문학의 발자취」, 이남식(李南植)은 「현대문학의 시련」이라는 평론을 싣고 있다. 스티븐 스펜더의 「마가렛을

위한 비가(悲歌)」(윤삼하 번역), 괴테의「자연에 관한 단장(斷章)」(이만성 번역) 등 번역문도 실려 있다.

〈편집후기〉에는 이전에 발간된 목포잡지에 관한 소개가 실려 있다. 이에 따르면『목포문학』이전에 발간된 종합지로는 해방 전『호남평론』, 해방 후『예술문화』, 한국전쟁 후『갈매기』,『전우』, 순문예지로『시정신』,『창작문학』등이 있다. 이 외에도 "목포와 직접 간접으로 인연이 있는 문학인들을 망라해서『목포문학』이란 이름으로 하나의 테두리를 마련해보기로 했다."는 잡지 발간 목적과 "동인지는 아니지만 목포란 터전을 계기로 해서 문예를 전문으로 하는 사람들을 한 자리에 모아 본다는 것도 헛된 일은 아니리라"는 발간 의의를 밝히고 있다. 이러한『목포문학』은 1960년 당시 목포의 문학담론을 생산하고 수렴하는 문학 장의 기능을 보여준다는 점에서 의미가 있다. 개인이 소장한『목포문학』제1집을 DB화 하였다.

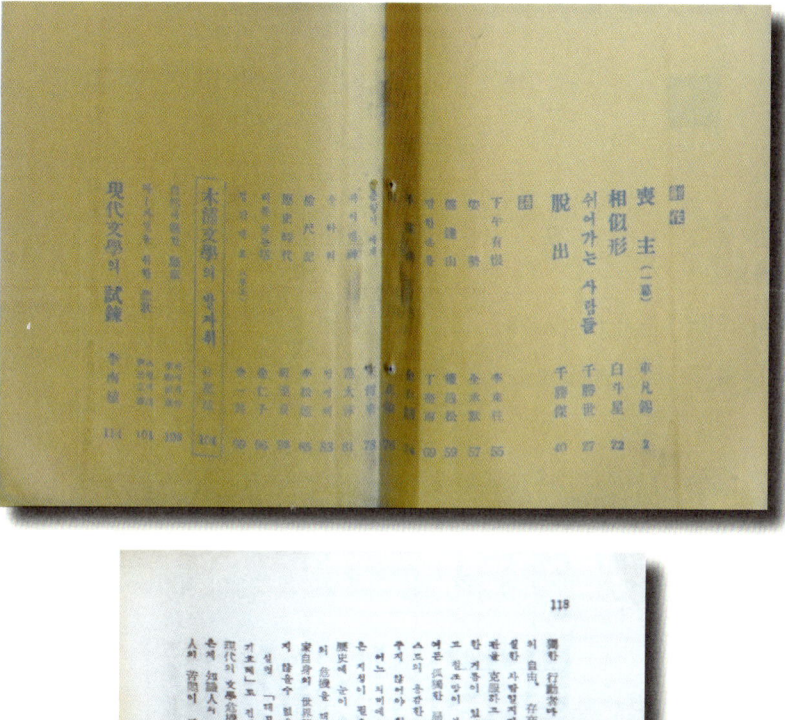

목포상업회의소 월보

題　　號	木浦商業會議所月報 第16號	판　　형	19×26
발 행 일	1911.01.28.	발행편집인	中田孝之介
표지화·컷		간별, 정가	월간
면　　수	본문 20, 부록 26	인 쇄 소	木浦印刷株式會社(木浦本町通 2丁目 16番地) 木山右馬太
발 행 처	木浦商業會議所	기　　타	목포, 明治44년, 일본어

『목포상업회의소월보(木浦商業會議所月報)』는 목포상업회의소에서 매월 28일에 발행한 월보이다. 『목포상업회의소월보』 제16호는 1911년(明治44년) 1월 28일에 발행되었다. 발행 겸 편집자는 목포상업회의소의 나카다 고노스케(中田孝之介), 인쇄자는 목포인쇄주식회사(木浦印刷株式會社, 木浦 本町通 2丁目 16番地)의 기야마 우마타(木山右馬太), 발행소는 목포상업회의소이다. 일본어 잡지이며, 본문 20쪽과 부록 26쪽으로 구성되어 있다.

발행 겸 편집자인 나카다 고노스케는 목포의 농업 관련 회사인 유항사(有恒社) 대표이자 조선미곡창고 목포지점장, 목포창고금융과 태평주조, 동아호모공업, 목포철조, 목포식산 등의 중역을 맡았던 일제 시기 목포 실업계에서 활발한 활동을 전개한 인물로 알려져 있다.

『목포상업회의소월보』 제16호에서 다루는 구체적 내용으로는 회의소 소식에 관한 글과 무역, 곡물별 생산량, 물가, 운수교통, 금융, 해상보험업 상황 등으로 이에 관한 상세한 통계표가 함께 실려 있다. 책의 부록에는 미곡의 집산과 거래 상황 등에 관하여 조사한 글이 실렸다. 책 발행 당시의 목포 지역 경제 상황을 보여주는 자료로서 의미가 있다고 할 수 있다.

일제강점기 군산역사관에서 소장하고 있는『목포상업회의소월보』제16호를 DB화 하였다. 부산역사문화대전 웹사이트의 '재한인사명감' 항목을 참조하였다.

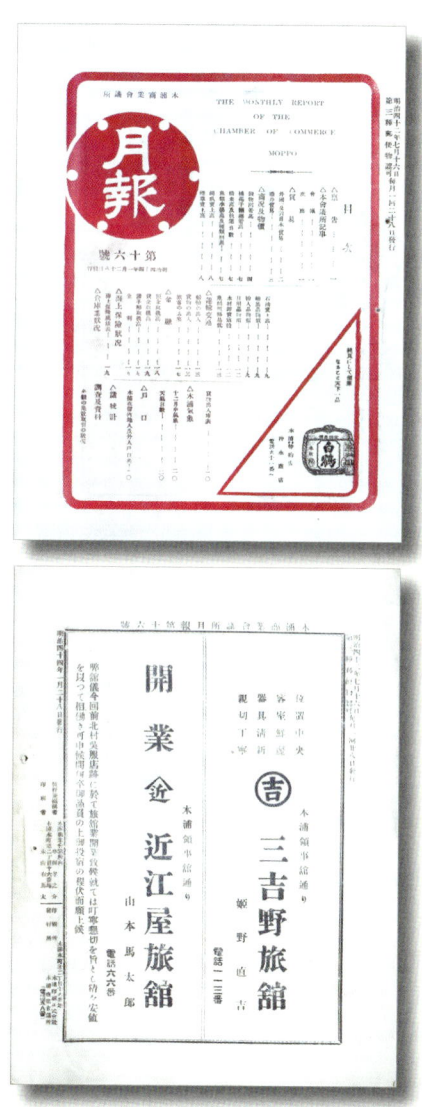

목포예총

題　　號	木浦藝總 創刊號	판　　형	15×20.5
발 행 일	1979.03.03.	발행편집인	發行: 朴洵範
표지화·컷	表紙畵: 南農, 目次: 김수호 컷: 程多韻, 題字: 平步	간별, 정가	부정기, 비매품
면　　수	151	인 쇄 소	湖南文化社(光州市 東區 不老洞 111)
발 행 처	藝總木浦支部(木浦市 務安洞 10의 15)	기　　타	목포

『목포예총(木浦藝總)』은 1979년에 창간한 목포예술총연합회(木浦藝術總聯合會)의 기관지이다. 목포예술총연합회는 줄여서 '목포예총'이라 하며 국악, 미술, 연극, 문인, 음악, 무용, 사진 등 산하에 7개 협회가 모여 있다. 창간호의 발행일은 1979년 3월 3일이며, 발행소는 예총목포지부(藝總木浦支部, 木浦市 務安洞 10의 15), 발행인은 박순범(朴洵範), 인쇄소는 호남문화사(湖南文化社, 光州市 東區 不老洞 111)이다. 면수는 115면으로 비매품이다. 표지화는 남농(南農) 허건(許健), 목차는 김수호, 컷은 정다운(程多韻), 제자(題字)는 평보(平步)가 담당하였다.

본문의 내용은 예총회장인 박순범의 〈발간사〉와 한국예총회장 이봉래(李奉來)의 〈격려사〉를 필두로 〈특집〉, 〈회고〉, 〈논설〉, 〈탐방〉, 〈수상(隨想)〉, 〈좌담〉, 〈시〉, 〈창작〉 등으로 구성되어 있다. 〈특집〉은 '고향의 예술인들'이라는 기획 하에 소설가 박화성(朴花城)의 『고개를 넘으면』의 언저리」, 권일송(權逸松)의 「새로운 도시의 부활-영원(永遠)의 활성(活性)을 지니는 길」, 최하림(崔夏林)의 「그리움의 시절」, 정중수(丁重秀)의 「목포행」 등이 소개되고 있다. 구

체적으로 박화성이 『고개를 넘으면』의 언저리」에서 등단시절부터 현재까지 이야기를 회고형식으로 담담하게 이야기하고 있다면, 최하림은 자신의 젊은 날 가난하고 배고프지만, 돈 한 푼 없이 목포 시내를 돌아다니던 때를 회상하고 있다.

한편 〈회고〉에서는 김신철(金信哲)의 「78년도 목포 문학」, 양동온(梁棟榲)의 「예향 목포문단의 어제와 오늘」, 박종길(朴宗吉)의 「사진예술의 본질과 사명」 등 목포의 예술문화의 현주소에 대해 진단하고 방향성을 고민한 글도 보인다. 1958년 목포문화협회를 발족하고 초대회장으로 남농 허건 선생을 추대한 일화, 협회명을 목포예총으로 바꾼 것 등을 통해 목포예총의 과거와 현재를 이야기하고 앞으로 나아가야 할 방향, 미래에 대해 서술하고 있는 점이 주목된다.

〈좌담〉 코너에서는 윤미웅(尹米雄)의 「성악피아노 연주회를 통해 본 교육적 고찰」, 김병준의 「국악보전(國樂保全) 계발(啓發)과 우리들의 사명」, 편집부에서 쓴 「미협목포지부(美協木浦支部) 연혁(沿革)」 등 클래식 음악과 교육, 국악, 미술 등 다양한 예술분야의 목소리를 전달하려는 노력이 돋보인다. 보통 동인지나 잡지들이 시, 소설, 수필, 희곡 등 문예 작품에 치중해 있는데 비해 목포를 중심으로 여러 예술 분야 전문가의 글들이 수록되어 있다는 점이 특징이다. 또한 말미에는 「예총 목포지부 회원주소록」과 함께 「제19회 목포예술제 입상자 명단」이 나와 있는데, 이를 볼 때 목포를 비롯하여 무안, 신안, 진도, 해남, 완도 등 전남 각 지역에서 문화예술에 상당히 관심이 높았음을 확인할 수 있다. 끝으로 〈편집후기〉에는 성옥문화재단(聲玉文化財團)의 출판 장려비와 남농 허건, 보배양조(주), 백화양조(주) 등의 후원과 도움을 받아서 발간하게 되었음을 밝히고 있다. 개인이 소장한 『목포예총』 창간호를 DB화 하였다.

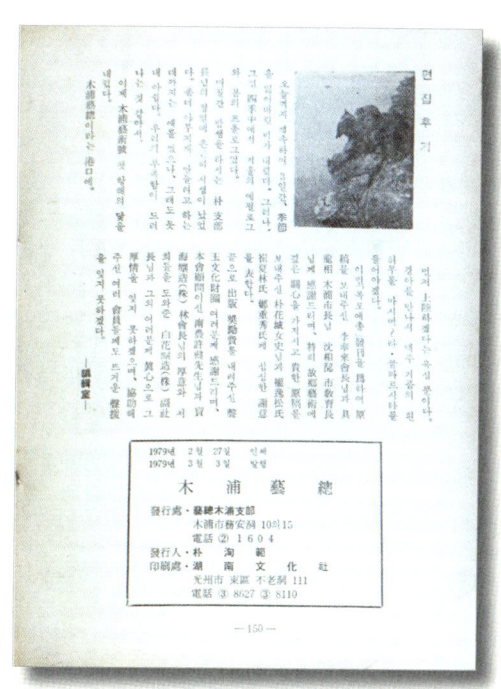
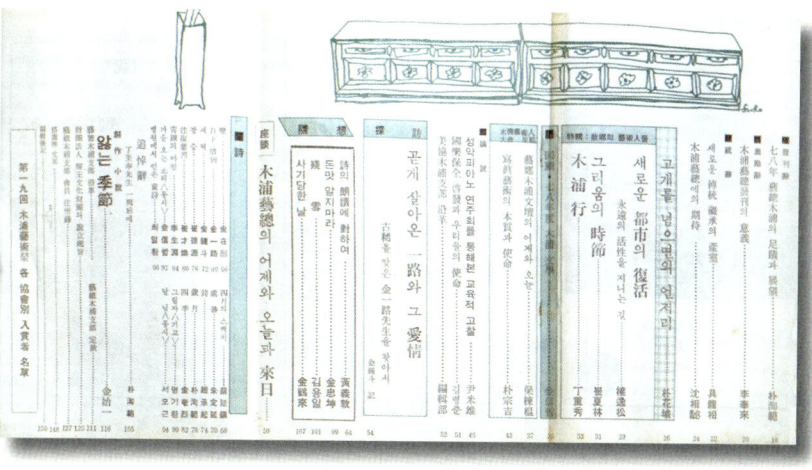

목포평론

題　　號	木浦評論 第1卷 第1號	판　　형	15.3×22.6
발 행 일	1933.01.01.	발행편집인	羅萬成
표지화·컷		간별, 정가	월간, 30錢
면　　수	69	인 쇄 소	吉岡印刷所(京城府 漢江通 15番地), 인쇄: 金容圭
발 행 처	木浦評論京城總支社(京城府 松峴洞 48番地 1號)	기　　타	昭和 8년, 본사: 木浦府 竹洞 19番地

『목포평론(木浦評論)』은 목포평론사(木浦評論社)가 1933년 1월 1일에 창간한 월간 잡지이다. 창간호의 판권사항을 보면 편집 겸 발행인은 나만성(羅萬成), 인쇄인은 김용규(金容圭), 인쇄소는 요시오카 인쇄소(吉岡印刷所, 京城府 漢江通 15番地), 발행소는 목포평론경성총지사(木浦評論京城總支社, 京城府 松峴洞 48番地 1號), 본사는 목포부 죽동 19번지에 있고, 면수는 69면이다. 1부의 정가는 30전(錢)에 배송료는 5리(厘)인데, 반년을 구독하면 2엔 60전에 배송료가 무료이고, 1년을 구독하면 3엔에 배송료가 무료이다.

이사장(理事長) 김성호(金聲浩)의 「창간사」에 따르면 '민족의 갱생(更生)과 국가·사회의 발전이 학술·문예에 중대한 영향을 가지고 있기 때문에 외부적 결과와 내재적 원인을 규명하고 비판하여 그 결함과 착오에 대한 정당한 각성을 환기하기 위해 『목포평론』을 창간하였다고 하였다.

목차는 따로 없고 이사장 김성호의 창간사에 이어 유달산인(儒達山人)의 「신년(新年)을 맞이하며」, 경영부장 대리겸무(代理兼務) 오태준(吳泰準)의 「송구영신(送舊迎新)의 감(感)」, 그리고 일노동자(一勞動者)의 「신년은 목포에도 왔다」가 이어진다. 이후 본격적으로 기사들이 나오는데 「목포여류운동계중진(木浦

女流運動界重鎭)」,「여성과 '저널리즘' 문학」,「의복(衣服)감을 사시려는 부인들에게」,「석자(石子)는 왜 죽었나 – 누정(櫻町)에 떨어진 한 떨기 수선화(水仙花)」 등 여성과 관계된 기사가 많은 것이 특징이다. 이밖에도 「목포상점순례기(木浦商店巡禮記)」,「목포음식점평판기(木浦飮食店評判記)」 등 상점에 대한 기사와 「목포권번기생총출동(木浦券番妓生總出動)」과 같은 기생과 관련된 기사도 눈에 띤다.

이처럼 『목포평론』은 당시 목포 지역에서 발행된 대중잡지의 실상을 파악할 수 있는 자료로서 의의가 있다. 군산일제강점기역사관에 소장된 제1권 제1호를 DB화 하였다. 최창근, 「1930년대 목포의 근대성과 대중매체 – 『호남평론』수록 소설과 기사를 중심으로」, 『국학연구론총』11, 택민국학연구원, 2013을 참고하였다.

木浦府竹洞一九
（木浦自動車部前）

新舊圖書
文具一式
各種雜誌

大潮社

木浦評論木浦總販賣店

第一卷　第一號　定價三十錢

昭和八年十一月一日　（第三種郵便物認可）
昭和八年十二月一日發行（每月一日一回發行）

部書店은全南地方人士의讀書要求에對하야萬分之一助이라도
되옵소서이다． 政治、經濟、社會問題及科學其他一般理論科學에對한書籍과、批判、女人、新階
段、光線、新女性、別乾坤、어린이、新朝鮮、映畵時代、이러타、新東亞、新家庭、三千里
萬國婦人、文學建設、東光、木浦評論、等諸雑誌를 만히注文하여주십시오 可及하는限郡店
의利益을지게하야廉賣로써 그리고迅速히應酬하겟슴니다．

批判社木浦支社
朝鮮之光社木浦支社
文學建設社木浦支社
開闢社木浦支社
新東亞社木浦支社
新朝鮮社木浦支社
三千里木浦販賣店
映畵時代社木浦支社
萬國婦人木浦販賣店

무등문학

題　　號	無等文學 第2號	판　　형	15×21
발 행 일	1977.05.15.	발행편집인	
표지화·컷		간별, 정가	연간, 비매품
면　　수	72	인 쇄 소	現代文化社
발 행 처	全南學生時調協會	기　　타	광주

『무등문학(無等文學)』 제2호는 전남학생시조협회(全南學生時調協會)에서 1977년 5월 15일에 발행한 동인지이다. 제2호 표지 상단에 작은 글씨로 '제1권 제2호'라고 표시되어 있는 것으로 보아 1977년에 창간되었음을 알 수 있다. 『무등문학』 제2호의 판권사항을 보면, 인쇄소는 현대문화사(現代文化社), 연락처는 전남학생시조협회(全南 光州市 忠壯路 3가 15), 면수는 72면으로 비매품이다.

　본문의 내용은 〈무등문학〉, 〈초대시〉, 〈작품Ⅰ〉, 〈작품Ⅱ〉, 〈전남학생시조협회출신특집〉, 〈취작전집(醉作全集)〉, 〈편집후기〉 등으로 구성되어 있다. 구체적으로 〈무등문학〉에는 「서(序)」와 평론이 실려 있는데, 송선영(宋船影)이 쓴 서문을 보면 '전남학생시조협회'가 탄생한 지도 3년째로 접어들었는데, 그동안 젊은 문사들이 주축이 되어 『시조문학』, 『토풍시(土風詩)』 등을 발간하였음을 밝히고 있다. 또한 평론에는 시조시인 이태극(李泰極)의 「시조문학과 토풍시」, 정완영(鄭椀永)의 「축(祝), 토풍시의 개화」, 문삼석(文三石)의 「무등문학의 작품세계」 등이 수록되어 있다.

　한편 〈초대시〉에는 배봉수의 「산목련」, 김옥중(金玉中)의 「춘사 이제(春寺 二題)」가 실려 있으며, 〈작품Ⅰ〉과 〈작품Ⅱ〉에는 젊은 문사 17인의 시와 시조

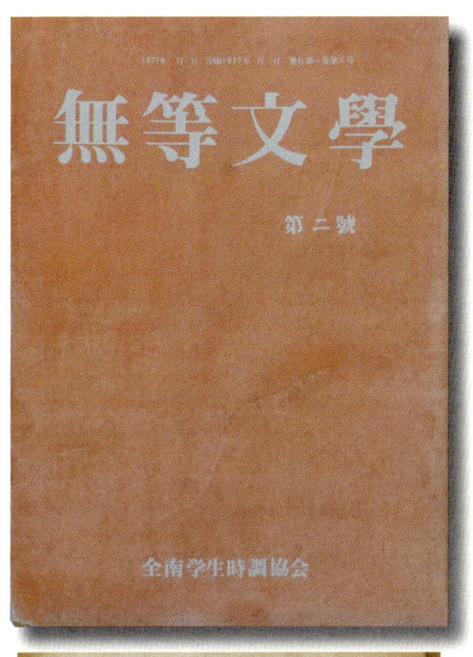

가 다수 수록되어 있다. 그 중에서 눈에 띄는 작품으로는 오종문(吳鍾文, 전남기공 3년)의 「동천(冬天)」, 이근택(李根澤, 인성고 3년)의 「매화」, 문광자(文光子, 광주여고 2년)의 「유달산 기행초(紀行抄)」, 강순심(姜順心, 전남여고 2년)의 「화심초(花心抄)」, 조인숙(전남여고 졸업)의 「겨울소리」, 이표선(광주일고 졸업)의 「4월」 등이 주목된다.

이외에도 책 후반부에는 편집실의 「무등문학의 재발견은 무엇인가」라는 글이 실려 있는데, 무등문학의 진단, 앞으로의 방향성 등이 제시되어 있다는 점에서 주목할 만하다. 이처럼 『무등문학』은 젊은 문사들이 주축이 되어 결성한 전남학생시조협회의 문학적 연대와 활동 양상을 살펴볼 수 있는 자료라는 점에서 의의가 있다. 개인이 소장한 『무등문학』 제2호를 DB화 하였다.

無等文學

第二輯

차례

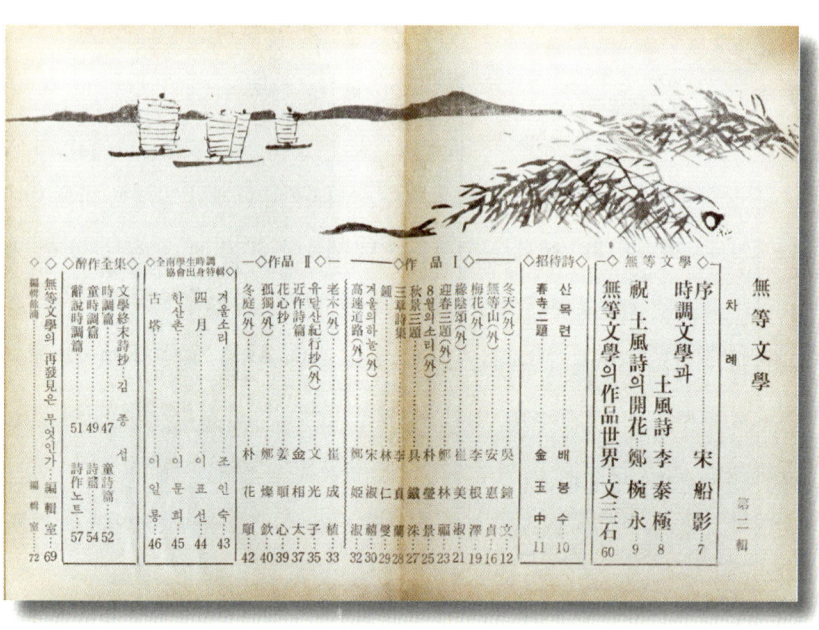

◇無等文學◇

序 .... 宋船影 ... 7
時調文學과 土風詩 .... 李泰極 ... 8
祝, 土風詩의 開花 .... 鄭椀永 ... 9
無等文學의 作品世界 .... 文三石 ... 60

◇招待詩◇

春李二題 .... 裵鳳洙 ... 10
산목련 .... 金玉中 ... 11

◇作品 I◇

冬天(外) .... 吳錦 ... 12
無等山(外) .... 安惠根 ... 16
梅花(外) .... 李美 ... 19
綠陰頌(外) .... 趙澤 ... 21
迎春三題(外) .... 柳貞 ... 23
8월의 소리(外) .... 朴文 ... 25
秋景三題 .... 具鐵鎔 ... 27
三墓詩集 .... 李林 ... 28
鋪道 .... 宋淳 ... 30
高速道路(外) .... 柳姬 ... 32
孤獨(外) .... 文淑禎 ... 33
花心抄 .... 相光 ... 35
近作詩篇 .... 鄭順 ... 37
유당산紀行抄(外) .... 姜心 ... 39
老木(外) .... 金太子 ... 40
冬庭(外) .... 朴花順 ... 42

◇作品 II◇

겨울소리 .... 조인숙 ... 43
한산촌 .... 이선희 ... 44
四月 .... 이효선 ... 45
古塔 .... 이문희 ... 46

◇全南學生時調協會出身特輯◇

時調篇
時調終末詩抄·김종섭 47
童詩篇
辭說時調篇 49
詩稿作노트 51

◇醉作全集◇

無等文學의 再發見은 무엇인가·編輯室 ... 52
編輯後記 54
.... 57
.... 69
.... 72

무등학총

題　　號	無等學叢 第15輯	판　　형	15×22.5
발 행 일	1983.01.25.	발행편집인	編輯: 朴孝明·孫光殷·崔寅柱·李斗善·李錦淑
표지화·컷	題字: 景岩 金相筆	간별, 정가	연간, 비매품
면　　수	432	인 쇄 소	全南大學校出版部
발 행 처	全南大學校 文社會科學大學 學徒護國團	기　　타	광주

　『무등학총(無等學叢)』은 전남대학교 인문사회과학대학에서 발행한 학회지이다. 『인문사회과학대학』에서 『무등학총』으로 제목이 변경되었다. 『무등학총』 제15집은 1983년 1월 25일에 발행되었다. 판권사항을 보면, 발행처는 인문사회과학대학 학도호국단, 인쇄처는 전남대학교 출판부이다. 편집 지도교수에는 박효명(朴孝明), 손광은(孫光殷), 편집위원에는 전남대학교 사회학과 3학년 최인주(崔寅柱), 불문학과 3학년 이두선(李斗善), 불문학과 2학년 이금숙(李錦淑) 등이 참여하였다. 제자(題字)는 경암(景岩) 김상필(金相筆)이 썼다. 총 432면으로 비매품이다.

　본문은 인문사회과학대학 학생장 봉필주(奉弼洙)의 〈발간사〉, 인문사회과학대학 학장 지춘상(池春相)의 〈격려사〉와 〈교수 논단〉의 논문 4편, 〈졸업 논문〉의 논문 15편, 〈현상 논문〉의 논문 4편으로 구성되어 있다. 학술지로서의 면모를 충실히 갖춘 책이라 할 수 있다. 현재 창간호의 발행사항은 확인되지 않는다. 다만, 『무등학총』 제16집에서 제19집이 1984년과 1987년 사이에 연간으로 발행한 사실로 보아 창간호는 1969년에 발행하였을 것으로 추정된다. 원광대학교 도서관에서 소장하고 있는 『무등학총』 제15집을 DB화 하였다.

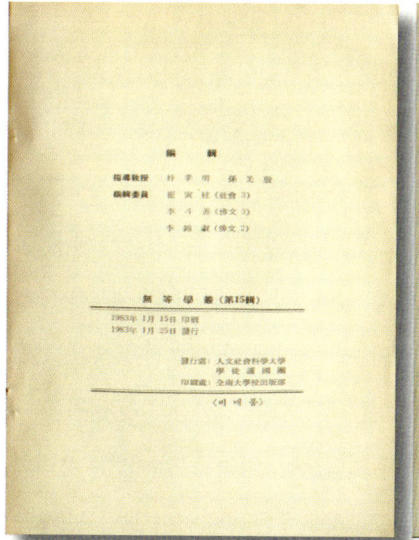
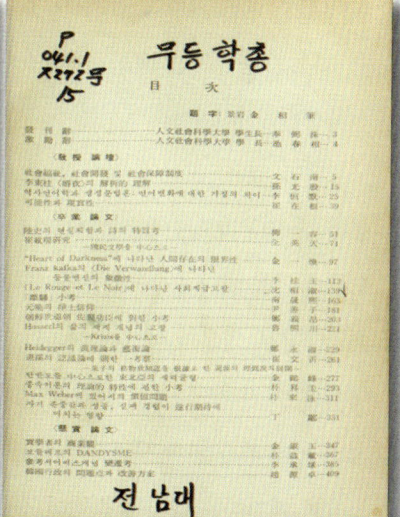

무·영문학

題　　　號	無·榮文學 창간호	판　　　형	13×18.5
발 행 일	1979.04.08.	발행편집인	編輯: 鄭砥石
표지화·컷	표지화·삽화: 鄭砥石	간별, 정가	
면　　수	42	인 쇄 소	
발 행 처	여음사	기　　타	광주, 등사본 著者: 無·榮文學同人會

　『무·영문학(無·榮文學)』은 무·영문학동인회(無·榮文學同人會)에서 1979년 4월 8일에 창간한 시 동인지이다. 창간호의 판권사항을 보면, 저자는 무·영문학동인회, 편집은 정지석(鄭砥石), 발행은 광주시의 여음사에서 맡았다. 면수는 42면으로 표지화와 삽화는 정지석이 그렸다. 내지에는 정지석이 "강기원(姜奇遠) 친우 惠存"이라 쓴 글씨가 있어 시인 강기원에게 보낸 증정본임을 알 수 있다. 〈후기〉에는 1978년 6월에 동인회가 창립되었다고 나와 있다.

　목차는 〈서시(序詩)〉, 〈서문〉, 〈無·榮詩〉, 〈시〉, 〈동인주소록〉, 〈후기〉로 구성되어 있다. 본문에 앞서 시인 송수권(宋秀權)은 〈서시〉「나의 독수리」를 통해 무·영문학 창간을 축하하였고, 무·영문학동인 일동은 〈서문〉「새 봄 물 오른 풀잎을 보며」를 통해 동인지의 이름, 목적, 방향, 동인들의 생각을 드러내었다. 『무·영문학』이라는 이름의 '무'와 '영' 사이에 가운데 점을 넣은 것에 대해서는 "전라도의 수호신이라 할 수 있는 무등산과 영산강의 첫 글자를 따서 가운데 점을 넣어 무·영"이라고 이름 지었으며, 따라서 "'무·영'은 우리의 고향을 애기하는 것이며 소박한 전라도의 향토애를 추구하여 보다 높은 조국애를 키워나가려는" 뜻이 담겨있음을 밝히고 있다.

〈시〉에는 이창(李昶), 임종일, 김금호, 최석훈, 이현주, 오병수, 정지석 등 동인 7인의 시 21편이 수록되어 있다. 그런데 〈후기〉를 보면 창간호에 참여한 동인은 9명이지만 개인 사정으로 본지에는 박형복과 이진영의 작품이 실려 있지 않다고 설명하고 있다. 실제로 〈동인주소록〉에는 9명의 주소가 소개되어 있기도 하다. 개인이 소장한 『무·영문학』 창간호를 DB화 하였다.

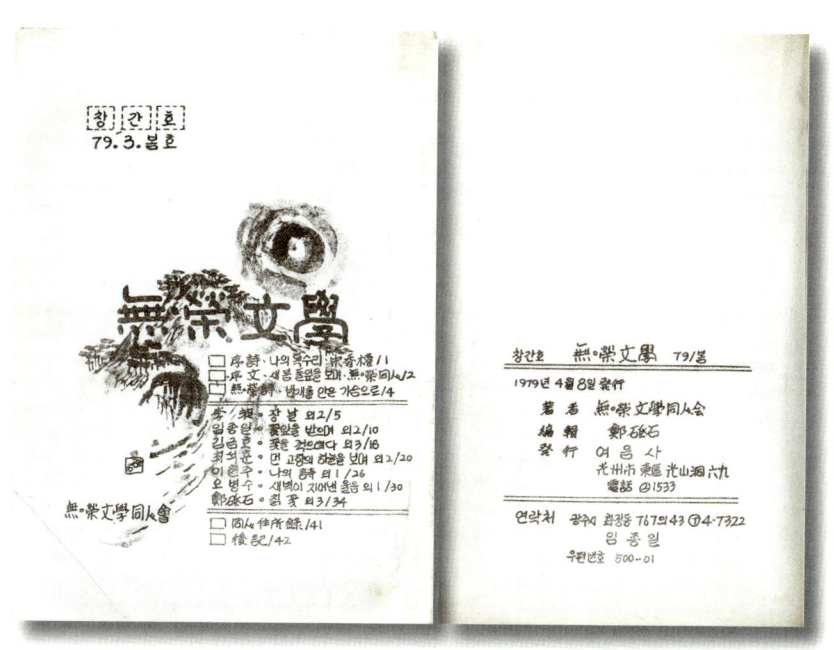

문리대

題　　號	文理大 第6輯	판　　형	15.2×20.7
발 행 일	1973.10.15.	발행편집인	발행: 전남대학교 문리과대학 학생회 편집위원: 염시경·김관옥·조옥균·임종철
표지화·컷		간별, 정가	
면　　수	236	인 쇄 소	전남대학교 출판부
발 행 처	전남대학교 문리과대학 학생회	기　　타	광주

　『문리대(文理大)』는 전남대학교 문리과대학 학생회에서 발간한 잡지이다. 그 가운데 1973년 10월 15일에 발행된 제6집의 판권사항을 보면, 발행인은 전남대학교 문리과대학 학생회, 인쇄처는 전남대학교 출판부로 총 236면이다.

　대략적인 구성은 〈권두언〉, 〈격려사〉, 〈교수논단〉, 〈특집〉, 〈학생논단〉, 〈해외에서〉, 〈시〉, 〈생활의 향기〉, 〈콩트집〉, 〈창작〉, 〈평론〉 등이다. 이 가운데 〈교수논단〉 코너에서 국문과 교수 정익섭(丁益燮)은 「우리 시가(詩歌)에 나타난 '단심(丹心)'의 맥류(脈流) —시조에서 현대시까지—」를 통해 고려시대부터 현대에 이르기까지 시조와 시에 나타난 '단심'의 의미를 고찰한 뒤 우리 민족은 정의를 숭상하고 불의를 증오하여 정의를 지키기 위해 순절(殉節)도 사양하지 않는 강인한 저항정신이 용솟음치고 있다고 보았다. 이밖에 〈시〉 코너에 실린 영문과 조교수이자 시인인 범대순(范大錞)의 시 「이백자(二百字) 두 장이면」와 국문과 조교수이자 시인인 손광은(孫光殷)의 시 「전라도 보리」도 눈에 띤다.

　다음으로 1974년 10월 30일에 발행된 제7집의 판권사항은 발행인 문리과대학 학생회, 편집인 문리대 편집위원회, 인쇄처 전남대학교 출판부이며 총

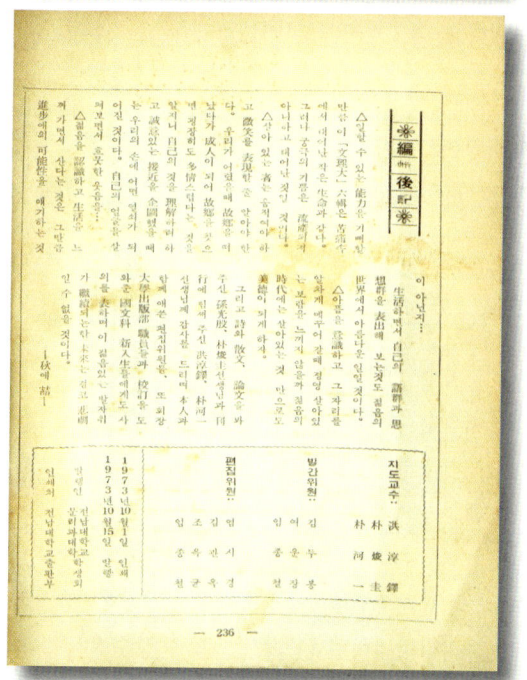

208면이다. 편집후기에 '소위 외적 요인에 의하여 편집부의 의도가 무참하게 짓밟혔으며, 그리하여 가급적 문화적 방향으로 관심'을 돌리게 되었고, '권두논단(卷頭論壇)을 처음에 현대의 과제라는 특집을 예정하였으나 여건이 허락하지 않았다'는 내용이 있는 것으로 보아 잡지 발행에 많은 외압이 있었던 것을 확인할 수 있다. 대략적인 구성은 〈간행사〉, 〈격려사〉, 〈권두논단(卷頭論壇)〉, 〈특집〉, 〈학생논문〉, 〈시〉, 〈화제수필(話題隨筆)〉, 〈수필〉, 〈번역콩트〉, 〈콩트〉, 〈단편소설〉, 〈희곡〉 등으로 이루어져있다. 이 가운데 〈권두논단〉 코너에 실린 김광수(金光洙)의 「자유민주주의의 시련(試鍊)」, 〈단편소설〉 코너에 수록된 김영희의 소설 「가난한 인형들」, 〈시〉 코너에 담긴 시인 양성우의 「잡목시대」 등이 주목된다.

다음으로 1978년 2월 10일에 발행된 제10집의 판권사항을 보면, 발행인은 전남대학교 문리과대학장 정득규(丁得圭), 인쇄처는 전남대학교출판부, 발행처는 전남대학교 학도호국단 문리대학제대(文理大學梯隊)이며, 총 185면으로 비매품이다. 본문의 구성은 문리과대학장 정득규의 〈권두언〉을 비롯하여 〈인문·사회과학편〉 논문 8편, 〈자연과학편〉 논문 7편으로 짜여졌다.

눈에 띄는 논문은 다음과 같다. 우선 신문왕(神文王)의 개혁정치는 삼국통일에 수반되는 국가체제의 재정비와 함께 전제왕권 수립을 위한 귀족세력의 억압에 중점을 두었다고 분석한 사학과 4학년 이내옥(李乃沃)의 「신문왕의 개혁정치」, 신이 없는 대지에 동일한 양상이 영원히 회귀하는 세계에서 이를 디오니소스적으로 긍정하는 초인이 탄생함으로써 영원회귀의 세계가 의미를 가지고 여기에 니힐리즘의 극복이 있다고 본 철학과 4학년 김종옥(金鍾玉)의 「F. Nietzsche에 있어서의 Nihilism의 문제」, 0.01Å 정도의 파장을 가진 Υ-ray의 경우 광전효과에 의한 감쇠보다 산란에 의한 감쇠가 우세하다고 결론을 낸 물리학과 4학년 나승호(羅昇昊)·장수경(張秀卿)의 「Υ-ray에 대한 물질의 감쇠계수(減衰係數)에 대하여」 등이다.

이처럼 『문리대』는 당시 전남대학교 문리대학 교수와 학생들의 학문적·문학적인 소양을 파악할 수 있는 자료로서 의의가 있다. 원광대학교 도서관에 소장된 제6집과 제7집, 제10집을 DB화 하였다. 황태묵·이지혜, 「근현대 광주·전남 잡지의 지형과 특성」, 『국어문학』 78호, 국어문학회, 2021을 참고하였다.

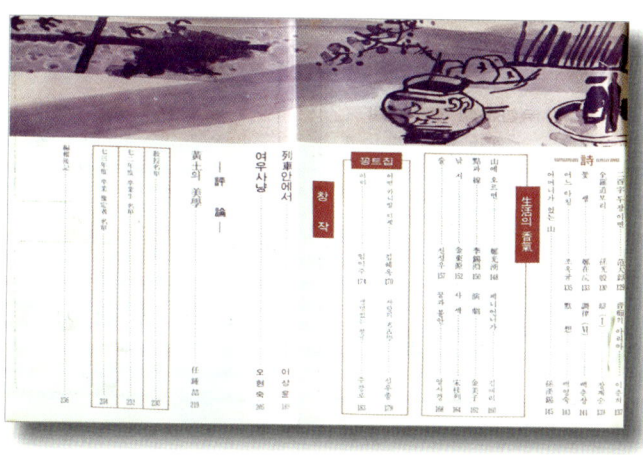

문리대학보

題　　號	文理大學報 창간호	판　　형	14.5×20.5
발 행 일	1974.12.31.	발행편집인	발행: 조선대학교 문리과대학 학생회 편집: 문리대학보 편집위원회
표지화·컷	題字: 長田 河南鎬 표지화: 조성수, 삽화 컷: 박일재	간별, 정가	비매품
면　　수	246	인 쇄 소	조대인서관
발 행 처		기　　타	영인본, 35~46면 누락

『문리대학보(文理大學報)』는 조선대학교 문리과대학 학생회에서 1974년 12월 31일에 창간한 잡지이다. 표지와 목차에는 창간호, 속지에는 제1호, 판권지에는 제1집이라고 서로 다르게 표기되어 있다. 창간호의 판권사항을 보면, 발행 조선대학교 문리과대학 학생회, 편집 문리대학교 편집위원회, 인쇄 조대인서관(朝大印書館), 총 246면으로 비매품이다. 표지화는 조성수, 삽화 컷은 박일재, 제자(題字)는 장전(長田) 하남호(河南鎬)가 담당하였다.

본문의 구성은 시인 박홍원(朴烘元)의 〈서시(序詩)〉「무등(無等)의 선비들」에 이어 학생회장 이상열(李相烈)의 〈창간사〉「새로운 대학문화의 창조」, 학장 문병권(文炳權)의 〈격려사〉「용기와 노력과 양심의 가르침」이 이어진다. 이후 〈교수논단〉, 〈특집 I〉, 〈수필〉, 〈특집 II〉, 〈동문논문(同門論文)〉, 〈시원(詩苑)〉, 〈학생논단〉, 〈창작〉 등으로 이루어져 있다. 〈교수논단〉과 〈학생논단〉에는 교수논문 5편과 학생논문 3편이 수록되어 있으며, 〈동문논문〉에는 김종중(金宗中)의 「한국 농촌 개발 방향에 대한 고찰」이 실려 있다.

한편 〈특집 I〉에는 '예술인생론'을 주제로 한 교수 김봉영(金琫永)의 「문학과

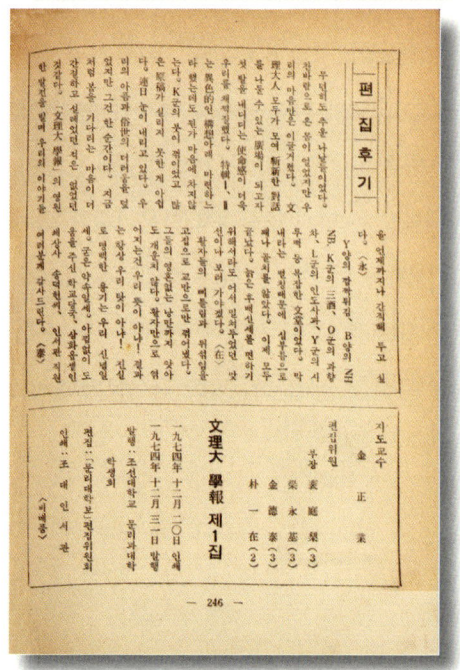

인생」, 조판상(曺判尙)의 「과학과 예술」, 조남기(曺南基)의 「과학과 인생」, 박종운(朴鍾云)의 「DESIGN과 생활」 등이 수록되어 있고, 〈특집 Ⅱ〉에는 '제언'을 주제로 한 학생 양영기의 「농촌 - 식량 자급(自給) 문제를 중심으로」, 오대교의 「종교 · 한국과 기독교 - 기독교계의 신흥종교를 중심으로」, 이재인의 「과학 · 공해 - 환경오염을 중심으로」 등이 수록되어 있다.

또한 〈수필〉과 〈시원〉, 〈창작〉 등 문예면에는 동문과 재학생이 함께 필진으로 참여하였는데, 이 가운데 〈수필〉 코너에 실린 동문 김종(金鍾)의 「개구리 노이로제」, 김진원(농생3)의 「겨울의 감상(感想)」, 〈시원〉 코너에 수록된 동문 시인 문병란(文炳蘭)의 「광주천(光州川)」, 학생 시인 김준태(金準泰, 독어3)의 「웃는 얼굴」, 〈창작〉 코너에 담긴 동문 소설가 문순태(文淳泰)의 희곡 「임금님의 안경」, 학생 고영철(高永喆, 국문4)의 「가해자(加害者)」 등이 주목된다.

이처럼 『문리대학보』는 당시 조선대학교 문리대학 교수와 학생, 동문들의 학문적 · 문학적 경향을 파악할 수 있는 자료로서 의의가 있다. 전남대학교 도서관에 소장된 제1호를 DB화 하였다. 황태묵 · 이지혜, 「근현대 광주 · 전남 잡지의 지형과 특성」, 『국어문학』 78호, 국어문학회, 2021을 참고하였다.

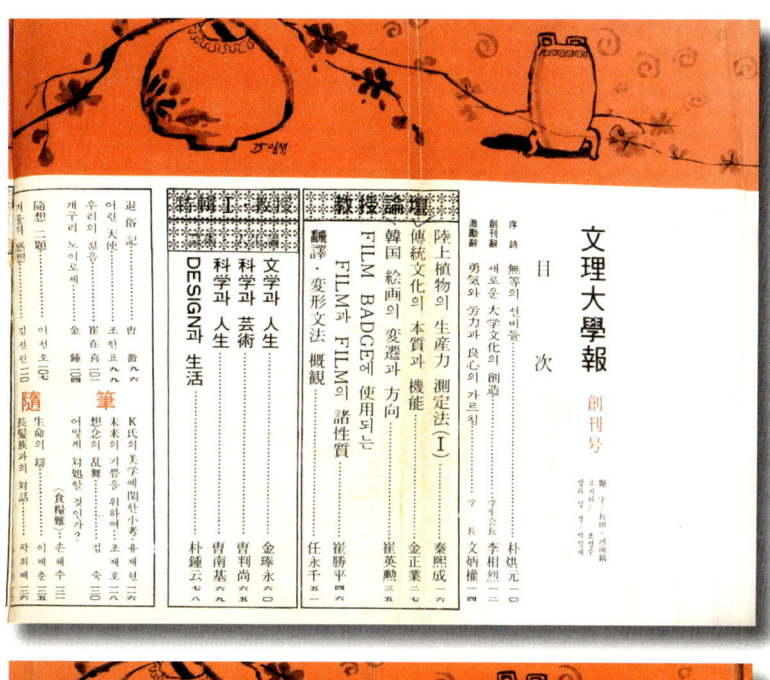
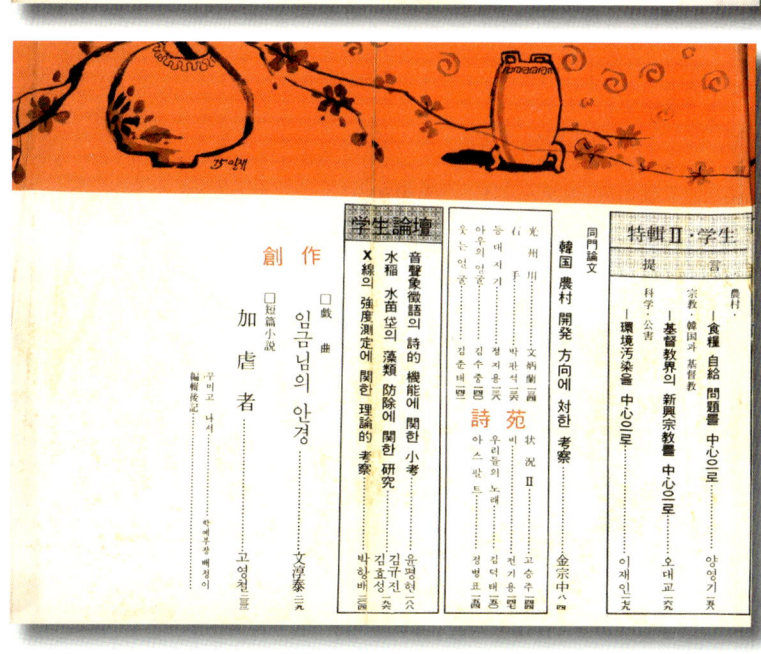

문예창작

題　　號	文藝創作 1	판　　형	15×21
발 행 일	1979.12.20.	발행편집인	
표지화·컷		간별, 정가	비매품
면　　수	50	인 쇄 소	현대문화
발 행 처	광주Y공보출판부	기　　타	저자: 광주YWCA 문예창작반, 3인 동인시집

　『문예창작(文藝創作)』은 광주Y공보출판부에서 발행한 광주 YWCA 문예창작반의 시 동인지이다. 1979년 12월 20일에 창간되었다. 판권사항을 보면, 저자는 광주 YWCA 문예창작반(광주시 대의동 75), 인쇄소는 현대문화사, 발행처는 광주Y공보출판부, 면수는 50면으로 비매품이다. 앞표지에는 '3인 동인시집'이라 명시되어 있고, 뒤표지에는 동인으로 참여한 강유빈, 강호들, 김정자 3인의 사진이 나와 있다.

　이러한 맥락에서 본문에는 강유빈의 시 14편, 강호들의 시 12편, 김정자의 시 13편 등 총 39편의 시 작품이 수록되어 있다. 구체적으로 강유빈 편에는 「가을소묘」, 「불면」, 「안개로(路)」, 「비가」, 「새」, 「소나기 풍경화」, 「흑장미」, 「국어 시간에」, 「달리기」, 「청명」, 「오월에」, 「만상」, 「눈물」, 「황혼」, 강호들 편에는 「나 2」, 「나 3」, 「나 4」, 「자(者)에게 (1)」, 「자(者)에게 (2)」, 「자(者)에게 (3)」, 「자(者)에게 (4)」, 「자(者)에게 (5)」, 「사는 일 (1)」, 「사는 일 (2)」, 「가을에 즈음하여」, 김정자 편에는 「어머니」, 「언덕」, 「가을」, 「태풍」, 「혼령제」, 「밤」, 「흙 속에서」, 「겨울」, 「별」, 「12월」, 「기린목」, 「탱자 꽃 도시바람」, 「전하고 싶은 노래」 등이 실려 있다.

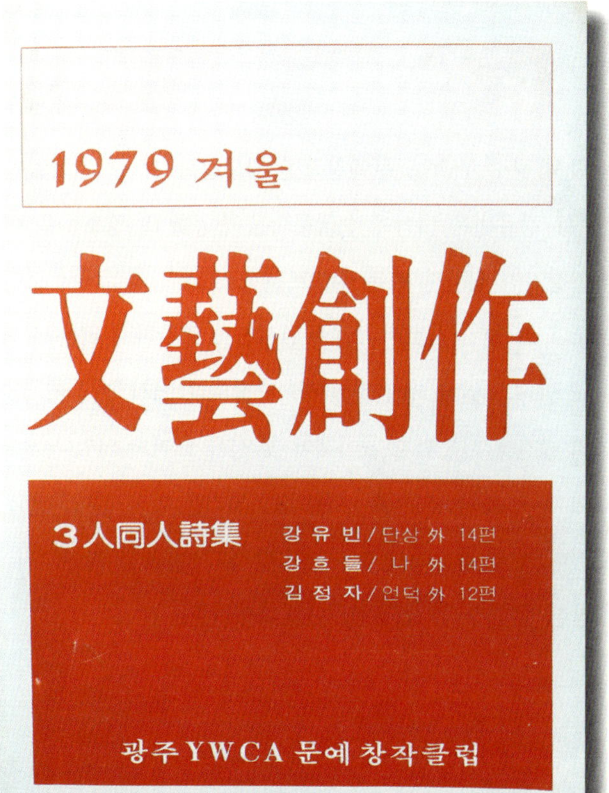

1979 겨울

文藝創作

3人同人詩集

강유빈 / 단상 外 14편
강흐들 / 나 外 14편
김정자 / 언덕 外 12편

광주 YWCA 문예 창작클럽

한편 당시 광주 YMCA 문예창작반 지도간사이자 시인이었던 고정희는 〈서문〉에서 '강유빈은 대학에서 국문학을 전공했고, 강호들은 미술을 전공했으며 연장자인 김장자 씨는 주부로서 YWCA 강의실에서 모여 문학수련을 닦아오다 그 첫 결실로서 3인 동인시집을 출간하게 됨을 진심으로 축하한다.'라고 밝히고 있다. 동인들 역시 〈편집후기〉에서 "가을이 접어들면서부터 동인지 발간을 서둘렀지만 이제야 첫 선을 보이게 되었다. (중략) 제발 우리들의 이 첫 걸음이 상승하는 시발점이 되기를 빌어 본다."라고 소감을 내보이고 있다. 그러나 후속 동인시집이 발행되었는지는 확인되지 않는다. 개인이 소장한 『문예창작』 제1호를 DB화 하였다.

■ 편집 후기

　＊ 가을이 접어들면서 부터 동인지 말만을 서둘렀지만 이제야 첫 선을 보이게 되었다. 시집 한 권 엮는데 그리 더디고 힘들다는 생각 밖에는.

　책반, 우리들의 이 첫 편들이 앞으로의 시쓰기에 거름을 받아본다. 다면 겸허하게 살기 위해서 그리고 진실하게 사는 사랑할 수 있기 위해서 쓰고 벗기고 다듬을 수 있겠음.

문 예 창 작 (1)

1979년 12월 20일 발행
저　자：광　주　Y W C A
　　　　　　문 예 창 작 반
발행처：광주Y공보출판부
인　쇄：현 대 문 화 사
〈비매품〉

3人詩集 작품 순서

강 유 빈 ……… 5
　　　가을소묘/설면/안개路/비가/새/소나기
　　　동경화/흑장미/국어 시간에/달리기/성
　　　명/오월에/단상/눈물/황혼

강 호 둘 ……… 21
　　　나 2/나 3/나 4/나 5/君에게 (1)/君에게
　　　(2)/君에게 (3)/君에게 (4)/君에게 (5)/사
　　　는 일 (1)/사는 일 (2)/가을에 즈음하여

김 정 자 ……… 35
　　　어머니/언덕/가을/태풍/혼명제/밤/흙
　　　속에서/겨울/밤/12월/기린목/빵차 통
　　　도시바람/결하고 싶은 노래

편 집 후 기 ……… 51

문학자

題　　號	文學者 第1輯	판　　형	15.5×21.5
발 행 일	1962.08.15.	발행편집인	發行: 尹炯裁 編輯: 鄭韶坡·黃良秀
표지화·컷	表紙: 金煥基 題字: 原谷 金基昇	간별, 정가	40원
면　　수	92	인 쇄 소	南鮮印刷工業社(光州市 黃金洞 57)
발 행 처	無等教育出版株式會社 (光州市 錦南路 1街 19番地)	기　　타	광주, 8월호

『문학자(文學者)』는 광주에서 창간된 동인지이다. 창간호는 1962년 8월 15일에 발행되었다. 판권사항을 보면, 발행인은 윤형재(尹炯裁), 편집위원은 정소파(鄭韶坡, 본명 현민)·황양수(黃良秀), 발행처는 무등교육출판주식회사(無等教育出版株式會社, 光州市 錦南路 1街 19番地), 인쇄처는 남선인쇄공업사(南鮮印刷工業社, 光州市 黃金洞 57), 면수는 92면으로 정가는 40원이다. 표지화는 김환기(金煥基), 제자(題字)는 원곡(原谷) 김기승(金基昇)이 맡았다.

본문의 내용은 〈권두언〉을 필두로 〈소설〉, 〈시단(詩壇)〉, 〈수필〉, 〈평론〉 등으로 구성되어 있다. 집필위원이었던 시인 김현승(金顯昇)이 쓴 〈권두언〉을 살펴보면, 중앙문단에 집중되어있는 문학계의 현실을 안타까워하고 있으며, 이를 계기로 지방의 뜻있는 문학동인들이 잡지를 만들었다는 것을 알 수 있다. 김현승은 본 잡지가 동인지라고 언급하였지만 동인명단이 따로 표기되어 있지는 않다.

〈소설〉에는 오유권(吳有權)의 「길을 걷는 동안」, 이항열의 「용봉탕(龍鳳湯)」, 〈시단〉에는 박봉우(朴鳳宇)의 「덕수궁 풍경이 보이는 광장에서」, 이동주(李東

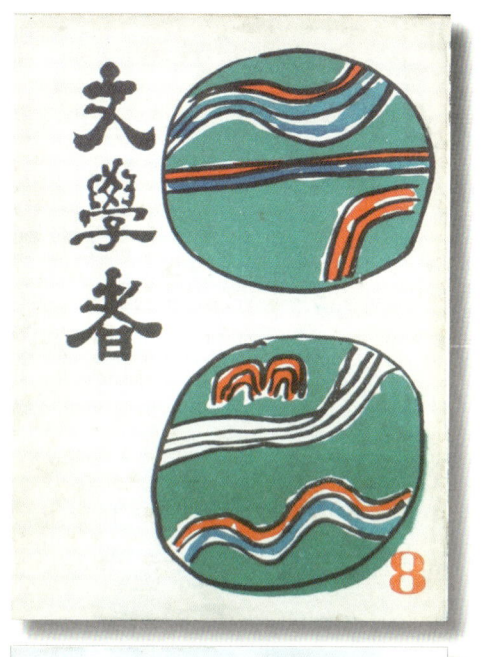

柱)의「고향」, 오화룡(吳化龍)의「진단(診斷)」, 정소파의「패인 안와(眼窩)에도 바람은 인다」, 조종현(趙宗玄)의「외나무다리」, 황양수의「참회(懺悔)의 서곡(序曲)」,〈논문〉에는 시조시인 김창호(金昌浩)의「누하당(樓霞堂)과 식영정(息影亭)」, 사학자 양동주(梁東柱)의「전남명인 고시초(古詩抄)」가 수록되어 있다.

또한〈수필〉에는 전남일보주간 김재희(金在禧)의「면회」, 호남신문사장 서두성(徐斗成)의「불면증의 밤」(목차에는 '불면의 밤'이라고 되어 있음), 여류시조시인 이영도(李詠道)의「황노인(黃老人)과 버드나무」(목차에는 '버드나무와 황노인(黃老人)'이라 되어 있음), 전남대 국어국문학과 교수 정익섭(丁益燮)의「숨은 꽃들」,〈평론〉에는 김현승의「문학에 있어서의 한국성과 세계성」, 문예평론가 백완기(白完基)의「문학의 시대정신」등이 수록되어 있다. 편집실에서 작성한「전남문단의 현황」에서는 전남지역 문단의 역사를 간략하게 정리했다.

한편 집필위원의 주소록에는 김구천(金拘千, 희곡작가), 승지행(昇志行, 소설가), 차범석(車凡錫, 희곡작가), 최금동(崔琴桐, 시나리오작가) 등의 이름도 볼 수 있는데, 창간호에 이들 작품이 수록되지는 않았다. 그 이유를〈편집후기〉는 "현재 잔여(殘餘)된 많은 원고는 지면(紙面)의 제약으로 제2집에 실리기로 했다."고 밝혀 놓았다. 이로 보아 제2집에는 이들 작품이 수록되었을 것으로 판단되나 제2집의 발간 여부는 확인되지 않는다. 이러한『문학자』는 지역문학의 정체성을 담아내고자 한 동인지라는 점에서 의미가 있다. 개인이 소장한『문학자』창간호를 DB화 하였다.

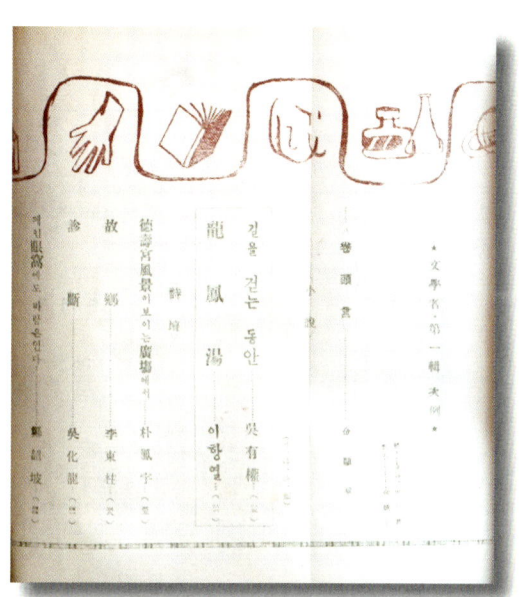

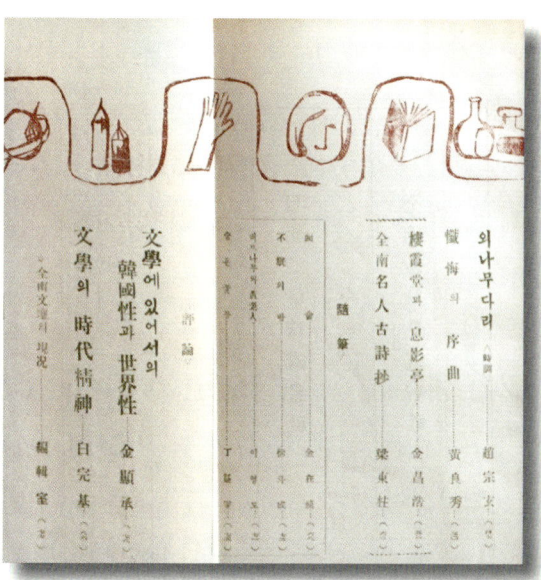

미국학연구

題　　號	美國學硏究 第1號	판　　형	14.5×21.5
발 행 일	1973.04.	발행편집인	
표지화·컷		간별, 정가	연간
면　　수	171	인 쇄 소	
발 행 처	全南大學校 美國文化硏究所	기　　타	영인본, 판권지 없음 所長: 蔡棟培, 主幹: 高祉文

　『미국학연구(美國學硏究)』는 전남대학교 미국문화연구소에서 1973년 4월에 창간한 학술지로 매년 4월에 발행하였다. 제1호에 판권지가 없어서 정확한 판권사항은 확인할 수 없으나 속지에 연구소장(硏究所長) 채동배(蔡棟培)와 주간(主幹) 고지문(高祉文)에 대한 소개가 나와 있다. 면수는 171면이다.

　제1호는 창간사나 권두언이 없이 총 7편의 논문이 실려 있고 마지막에 〈휘보〉가 수록되었다. 제1호 필자로는 문리과대학 부교수 채진배, 문리과대학 부교수 김태진(金泰振), 교육과정부 전임강사 고지문, 법학대학 전임강사 김재휘(金在暉), 문리과대학 조교수 최웅(崔雄), 문리과대학 조교수 정광용(鄭光湧) 등이 참여하였다.

　논문 가운데 문리과대학 조교수 최웅은 「New Deal기(期)에 있어서 사회보장(社會保障)과 노동자와의 관계」를 통해 노동자 대부분이 사회보장의 수혜자가 되고 노동지도자들이 사회보장문제를 잘 이해함에 따라, 나아가 노동자들의 경제적 정치적 힘이 커짐에 따라 사회보장발전에 대한 영향력이 더욱 증대될 것이라고 하였다. 다음으로 문리과대학 조교수 정광용은 「미·중공(中共) 간의 관계개선이 한국의 안보에 미칠 영향」에서 미국과 중공의 관계

개선에 따라 변화하는 한반도의 안보상황 속에서 미국, 일본, 중공, 소련의 강대국 들의 전쟁견제능력에 한계가 있기 때문에 언제 발생할지 모르는 전쟁에 대비해야 한다고 주장하였다.

  이처럼 『미국학연구』는 당시 전남대학교 문리대학 교수들의 미국에 대한 연구 경향을 파악할 수 있는 자료로서 의의가 있다. 전남대학교 도서관에 소장된 제1호를 DB화 하였다. 황태묵·이지혜, 「근현대 광주·전남 잡지의 지형과 특성」, 『국어문학』 78호, 국어문학회, 2021을 참고하였다.

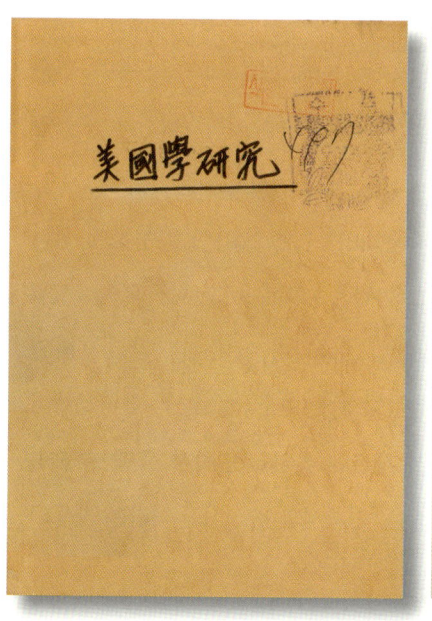

민족시

題　　號	民族詩 創刊號	판　　형	15.5×20.5
발 행 일	1977.12.20.	발행편집인	發行: 民族詩硏究會 鄭韶坡
표지화·컷		간별, 정가	연간. 비매품
면　　수	79	인 쇄 소	現代文化社(光州市 東區 弓洞 58-1)
발 행 처	全南大學校 美國文化硏究所	기　　타	광주, 主幹: 景鐵, 77년간 동인시조집

　『민족시(民族詩)』는 민족시연구회(民族詩硏究會)에서 발간한 시조동인잡지이다. 창간호는 1977년 12월 20일에 발행되었고, 제2호는 1978년 12월 25일에 발행되었다. 이로 보아『민족시』는 연간으로 발간되었음을 알 수 있다. 창간호와 제2호의 판권사항은 발행일과 면수를 제외하면 모두 동일하다. 발행인은 민족시연구회 정소파(鄭韶坡, 본명 현민, 1912-2013), 주간(主幹)은 경철(景鐵, 본명 환철(桓哲)), 인쇄소는 현대문화사(現代文化社, 光州市 東區 弓洞 58-1)이며, 면수는 각각 79면, 90면이다. 창간호의 표지와 판권지에는 '1977년간(年刊) 동인시조집'이라 표기되어 있다.

　창간호는 본문에 앞서 〈권두언〉, 〈축사〉, 〈주장(主張)〉이 앞부분에 실려 있고, 이어 〈특별초대석〉, 〈동인 편〉, 〈논단〉, 〈회칙〉, 〈소파문학상(韶坡文學賞) 수상자〉 등으로 구성되어 있다. 발행인 정소파가 〈권두언〉「담긴 민족얼로 외치는 소리」를 썼고, 한국시조시인협회회장 이태극(李泰極)과 한국문협시조분과위원장 정완영(鄭椀永)은 「민족시 행간에 붙임」, 「민족시 출범에 붙여」라는 제목의 〈축사〉를, 녹봉(鹿峰) 경철은 「민족시와 창작정신」이라는 제목의 〈주장〉 글을 썼다.

정소파의 〈권두언〉에 따르면 '우리는 시조의 본향인 이 고장의 많은 젊은 시인들이 시조 부흥의 기치를 이어 가고 있음은 자못 마음 든든할 뿐더러 우리 동인을 비롯하여 사도 원로 대가에 이르기까지 흔쾌히 이 대열에 참여하고 있으니 그 이름도 위대하게 〈민족시〉라 표방하는 동시에 이 시집을 연간으로 발행하여 시조문학 발전에 한결 박차를 더하고자 하는데 그 뜻이 있다'고 하였다. 이를 볼 때 '민족시'라는 명칭은 시조동인들이 시조문학의 영원

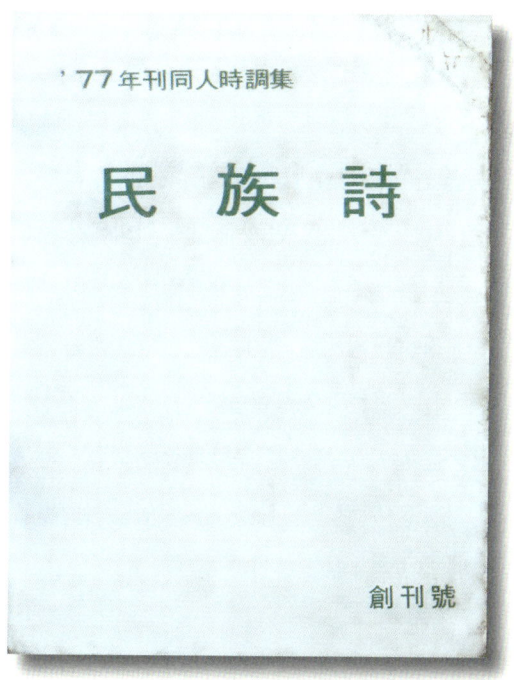

한 발전을 염원하는 뜻에서 그 이름을 새롭게 개칭한 것임을 알 수 있다. 또한 이태극의 〈축사〉를 살펴보면, 한국시조시인협회 전남지부에서는 『민족시』 발간에 앞서 『녹명(鹿鳴)』과 이를 개제한 『시조문예(時調文藝)』 등의 기관지를 발간하여 왔음을 알 수 있다.

한편 〈특별초대석〉을 보면, 구름재 박병순, 한뫼 전규태, 일묵(一黙) 임영창(林泳暢), 김해성(金海星), 청목(靑木) 정순량 등 전국의 시조시인이 필진으로 참여하여 창간호를 축하하였고, 〈동인 편〉에는 한골 고정흠(高廷欽)을 비롯하여 김재현(金在炫), 김정희(金貞姬), 문화자(文花子), 배봉수, 이준구(李俊求), 정소파, 허형만(許炯萬) 등 전남지역에서 활동하는 시조시인들의 작품이 수록되어 있다. 〈논단〉에서 경철은 「사장시(四章詩)의 소고(小考)」라는 제목의 논문을 발표하였고, 책 말미에는 〈소파문학상(韶坡文學賞) 수상자〉인 전남나주버드실중학교 교감 정덕채(鄭德采)의 경력 및 창작 활동 이력이 사진과 함께 게재되어 있다.

이러한 지면 구성은 1978년에 발행한 제2호에도 일관되게 이어졌는데, 다만 제2호에서는 필진이 학생과 일반으로도 확대되는 특징을 볼 수 있다. 광주동신고 2학년 학생으로 제3회 민족시 짓기 대회에서 학생부 장원을 차지한 나기주(羅基柱)는 「가을 하늘」이라는 작품을 실었으며, 제4회 '적벽예술연'에서 일반부 초대 장원을 차지한 정지석은 「적벽」이라는 작품을 수록하였다. 이를 볼 때 『민족시』는 전문적으로 글을 쓰는 시인, 시조시인 외에도 일반인들의 우수한 작품을 같이 수록하여 '문학의 일반화', '시와 시조의 보급', '시 생산자의 외연 확장'을 위해 노력하였음을 확인할 수 있다. 개인이 소장한 『민족시』 제1호와 제2호를 DB화 하였다.

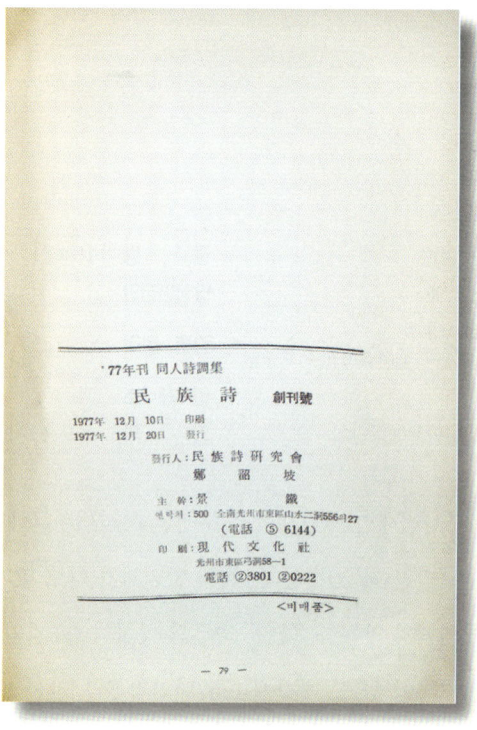

벌판

題　　號	벌판 20호	판　　형	15×21
발 행 일	1957.08.	발행편집인	
표지화·컷	表畵: 辛永裁 컷: 鄭榮子·金信淑·李誠一·辛永裁	간별, 정가	
면　　수	46	인 쇄 소	
발 행 처	목사벌판문예동인회	기　　타	목포, 표지인쇄, 내지등사본

　『벌판』은 목포사범대학 재학생들로 구성된 목사벌판문예동인회의 동인지이다. 해제본은 『벌판』 제20호인데, 책의 판권지가 따로 없기 때문에 정확한 발행정보는 확인되지 않는다. 다만, 권두언 형식의 〈표지의 말〉에는 1957년 8월에 작성한 기록이 있고, 내지에 1957년 9월 8일 '만선 드립니다.'라는 글씨가 씌어 있는 것으로 보아 『벌판』 제20호는 1957년 8월 말에 발행된 것으로 보인다. 면수는 46면이며 표지화는 신영재(辛永裁), 컷은 정영자(鄭榮子)·김신숙(金信淑)·이성일(李誠一)·신영재가 담당하였다. 표지는 인쇄본이지만 내지는 등사본으로 되어 있다.

　본문의 구성은 〈표지의 말〉, 〈시〉, 〈산문〉, 〈편집후기〉 등으로 이루어져 있다. 신영재(辛永裁)가 쓴 〈편집후기〉를 보면 목사벌판문예동인회의 동인은 모두 12인으로 보이는데, 필자로 참여한 인물은 총 15명(1명은 필명으로 참여)이다. 본문에는 혁(赫), 조정화(趙靜和), 민숙자, 김춘애, 김만선, 신영재, 황광자, 최두호, 장경자, 부영자, 정명실, 정순자, 김길주, 이영자, 김소남 등 15명의 시와 수필이 수록되어 있다. 이 가운데 민숙자, 최두호, 신영재는 〈시〉와 〈산문〉에 모두 필자로 참여하였다. 해제본은 아동문학가 김신철(金信哲,

1929-2001)에게 저자 김만선이 증정한 책으로 추정된다. 개인이 소장한 『벌판』 제20호를 DB화 하였다.

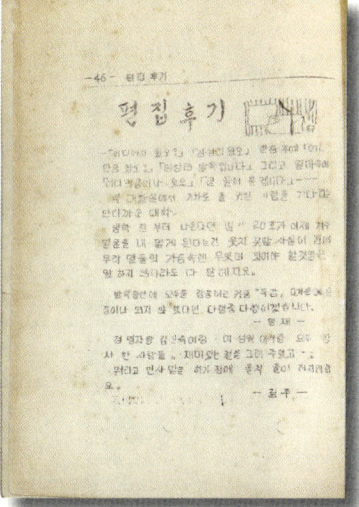
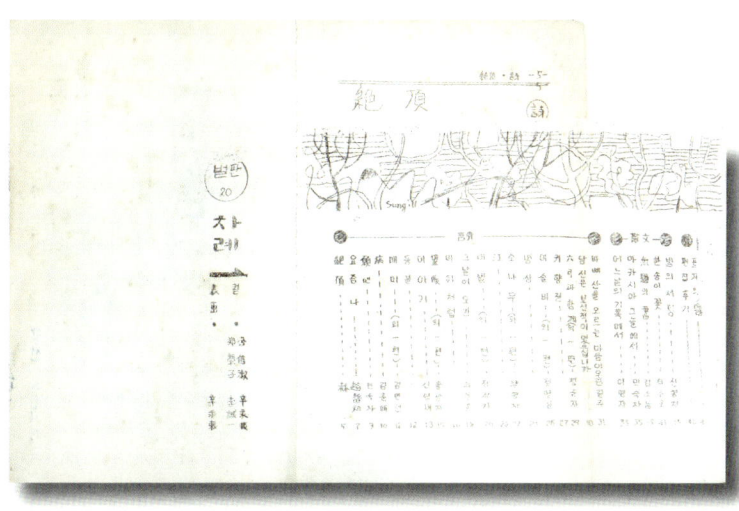

법정대학보

題 號	法政大學報 創刊號	판 형	14×20
발 행 일	1976.01.20.	발행편집인	발행: 法政大學 學徒護國團 편집: 학도호국단 문예부
표지화·컷	題字: 具哲祐, 表紙畵: 希哉 文章浩 컷: 芝菴 金大原	간별, 정가	
면 수	245	인 쇄 소	조선대학교 인서관
발 행 처	조선대학교 법정대학 학도호국단	기 타	광주, 245-246면 순서 뒤바뀜

『법정대학보(法政大學報)』는 조선대학교 법정대학 학도호국단에서 1976년 1월 20일에 창간한 교지이다. 창간호의 판권사항을 보면, 발행 법정대학 학도호국단, 편집 학도호국단 문예부, 인쇄 조선대학교 인서관으로 총 245면이다. 창간호 학생 편집위원으로 김문갑(법3), 김성윤(경제3), 김재석(정외3), 정한균(경제3)이 참여하였고, 김기삼(金淇森), 김종재(金宗才), 황혁주(黃革周)는 지도교수로 참여하였다. 표지화는 희재(希哉) 문장호(文章浩), 컷은 지암(芝菴) 김대원(金大原), 제자(題字)는 구철우(具哲祐)가 맡았다.

전체적인 구성은 박홍원(朴烘元)의 〈권두시〉「대숲의 언어(言語)」, 연대장 정한균(鄭漢均)의 〈창간사〉「자아의 재발견으로 역사적 사명을 실천할 때」, 학장 박준채(朴準琛)의 〈격려사〉「소망스런 사회건설의 주역이 되라」를 비롯하여 〈교수논단〉, 〈동문논단〉, 〈특별기고〉, 〈학생논단〉, 〈수기〉, 〈시·수필·콩트〉, 〈독후감〉, 〈창작〉 등으로 짜여있다.

이 가운데 〈교수논단〉 코너에 실린 권광식(權光植)의 「경제발전과 합리적 소비생활」, 〈동문논단〉 코너에 실린 박평준(朴坪準)의 「지방세의 위법, 부당한

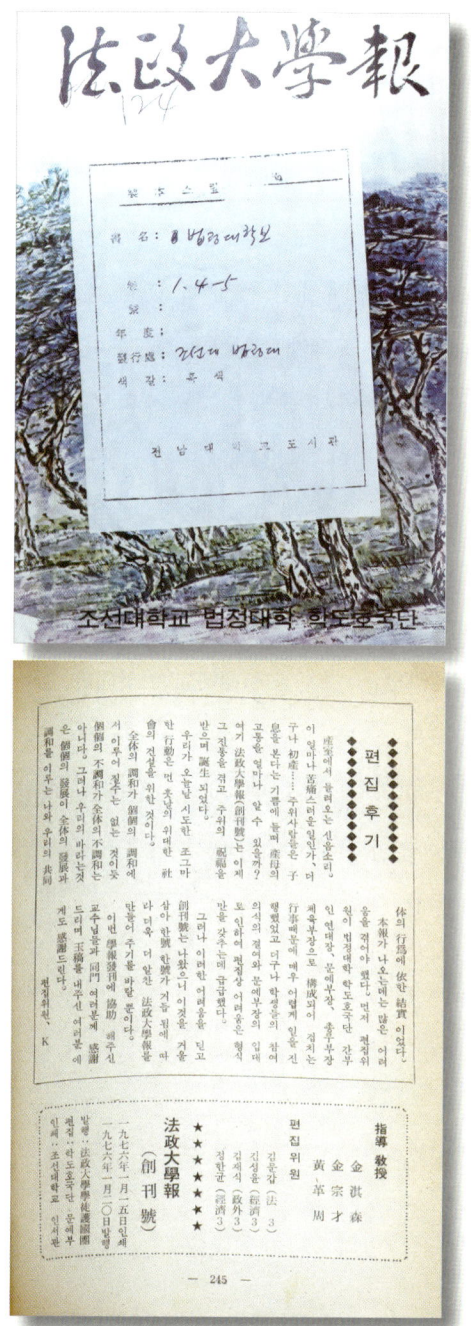

부과징수처분(賦課徵收處分)에 대한 구제제도(救濟制度)」,〈특별기고〉코너에 실린 오도기(吳道基)의「형사모의재판(刑事模擬裁判)을 마치고」,〈학생논단〉코너에 수록된 박공섭(朴公燮)의「고속도로 개통 후의 전남경제」와 최훈희(崔勳熙)의「다국적기업(多國籍企業)이 한국경제에 미친 영향」,〈시·수필·콩트〉에 수록된 교수 이덕무(李德懋)의 수필「피라미 한 마리의 교훈(敎訓)」,〈창작〉코너에 담긴 배상수(裵常洙)의「소용돌이」등이 눈에 띈다. 이밖에 잡지의 끝부분에「법정대학약사」와「교수주소록」이 실린 것이 특징이다.

  이처럼『법정대학보』는 당시 조선대학교 법정대학 교수와 학생들의 학술적인 경향과 문학적 소양을 파악할 수 있는 자료로서 의의가 있다. 전남대학교 도서관에 소장된『법정대학보』창간호를 DB화 하였다. 황태묵·이지혜,「근현대 광주·전남 잡지의 지형과 특성」,『국어문학』78호, 국어문학회, 2021을 참고하였다.

法政大学報

創刊号 (1975年)

題字・崔鍾祐
共同画・卞相薰 南相敎 文章德
詩・文選集 金大翊

目次

卷頭詩
- 大會의 言語 .... 朴烘一 14

創刊詩
- 自我의 再發見으로 歷史의 使命을 .... 鄭漢鈞 16

祝典詩
- 所望으로 社會建設의 主役이 되라 .... 박학부 朴華珠 18

教授論壇
- 四大強國의 對韓外交政策 分析 .... 崔聖俊 20
- 自然法論의 現代的 展開 (續「問題를 中心으로」) .... 黃鶴周 30
- 韓國의 76年度「모델」: 不當한 賦課徵收處分에 대한 救濟類型 .... 鄭聖鎮 40
- Inflation과 開発途上国家 経済發展의 合理的 消費生活 .... 柳文海 49
- 所得企業(MNC)과 開発途上国家 .... 權光植 60

同門論壇
- 「景氣政策」小考 .... 朴坪祚 67
- 地方稅法 第58条의 그의 問題點을 中心으로 .... 韓相云 98
- I. 地方稅의 76年度「모델」 110

特別寄稿
- 全南島嶼地域의 農水産開發戰略 .... 柳道榮 [...]
- 刑事模擬裁判制 .... 朴公榮 [...]
- 韓國輸出의 問題點과 進路摸索 .... 金明煥 158
- 高速道路 開通後의 全南經濟 政治地理的 側面에서 본 韓國의 安保 .... 崔熙熙 [...]
- 多國籍企業이 韓國経済에 미친 영향 .... 趙忠基 167
- 民法上의 胎児의 地位 .... [...]

◆ 手記 ◆
- 第18回 行政高等考試 合格記 .... 金炳俊 174

隨筆
- 《教授篇》
  - 古鳴篇 参拜記 .... 金洪燾 200
  - 피라미 한마리의 敎訓 .... 李德燦 207
- 《学生篇》
  - 自家撮篇 [...]
  - 어느 여름밤에 .... 이석태 205
  - 淸誠兄에게 .... 조홍빈 211
  - 時今 박준영 [...]
  - 꽃여울 청년에게 .... 김영빈 212
  - 꽃바람과 젊음과 사랑과 .... 김영빈 [...]

詩・隨筆・콩트

詩
- 《教授篇》〈翻譯詩〉
  - 아이누의 사랑歌・翻譯 147
- 《学生篇》
  - 가을 .... 김영빈 188
  - 外 1편 .... 신근용 [...]
  - 長堤 .... 김민주 [...]
  - 꽃바람 외 1편 .... 박준영 [...]
  - 흙이 있네 .... 강경주 215
  - 주일날 .... 박춘길 217

콩트
- K, 의 半反 229
- 봄바람 .... 양형기 225

読後感
- 「파스칼 思想」을 읽고 .... 양형기 229
- 「自由의 길」을 읽고 232

◇ 創作 ◇
- 소용돌이 .... 배상수 244

- 法政大学 略史 245
- 敎授住所録 246
- 編輯後記

비둘기

題　　號	비둘기 제1호	판　　형	15.5×21
발 행 일	1965.09.30.	발행편집인	엮은이: 순천남국민학교 문예반
표지화·컷		간별, 정가	240원
면　　수	111	인 쇄 소	조일인쇄소(순천시 장천동 116)
발 행 처	순천남국민학교	기　　타	순천

　『비둘기』는 순천남국민학교(현 순천남초등학교)에서 1965년 9월 30일에 창간한 교지 형식의 작품집이다. 창간호의 판권사항을 보면, 엮은이는 순천남국민학교 문예반, 펴낸이는 조일인쇄소(순천시 장천동 116), 면수는 111면으로 정가는 240원이다. 국민학교 문집임에도 불구하고 비매품이 아니라 정가 240원이 책정되어 있다는 점이 특이하다. 표지에는 그림과 함께 제호 위에 '동시 산문'이라 부기해 두었다.

　본문의 내용은 〈머리말〉과 〈맺음말〉을 제외하면 모두 학생들의 시와 산문으로 채워졌다. 순천남국민학교장 박제구의 머리말에 의하면 『비둘기』 제1호는 "그동안 여러 곳에서 있었던 글짓기 대회에 입상된 작품"을 모아놓은 문집임을 알 수 있다. 이런 맥락에서 본문에는 '순고백일장', '국제어린이글짓기대회', '예총여수지부백일장', '김신철순회백일장', '소년한국글짓기대회', '소년한국일보백일장' 등 각종 글짓기 대회에서 수상한 작품들을 중심으로 2학년부터 6학년까지 재학생들의 시와 산문이 수록되어 있는데, 동일한 제목의 각기 다른 글들이 눈에 띤다.

　맺음말에는 앞으로 『비둘기』 제2호와 제3호를 발행할 것이라는 포부를 밝혔지만 현재 실물이 확인된 것은 제1호뿐이다. 개인이 소장한『비둘기』제1호를 DB화 하였다.

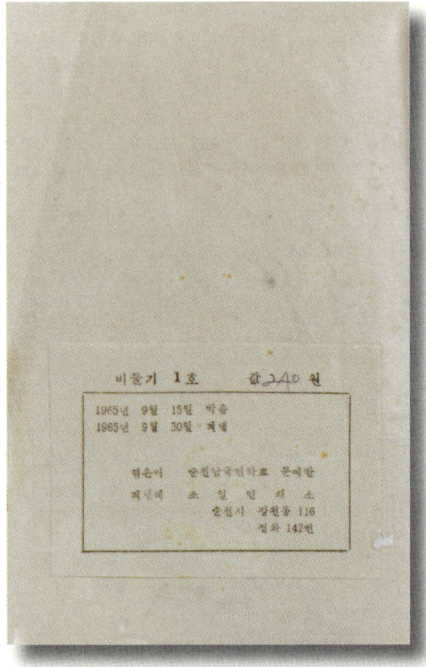
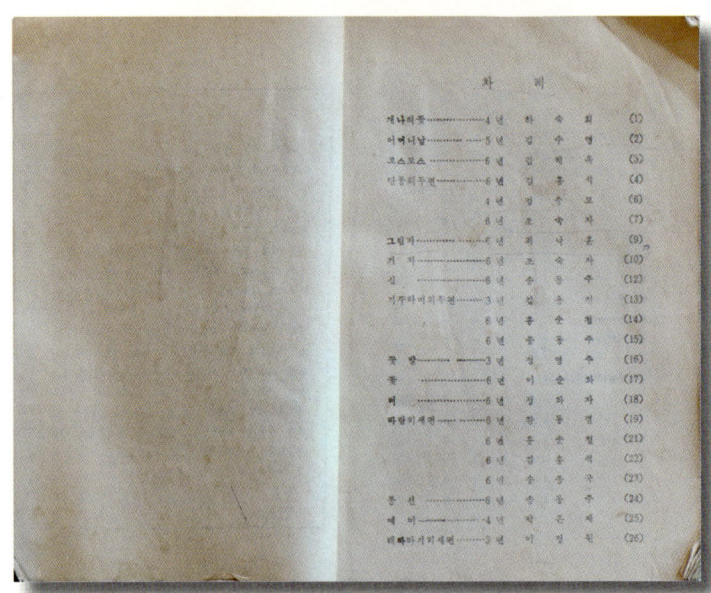

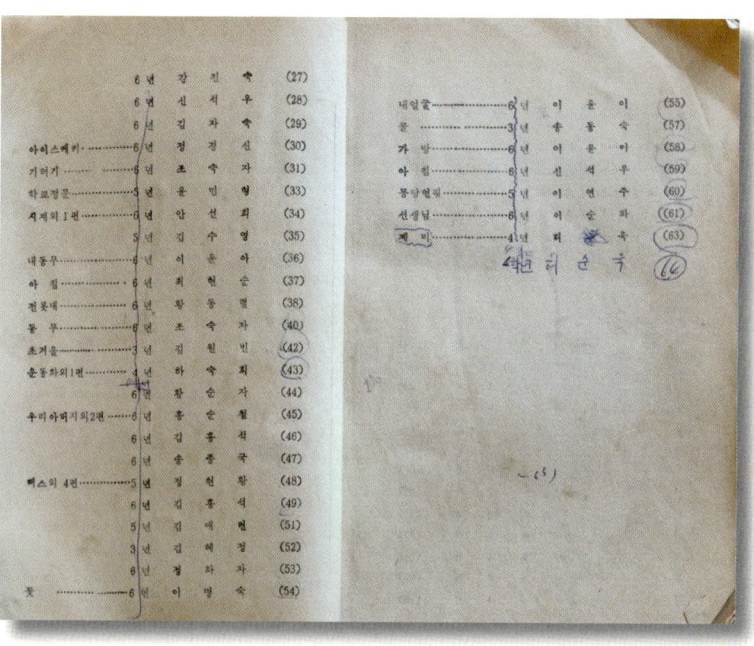

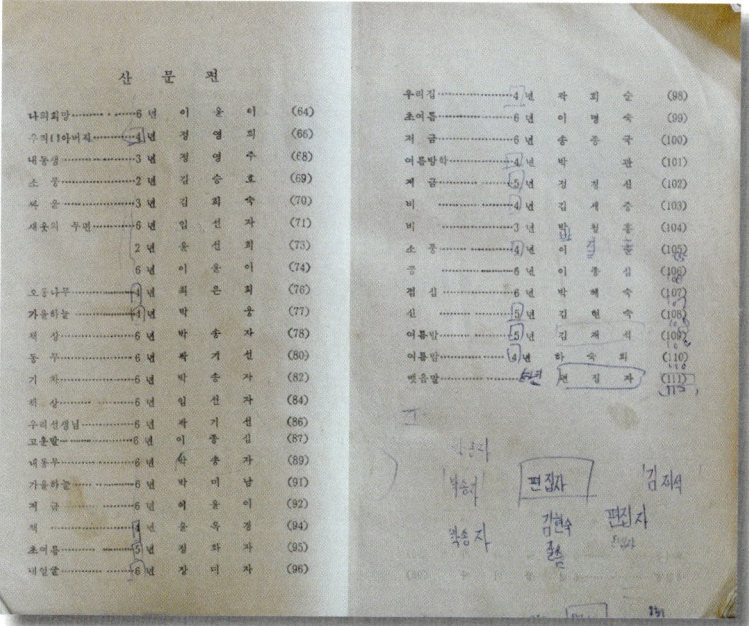

사대학보

題　　號	師大學報 第4號	판　　형	14.5×20.5
발 행 일	1975.02.21.	발행편집인	編輯: 설재록·박방진·이종하·강원배·장종원·정광주·조경희
표지화·컷	表紙目次畵·컷: 장종원 號字: 南龍 金容九	간별, 정가	
면　　수	247	인 쇄 소	
발 행 처	朝鮮大學校 師範大學 學生會	기　　타	광주, 영인본, 본문 21-34, 41-54면 누락

『사대학보(師大學報)』는 조선대학교 사범대학 학생회에서 발간한 잡지이다. 창간호는 1971년에 발행하였으며, 제4호는 1975년 2월 21일에 발행하였다. 제4호의 판권사항을 보면, 학생 편집위원으로 박방진, 이종하, 강원배, 장종원, 정광주, 조경희 등이 참여하였고, 설재록은 편집부장, 최용재(崔熔栽)는 편집지도 교수로 참여하였다. 표지화·목차 컷은 장종원, 호자(號字)는 남도의 근현대를 대표하는 서예가 남룡(南龍) 김용구(金容九, 1907-1982)의 작품이다. 해제본 제4호의 경우 총 247면이지만 21-34면, 41-54면이 누락되어 내용을 확인할 수 없다.

전체적인 구성을 보면 시인이자 문리대 부교수인 박흥원(朴烘元)의 〈권두시〉「푸른 나무들의 마을」, 학생회장 양종남의 〈발간사〉「예지(叡智)와 의지(意志)로 이상(理想)을 가꾸자」, 학장 정철인(鄭哲仁)의 〈격려사〉「초지일관(初志一貫)의 자세(姿勢)로」, 학예부장 설재록의 〈제언(題言)〉「과감하게 개선(改善)하자」를 비롯하여 〈교수논단〉, 〈학생논단〉, 〈사대의 이모저모〉, 〈사대문원〉 등으로 짜여졌다.

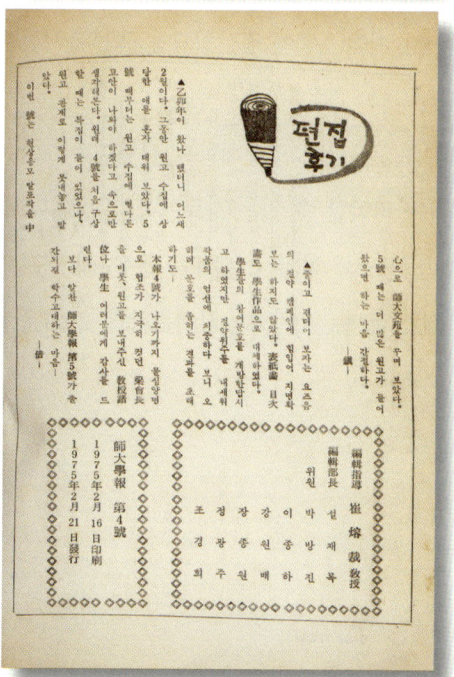

〈교수논단〉 코너에는 최용섭(崔熔燮), 구창환(丘昌煥), 주길순(朱吉淳), 김영달(金永達), 정영구(鄭榮九), 박성기(朴性琪) 등 교수 6인의 논문과 교수 임영천(任永千)의 변역논문이 실려 있고, 〈학생논단〉 코너에는 학생 2인과 3인의 공동조사 글이 실려 있다. 특히 〈사대문원〉 코너에는 제1회 문예현상모집 입상작들이 실려 있는데, 시 부문 가작(佳作)에 백수인(국어 2)의 「밤길」, 소설 부문 가작(佳作)에 정광주(영어 3)의 「구토(嘔吐)」, 수필 부문 당선작(當選作)에 김영곤(생물 4)의 「정(情)」, 가작(佳作)에 정남월(가정 3)의 「용서한다는 것」 등이 주목된다.

이처럼 『사대학보』는 당시 조선대학교 사범대학 교수와 학생들의 학술적·문학적 흐름을 파악할 수 있는 자료이다. 전남대학교 도서관에 소장된 『사대학보』 제4호를 DB화 하였다. 황태묵·이지혜, 「근현대 광주·전남 잡지의 지형과 특성」, 『국어문학』 78호, 국어문학회, 2021을 참고하였다.

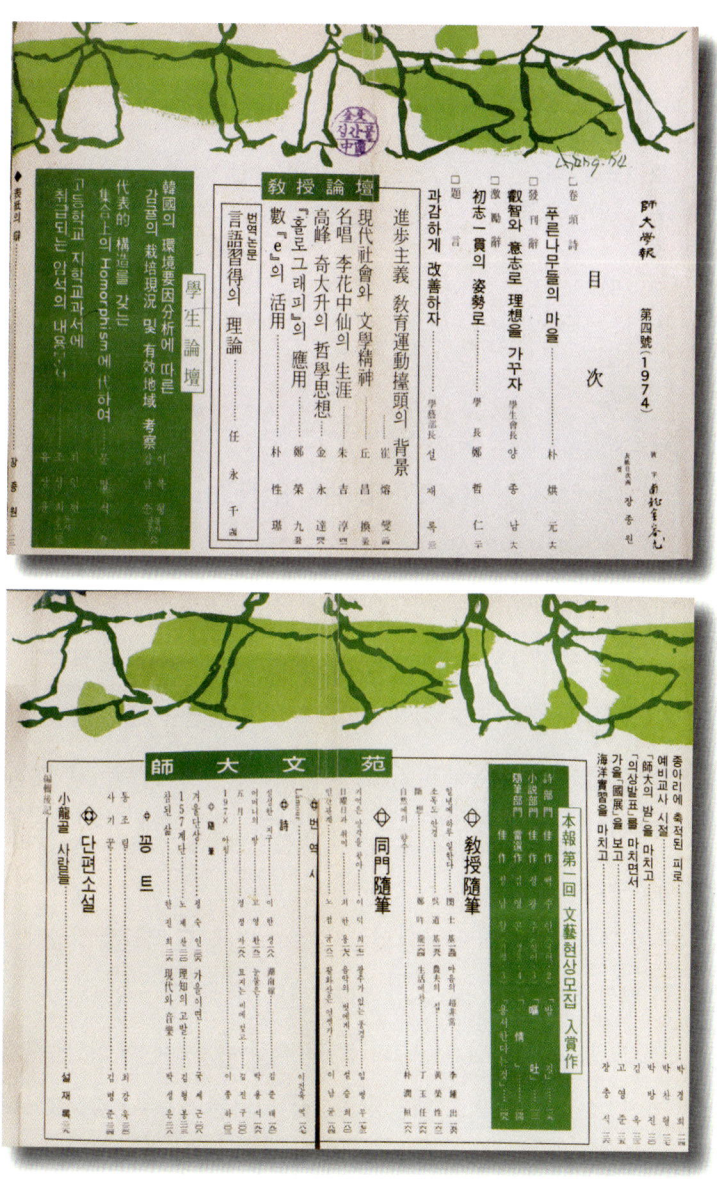

삼남문단

題　　號	三南文壇	판　　형	15.5×21.3
발 행 일	1970.09.30.	발행편집인	발행: 김태준
표지화·컷		간별, 정가	850원
면　　수	410	인 쇄 소	삼남교육신보 인서관(광주시 황금동 76)
발 행 처	삼남교육신보사	기　　타	광주

　『삼남문단(三南文壇)』은 삼남교육신보사가 만든 '학생·교사 문예작품집'이다. 삼남교육신보사는 『삼남교육신보』에 「삼남문단」 지면을 마련하여 학생과 교사들의 문예작품을 실었는데 독자들의 호응이 좋아지자 삼남문학상을 제정하였다. 이후 1967년부터 1969년까지 초중고교생 백일장대회 입상작과 문학상 수상작, 「삼남문단」 수록작 등을 묶어 『삼남문단』을 발행했다. 『삼남문단』 창간호는 1970년 9월 30일에 발행되었다. 판권사항을 보면, 발행인은 김태준, 인쇄는 삼남교육신보 인서관(광주시 황금동 76), 면수는 410면으로 정가는 850원이다. 따로 호수는 표기하지 않았고, 제호 뒤에 '70이라는 연도만 표기하였다.

　본문의 구성은 〈제3회 백일장 입상작〉(1967), 〈제4회 백일장 입상작〉(1968), 〈제5회 백일장 입상작〉(1969 가을), 〈1967년도 삼남문단〉, 〈1968년도 삼남문단〉, 〈1969년도 삼남문단〉, 〈제1회 삼남문학상 편〉, 〈제2회 삼남문학상 편〉으로 짜여졌다. 세부적으로 '백일장 입상작' 코너는 초등부·중등부·고등부 시(동시)와 산문으로 이루어져 있는데, 전북지방 학생들의 문예작품까지 싣고 있는 점이 주목된다. '삼남문단' 코너는 초등부·중등부·고등부·대학부 시

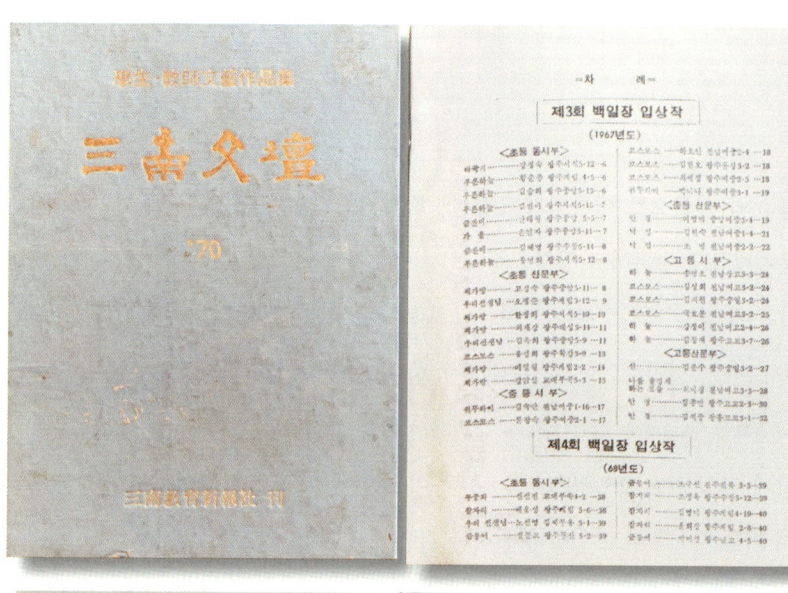

(동시)와 산문으로 이루어져 있는데, 1967년도와 1968년도의 경우 교사들의 문예작품도 수록하고 있다.

눈에 띠는 필진으로는 교사문단의 기노을(시인), 대학부 이시영(시인), 송기숙(소설가), 김만옥(시인), 김준태(시인) 등이 있다. 제1회 삼남문학상에는 김준태(金準泰, 조대사대 독어과1년)과 김만옥(金萬玉, 조대문리대 국문과2년), 제2회 문학상에 양성우(梁性佑, 전대국문과 3년) 등이 대학생 자격으로 참여하여 수상했으며 이들은 이후에도 활발하게 작품 활동을 이어갔다.

백일장 심사위원으로 조성원(아동문학가), 이수복(시인), 정현웅(시인), 이항열(소설가), 주동후(소설가), 서희석(작가), 김재흔(시인), 한승원(소설가), 삼남문학상 심사위원으로는 정현웅(시인), 김승규(작가), 박홍원(시인, 조선대 교수), 손광은(시인, 전남대 교수), 구창환(문학평론가, 조선대 교수) 등이 참여했다. 필진 및 심사위원들의 면면을 살펴보면 당시『삼남문단』과 삼남문학상의 위상을 가늠할 수 있다. 개인이 소장한『삼남문단』창간호를 DB화 하였다.

새마을연구 (전남대학교)

題　　號	새마을硏究 第2輯	판　　형	19×26
발 행 일	1978.12.30.	발행편집인	全南大學校 새마을硏究所 (光州市 龍鳳洞)
표지화·컷		간별, 정가	연간
면　　수	97	인 쇄 소	삼남교육신보 인서관(광주시 황금동 76)
발 행 처		기　　타	광주

『새마을硏究(연구)』는 전남대학교 새마을연구소에서 발행한 학술지이다. 현재 창간호를 확보하지 못하여 창간 당시의 상황을 파악할 수는 없다. 다만 제2집의 판권사항을 보면 1978년 12월 30일에 발행하였고, 편집 겸 발행은 전남대학교 새마을연구소, 인쇄소는 전남대학교 출판부이며, 총 97면이다. 제3집은 1979년 12월 30일에 발행하였고, 편집 겸 발행인과 인쇄소는 제2집과 동일하며, 총 26면이다.

「규정」에 따르면 전남대학교 새마을연구소는 '새마을 운동의 이념과 전개 방침 및 새마을 소득증대 방안에 관하여 조사·연구하고, 새마을 운동의 실천적 활동에 참여함으로써 새마을 운동의 항구적 발전에 기여'하는 것을 목적으로 설립되었다.

제2집에서 김용식(金容植)·강병규(康炳奎)·김재홍(金載弘)·이정길(李政吉)·이용규(李龍奎)·나진수(羅鎭洙)는 「導入乳牛(도입유우)에 있어서 生産性(생산성) 沮害要因(저해요인)의 分析(분석) −飼養管理(사양관리), 繁殖障害(번식장해), 疾病發生(질병발생)을 중심으로−」를 통해 두당평균산유량(頭當平均産乳量), 농후사료(濃厚飼料)의 과다급여, 분만간격, 질병발생율,

새마을 硏究

第 2 輯

全南大學校 새마을硏究所
1978

난소기능장해(卵巢機能障害) 및 저수태우(低受胎牛)의 혈액치(血液値), 유방염(乳房炎)의 발생율 등을 연구하였다. 또 오창환(吳昌桓)·박광순(朴光淳)은 「地方(지방) 財政(재정) 投資事業(투자사업)의 地域經濟(지역경제)에 미치는 效果(효과) 分析(분석)」에서 지방재정의 자원분배기능이 효율적으로 수행되었고, 중앙정부는 재정지원과 재정투융자(財政投融資)를 통해 균형있는 개발성과를 올리고 있으며, 지방재정투자사업은 지역개발을 촉진하는 효과를 내었으나 지역경제전반에 걸친 효과분석에 지역승수(地域乘數)를 도입하면 대체적으로 저수준에 있다고 보았다.

한편 제3집에서 박종만(朴鍾萬)·최재율(崔在律)·장동섭(張東燮)·신용인(愼鏞仁)·최복연(崔福衍)은 「農村人力難(농촌인력난)의 發生要因(발생요인)과 그 解消(해소)에 관한 硏究(연구)」를 통해 농번기 농촌인력난을 해소하기 위해 농업기계화, 농번기 도시노동력의 유인, 고등원예(高等園藝)나 특용작물 도입, 미맥위주(米麥爲主) 식생화 패턴 개선 등의 방법을 제안하였다.

이처럼 『새마을硏究』는 전남대학교 새마을연구소의 학술적인 경향을 살펴볼 수 있는 자료로 가치가 있다. 원광대학교 도서관이 소장하고 있는 제2-3집을 DB화하였다. 왕연, 『새마을운동과 1970년대 한국 농촌사회의 변화 연구』, 건국대학교 대학원 사학과 박사학위 논문, 2016을 참고하였다.

새마을 研究

第 2 輯

目 次

婦人衛生에 있어서 生産性 消費選好의 分析
—回歸分析, 相關係數, 共積關生을 中心으로—
························金宗振·權炳澤·金相宏·李政吉·李建奎·鄭鎭玉—(1)

地方 財政 投資事業의 地域經濟에 미치는 效果 分析···········鄭乃權·朴永學—(31)

새 마 을 硏 究 第2輯

1978年 12月 15日 印刷
1978年 12月 30日 發行

光 州 市 龍 鳳 洞
編輯兼 全 南 大 學 校
發 行 새마을研究所
印刷所 全南大學校 出版部

새마을연구(조선대학교)

題　　號	새마을硏究	판　　형	19×26
발 행 일	1978.02.	발행편집인	發行: 朝鮮大學校 새마을 硏究所 編輯: 새마을연구편집위원회
표지화·컷		간별, 정가	연간, 非賣品
면　　수	20	인 쇄 소	朝鮮大學校 出版局
발 행 처		기　　타	광주

　『새마을硏究(연구)』는 조선대학교 새마을연구소가 발행한 학술지이다. 현재 확보한 1978년판은 총20면으로 판권사항이 일부 파손되어 정확한 정보를 확인할 수 없다. 하지만 1979년판은 1979년 2월 28일에 발행되었고, 편집은 새마을연구편집위원회, 발행은 조선대학교 새마을연구소, 인쇄는 조선대학교 출판국이며, 총 68면에 비매품이다.

　「발간사」나 「회칙」 등이 따로 실리지 않아서 연구소 설립의 취지나 학술지의 발간의 목적 등은 따로 확인할 수 없다. 구성을 간단하게 보면 1978판은 2편, 1979년판은 6편의 논문이 실려 있다. 이 가운데 1978년판에서 김관수(金寬洙)·류문수(柳文壽)는 「새마을 購販場(구판장)의 運營實態(운영실태)와 그 改善方案(개선방안)에 관한 考察(고찰)」에서 새마을 구판장의 운영효율을 높이기 위해서는 취급상품의 종류를 넓히고, 여러 부락(部落)이 협동하여 공동으로 구매하되 구판장은 판매활동에 전념하고 구매활동은 전문적인 구매담당자를 통해 공급하면 효과적이라고 보았다. 1979년판에서는 김관수·진희성(秦熙成)·이용보(李龍保)·최영복(崔榮福)이 「새마을 농가(農家)의 耕種改善(경종개선)을 위한 農業實態分析(농업실태분석)」을 통해 비료와 농약의 사용, 농업기술

새마을研究

SAE MAUL RESEARCH

SAE MAUL RESEARCH INSTITUTE
CHOSUN UNIVERSITY

1978

朝鮮大學校새마을硏究所

교육훈련의 강화 등에 대해 연구하였다. 김규진(金奎眞)은 「해바라기 病害防除(병해방제)에 관한 硏究(연구)」에서 Dithane M-45, Polyoxine, Benlate-T, Topsin 등의 살균제의 효과와 사용방법에 대해 밝혔다.

　이처럼『새마을硏究』는 조선대학교 새마을연구소의 학술적인 경향은 물론이고 당시 농업과 농촌 상황을 파악할 수 있는 자료로 가치가 있다. 원광대학교 도서관이 소장하고 있는 1978-1979년판을 DB화하였다. 왕연,『새마을운동과 1970년대 한국 농촌사회의 변화 연구』, 건국대학교 대학원 사학과 박사학위 논문, 2016을 참고하였다.

參 考 文 獻

(1) 姜得造・朴員知:滋水裁集學, 農民文化社, 187, 1968.
(2) 金子型:고려인삼이 토끼의 몇 부위에 미치는 영향, 대한의학회지, 4:1, 1970.
(3) 朴기項:朝鮮人蔘의 實驗的 硏究, 朝鮮醫學會誌, 19:68, 1929.
(4) 松室明・朴東五:고려인삼이 흰쥐의 장기 무게에 미치는 영향, 재활의학회지, 4:33, 1970.
(5) 朴英萊・金顕大・李ㅇ:朝鮮仔豚투여 튀인 實驗的 硏究, 가톨릭대학 의학부 논문집, 5:197, 1962.
(6) 朴亨中:實驗器具全誌, 裳峰社, 68~123, 1963.
(7) 安龍雲:現代作文法, 黑葉書鋪・小川商會:官下書苑・Med.J., 14:9, 1964.
(8) 安東成:朝鮮人蔘이 雛에게 주는 子宮에 對한 卑胎作用, 中央醫學, 3:251~254, 1962.
(9) 武部堂・芦원三・村宝기・金奎洙・成勢植・朴大里:人蔘이 家腸注射에 미치는 影響, 서울대학교 논문집(醫藥系), 15:29, 1954.
(10) 尹在皓:고구마 생각시의 생장운동과 우기의 재순돈에 미치는 영향, 文敎部 硏究報告書(農學系), 1972.
(11) 李冬春:朝鮮人蔘이 加性腺線 및 血液 액의 血血球 移動에 미치는 影響에 對하여, 日本內分泌學會誌, 17:82, 1941.
(12) 李貞吉・金美男・李朱男・鄭水恒:고구마品種에 따른 果實부위의 化學的組成에 對한 硏究, 한국園藝學會誌, 13:34, 1973.
(13) 校野忠三:農業圖說, 養賢堂, 5, 1962.
(14) 崔國東・柳國文:代謝러해에 따르는 人蔘이 影響에 關한 硏究(第1報), Rat의 體重 및 基礎代謝量에 미치는 影響에 對하여, 서울대학교 논문집(약학과학), 6:124, 1957.
(15) 黃起成・辛大覺・朴信石:人蔘이 家腸腸機에 미치는 影響, 現代學, 1:43, 1965.
(16) Nelson, E.K., J. Am. Soc. 1115, 1919.
(17) Crombie, L., Daudraupankar, S.H. and Simpson, K.B., J. Chem. Soc. 1025, 1955.

새 마 을 硏 究

1978

目 次

1. 새마을 朝製品의 運營實際와 그 改善方案에 關한 考察 ────金寬淮・柳文浩────(1)

2. 人蔘과 고추가 파주마시의 體面에 미치는 影響 ────尹坪喜・鄭桂煥・曺 竣────(15)

새전남

題　　號	새전남 제34호	판　　형	18×24.5
발 행 일	1971.03.31.	발행편집인	趙龍沂
표지화·컷	題字: 松谷 安圭東	간별, 정가	월간, 200원
면　　수	102	인 쇄 소	國際文化社(光州市 光山洞 92)
발 행 처	全南公論社(光州市 黃金洞 1가 13)	기　　타	광주, 4월호, 매월 1일 발행 主幹 兼 編輯長: 黃道助

『새전남』은 전남공론사에서 1968년에 창간한 월간 종합지이다. 그 가운데 『새전남』제34호는 1971년 3월 31일에 발행하였다. 제34호의 판권사항을 보면, 발행 겸 편집은 조용기(趙龍沂), 주간 겸 편집장은 황도조(黃道助), 발행소는 전남공론사(全南公論社, 光州市 黃金洞 1가 13), 인쇄소는 국제문화사(國際文化社, 光州市 光山洞 92), 면수는 102면으로 정가는 200원이다. 제자(題字)는 송곡(松谷) 안규동(安圭東)이 맡았다.

목차의 구성은 〈권두언〉, 〈특집〉, 〈논단〉, 〈문화〉, 〈평론〉, 〈칼럼〉 등이지만 호수마다 차이가 크다. 하지만 수록된 글들은 종합평론지답게 정치, 경제, 사회, 문화, 산업, 체육, 지역 등 각 분야에 대한 글은 물론이고 문예작품, 생활수기, 미담 및 성공사례 등을 망라하고 있다.

각 코너 가운데 우선 〈특집〉을 살펴보면 제34호는 「중단없는 전진」, 1974년 7월에 발행된 제73호는 「도시 새마을 운동」, 1975년 3월에 발행된 제81호는 「전남수산업의 내일은 밝다」, 1975년 4월에 발행된 제82호는 「현대인의 가치관과 그 병리」, 1975년 9월에 발행된 제87호는 「영산강유역종합개발」을 주제로 하고 있다.

다음으로 〈논단〉 코너로는 1974년 8월에 발행된 제74호에 실린 전라남도 식산국장 남만우(南萬祐)의 「전남의 수출현황과 그 전망」, 1975년 7월에 발행된 제85호에 실린 전남대 최몽룡(崔夢龍)이 「석기시대(石器時代)의 광주」, 1975년 8월에 발행된 제86호에 실린 민주공화당전라남도연락실장 황귀남(黃貴南)의 「광복30년 그날의 감격과 우리의 자세」, 제87호에 실린 광주지방검찰청 집행과장 양승균(梁承均)의 「청소년 지도의 문제점과 개선 방안」 등이 눈에 띤다.

마지막으로 문예작품으로 제34호에 실린 김현석(金顯石)의 연재장편소설 「신기루」, 1974년 6월에 발행된 제60호에 실린 김민영(金珉影)의 중편소설 「포말」, 1975년 1월에 발행된 제79호에 실린 박인성(朴仁成)의 수필 「안개낀 새 아침」과 시인 문병란(文炳蘭)의 시 「고무신」, 제82호에 실린 송규호(宋圭浩)의 수필 「무등산」과 오명규(吳命奎)의 시 「아리랑소묘」, 1975년 6월에 발행된 제84호에 실린 설재록의 단편소설 「소룡(小龍)골 사람들」 등이 있다.

이처럼 『새전남』은 당시 전라남도 지역의 종합잡지의 동향과 함께 지역사회의 모습을 파악할 수 있는 자료로 가치가 있다. 전남대학교 도서관에 소장된 제34호, 제60호, 제73호-제74호, 제79호, 제81호-제82호, 제84호-제87호를 DB화 하였다. 황태묵·이지혜, 「근현대 광주·전남 잡지의 지형과 특성」, 『국어문학』 78호, 국어문학회, 2021을 참고하였다.

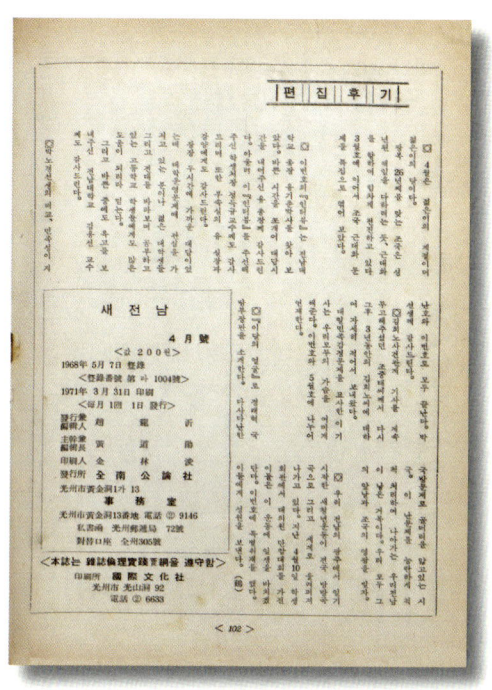

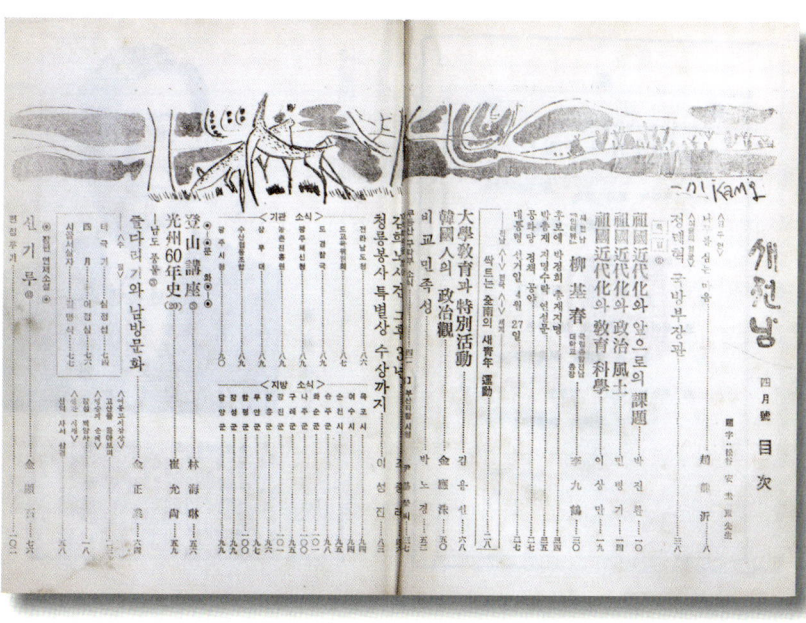

서광

題　　　號	瑞光 第5號	판　　　형	13×20.5
발 행 일	1962.02.20.	발행편집인	發行: 李昌業, 編輯: 裵義成
표지화·컷	表紙畵·目次컷: 姜龍雲 題字: 木齊	간별, 정가	비매품
면　　　수	204	인 쇄 소	全南日報社印書館
발 행 처	光州師範大學學藝部	기　　　타	영인본

『서광(瑞光)』은 광주사범대학 학예부에서 발행한 교지이다. 『서광』 제5호는 1962년 2월 20일에 발행하였다. 제5호의 판권사항을 보면, 발행인 이창업(李昌業), 편집인 배의성(裵義成)이었고, 발행처는 광주사범대학 학예부, 인쇄소는 전남일보사인서관(全南日報社印書館)이었다. 비매품으로 총 204면 구성이다. 제자(題字)는 목제(木齊)가 썼고, 표지화와 목차 컷은 강용운(姜龍雲)이 그렸다. 학생 편집위원으로는 배의성, 강청순(姜淸順), 김성호(金成鎬), 하수옥(河洙玉), 김윤희(金允熙) 등이 참여하였고, 편집고문으로는 강문주(姜文柱), 최성호(崔聖鎬)가 이름을 올렸다.

『서광』 제5호의 본문은 〈권두언〉, 〈논단〉, 〈실습기〉, 〈번역문〉, 〈서평〉, 〈수필〉, 〈시〉, 〈창작〉, 〈교수방명록〉, 〈졸업생명단〉, 〈편집후기〉 등으로 채워졌다. 〈권두언〉은 학장 이창업이 「"젊음"의 값」이라는 제목으로 썼다. 시대가 '젊음'을 부르고 있고, "혁명과업 완수"에 있어서 젊은 학생들에 대한 기대가 너무도 크다고 말한다. 학생들에게 지도자로서의 중책이 있다고도 했다. 목차 뒷면에는 군부의 '혁명공약'이 들어가 있어 '5·16 군정기'의 시대적 특성을 반영하고 있다고 할 수 있다.

광주사범대학은 1938년에 개교하였고, 1963년에 광주교육대학으로 교명이 바뀌었다. 따라서 1962년 2월에 발행된 『서광』 제5호는 광주사범대학의 이름으로 나왔지만, 다음 호인 『서광』 제6호는 광주교육대학 학생회의 이름으로 발행되었다. 전남대학교 도서관이 소장한 『서광』 제5호를 DB화 하였다.

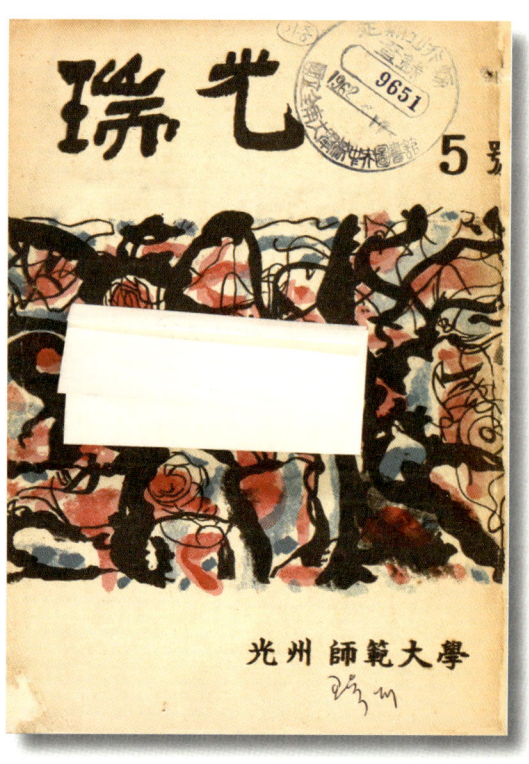

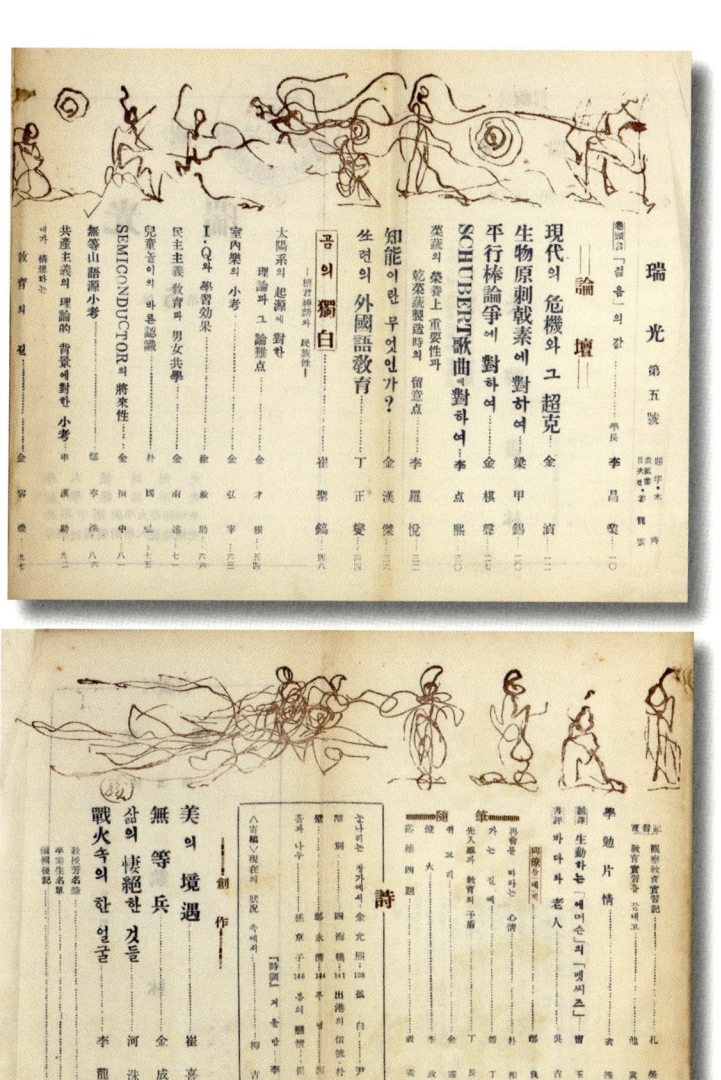

瑞光 第五號

總目次 「검은」의 칸

學長 李昌燮 謹識

論壇

現代의 危機와 그 超克 ………………… 金 演
生物原則減素에 對하여 ………………… 邊甲錫 10
平行棒論爭에 對하여 ………………… 金棋鎣
SCHUBERT歌曲에 對하여 ………………… 李 点熙
菜蔬의 栽培上 重要性과
　乾燥蔬菜類製造時의 留意点 ………… 李羅悅
쏘련의 外國語教育 ………………… 金漢傑
知能이란 무엇인가? ………………… 丁正燮
―精神鑑定判例 民族性― 崔聚鎬

곰의 獨白

太陽系의 起源에 對한
　理論과 그 論難点 ………………… 金才宇
室內樂의 小考 ………………… 徐弘
I・Q와 學習效果 ………………… 金敎弘
民主主義 敎育과 男女共學 ………… 鄭國南
兒童놀이의 바른認識 ………… 朴漢中
SEMICONDUCTOR의 將來性 ………… 申漢助
無等山 語源小考 ………… 李
共産主義 理論의
　背景에 對한 小考 ………… 金
대카·르트想과
　敎育의 원 ………… 金裕燦

詩

先人의 子에 ………… 曹 …
敎育實習會 ………… 吳 …
學勉片情 ………… 朴 …
生動하는 心情 ………… 丁 …
清評 바다와 若人 ………… 良 …
論評 『에머슨』의『엣씨즈』………… 孔 …
隨稱四題 ………… 金 …
愛

筆 ……
師傅……

〔詩譚〕 저 울 날
匈吉湸 142
出征과 信仰 渡邊文子 138
四海孤鶴 朴光沫 141
決別 金秀驎 1-1
告白 尹秀鍊 7-3
告別 金允熙 138
吾가에서 孫童子 146 몸의 體理

[評詩] 속에서

創 作

〔苦惱〕又視程의 狀況 ………
美의 境遇 ………… 崔喜玉 …
無等兵 ………… 金庚鎬 …
삶의 悽絶한 것들 ………… 河沬玉 …
戰火속의 한 얼굴 ………… 李龍熙 …
敎授芳名錄
學窓生名單
圓輯後記

서원

題　　號	瑞元 創刊號	판　　형	13×20.5
발 행 일	1977.02.16.	발행편집인	발행: 鄭銹 편집: 이태근·김진희·신장용·박애미·송금희
표지화·컷	題字: 南龍, 表紙畵: 吳承潤 컷: 윤두현	간별, 정가	
면　　수	254	인 쇄 소	全南日報출판국
발 행 처	광주서원전문학교 학도호국단 문예부	기　　타	영인본, 본문 27-36, 93-98, 185-196면 낙장

『서원(瑞元)』은 광주서원전문학교(光州瑞元專門學校, 현 광주보건대학교) 학도호국단(學徒護國團)에서 발행한 '학도호국단지'이다. 『서원』 창간호는 1977년 2월 16일에 발행되었다. 판권사항을 보면, 발행인은 정부(鄭銹), 발행처는 학도호국단 문예부, 인쇄처는 전남일보 출판국, 총 면수는 254면이다. 학생 편집위원으로 이태근, 김진희, 신장용, 박애미, 송금희 등이 참여하였다. 제자(題字)는 남룡(南龍) 김용구(金容九), 표지화는 전남대 교수 오승윤(吳承潤), 컷은 윤두현이 그렸다.

목차를 보면 대대장 이장환의 〈창간사〉「끊임없는 자기쇄신(自己刷新)을」, 단장(학장) 정부의 〈격려사〉「지역사회로부터의 신뢰는 유일한 우리의 자산(資産)」, 연대장 박수찬의 〈신임소감〉「기독기술인(基督技術人)의 산실(産室)이 되자」, 교무과장 남현근(南賢根)의 〈특집〉「전문학교 교육의 문제점과 방향」 등이 차례로 실려 있다. 이어서 〈교수논문〉 6편과 〈각과탐방〉이라는 주제 하에 가정과, 실무경영과, 영양과, 식품가공과, 임상병리과, 위생과를 소개하는 글 6편, 〈번역 소설〉 1편, 〈학생논문〉 8편이 실렸다. 다음으로 〈76학년도

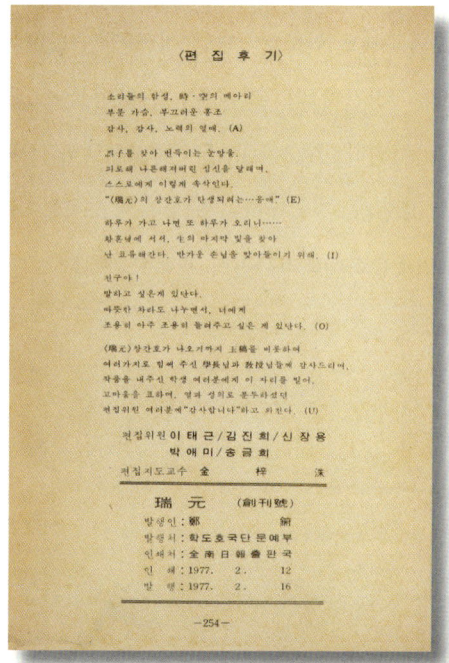

호국단 활동을 더듬어 본다〉라는 대주제 하에 6편의 활동기와 시찰기 등등의 글이 게재되었고, 마지막으로 〈서원문원(瑞元文苑)〉에는 시 8편, 수필 8편, 서간문 3편, 일기와 여행기, 창작문이 각 1편 수록되었다.

 '학도호국단지'임을 명시한 것이 특징적인데, 학도호국단은 학생들의 안보 의식을 고취한다는 명목의 각 학교 단위 자치 조직으로 1949년 설립되었다가 1960년 4월 혁명 이후 폐지되었고, 1975년에 다시 설치되었다. 이 시기 학도호국단은 고등학교와 대학교에만 설치되었다. 이와 같은 배경 속에서 광주서원전문학교에도 학도호국단 창설 약 2년 만에 '학도호국단지' 『서원』이 창간되었다. 〈창간사〉와 〈격려사〉 등에 따르면 광주서원전문학교에는 『서원』 외에도 『서원학보(瑞元學報)』라는 학교신문이 『서원』과 같은 해에 창간되었던 것으로 보인다. 전남대학교 도서관이 소장한 『서원』 창간호를 DB화 하였다. 한국민족문화대백과사전의 '광주보건대학교' 항목과 '학도호국단' 항목을 참조하였다.

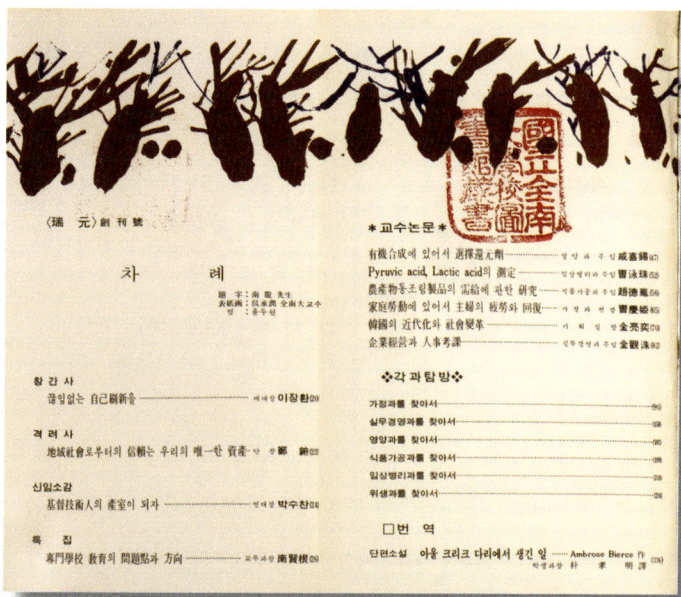

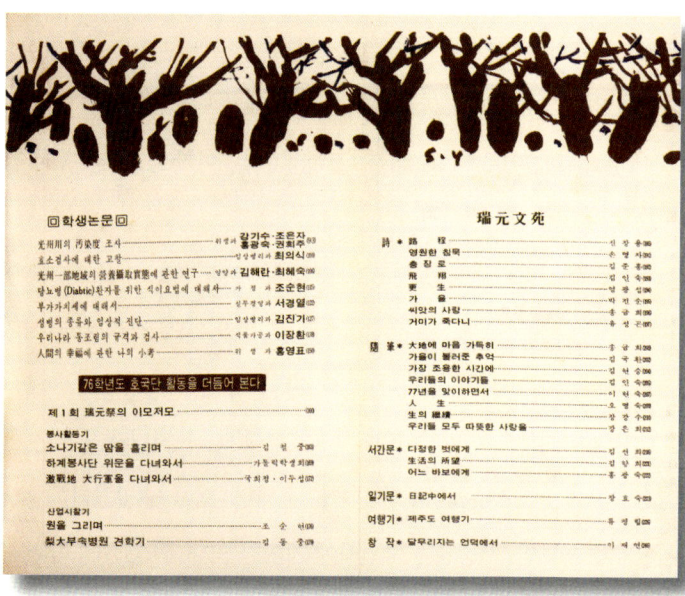

서중춘추

題　　號	西中春秋 第5輯	판　　형	15×21
발 행 일	1978년 봄	발행편집인	李炯鍊
표지화·컷	表紙디자인 컷: 鄭永基 目次畵: 老山, 題字: 孫在馨	간별, 정가	반년, 비매품
면　　수	342	인 쇄 소	천풍인쇄주식회사
발 행 처	西中會	기　　타	主幹: 林鍾達

『서중춘추(西中春秋)』는 광주서중학교 동문회인 서중회(西中會)가 발행한 동문회지이다. 서중회는 1974년 7월 12일 발족하였고, 같은 해 11월 3일 『서중춘추』 제1집을 펴냈다. 『서중춘추』 제5집은 1978년 봄호로 간행하였다. 제5집의 판권사항을 보면, 발행 및 편집인은 이형연(李炯鍊), 주간은 임종달(林鍾達), 발행소는 서중회, 조판과 인쇄는 천풍인쇄주식회사, 면수는 342면이다. 동문 편집위원으로는 김명식(金命植), 김창의(金倉宜), 노계원(盧癸源), 손동룡(孫棟龍), 오세성(吳世聖), 이우석(李雨錫), 이정혁(李正爀), 이학선(李學先) 등이 참여하였다.

판권지에 따르면, "『서중춘추』는 서중회에서 매년 봄·가을 두 차례 발간하여 회원, 준회원, 선후배, 전국주요기관 및 각 도서관, 사회명사, 해외동문 제위(諸位)께 무료로 보내드립니다."라고 나와 있다. 이로 보아 『서중춘추』는 반년 주기의 비매품으로 발간되었음을 알 수 있다. 표지디자인 컷은 정영기(鄭永基), 목차화는 노산(老山), 제자(題字)는 손재형(孫在馨)이 맡았다.

본문의 앞을 보면 『서중춘추』 4년사에 기여한 역대 주간, 서중회 제4회 정기총회 개최, 모교소식을 알리는 사진과 함께 서중회의 회장 이형연(대야실업·아미농림 회장)의 〈발간사〉「서중회 운동은 인간관계 개선의 본보기」, 변호사 윤명룡(尹明龍, 제4회 동문)의 〈격려사〉「보다 고차원적 발전이 있기를」, 국회의원 고재필(高在珌, 제9회 동문)의 〈격려사〉「창조하는 마음가짐으로」 등이 실려 있다.

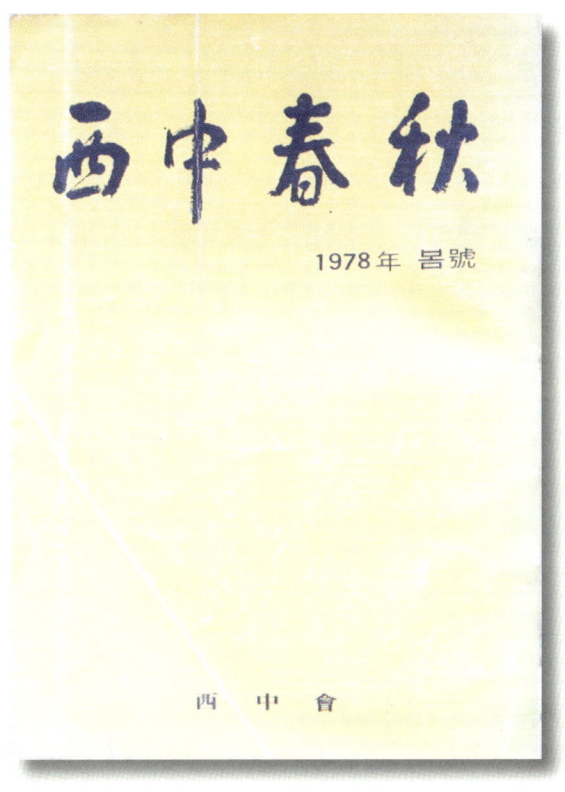

이어서 〈은사의 편지〉, 〈특집-회원탐방④〉, 〈선배소개석〉, 〈세사만필(世事漫筆)〉, 〈좌담회-우리의 오늘을 재조명해본다〉, 〈사색의 창〉, 〈수필〉, 〈특별기고〉, 〈입지전(立志傳)②-남양 스테인리스 공업사 대표 서달용(徐達用) 동문을 찾아서〉, 〈특별기획-우리집 이야기〉, 〈부인초대란〉, 〈논단〉, 〈신문로통신(新聞路通信)〉, 〈후배초대석〉, 〈미스 서중회〉, 〈서중회 본회원 주소록〉, 〈서중회 전남회원 주소록〉, 〈편집후기〉 등등 동문선후배들의 동정을 알리는 내용과 함께 서중회 행사를 소개하는 글을 다수 수록하고 있다. 이러한 『서중춘추』는 광주서중학교 졸업 동문들의 근황과 활약상을 살펴볼 수 있는 동문회지라는 점에서 의미가 있다. 개인이 소장한 『서중춘추』 제5집을 DB화 하였다.

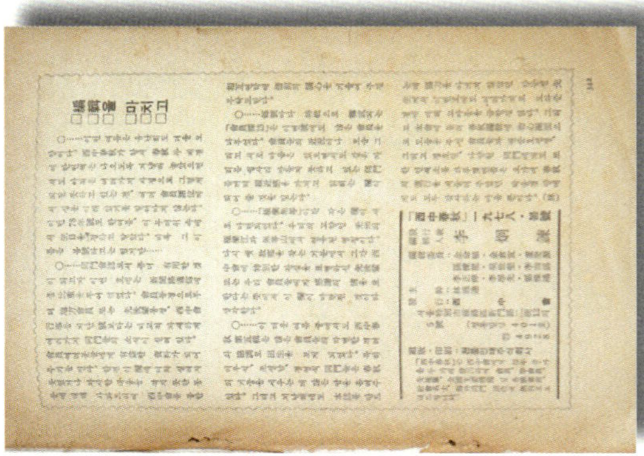

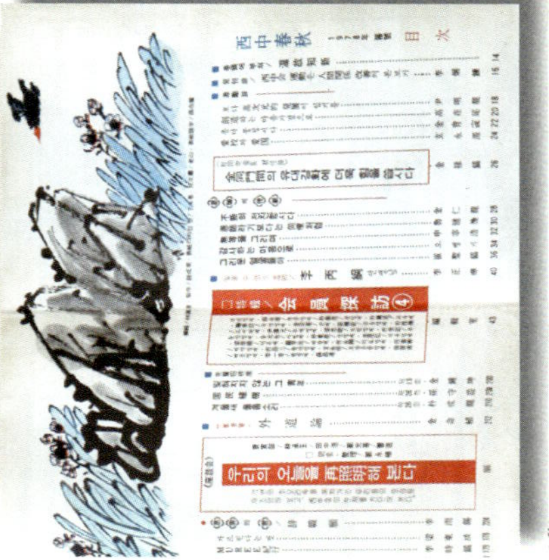

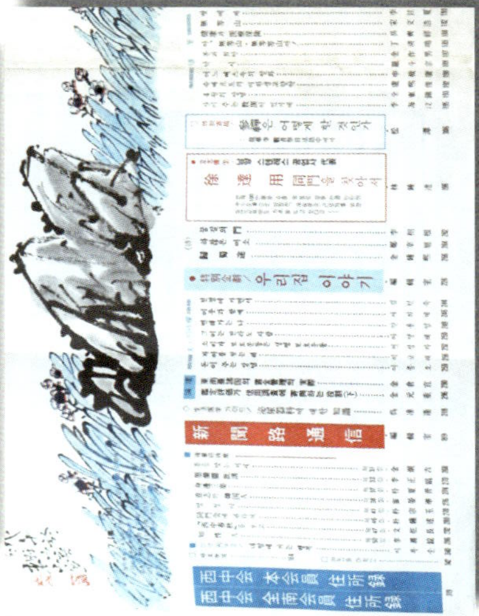

소설문학

題　　號	小說文學 제2집	판　　형	15×20.5
발 행 일	1974.07.05.	발행편집인	小說文學同人會
표지화·컷		간별, 정가	연간
면　　수	146	인 쇄 소	昌濟印刷社
발 행 처	韓國文學社	기　　타	광주, '74 小說文學 8人作品集②

　『소설문학(小說文學)』은 소설문학동인회(小說文學同人會)에서 발간한 작품집이다. 머리말 형식으로 짧게 쓴 글을 보면, 소설문학동인회는 광주·전남을 중심으로 한 문학 동인회인 것으로 보인다. 『소설문학』 제2집(판권지에 기재된 제호는 『74 소설문학 8인작품집 ②』)은 1974년 7월 5일 발행되었다. 제호에 '74라는 연도 표기가 있는 것으로 보아 연간으로 추정된다. 발행처는 한국문학사(韓國文學社), 저자는 소설문학동인회, 인쇄소는 창제(昌濟)인쇄사이다. 총 146면이다.

　본문에는 동인 8명의 단편 8편이 동인 이름의 가나다 역순으로 실렸다. 한승원(韓勝源)의 「호랑이 꼬리」, 주동후(朱東厚)의 「동동(動動)」, 이명한(李明漢)의 「여수(旅愁)」, 이계홍(李啓弘)의 「풍향(風向)」, 문순태(文淳太)의 「오, 상여울음」, 김제복(金濟福)의 「파종(破腫)」, 김신운(金信雲)의 「마(魔)의 골짜기」, 강순식(姜順植)의 「빈터」 등이 게재되었다. 동인과 작품에 대한 정보나 편집후기 등은 따로 없다.

　소설문학동인회에는 전남 장흥 출신의 한승원, 전남 광양 출신의 주동후, 전남 나주 출신으로 현재 "한국문단의 최고령 현역 작가"로 불리는 이명한,

전남 무안 출신의 이계홍, 전남 담양 출신의 문순태, 전남 화순 출신의 김신운 등 지금도 활발한 작품 활동을 하거나 문학사에 이름을 남긴 소설가들이 참가했다. 이들의 초기 작품과 잘 알려지지 않은 작품들을 발굴했다는 점에서 『소설문학』의 가치를 찾을 수 있다.

개인이 소장하고 있는 『소설문학』 제2집을 DB화 하였다. 「무안출신 소설가 이계홍, 장편소설 '고독한 행군' 4편 출간」, 『무안신안뉴스』, 2022년 8월 29일자와 「소설가 '이명한', 삶과 문학적 생애 조망」, 『광주매일신문』, 2022년 12월 18일자를 참고하였다.

'74 小說文學 8人作品集 ②

인　쇄：1974년 6월 30일
발　행：1974년 7월 5일

발행처：韓國文學社
저　자：小說文學同人會
인쇄소：昌濟印刷社

등록번호 ㈜제1-829호

차 례

호랑이 꼬리　韓勝源　7
動　動　　　朱東厚　28
旅　愁　　　李明漢　49
風　向　　　李啓弘　63
오, 상어울음　文淳太　78
破　腫　　　金濟福　104
魔의 골짜기　金信雲　116
빈　터　　　姜順植　131

〈가나다 逆順〉

송림

題　　號	松林 제3호	판　　형	15×20.5
발 행 일	1972.12.31.	발행편집인	발행: 金湜中, 편집: 김중오·신의현·윤치섭·양숙자·조숙·윤형
표지화·컷	題字: 長田 河南鎬 表紙畵·目次컷: 朴錫圭	간별, 정가	비매품
면　　수	199	인 쇄 소	무등상행 인쇄부
발 행 처	목포교육대학 학생회 학예부	기　　타	

『송림(松林)』은 목포교육대학의 교지이다. 1964년 개교한 목포교육대학은 현 목포대학교의 전신이다. 『송림』 창간호는 1970년 12월 31일 발행되었다. 『송림』은 연간 발행으로 제3호는 1972년 12월 31일 발행되었고, 발행인 김식중(金湜中), 발행처 목표교육대학 학생회 학예부, 인쇄소는 무등상행 인쇄부였고, 비매품으로 총 200면이다. 편집위원은 김중오, 심의현, 윤치섭, 양숙자, 조숙, 윤형 등이다. 제자(題字)는 장전(長田) 하남호(河南鎬)가 썼고, 표지화와 목차 컷은 박석규(朴錫圭) 교수가 그렸다.

학장 김식중의 〈격려사〉「새 역사 창조의 역군이 되자」가 첫머리를 장식하고, 다음으로 학생회장 조재진이 「교육 기수로서의 투철한 사명감을 갖자」라는 제목의 〈권두언〉을 썼다. 제3호는 1972년의 '10월 유신(維新)' 직후에 발행되었는데, 〈권두언〉에 유신에 대한 언급이 있다. 학생회장은 "시월 유신은 우리 민족의 염원이 무엇이고 우리 민족이 기필코 이루어내야 할 과업이 무엇이며 우리 민족이 어떻게 해야 하는가 하는 행동철학을 정립해 놨다."고 전제하고 '교육 기수'들의 '사명'을 이야기하였다.

『송림』 제3호의 본문은 여타 교지와 다르지 않게 구성되었다. 교수들의 논문이 앞부분에 배치되었고, 〈특집〉, 〈교수수필〉, 〈시〉, 〈동문초대〉, 〈학생논문〉, 〈내가 읽은 명작〉, 〈봉사활동기〉, 〈수필〉, 〈콩트〉 등이 수록되었다. 〈특집〉은 두 개로 나누어서 실었는데, 첫 번째 특집이 '낙도교육', 두 번째 특집은 '낙도 부부교사 수기'이다. 흑산신흥교, 사치분교, 마삭분교, 내호분교, 추포분교 등에서 근무하는 교사들의 교육과 생활에 대한 다양한 이야기들이 담겨 있다.

이어서 〈교수수필〉에는 송기숙(宋基淑)의 「스승과 제자」, 박문정(朴汶政)의 「잃어버린 고향」, 김종준(金鍾俊)의 「계절의 감각(感覺)」, 〈시〉에는 이윤남의 「사념(思念) Ⅳ」, 고정선의 「고향」, 최혜선의 「전라도 목포」, 박경순의 「저문 그림자」 등이 실려 있다. 〈학생논문〉에는 7명의 논문이 수록되어 있는데, 이 중에서 반공정신과 반공교육을 주제로 한 최익대(崔益大)의 「공산주의전쟁론 비판」, 김중오(金重五)의 「통일에 대비하는 반공교육의 방향」 등이 눈에 띈다. 〈내가 읽은 명작〉과 〈봉사활동기〉, 〈수필〉, 〈콩트〉는 학생들의 글로만 채워졌다.

이러한 지면 구성은 1976년 8월 25일에 발행된 제6호까지 일관되게 이어졌는데, 제6호에서는 학생들의 문예면이 보다 확대되는 특성을 볼 수 있다. 이처럼 『송림』은 목포교육대학 구성원들의 관심사와 다양한 활동을 살펴볼 수 있는 자료라는 점에서 의미가 있다. 전남대학교 도서관이 소장한 『송림』 제3호와 제6호를 DB화 하였다.

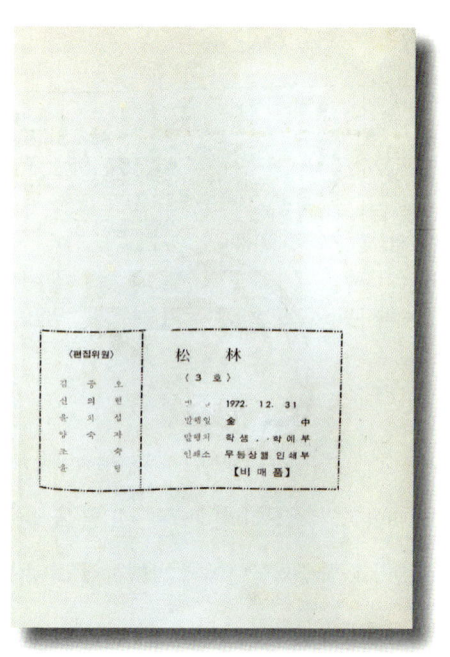
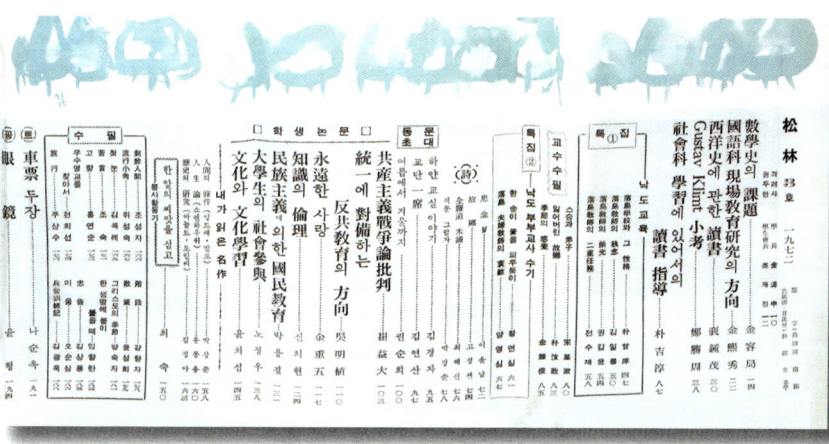

순농

題　　號	順農 제3호	판　　형	14.5×21
발 행 일	1977.10.28.	발행편집인	편집: 순농교지편집위원회
표지화·컷	表紙畵·目次 컷: 김용복 題字: 임갑인, 內容 컷: 김광옥	간별, 정가	
면　　수	307	인 쇄 소	전남매일신문사출판국
발 행 처	순천농림전문학교 학도호국단	기　　타	영인본

　『순농(順農)』은 순천농림전문학교(順天農林專門學校)의 교지이다. 순천농림전문학교는 현 순천대학교의 전신이다. 1977년 10월 28일에 발행된『순농』제3호는 순천농림전문학교 학도호국단에서 발행하였고, 순농교지편집위원회에서 편집하였으며, 전남매일신문사 출판국에서 인쇄하였다. 교지 간행을 지도한 교수는 정한기(鄭漢基), 이석무(李錫茂), 김형용(金亨容) 등이고, 편집위원에는 문수현, 최창수, 장윤덕, 김분종, 박노동, 정찬미 등이 이름을 올렸다. 표지화와 목차 컷은 김용복, 내용 컷은 김광옥이 그렸고, 제자(題字)는 임갑인이 썼다. 면수는 307면이다.

　내용을 보면, 교지 지도교수인 정한기가「자연을 회복하라」라는 〈권두언〉을 썼고, 다음으로 학교장 이상래(李相來)의 〈격려사〉「순농인의 나아갈 길」, 학감 김진호(金晉鎬)의 〈격려사〉「자아실현과 좌표설정」, 연대장 강대연(姜大連)의 〈창간사〉「지성의 과제」라는 글이 이어진다. 〈교수논단〉에는「경제림(經濟林) 조성을 위한 조사연구」,「대기오염과 농업」,「순천지방의 농민운동」,「우리나라 농업기계화에 관한 소고」등을 주제로 한 4편의 글이 실렸고, 〈교

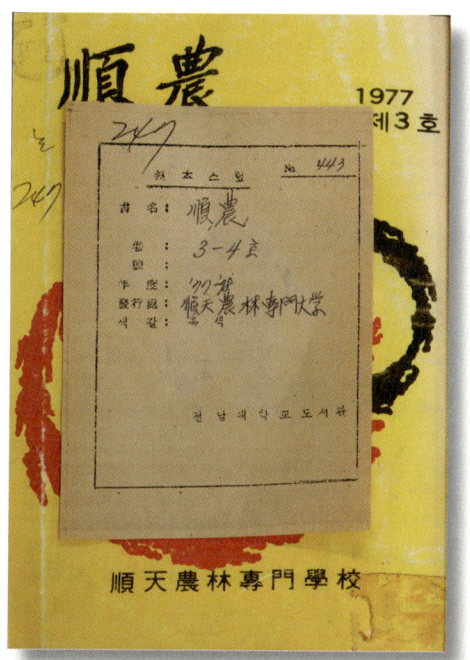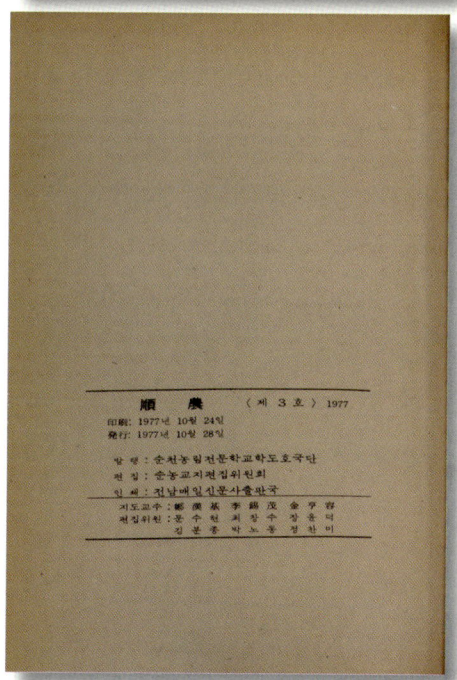

수수상(隨想)〉에는 「한려수도 수감(隨感)」, 「내가 본 일본」, 「나의 제언」이라는 글이 수록되어 있다.

한편 〈특별기고〉에는 김형용의 「학생영농발표대회의 개선방안」, 김재기(金在棊)의 「상설 새마을학교 교육평가」라는 글이 실렸고, 〈특집〉에는 「본교가 지역사회의 영농향상(營農向上)에 기여한 실적」이라는 글이 실렸는데, 영농기술보급과 우량종자보급 상황, 연도별 사업실적, 대민 봉사활동 실적개요를 표로 만들어 제시했다. 순천농림전문학교가 지역 사회에 어떤 공헌을 했는지를 알 수 있는 자료라고 할 수 있다.

그 외에 〈학생논단〉, 〈학생영농수기〉, 〈동문기고〉 등의 내용과 함께 '순농문단(順農文壇)'이라는 카테고리를 만들어 〈시〉, 〈수필〉, 〈평설(評說)〉, 〈독후감〉, 〈수기·서간·기행·일기〉, 〈콩트〉, 〈단편〉, 〈시나리오〉 등을 실었다. 〈부록〉에는 학교 연혁과 설립자인 우석(友石) 김종익(金鍾翊)의 소전(小傳), 교직원 방명록, 동창회 임원 방명록, 졸업 예정자 명단이 기록되어 있다.

『순농』 제4호가 1979년 10월에 발행된 것으로 보아, 간기는 2년이거나 부정기 간행으로 보인다. 전남대학교 도서관이 소장한 『순농』 제3호와 제4호를 DB화 하였다.

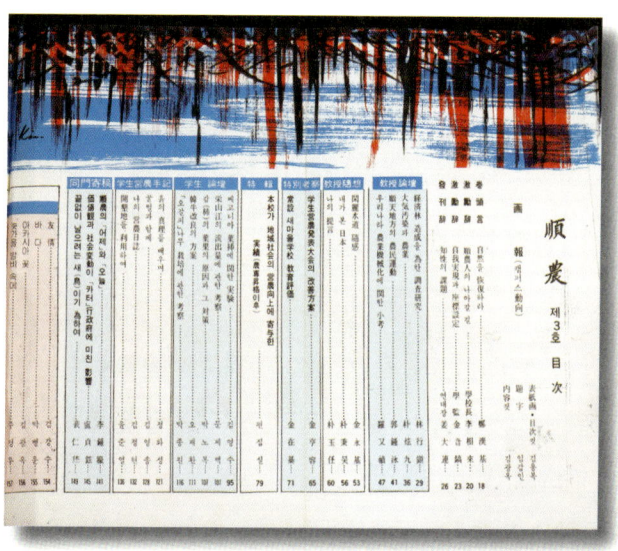

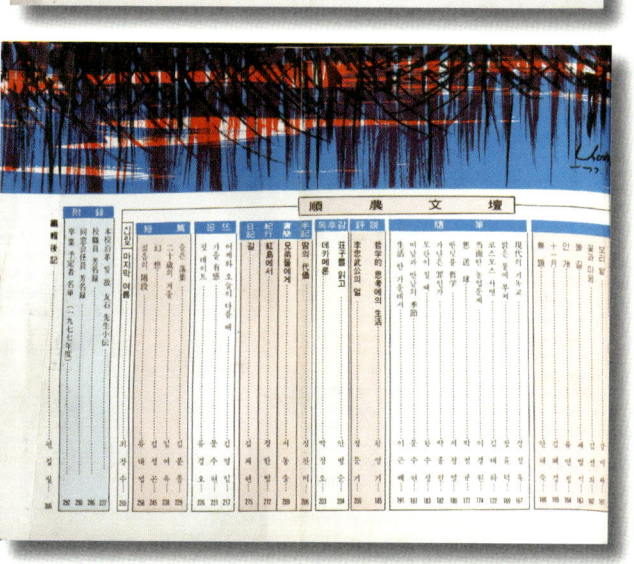

순문학

題　　號	純文學 第1輯	판　　형	15×20.5
발 행 일	1959.09.13.	발행편집인	發行: 白完基, 編輯: 吳有權
표지화·컷	表紙: 梁秀雅, 題字: 南龍 金容九	간별, 정가	170원
면　　수	64	인 쇄 소	東亞社印刷所
발 행 처	光州文化社	기　　타	광주

　『순문학(純文學)』은 광주문화사(光州文化社)에서 1959년 9월 13일에 발행한 순문학동인회(純文學同人會)의 동인지이다. 제1집의 판권사항을 보면, 발행인은 백완기(白完基), 편집인은 전남 나주 출신의 소설가 오유권(吳有權), 발행소는 광주문화사, 인쇄소는 동아사인쇄소(東亞社印刷所), 면수는 64면으로 정가는 170원이다. 표지화는 양수아(梁秀雅)가 그렸고, 제자(題字)는 서예가인 남룡(南龍) 김용구(金容九)가 썼다.

　본문의 내용은 〈시〉와 〈소설〉로 구성되어 있다. 〈시〉에는 문삼석(文三石)의 「우울한 조형(造形)」, 이소영(李昭英)의 「달마산(達摩山)에 올라」, 양동원(梁東元)의 「비정(悲情)」, 김한옥(金韓玉)의 「바람」, 장명숙(張明淑)의 「산은 말이 없다」, 이성부(李盛夫)의 「달」, 김현승(金顯昇) 원작·이삼웅(李杉雄) 영역 「The platan」 등이 실렸고, 〈소설〉에는 김수봉의 「팬터마임」, 구제필(具齊弼)의 「일족(一族)」, 전양웅(全良雄)의 「접아(接芽)」, 송종숙(宋鍾淑)의 「푸른 계절(季節)」, 김이중(金以中)의 「시작 이전(始作 以前)」 등이 수록되어 있다.

　〈편집후기〉를 보면, 순문학동인회의 고문으로는 조연현(趙演鉉), 김현승, 김동리(金東里)가 참여하였고, 동인으로는 이소영, 구제필, 전양웅, 장명숙,

양동원, 김이중, 이청준(李淸俊), 김수봉, 송종숙, 김한옥, 이성부, 이삼웅, 문삼석 등이 이름을 올렸다. 〈편집후기〉에서는 이들 동인을 "너무나도 서로를 잘 알고 인간의 깊이에서는 가장 가까워 질 수 있는 사람들"이라고 표현하였다. 동시에 "우리의 이 작업은 끊임없이 계속될 것임을 확언해 둔다."라고 밝혔지만 창간호 이후의 발행사항은 확인되지 않는다. 개인이 소장한 『순문학』 제1집을 DB화 하였다.

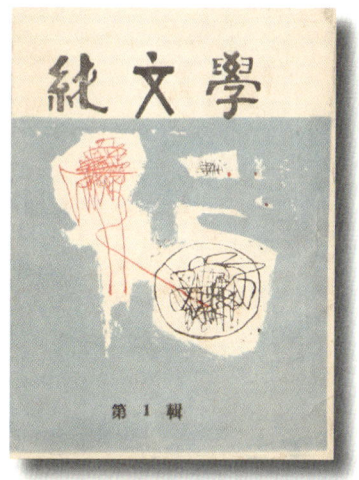

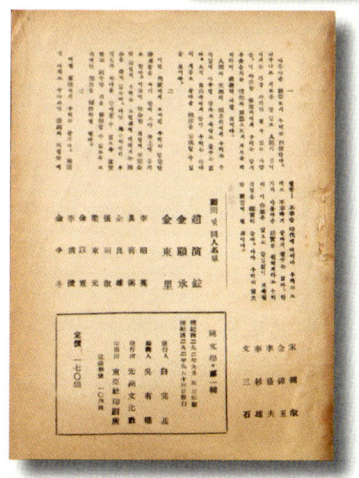

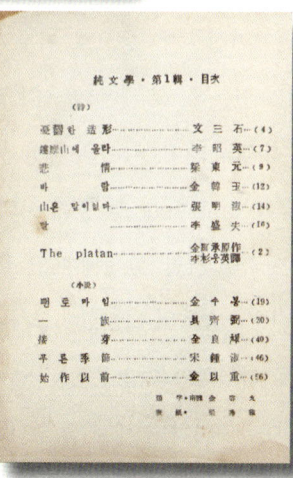

題　　號	崇信 創刊號	판　　형	15×20.5
발 행 일	1963.02.02.	발행편집인	발행: 숭의중학교·숭의실업고등학교 편집: 문예반
표지화·컷	표지: 이육록	간별, 정가	
면　　수	130	인 쇄 소	
발 행 처	합동인쇄소(광주시 황금동)	기　　타	광주, 본문 19-20, 89-100면 낙장

『숭신(崇信)』은 1963년 2월 2일에 발행한 숭의중학교·숭의실업고등학교(현 숭의과학기술고등학교)의 교지이다. 창간호의 판권사항을 보면, 발행인은 숭의중학교·숭의실업고등학교, 편집인은 문예반, 발행처는 합동인쇄소(광주시 황금동), 면수는 130면, 표지화는 교사 이육록이 담당하였다.

본문의 구성은 교장 김신근의 〈창간사〉, 교감 박상훈(朴相勳)의 「전통이라는 것」이라는 글을 시작으로 〈음악〉, 〈스승들의 글〉, 〈설문〉, 〈논설〉, 〈숭신시단〉, 〈수필〉, 〈기행문〉, 〈각부활동사항〉, 〈창작〉, 〈은사명단〉, 〈졸업생명단〉, 〈편집후기〉 등으로 이루어져 있다. 〈음악〉에는 교사들이 쓴 글 3편이 실려 있는데, 그 가운데 음악교사 강안식은 「그 이름 숭의」라는 곡을 발표하여 창작의 의미, 가사의 내용 등을 서술하고 있다. 또 학생과장 김수동은 「Boys be ambitious」를 통해 사회로 진출하는 졸업생들이 용기와 희망을 갖고 살아가길 기원, 학생에 대한 각별한 애정을 드러냈다.

또한 〈스승들의 글〉에는 교사 김종호, 최홍준, 양회대, 남회남, 이한식이 필자로 참여하여 「등용문」, 「자성(自省)」, 「습득물」, 「죄인의 하나님」, 「공간과 시간에 대한 제4차원 세계」 등의 글을 발표하였는데, 해제본의 경우 19-20면

이 누락된 상태여서 김종호의 「등용문」은 살펴볼 수가 없다. 한편 〈논설〉에는 학생들의 논문 2편이 실렸고, 〈숭신시단〉과 〈수필〉에는 재학생의 시 13편과 수필 12편이 실려 있으며, 〈기행문〉과 〈창작〉에는 기행 글 3편과 소설 2편이 수록되어 있다. 다만 해제본에는 89-100면이 누락되어 있어 기행문 일부와 각부활동상황, 소설 1편의 내용은 확인할 수 없다.

또한 『숭신』은 숭의중학교와 숭의실업고등학교에서 함께 발간하였지만 중학생 작품보다는 고등학생 작품이 주를 이루는 특성을 보여주고 있다. 개인이 소장한 『숭신』 창간호를 DB화 하였다.

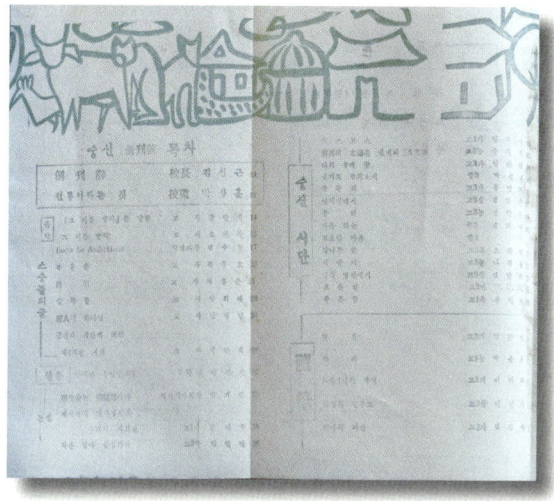

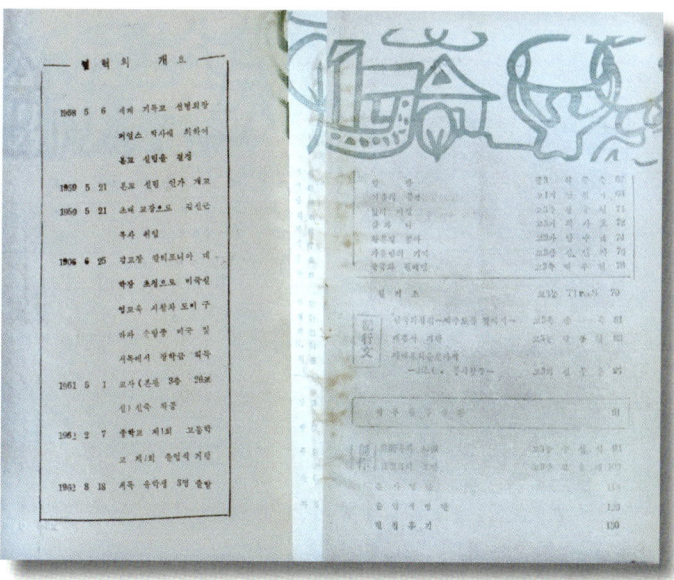

승주공보

題　　號	승주공보 제195호	판　　형	17.5×25.5
발 행 일	1967.11.20.	발행편집인	승주군수
표지화·컷		간별, 정가	주간, 비매품
면　　수	6	인 쇄 소	
발 행 처	전라남도 승주군청	기　　타	승주군, 매주 월요일 발행

『승주공보』는 전라남도 승주군청에서 발간한 공보(公報)이다. 승주군은 전남의 남동쪽에 위치하여 1949년부터 1994년까지 존속한 행정구역이다. 이후 순천시에 편입되었다. 『승주공보』는 계몽자료로서 군·면직원과 지도소, 보건소, 각 이장, 도 공보실, 방송국, 공보부 등에 제공되었고, 매주 월요일에 발행되었다.

『승주공보』 제195호는 1967년 11월 20일에 발행되었고, 총 6면이다. 군청의 공지사항이나 군민들을 위한 정보가 실려 있다. 구체적으로는 「한해(寒害) 극복 대증산운동 전개」, 「추곡수매 목표량을 일찍 완납합시다」, 「각종 지방세 체납액 일소기간 설정」, 「1967년도 추계 대청소 실시」, 「한해민을 위한 온정의 손길」 등을 주제로 한 글이다. 한편 『승주공보』 제197호에는 승주군수 고광수의 「격려사」, 「겨울철 농한기에도 일하여 수입을 얻읍시다」, 「겨울철 심경과 객토를 실시합시다」, 「동계 송충 구제에 나섭시다」, 「파월장병에 위문카드 발송」, 「세입예산 관별 집계표」, 「세출예산 관별 집계표」 등의 글이 실렸다.

개인이 소장하고 있는 『승주공보』 제195호와 제197호를 DB화 하였다.

(1964년2월15일제3종우편물인가) 매주월요일발행
11월공보목표 | 승주공보 | 제 195 호
추곡구매조기완수 | | 발행 승주군수
| | 서기1967년11월20일

※ 한해극복 대중산운동 전개 ※

7월부터 계속한 미증유의 한해로 피해된 농촌경제와 식량난을 단시 일내에 극복하고 겨울동안의 농촌노력(勞力)의 완전취로(就勞)와 경지(耕地)를 최대한 활용하여 한치의 땅도 노는땅이 없도록 11월 1일부터 1968년 3월 31일까지 5개월간에 걸쳐 한해극복 대중산운동(旱害克服大增産運動)을 거군적(擧郡的)으로 전개하기로 방침을 세웠습니다

다음 계획에 따라 군민여러분의 적극적인 참여와 협조를 바랍니다

1. 맥류증산

한발로인한 밀의 감수를 보되 다수확으로 보상하기위하여 맥류파종면 적을 기존면적 11,368 정보 보다 702 정보가많은 12,030 정보로 같이고 반당 수확량도 기존 212등보다 17등이 많은 229등으로 송주작황이 기 준총수확량 24,136등 (17만 9천석)보다 3,620등 (3만석)이 많은 27,756등 (20만 9천석)을 생산할 계획이며 이는 가을 적기파종을 촉 진하고 한해로 인한 고사답(枯死畓)에 밀 심음을 권장(勸奬)을 꽤하및 이식 재배하며 독새풀의 제거를 위해 약효가 확실한 살초제(殺草劑)

①

시예술

題　　　號	詩藝術 第1輯	판　　　형	15.2×21.2
발 행 일	1963.06.15.	발행편집인	發行: 詩藝術同人會
표지화·컷	表紙畵: 千鏡子, 題字: 金容九	간별, 정가	非賣品
면　　　수	72	인 쇄 소	
발 행 처	香文社	기　　　타	광주

『시예술(詩藝術)』은 시예술동인회(詩藝術同人會)에서 1963년 6월 15일 발행한 시 동인지이다. 제1집의 판권사항을 보면, 발행 시예술동인회, 발행처 향문사(香文社), 면수 72면, 비매품이다. 표지화는 천경자(千鏡子)가 그렸고, 제자(題字)는 서예가 남룡(南龍) 김용구(金容九)가 썼다.

보통 동인지에는 서문과 편집후기가 수록되어 있는데 『시예술』에는 발간사, 서문, 편집후기 등이 수록되어 있지 않다. 목차에는 가나다순으로 시예술동인회의 동인 19명의 명단과 수록 작품이 소개되어 있다. 그 내용을 보면 김해성(金海星)의 「비망(悲望)」, 김현곤(金賢坤)의 「실연(失鳶)」, 김현석(金賢石)의 「피」, 문도채(文道采)의 「지혜(智惠)나무의 열매」, 박홍원의 「사월」, 범대순(范大淳)의 「초산(初産)」, 안도섭(安道燮)의 「꽃샘」, 안영호(安榮鎬)의 「이브의 죄」, 오화룡(吳化龍)의 「자상지골(自像之骨)」, 윤삼하(尹三夏)의 「신록(新綠)에」, 이경인(李耕人)의 「들길에서」, 이수복(李壽福)의 「장생제재소소묘(長生製材所素描)」, 정소파(鄭韶坡)의 「자오선 이후(子午線 以後)의 도륙전(屠戮戰)」, 정재완(鄭在浣)의 「광일(曠日)」, 주기운(朱基運)의 「가을이 온다」, 최승호(崔昇鎬)의 「주언(呪言)」, 허연(許演)의 「얼굴」, 황길현(黃吉顯)의 「오후의 실루엣」, 황양수(黃良秀)의 「형상(形相)의 노래」 등의 시가 수록되어 있다.

　이러한 『시예술』은 호남출신 시인들의 동인 활동과 시세계를 보여준다는 점에서 의미가 있다. 제1집 이후 발행 사항은 확인되지 않는다. 개인이 소장한 『시예술』 제1집을 DB화 하였다.

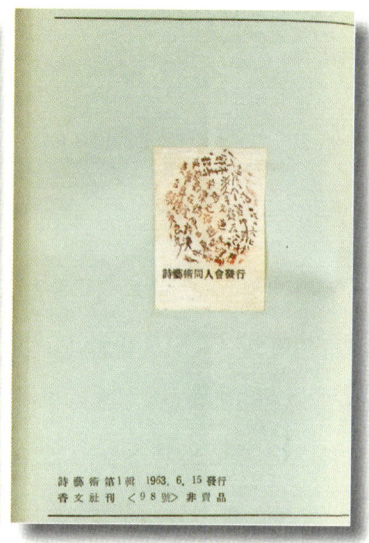
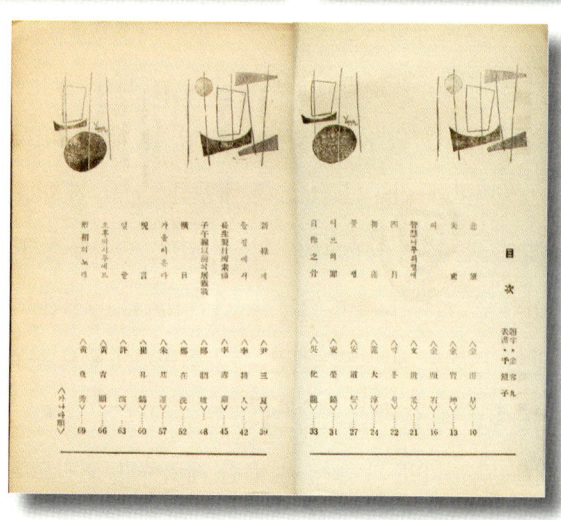

시정신

題　　　號	詩情神 第1輯	판　　　형	19.5×27
발 행 일	1952.09.05.	발행편집인	編輯: 車載錫
표지화·컷	表紙畵: 裵東信, 題字: 孫在馨, 版畵:千昞槿	간별, 정가	
면　　　수	26	인 쇄 소	港都出版社印刷局, 조선석판옵세트인쇄소
발 행 처	港都出版社(木浦市 京洞 1街 1)	기　　　타	목포

　『시정신(詩精神)』은 목포 항도출판사(港都出版社)에서 나온 문예지이다. 1952년 9월 5일에 창간되었다. 1954년 6월에 제2집, 1955년 5월에 제3집, 1956년 9월에 제4집이 5백부 한정판으로 발행되었고, 제4집 이후 10년만인 1966년 2월 제5집을 끝으로 발행이 중단되었다. 제1집의 〈편집후기〉에서 차재석(車載錫)은 "이 책은 계간으로 그 생명을 이어갈 것이다."라고 하였지만 실제 발행 사항으로 보면 계간으로 발행되지 못하고 연간으로 발행했음을 알 수 있다.

　제1집의 판권사항을 보면, 편집인은 차재석, 인쇄소는 항도출판사인쇄국(港都出版社印刷局)과 조선석판옵세트인쇄소, 발행소는 항도출판사(木浦市 京洞 1街 1), 면수는 26면이다. 표지화(表紙畵)는 배동신(裵東信), 제자(題字)는 손재형(孫在馨), 판화(版畵)는 천병근(千昞槿)이 담당하였다. 속지에는 "이병기(李秉岐) 선생 혜존"이라 쓴 글씨가 적혀 있으며, 판권지에는 특제판(特製版) 53호라고 표기되어 있다. 이로 보아 해제본은 가람 이병기에게 보낸 증정본이면서 500부 중 53번째로 배포한 책임을 알게 해준다.

　본문의 내용은 〈머리말〉과 〈편집후기〉를 제외하면, 필진으로 참여한 8명의 시와 산문으로 이루어져 있다. 서정주(徐廷柱)는 제1집 〈머리말〉에서 "온갖 조류 유파의 혼란, 온갖 기교의 지단말류(支端末流)의 혼선 속에서도 어느 때에나 구경시(究竟詩)의 바른 길을 찾아서 이끌어 나가는 것은 물론 시의 정신이다."라며 『시정신』의 창간 배경을 밝히고 있다. 또한 『시정신』의 창간을 주도한 차재석은 제1집 〈편집후기〉에서 '당초의 동인지 생각을 바꾸어 마음을 늦춰먹고 초석 하나 기둥하나라도 일등주의로 골라 쓰는 터나마 우선 이

쯤에서 첫소리를 짓는 이 『시정신』을 가꾸고 사랑해달라.'고 발간 동기를 밝히고 있다. 목포의 명문가이자 만석꾼지기인 차남진의 셋째 아들이자 극작가 차범석의 동생이기도 한 차재석은 조희관과 함께 항도출판사를 운영하며 광주전남 지역의 문화예술인들의 활동을 적극적으로 지원한 것으로 알려져 있다.

제1집에 수록된 시로는 이병기의 「뜻과 스름」, 신석정(辛夕汀)의 「슬픈 평행선(平行線)」과 「생존(生存)」, 서정주의 「학(鶴)의 노래」, 김현승(金顯昇)의 「눈물」과 「길」, 박흡(朴洽)의 「기(旗)에서」와 「죄(罪)」, 이동주(李東柱)의 「기우제(祈雨祭)」와 「서귀포(西歸浦)」, (故)박용철(朴龍徹)의 「미인(美人)」 등이 있으며, 산문으로는 계용묵(桂鎔默)의 「바다」가 실려 있다. 그리고 2집부터는 이동주, 김현승이 편집에 합류하여 3인 편집체제를 유지하는 한편으로 박두진, 모윤숙, 김구용, 이형기, 유치환, 김동리 등이 필진으로 새로 참여하여 외연의 확장을 도모한 점이 눈에 띈다. 이런 필진들의 면면을 고려해보면 『시정신』이 호남 지역에 한정된 문예지가 아니었다는 사실을 알 수 있다.

한편 한국화단을 대표하는 화가와 서예가들과도 친분이 깊었던 차재석의 노력 덕분에 제자에 소전 손재형, 남룡 김용구, 판화에 백홍기, 표지화에는 남관(제3집), 김환기(제2집과 제4집), 변종하(제5집) 등이 참여하기도 하였다. 이처럼 『시정신』은 『신문학』, 『영도(零度)』 등과 함께 1950년대 광주·전남 지역에서 발행된 대표적인 문예지일 뿐만 아니라 당시 활발하게 활동했던 한국 대표 시인과 화가들의 작품을 살펴볼 수 있는 중요한 잡지이다. 서울대학교 도서관이 소장한 『시정신』 제1집, 제2집, 제3집을 DB화 하였다. 허형만, 「문학동인활동변천사」, 전남문인협회 편, 『전남문학변천사』, 도서출판 한림, 1997과 이동순, 「차재석, 그리고 또 하나의 회화 『詩精神』」, 『근대서지』 제7호, 근대서지학회, 2013.6을 참고하였다.

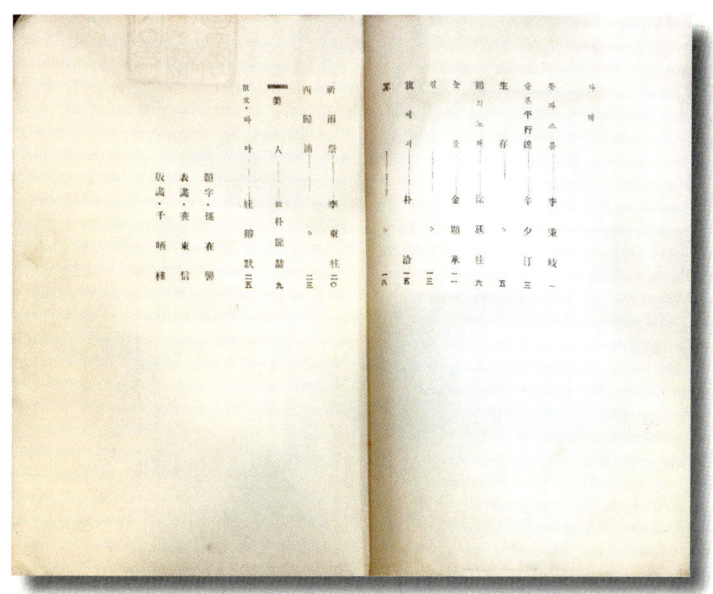

목차	
꽃파는 處女 ─── 李秉岐	一
音의 平行線 ─── 辛夕汀	三
生 存 ─── ○○○	五
鷄舍에서 ─── 金珽柱	六
女 ─── ○路承	二
裁判 ─── 朴○浩	一五
聽雨祭 ─── 李東柱	二○
西陽酒 ─── ○○○	三
─萎 人 ─── 朴啓詰	九
散文・叶○─桂鎔默	三五
題字・徐 在 弼	
表畵・表 東 信	
取扇・千 晒 相	

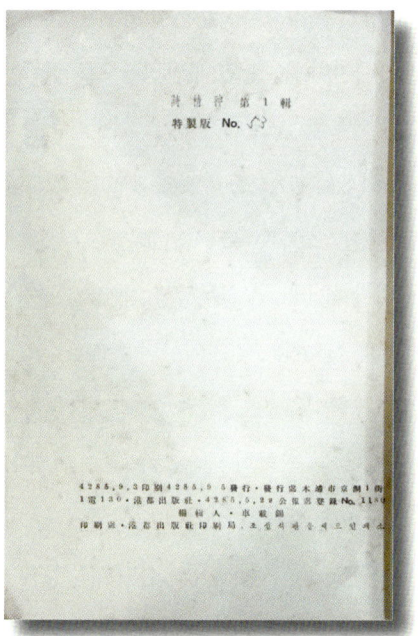

詩情柳 第 1 輯
特製版 No. ○

4285.9.3印刷 4285.5.5發行・發行所木浦市京橋1街
1電136・洛都出版社・4285.5.25公報出登錄 No.1150
編輯人・車載銀
印刷所・洛都出版社印刷局・本雪可有会社三○지사

시조문예

題　　號	時調文藝 제9집	판　　형	15×21
발 행 일	1978.09.01.	발행편집인	韓國時調作家協會 全南支部 鄭韶波
표지화·컷		간별, 정가	반년간, 500원
면　　수	92	인 쇄 소	現代文化社
발 행 처		기　　타	主幹 景鐵, 가을호, 광주

『時調文藝(시조문예)』는 한국시조작가협회(韓國時調作家協會) 전남지부(全南支部)에서 발행한 시조문학잡지이다. 현재 창간호를 확보하지 못하여 창간당시의 정황을 파악하기 어렵다. 다만 제9집의 판권사항을 보면 발행인은 한국시조작가협회 전남지부 정소파(鄭韶波)이고, 주간(主幹)은 경철(景鐵), 인쇄는 현대문화사(現代文化社)이며, 총 92면에 반년간으로 정가는 500원이다.

대략적인 구성은 〈특집〉, 〈초대작품〉, 〈회원작품〉, 〈평론〉 등으로 구성되어 있으며 뒷편에 「收錄文人住所(수록문인주소)」, 「編輯餘滴(편집여적)」이 실려있다. 이 가운데 〈특집〉으로 수록된 「韓國時調文學(한국시조문학)의 進路(진로)～그 鳥瞰(조감)을 위한 紙上(지상) 설문광장(設問廣場)～」에는 박항식(朴沆植, 원광대 교수), 김해성(金海星, 서울여대 교수), 이상범(李相範, 문협시조분과위원장), 이상보(李相寶, 명지대 교수), 황희영(黃希榮, 중앙대 교수), 이태극(李泰極, 전 이화여대 교수), 박을수(朴乙洙, 한양대 교수), 빅철희(朴喆熙, 서강대 교수), 이기반(李基班, 전주대 교수)가 참여하였고, 구성을 주간인 경철이 담당하였다. 이 설문은 "우리 시조문학의 진흥을 위한 평소의 견해가 있으십니까?" 등의 총 5개 질문에 대한

각자의 답변이 실려 있다. 작품 가운데는 박병순의 「푸른 강산 되심세」, 길미자(吉美子)의 「산불꽃」, 정소파의 「내나이 또래의 나무」, 최일환(崔日煥)의 「南海(남해)에서」 등이 눈에 띈다. 평론에서는 정봉래(鄭奉來)의 「現代時調(현대시조)의 意味性(의미성)」이 주목된다.

  이처럼 『시조문예』는 전남지역 시조문인들의 작품과 시조문학의 흐름을 파악할 수 있는 자료로 가치가 있다. 고하문학관에서 소장하고 있는 제9집을 DB화하였다. 이정자, 『현대시조문학사 : 현대시조, 그 흐름과 작가론』, 국학자료원 새미, 2016을 참고하였다.

時調文藝 제9집

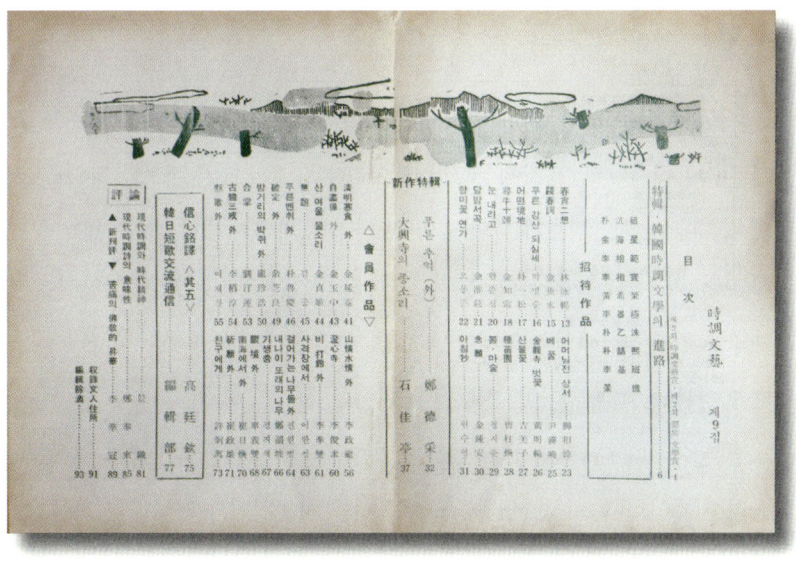

目次

特輯·韓國時調文學의 進路 6

招待作品

吟音二章 ─ 錢春德 ─ 13
芝蘭精松情 ─ 林熙載 ─
海南相苑 ─ 金乙祚 ─
朴兆基 ─ 朴乙祚 ─
作 金牛奉 李孫 朴 萎

어어김진 상서 ─ 17
어머님전 ─
어느보리밭 ─ 20
베꽃 ─
신발꽃 ─ 23
柳香靑 ─ 25
어머니 ─ 黃甲周 ─ 26
할머닛 ─ 金陣子 ─ 27
담담무섭 ─ 金觀九 ─ 28
눈 내리고 ─ 李昌妹 ─ 29
할미꽃 연가 ─ 李漢哲 ─ 30
                    金漢坤 31

新作特輯

大國寺의 종소리 (外) ─ 鄭德永 ─ 32
푸른 추억 (外) ─ 石佳亭 ─ 37

▽ 會員作品 △
淸明素黃 外 ─ 朴政丞 ─ 41
自畵像 ─ 金玉子 ─ 43
산여울 물소리 ─ 金貞煥 ─ 44
無題 外 ─ 林龍純 ─ 45
푸른판에서 ─ 余京伶 ─ 46
統空 外 ─ 李祖彬 ─ 50
빛기리의 바위 ─ 朴英喆 ─ 54
古韓三威 ─ 劉丁連 ─ 55
秋韻 外 ─ 金龍逸 ─ 56
친구에게 ─ 李淸邦 ─ 64
山情水情 外 ─ 李正華 ─ 68
여행 ─ 李啓泰 ─ 70
비 打稔 外 ─ 李周桓 ─ 71
사랑창이 ─ 李珠聲 ─ 73
                        75

信心銘譯 《其五》 ─ 高廷鈺 ─ 75
韓日短歌文流通信 ─ 編輯部 ─ 77

評論
▲新刊評▼
現代時調와 時代精神 ─ 李 樺 ─ 81
現代時調詩의 藝術性 ─ 車 榮 ─ 85
漠漢의 律動的 共鳴 ─ 李 樺 ─ 89
收詩文人住所 ─ 91
編輯餘滴 ─ 93

시향

題　號	詩鄕 第1輯	판　형	15×21
발 행 일	1965.07.01.	발행편집인	편집: 金萬玉
표지화·컷		간별, 정가	
면　수	26	인 쇄 소	朝大印書館
발 행 처	詩鄕文學同人會	기　타	광주

『시향(詩鄕)』은 시향문학동인회(詩鄕文學同人會)에서 1965년 7월 1일에 발행한 시작품집이다. 앞표지에 '시작품집'이라는 표기와 목차 정보가 나와 있고, 앞 속지에는 판권 정보가 나와 있다. 또한 뒤표지에는 대하문학동인회의 『대하(大河)』 제2집과 『현대문학』 통권 127호의 발간을 알리는 광고가 양면에 게재되어 있다. 제1집의 판권사항을 보면, 편집은 김만옥(金萬玉), 인쇄소는 조대 인서관(朝大 印書舘)이며, 면수는 26면이다.

김만옥이 쓴 〈편집후기〉에 따르면 시향문학동인회는 '범한국적 비문단인만의 시동인회'를 지향하였다. 또 부표제를 시동인지가 아니라 시작품집이라고 한 것은 동인 서로 간에 이념적 합의가 없이 다분히 이질적인 시들로 시에 대한 공통적인 집념만으로 그 의욕을 모아 간행한 것이기 때문이라고 하였다. 이러한 맥락 하에 제1집에는 금동식(琴東軾), 권원식(權源植), 김만옥, 김용길(金龍吉), 정정(鄭貞), 노완홍(盧琬弘), 손명희(孫明熙), 유상덕(柳相德), 이무일(李茂一), 차명홍(車明弘), 최승학, 한옥근(韓沃根), 주이향(朱異鄕), 김영재(金永在), 정중수(丁重秀) 등 15명이 필진으로 참여하였다.

〈편집후기〉에는 "동인지(同人誌) 발간이 그 전부가 아닌 이상 우선 계간을 예정해두고 그 동안 지방 시화전(詩畵展)이며 정기총회(定期總會) 등을 가짐으로써 닦아진 실력으로 비로소 발언(發言)을 자행할 것이다."라고 밝혔지만 제1집 이후의 발행사항은 확인되지 않는다. 개인이 소장한 『시향』 제1집을 DB화 하였다.

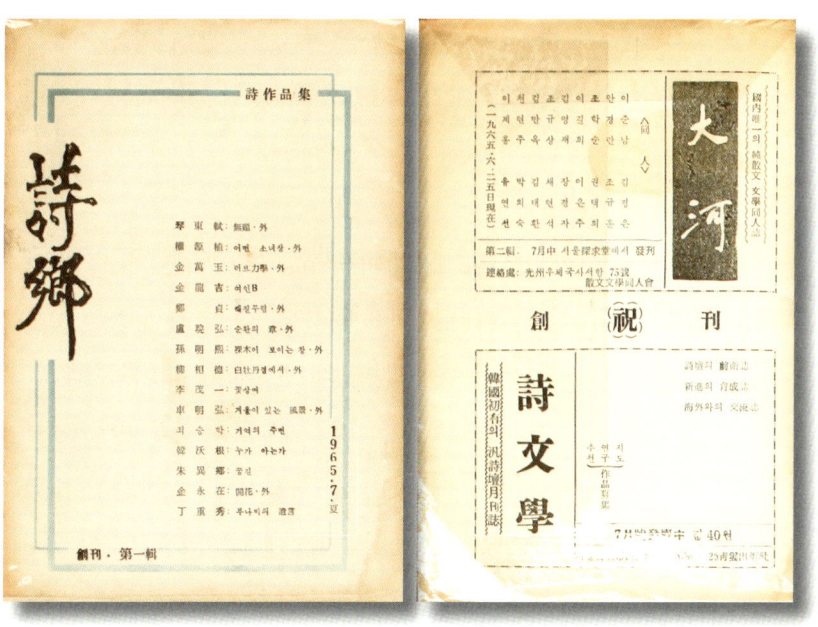

신문학

題　　號	新文學 創刊號	판　　형	15.3×22.5
발 행 일	1951.06.01.	발행편집인	白完基
표지화·컷	表紙·扉畵: 千鏡子, 版畵: 金斗河	간별, 정가	3,500원
면　　수	120	인 쇄 소	全南日報社印刷局(光州市 錦南路 1街 1)
발 행 처	光州文化社	기　　타	광주, 영인본

『신문학(新文學)』은 광주문화사(光州文化社)에서 1951년 6월 1일에 발간된 문예지이다. 창간호의 판권사항을 보면, 발행 겸 편집인은 백완기(白完基)이며, 인쇄소는 전남일보사 인쇄국(全南日報社 印刷局), 발행소는 광주문화사이다. 정가 3,500원으로 총 120면이다. 표지화와 비화(扉畵)는 천경자(千鏡子), 판화는 김두하(金斗河)가 그렸다. 〈편집후기〉를 보면 "호남에서는 처음 맺는 순문예지"라고 소개하고 있다.

『신문학』 창간호에는 장용건(張龍健)의 희곡 「탈」, 승지행(昇志行)의 소설 「어떤 형제」, 임병주(林秉周)의 소설 「잃어버린 두 사람」, 손철(孫哲)의 소설 「도순이」 등 〈창작〉 4편, 김현승의 「신록이 필 때」 외 1편, 박흡(朴洽)의 「독수리」 외 1편, 이동주(李東柱)의 「좁은 문(門)의 비가(悲歌)」, 이석봉(李石奉)의 「비익조(比翼鳥)」 등 〈시〉 6편, 최태응(崔泰應)의 「광주에」 등 〈수필〉 5편과 「시어와 시적 진실」이라는 번역문, 「호남문학을 말하는 좌담회」, 「해외문화토픽」, 「문단메모」 등을 실었다. 〈편집후기〉에 따르면 창간호에 실린 작품들은 전부 편집위원회의 합평(合評)을 거쳤다고 한다. 이는 "호남문학의 진실한 발전과 소성(小成)에 도취되는 폐단을 막기 위하여 어느 시기까지는 필요한 일"이라고 했다.

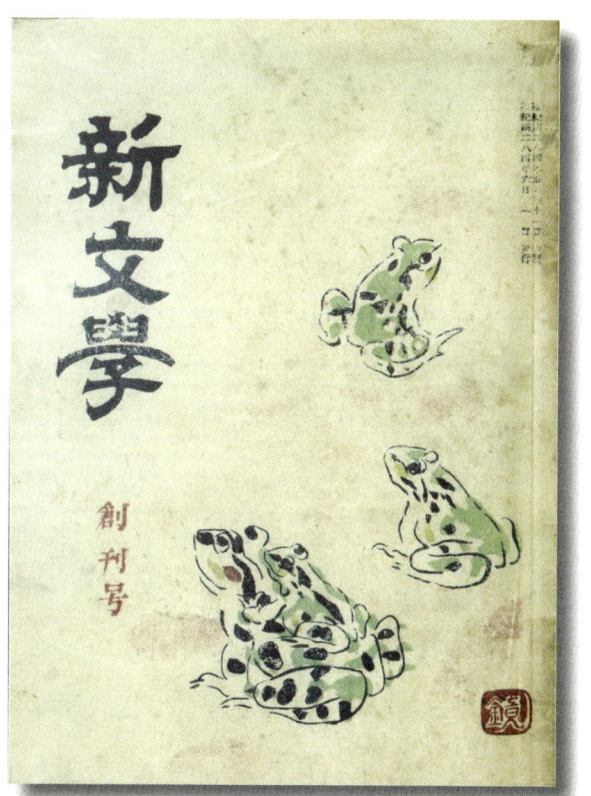

문예지의 완성도와 호남문학의 발전에 대한 필진들의 진심을 읽을 수 있는 대목이다.

『신문학』은 황순원의 「소나기」가 처음 발표된 문예지로도 잘 알려져 있다. 1953년 발행된 『신문학』 제4집의 첫 번째 글이 황순원의 「소나기」이다. 『신문학』은 한국전쟁이 발발한지 채 1년이 되지 않은 시점에 만들어졌다. 한국전쟁이라는 혼란스러운 상황 속에서도 『신문학』이 발행될 수 있었던 것은 동인들의 문학적 열망이 있었기 때문일 것이다. 창간호에 이어서 1951년 12월 1일에 제2집, 1952년 7월 15일 제3집, 1953년 5월 25일에 제4집까지 계간으로 발행되었다.

군산대학교 도서관에서 소장하고 있는 『신문학』 제1집-제4집 영인본을 DB화 하였다. 영인본은 2015년 다형김현승시인기념사업회에서 광주광역시의 지원을 받아 편찬하였다. 이동순, 『광주전남 지역문학과 매체』, 푸른사상, 2020을 참고하였다.

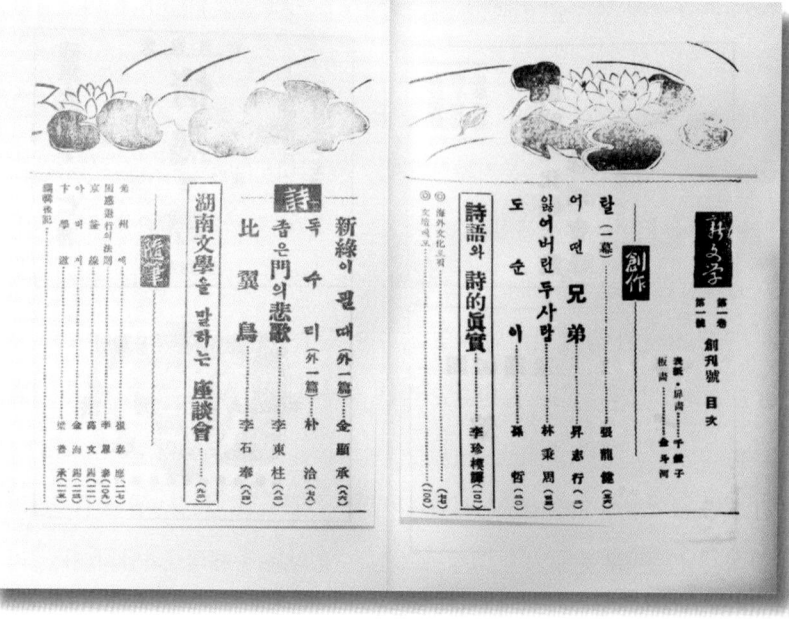

신문화

題　　號	新文化 創刊號	판　　형	15×21
발 행 일	1956.07.15.	발행편집인	發行: 金一路, 編輯·主幹: 林海林
표지화·컷	表紙畵: 梁秀雅, 表裝 컷: 陳鍾淵 目次컷: 裵東信	간별, 정가	250환
면　　수	128	인 쇄 소	호남신문사(光州市 錦南路 1街 1)
발 행 처	新文化社(光州市 南洞 9番地)	기　　타	제1권 제1호, 漫畵: 林炳星

『신문화(新文化)』는 신문화사(新文化社)에서 1956년 7월 15일에 창간한 종합지이다. 창간호의 판권사항을 보면, 발행인은 김일로(金一路), 편집 겸 간사는 임해림(林海林), 인쇄소는 호남신문사(光州市 錦南路 1街 1), 발행소는 신문화사(光州市 南洞 9番地)이다. 정가 250환으로 총 128면이다. 표지화는 양수아(梁秀雅), 표장(表裝) 컷은 진종연(陳鍾淵), 목차 컷은 배동신(裵東信)이 그렸고, 만화(漫畵)는 임병성(林炳星)이 그렸다.

본문의 내용은 〈사진예술〉, 〈창간축사〉, 〈권두언〉, 〈특집〉, 〈설문〉, 〈평론〉, 〈좌담회〉, 〈인생안내〉, 〈본지독점연재〉, 〈동방비사(東房祕史)〉, 〈수상수감(隨想隨感)〉, 〈서정시〉, 〈시제전(詩祭典)〉, 〈소설〉, 〈편집후기〉 등으로 구성되어 있다. 〈사진예술〉 코너에는 배춘경 작가의 사진 3장이 실렸는데, 임해림의 시「귀로(歸路)」가 함께 삽입되어 있다. 이어 문총전남지부장(文總全南支部長) 김남중(金南中)이「축『신문화』창간」이라는 제목의 〈창간축사〉를, 소설가 임병주(林秉周)는「문화의 중추(中樞)」라는 제목의 〈권두언〉을 썼다. 다음으로 '금년 여름은 어떻게 피서(避暑)하시렵니까?'를 주제로 한 〈특집〉 관련 글 6편과 '현대지성인은 무엇에 가장 고심하고 있는가.'라는 주제의 〈좌담회〉가 실려

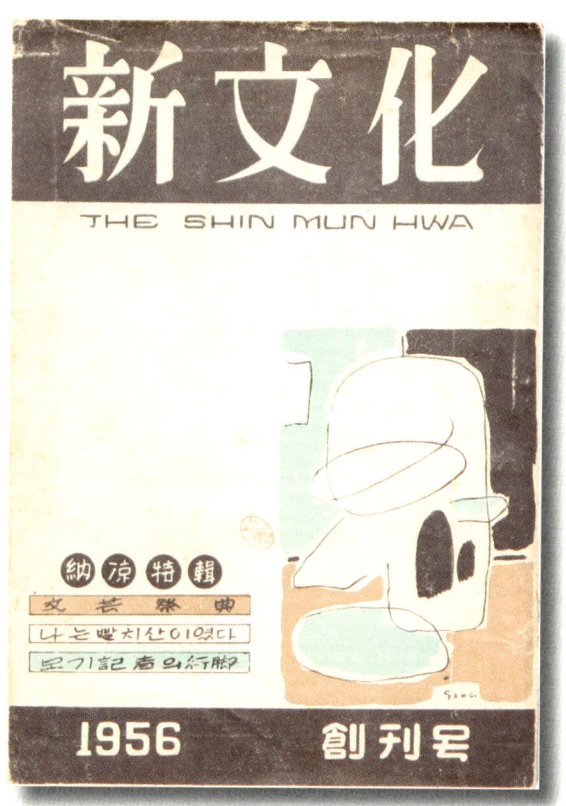

있다.

〈평론〉에는 김현승(金顯昇)의 「전남문단의 전망」을 비롯하여 김일로(金一路)의 「사회사상의 재인식론」, 임해림의 「학생들의 신뢰에 보답하는 도리」, 최훈(崔薰)의 「고아(孤兒)의 변론」 등이 실려 있고, 〈서정시〉에는 신석정(辛夕汀)의 「시에 대한 수필적 노트」가 실려 있다. 한편 문예면에는 광주전남지역에서 활발히 활동하고 있는 시인과 작가들의 작품이 다수 수록되어 있다. 구체적으로 시에는 정훈(丁薰)의 「버러지」, 박흡(朴洽)의 「어느 도시에서」, 김요섭의 「과실(果實)」, 이해동(李海東)의 「무명고지(無名高地)에 핀 꽃」, 허연(許演)의 「노래」, 박재삼(朴在森)의 「무제(無題)」, 정소파(鄭韶坡)의 「푸른 지표 위에서」, 박춘상(朴春祥)의 「항아리」, 소설에는 계용묵(桂鎔默)의 「치마감」, 전병순(田炳淳)의 「극기(克己)」, 이강재(李康載)의 『선생과 달걀』 등이 수록되어 있다.

이 외에도 〈본지독점연재〉에는 백운산 지구 빨치산 대대장의 수기인 「나는 빨치산이었다」, 정봉래(鄭奉來)의 「마 여사(女史)는 왜 한국에 관심이 컸던가―마가렛 쉐필드 여사의 인간성」 등 다양한 장르의 글이 수록되어 있다. 주간 임해림은 편집후기에서 "본지의 성격은 애당초 순문학지인 『신문화』의 판권(版權)을 지방적(地方的) 여러 가지 사정으로 인해 종합지로 게재 지향한다."고 잡지의 성격을 분명히 밝히고 있다. 개인이 소장한 『신문화』 창간호를 DB화 하였다.

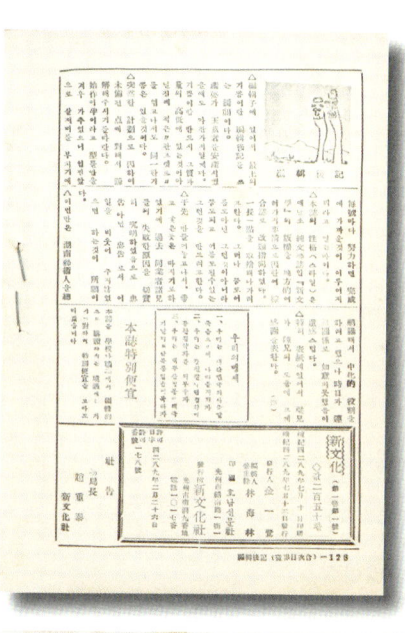

씨앗

題　　號	씨앗 창간호	판　　형	15.2×20.5
발 행 일	1968.09.30.	발행편집인	發行: KSCM麗水聯合會 編輯: KSCM聯合會 文藝班
표지화.컷	표지화: 박봉화, 제자: 이창현	간별, 정가	非賣品
면　　수	97	인 쇄 소	大和印刷所
발 행 처	KSCM여수지구연합회	기　　타	여수, 표지인쇄본, 내용등사본

『씨앗』은 KSCM 여수지구연합회에서 발간한 회지 성격의 잡지이다. KSCM은 한국기독학생회를 의미한다. 또한 본문에서는 SCM을 "순수한 사회생활을 하기 이전의 학원 내의 기독교적 훈련이라고 하겠으며 학원 내의 복음운동"이라고 설명한다.

『씨앗』 창간호는 1968년 9월 30일에 발행되었다. 발행인은 KSCM여수연합회, 편집인은 SCM연합회문예반, 인쇄인은 대화(大和)인쇄사이다. 비매품으로 총 97면이다. 제자(題字)는 여수상업고등학교 교감 이창현이 썼고, 표지화는 여수상업고등학교 교사 박봉화가 그렸다.

목차는 지도총무 유은옥의 〈권두언〉으로 시작하여, '기독학생'을 주제로 한 글들과 〈씨앗의 노래〉, 〈명시감상〉, 〈설교〉, 〈수필〉, 〈콩트〉, 〈편집후기〉 등으로 구성되어 있다. 이 중에서 책의 발간 목적이나 성격을 보여주는 글로는 최기철이 쓴 「KSCM의 길」이 있다. 이에 따르면 SCM 또는 학원 내의 기독교운동은 시대의 요청이지만 몇 가지 문제점이 있었다. 학원 내에서 SCM을 어떻게 전개할 것인가, 교파주의에 사로잡힌 한국교회가 교회를 떠난 운동을 지원할 것인가, 새로운 운동을 어떻게 지도할 것인가, SCM의 활

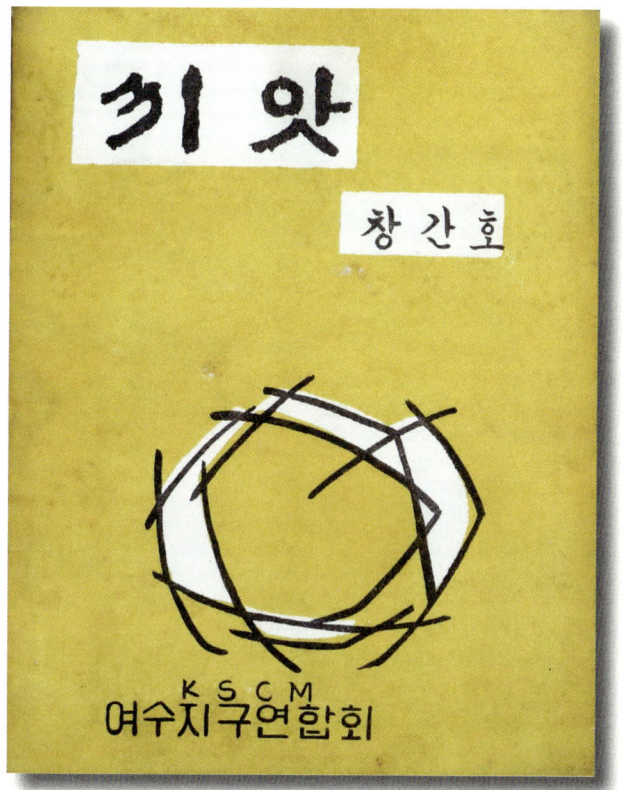

동무대가 되는 학교당국과의 협조를 어떻게 얻어낼 것인가 등이 문제로 지적되고 있다. 이상의 문제점들을 통해 『씨앗』이라는 회지의 성격이나 방향성 등을 짐작할 수 있을 것이다. 『씨앗』은 지역사회에서 활동하는 기독학생회의 고민과 과제, 활동 등을 확인할 수 있는 자료로서 의의가 있다.

개인이 소장하고 있는 『씨앗』 창간호를 DB화 하였다.

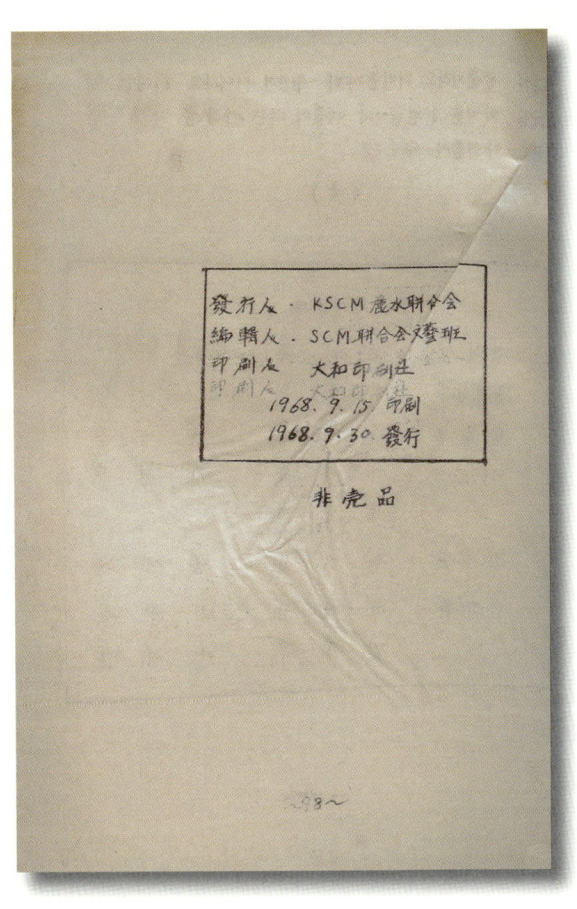

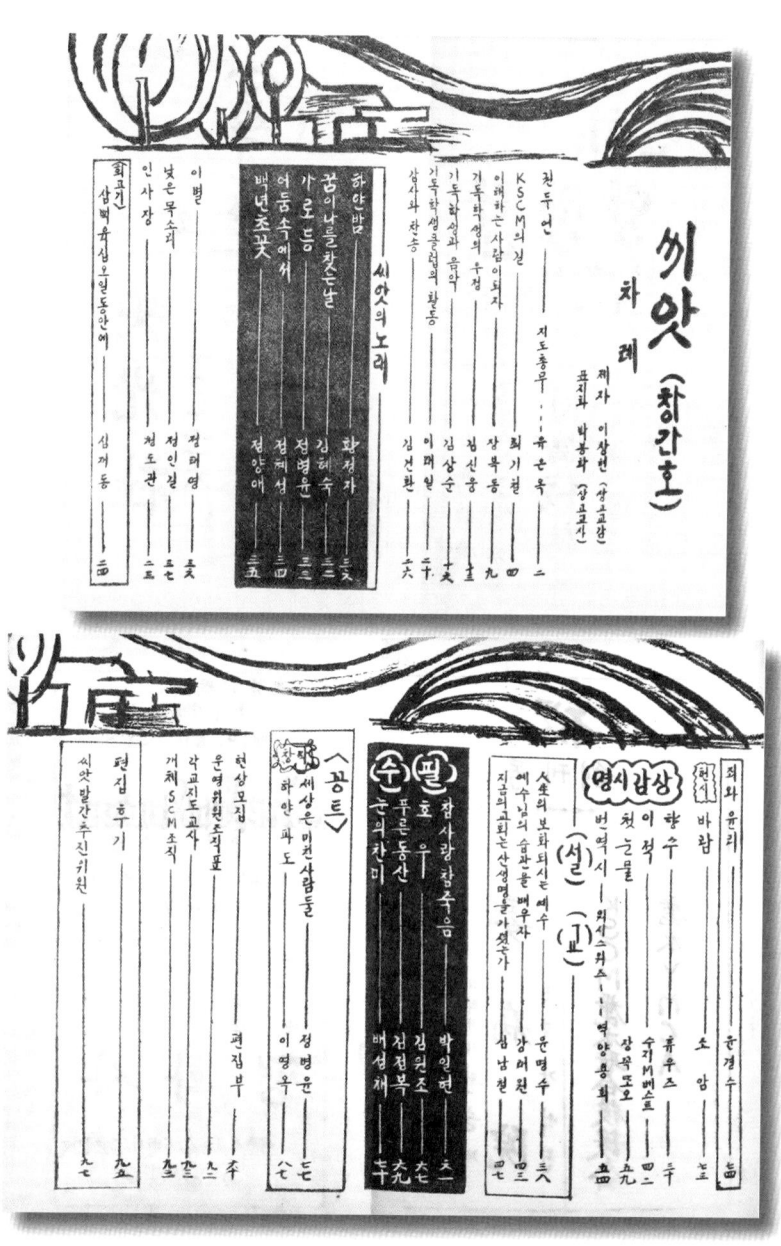

아동문예

題 號	아동문예 통권 31호	판 형	14.8×20.7
발 행 일	1979.04.01.	발행편집인	박종현
표지화.컷	표지글씨: 서희환 표지그림: 서지윤(광주 방림국교 3의6)	간별, 정가	월간, 500원
면 수	104	인 쇄 소	호남문화사, 인쇄인: 오두삼
발 행 처	아동문예사(광주시 서석2동 471의 11)	기 타	4월호, 매월 1일 발행

『아동문예』는 아동문예사에서 발간한 당시 국내 유일의 월간 아동문학 전문잡지이다. 현재 확보한 1979년 4월호(통권 31호)의 판권사항을 보면 발행·편집인이자 주간은 박종현, 발행처는 아동문예사, 인쇄인은 오두삼, 인쇄처는 호남문화사이며, 총 104면에 정가 500원이다.

『아동문예』1979년 4월호에는 권두언을 대신하여 이원수의 강연원고 일부를 수록하고 있다. 이 강연원고는 한국문협 주최로 1974년 5월 YWCA강당에서 진행된 〈민족문학의 제문제〉에서 그가 발표한 것이다. 여기에 따르면 "우리나라 아동문학에서 흔히 보아 온 동심주의 천사주의 문학은 자본주의 사회의 지배세력이 영도한 문화의 사생아이다. … 현실과 결부되지 않는 이러한 아동문학은 필연적으로 민족을 무시한 무국적 문학작품으로 나타난다. 그리고 그것은 진실한 서민성을 지니지 않았었다. … 우리 민족아동문학의 또 하나 특징은 민족자주정신의 발현에서 구해야 한다는 것이다."라고 하여 아동문학의 방향을 제시하고 있다. 한편 「편집후기」에 따르면 "고도산업 사회속에서, 풍요한 물질문명속에서 아동문학지만이 자리를 잡지 못하고, 갈수록 발간이 어렵고 빈곤하기만 하는 것을 어떻게 생각해야 할 것인가"라거

나 "범아동문단적인 노력에서 벗어나고 싶은 생각이 드는 것은 왠일일까. 지면을 줄이고 한정 부수만을 발간하고 싶기만 하는 것은 왠일일까."라고 하며 잡지 발간의 어려움도 동시에 호소하고 있다.

다음으로 대략적인 구성을 보면 〈동화〉, 〈동시〉, 〈작가탐방〉, 〈특집동화〉, 〈문예칼럼〉, 〈문학시비건립기〉 등의 코너로 구성되어 있으며 이밖에 〈신간안내〉, 〈문인근황〉, 〈편집후기〉, 〈추천사〉 등도 실려 있다. 이 가운데 고구려를 세운 주몽과 그의 아들 유리의 일화를 배경으로 한 홍은표의 역사소설 「부러진 칼토막」, 짐승 왕국을 배경으로 대립과 화해의 과정을 그려낸 정만영의 「그리도 바랬던 자리」, 이주홍의 동화 「천신과의 약속」 등이 눈에 띠고, 동시로는 유경환의 「봄비」, 박종해의 「닭우는 소리」, 정용원의 「아침 보리밭」 등이 있다. 이밖에 〈작가탐방〉 코너에서 임신행이 「향파 이주홍 선생님을 찾아서」라는 글을 실었고, 〈작가소개〉를 통해 향파 이주홍의 약력을 소개하고 있다.

이처럼 『아동문예』는 당시 광주·전남 지역 아동문학의 경향과 작가들의 동향을 파악할 수 있는 자료로 가치가 있다. 전주시 고하문학관에서 소장하고 있는 1979년 4월호를 DB화하였다. 최명표, 『한국 현대아동문학 연구』, 청동거울, 2013; 『한국아동문학의 현단계: 최명표 평론집』, 신아출판사, 2018을 참고하였다.

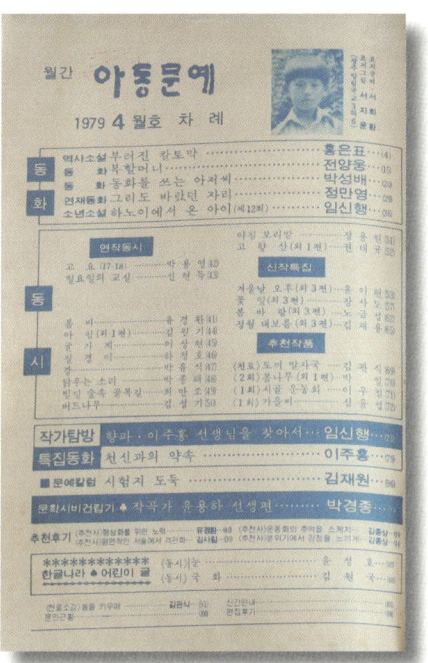

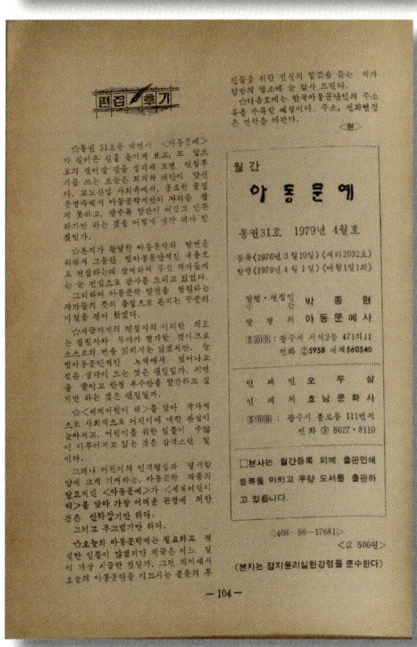

어학교육

題　　號	어학교육 제3집	판　　형	17×25
발 행 일	1971.04.20.	발행편집인	발행: 조명원
표지화·컷		간별, 정가	연간
면　　수	139	인 쇄 소	전남대학교 출판부
발 행 처	전남대학교 어학연구소	기　　타	본문 96-120면 누락

『어학교육』은 전남대학교 어학연구소에서 발행한 연간 학술지이다. 전남대학교 어학연구소는 1963년에 만들어졌고, 1996년 언어교육원으로 개편되어 현재는 외국인을 대상으로 한 한국어 교육을 중점적으로 담당하고 있다. 『어학교육』 제3집은 1971년 4월 20일 발행되었고, 발행소는 전남대학교 어학연구소, 발행인 조명원, 인쇄는 전남대학교 출판부에서 했다. 총 139면이다.

본문의 내용은 크게 〈논문〉과 〈일선교사 연구〉, 〈서평〉, 〈도서안내〉, 〈휘보〉로 구성되어 있다. 〈논문〉에는 다섯 편의 논문이 실렸다. 첫 번째로 조명원·명노근·신상순이 쓴 「외국어교육에 대한 실험」, 다음으로 이돈주가 쓴 「국어교육과 일반의미론」, 이옥남의 「문법구조를 중심으로 한 영어 테스트」, 이기용의 「언어구조 기술의 수식화」, 오준규의 「Spurious Counterexamples to the Complex NP Constraint, Including a "Variably Crazy Rule" in Korean Syntax」가 게재되었다. 〈일선교사 연구〉에는 조석주의 「주요 전치사 용법의 지도」가 실렸고, 〈서평〉에는 명노근이 「Testing English as a Second Language」, 조명원이 「Modern English: a textbook of Foreign Students」, William S. Puppa가 「Language, Mathematics, and Linguistics」에 대한 서평을 작성하였다. 〈도서안내〉에서는 영어 교육에 관한 도서 자료로 참고서와 교과서, 간행물을 나누어 소개했다. 마지막으로 〈휘보〉에는 1970년도 연구소 활동 상황을 한 페이지로 정리하였다. 전북대학교 어학연구소와의 공동 연구발표회 소식을 전했고, 전남지방 영어교사 50명을 대상으로 강습회를 개최하였으며, 그 외 소속 연구자들이 학술 발표 활동을 한 사실 등을 알렸다.

전남대학교 도서관이 소장한 『어학교육』 제3집을 DB화 하였다.

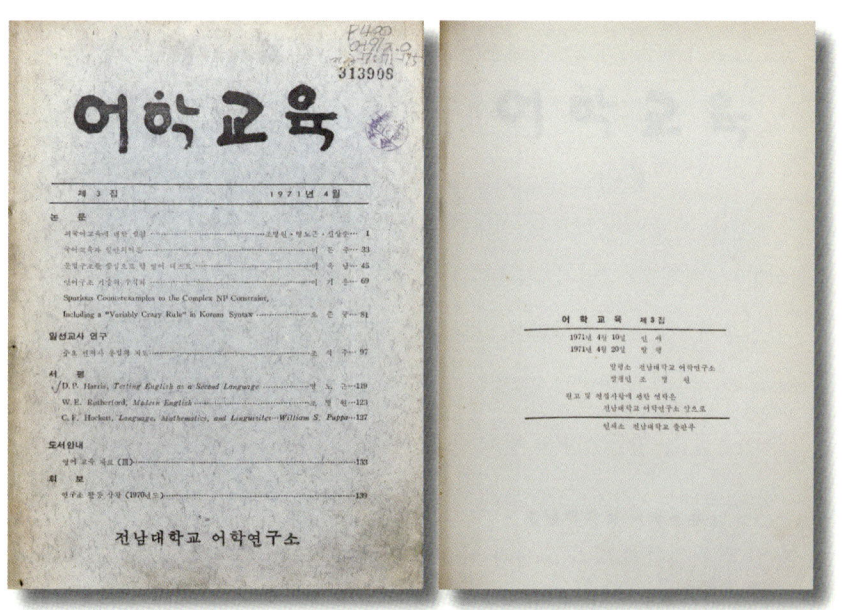

여울물

題　　號	여울물 창간호	판　　형	15×21
발 행 일	1980.03.02.	발행편집인	발행: 박하유 편집: 진도어린이글짓기대회
표지화·컷	곽남배	간별, 정가	부정기, 비매품
면　　수	110	인 쇄 소	명진문화사
발 행 처	진도군교육청	기　　타	

『여울물』은 전라남도 진도군 교육청이 발행한 어린이 문집이다. 1980년 3월 2일에 창간되었다. 창간호의 판권사항을 보면, 발행인은 박하유, 편집인은 진도어린이글짓기대회, 인쇄소는 명진문화사, 면수는 110면으로 비매품이다. 창간호의 편집위원으로 이병진, 김소남, 김문술, 김송호, 주기염, 류진항 등이 참여하였다.

목차를 보면 〈발간사〉를 시작으로 진도군 초중학교 재학생들의 〈동시〉, 〈산문〉, 〈기행문〉, 〈일기〉, 〈독후감〉, 〈관찰기록〉, 〈편지글〉, 〈내 고장 자랑〉, 〈편집후기〉 등으로 구성되어 있다. 진도군 교육장 박하유는 〈발간사〉를 통해 '어린이들이 우리말과 글을 바르게 쓰며, 그 속에 담긴 얼을 이어받기 위해『여울물』을 만들었다'고 발행 동기를 설명하였다. 또 백포미술장학회 이사장 곽남배는 〈격려사〉를 통해 '여울물이 흘러 넓은 바다를 이루듯 푸른 꿈을 안고 씩씩하게 자라 고장과 나라를 위하여 바른 일을 할 수 있는 고향의 어린이가 되기를 바란다'고 하였다.

본문에는 진도군 초중학교 재학생들의 작품이 함께 수록되어 있지만 중학생 작품보다는 초등학생 작품이 주를 이루는 특성을 보여주고 있다. 구체적

진도어린이문집(창간호)

여을물

진도군교육청

편집후기

바다로 둘러싸인 우리고향 진도 마을이 내키면 언제나 바닷가에 나가 놀면 가지가지 일들을 생각해 이 문집을 「여을물」이라 했습니다— 여을물을 이 총이에 을 띄우는 마음으로 먼 바다를 향해 꿈을 실어 봅니다. (이병진)

진도읍 글의 종류를 다양하게 편집한것은 생활문이나 동시만 쓰지말고 책을 읽는 느낌, 여행한 느낌, 자연 현상의 새로운 발견들을 글로 쓰기 바라는 마음에서다. 황교하여 더 좋은 글이 나오길 바란다. (주기염)

바쁘게 서둘러도 많은 원고 뽑혀온 읽고 어을라다 보니 책이 나오기까 지 여러달이 걸은것 같습니다. 이「여을물」의 물이 바다를 이루듯 어린이 머리속의 마음이 더욱 넓고 푸르러 제2집에는 더 재미있는 책이 되기 바 랍니다. (김문술)

일선 담겼기 저도 선생님들께 감사의 뜻을 전합니다. 다음 2집 준간주 비를 한 자리에 모여서 선생님들의 높은 뜻을 들을 기회을 갖겠습니다. 계속에서 성원해 주시기 바랍니다. (김소남)

책이 나올때까지 여러모로 수고해 주신 한국아동문학회 전남 지부장 김선철 선생님과 전라남도 교육위원회 교육위원이신 장전 하남호 선생님 그리고 이책을 만드는 모든 경비를 쾌남케 주신 매도 차남에 최억남께 진 심으로 감사의 뜻을 전합니다. (류진항)

<편집위원>
이병진 김문술 김소남
김주기 진기영 김길엽 류송진 남호창

1980년 2월 20일 인쇄
1980년 3월 2일 발행
여을물(제1집)(비매품)
발행인 : 화
편집 : 진도어린이글짓기지도회
인쇄처 : 전 춘 인 쇄 사

으로 〈동시〉에는 초등학생의 글 39편과 중학생의 글 4편, 〈산문〉에는 초등학생의 글 11편과 중학생의 글 1편, 〈기행문〉에는 초등학생의 글 3편과 중학생의 글 1편, 〈일기〉에는 초등학생의 글 9편, 〈독후감〉에는 초등학생의 글 5편, 〈관찰기록〉에는 초등학생의 글 3편, 〈편지글〉에는 초등학생의 글 6편과 중학생의 글 1편이 실려 있다. 마지막으로 〈편집후기〉에는 문집의 경비 일체를 부담한 진도 출신 곽남배 화백에게 고마움을 전하고 있다.

개인이 소장한 『여울물』 창간호를 DB화 하였다.

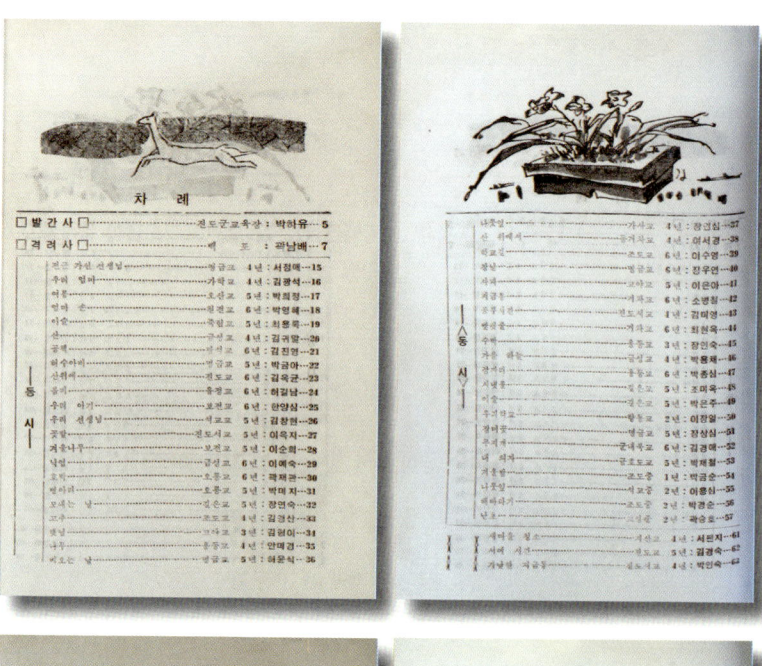
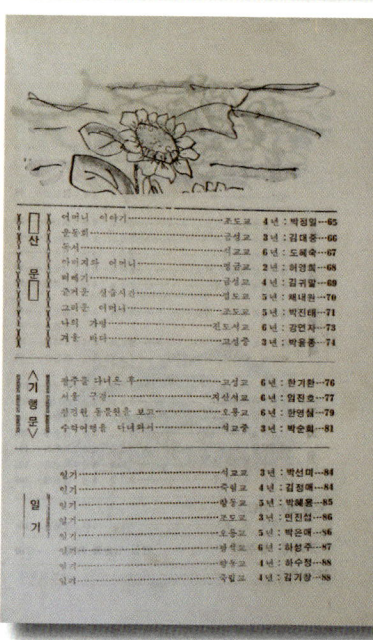
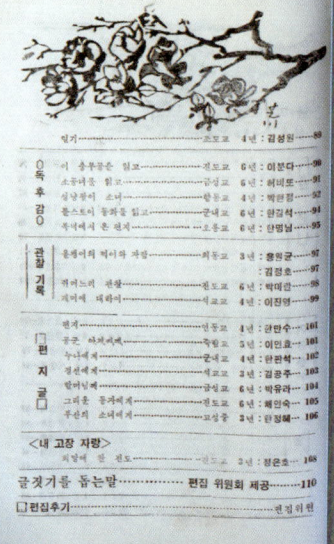

여천공보

題 號	여천공보 제2호	판 형	18×25.5
발 행 일	1967.01.11.	발행편집인	발행: 김태심, 편집: 권준표
표지화·컷		간별, 정가	주간, 비매품
면 수	5	인 쇄 소	
발 행 처	전라남도 여천군	기 타	여천군

『여천공보』는 전라남도 여천군청에서 발간한 공보(公報)이다. 여천군은 전남의 남동부에 있었던 군으로 1998년 4월 1일자로 여수시에 통합되었다.

『여천공보』 제2호는 1967년 1월 11일에 발행되었고, 총 5면이다. 발행인은 여천군수 김태심, 편집인은 공보실장 권준표이다. 제호 옆에 적힌 〈공보목표〉에는 '새희망 새출발'이라는 구호가 적혀 있고, 1면 머리기사로는 '각종 건설 사업 활발'이라는 문구가 나온다. 이어서 '금년도 건설 사업 계획'을 보여주는 표, '신년 맞아 김보현 지사 내군(來郡)', '돌산 종합 개발 계획', '67년도 연료림 조성 사업' 등을 포함한 짧은 글이 실렸다. 여천군의 당면 사업과 소식을 전하는 간략한 글들이다.

『여천공보』는 기타 정보가 없으나, 『승주공보』와 같이 계몽자료로서 군·면직원과 지도소, 보건소, 각 이장, 도 공보실, 방송국, 공보부 등에 배포되었던 것으로 보인다. 『승주공보』와 형태도 유사하다.

개인이 소장하고 있는 『여천공보』 제2호를 DB화 하였다.

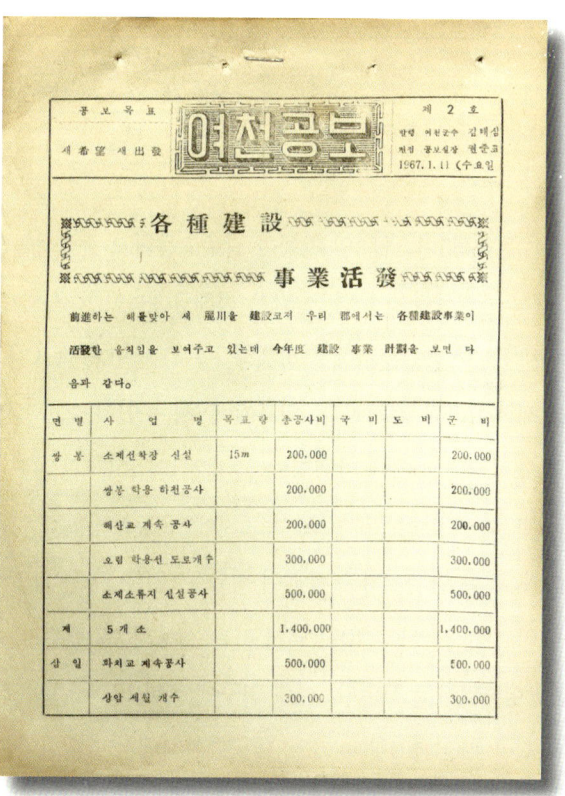

영도

題　　號	零度 第1輯	판　　형	15×21
발 행 일	1955.02.01.	발행편집인	
표지화·컷		간별, 정가	
면　　수	41	인 쇄 소	호남신문사
발 행 처	東海堂(서울特別市 中區 會賢洞 3의 2)	기　　타	

『영도(零度)』는 1955년 2월 1일 간행한 광주고등학교 졸업생들의 시 동인지이다. 제1집의 판권사항을 보면, 출판은 동해당(東海堂, 서울特別市 中區 會賢洞 3의 2)이며, 인쇄는 호남신문사에서 하였다. 총 41면이다. 속표지에 '김윤성(金潤成) 선생 혜존'이라고 적혀있고, 뒤표지에 '시 동인지'라고 표기되어 있다. 제2집은 1955년 5월 20일에 발행되었다. 제2집의 출판과 인쇄는 제1집과 동일하게 동해당과 호남신문사이고, 속표지에 '은종무(殷鐘武) 형 혜존'이라고 적혀있다. 제3집은 판권지가 누락되어 정확한 발행사항은 확인하기 어렵다. 다만 「하나의 기치-〈영도〉 10년 역사」라는 제목의 〈편집후기〉에는 11년 만에 3집을 발행하였다고 하였다. 선행 연구에 의하면, 제3집은 1966년 1월(복간 1호), 제4집은 1966년 6월(복간 2호) 대구출판사에서 발행하였음을 알 수 있다.

『영도』 동인의 특징 중 하나는 시쓰는 이들로 결성되었다는 것인데, 그래서 제1집과 제2집, 제4집은 시 동인지답게 시들로만 채워져 있다. 또 〈편집후기〉도 제목이 있다는 점이 특징이다. 제1집의 〈편집후기〉 제목은 「바람에의 자세」, 2집의 〈편집후기〉는 「시력(詩力)을 위하여」, 4집의 〈편집후기〉 제

목은 「기상권(氣象圈)」이다. 다만, 3집에는 〈편집후기〉가 없고 시에 대한 평론 성격의 글이 함께 실려 있다. 김현의 「언어비평의 가능성」, 이승용(李承龍)의 「시인 서설(序說)-어디쯤 서 있을까」, 원형갑(元亨甲)의 「말의 애매성과 영도적 성격」, 장백일(張伯逸)의 「하나의 기폭(旗幅)」 등이 그것이다. 이 가운데 김현의 평론은 그의 전집에 수록되지 않은 작품이다.

제1집은 〈편집후기〉를 제외하면, 동인으로 참여한 6명의 시 12편으로 이루어져 있다. 구체적으로는 정현웅(鄭顯雄)의 「기(旗)」·「섬」, 김정옥(金正鈺)의 『통행금지 오분 전』을·「우연의 시」, 박성룡(朴成龍)의 「과실(果實)」·「포도(葡萄)」·「바람부는 날」, 강태열(姜泰烈)의 「지평선Ⅰ」, 주명영(朱明永)의 「의미체(意味體)Ⅰ」·「의미체(意味體)Ⅱ」, 박봉우(朴鳳宇)의 「산국화(山菊花)」·「바위」 등이 수록되어 있다. 한편 제2집에는 장병희, 이일, 제3집에는 이성부, 손광은, 임보, 최하림, 김현, 이승용, 원형갑, 장백일, 제4집에는 권용래, 김규화, 낭승만, 박봉섭, 신동엽, 윤삼하 등이 새로운 동인으로 이름을 올렸다.

이러한 『영도』 동인은 광주고등학교 졸업생을 중심으로 출발했지만 창간 동인들이 중앙문단에 진출하고 필진이 전국적으로 확대되면서 훗날 한국 시문학사의 튼튼한 토대가 되었다. 이처럼 『영도』는 1950년대 광주전남 문단의 동인지 전성시대를 이끌었던 시동인지라는 점에서 의미가 있다. 개인이 소장한 『영도』 제1집-제3집을 DB화 하였다. 이동순, 「'무등'의 언어, 시동인지 『영도』」, 『광주전남 지역문학과 매체』, 푸른사상, 2020을 참고하였다.

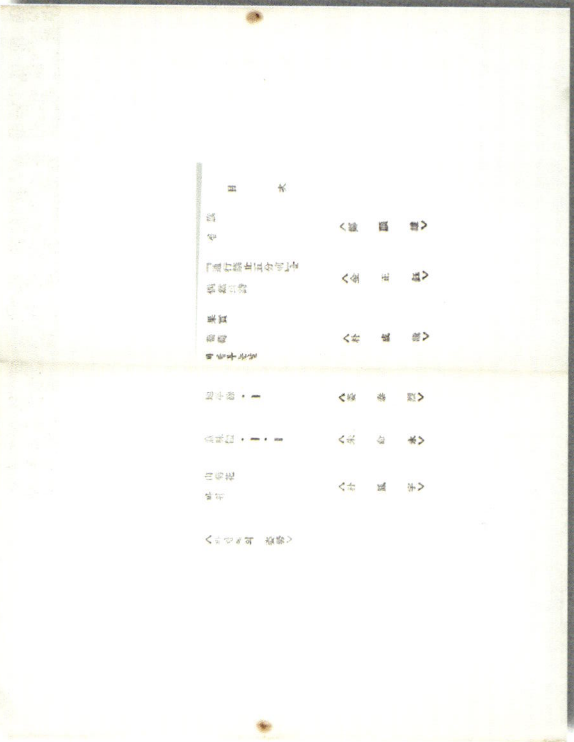

目 次

「滯留行路上五分前」을
偶感의詩 〈鄭 顯 雄〉

果實
鶴鵲 〈金 正 鈺〉

비둘기들 〈朴 成 龍〉

短章錄・I

眞珠組・I・II 〈裵 泰 烈〉

山菊花
때미 〈朱 命 永〉

〈나 잎에의 春曉〉

〈나 잎에의 春曉〉

1955年2月1日 刊

영산강(전남향우회)

題　　號	榮山江 創刊號	판　　형	15×21
발 행 일	1960.12.15.	발행편집인	發行: 吳鍾哲, 編輯: 朴炫柱
표지화·컷	題字: 素荃 孫在馨, 表紙그림: 金煥基 目次그림: 金玉振, 컷: 千鏡子	간별, 정가	300원
면　　수	176	인 쇄 소	政府刊行物印刷株式會社
발 행 처	全南鄕友社(서울特別市 中區 忠武路 二街 一六)	기　　타	揮毫: 素荃 孫在馨

　『영산강(榮山江)』은 전남향우회(全南鄕友會)에서 전라남도 출신 서울거주자들을 위해 만든 향우회지로 1960년 12월 15일에 발행하였다. 창간호의 판권사항을 보면, 발행 겸 인쇄인은 오종철(吳鍾哲), 주간 겸 편집인은 박현주(朴炫柱), 발행처는 전남향우사사(서울特別市 中區 忠武路 二街 一六)이다. 면수는 176면으로 정가는 300원이다. 제자(題字)는 소전(素荃) 손재형(孫在馨)이, 표지화는 김환기(金煥基)가, 목차그림은 김옥진(金玉振), 컷은 천경자(千鏡子)가 담당하였다.

　본문은 〈창간사〉, 〈축사〉, 〈영산강찬(榮山江贊)〉, 〈종합논단〉, 〈대담〉, 〈특집〉, 〈시〉, 〈소설〉, 〈수필〉, 〈평론〉, 〈희곡〉, 〈사고(社告)〉 등으로 구성되어 있다. 전남향우사 대표 오종철이 〈창간사〉를 썼고, 민의원부의장(民議院副議長) 서민호(徐珉濠)가 〈축사〉를 썼으며, 시조시인 이은상(李殷相)이 〈영산강찬(榮山江贊)〉이라는 제목의 축사를 썼다.

　〈종합논단〉에는 7편의 글이 실렸다. 구체적으로 안용백(安龍伯)의 「하와이의 근성론(根性論)」, 정문기(鄭文基)의 「해태(海苔)생산의 왕국 다도해(多島海)」, 남계영(南啓榮)의 「3대 자본(밑천)」, 김명식(金明植)의 「엽관운동(獵官運動)」, 정판국

(鄭判局)의 「오대국회(五代國會)와 혁명입법(革命立法)의 귀추 - 누구를 위하여 봉사해야 하는가-」, 장홍염(張洪琰)의 「상호부조(相互扶助)하자」, 백형채(白亨彩)의 「향토(鄕土)와 위인(爲人)」 등이 실려 있으며, 이어서 「전남향우사를 말함」이라는 제목의 〈대담〉, 지역 유명 인사를 소개하는 「우리 고장에서 낳은 인간 서민호(徐珉濠)」와 〈특집〉 글 등이 수록되어 있다.

문예면을 살펴보면 〈시〉, 〈소설〉, 〈수필〉, 〈평론〉, 〈희곡〉 등이 수록되어 있는데, 시인 김현승(金顯昇), 박성룡(朴成龍), 전승묵(全承黙), 임학송(林鶴松), 이형엽, 소설가 백두성(白斗星), 천승세(千勝世), 박화성(朴花城), 박정온(朴定熅), 모방현(牟坊鉉), 최명수(崔明洙), 극작가 차범석(車凡錫) 등이 참여하고 있다. 또한 〈평론〉으로는 최일수(崔一秀)의 「향토성 소고」, 장백일(張伯逸)의 「미래에의 대화」, 김순복(金順福)의 「역사가로서의 토인비」 등이 수록되어 있다.

이러한 『영산강』은 전남향우회의 향우회지로서 전남 지역의 특산, 인물소개 뿐 아니라 시사적 내용들을 회원들에게 전달하려는 노력이 엿보이는 자료라 할 수 있다. 개인이 소장한 『영산강』 제1집을 DB화 하였다.

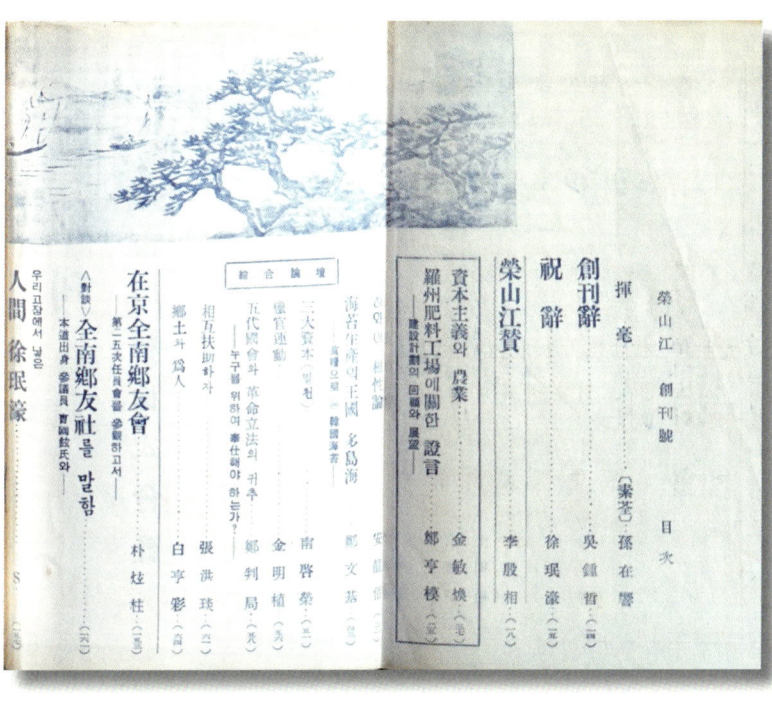

榮山江 創刊號 目次

揮毫………………[秦萼] 孫在馨

祝辭…………………………吳鐘哲 (三)
創刊辭………………………徐珉濠 (五)
榮山江賛……………………李殷相 (八)

資本主義와 農業……………金敏煥 (九)
羅州肥料工場에 關한 提言
　　建設計劃의 回顧와 展望……鄭亨模 (三)

総合論壇

海若年来의 王國 名島海若
　　　　　　　　　　　　安塏偉 (三)
三大資本 (別見)……………朴杜桂 (三)
爆官運動……………………南啓榮 (三)
五代國會와 革命立法의 귀추
　　　　　　　　　　　　金明植 (三)
　　부구를 위하여 奉仕해야 하는가 鄭判局 (天)
相互扶助하자………………張洪琰 (盃)
郷土를 爲하자………………白亨彩 (奈)

〈對談〉全南郷友社를 말함
　　第一五次任員會를 參觀하고서
　　　　　　　　　　　　朴柱桂 (云)
在京全南郷友會

우리고장에서 낳은
人間 徐珉濠…………………… 8

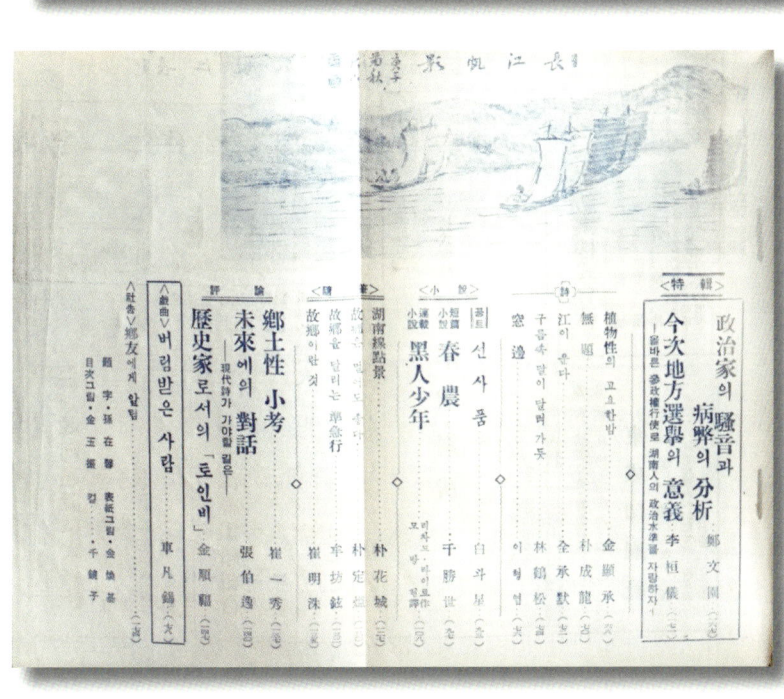

〈特輯〉
政治家의 驟昇과
病弊의 分析………………鄭文圖 (二)
今次地方選擧의 意義……李恒儀 (七)
　　國外와 參政權行使의 湖南人의 政治水準을 자랑하자

〈詩〉
植物性의 고요한밤…………金顯承 (公)
無題………………………朴成龍 (六)
江이 운다……………………全承默 (盃)
구름속 달이 달머 가듯………林鎬松 (吉)
窓邊…………………………이식열 (夾)

〈小說〉
신사품………………………白斗星 (公)
短篇小說 春農……………千勝世 (二)
連載小說 黑人少年…………미뢰사,데라밀니슈

〈隨筆〉
湖南點點景
故郷에 돌아서…………………崔一秀
故郷을 달리는 単急行…………牟敦鉎
故郷이 뜻글……………………朴明珠

〈評論〉
鄉土性 小考…………………張伯逸 (亖)
未來에의 對話
　　現代詩가 기야할 길을
歷史家로서의「로인비」………金順鎬 (六)

〈戱曲〉버림받은 사람…………車凡錫 (六)

〈社告〉郷友에게 알림
題字・孫在馨
表紙그림・金煥基
目次그림・金玉振
컷・千鏡子

영산강(시조예술동인회)

題　　號	榮山江 第1輯	판　　형	15.2×21.2
발 행 일	1970.08.20.	발행편집인	編輯: 時調藝術同人會
표지화·컷	表紙: 崔鍾燮, 題字: 松谷 安圭東	간별, 정가	계간, 100원
면　　수	73	인 쇄 소	인쇄: 禹元錫
발 행 처	精文社	기　　타	광주

　『영산강(榮山江)』은 시조예술동인회(時調藝術同人會)가 계간으로 발행한 시조 동인지이다. 1970년 8월 20일에 창간되었다. 제1집의 판권사항을 보면, 편집은 시조예술동인회, 발행소는 정문사(精文社), 인쇄인은 우원석(禹元錫)이며, 면수는 73면이다. 표지화는 최종섭(崔鍾燮)이 그렸고, 제자(題字)는 송곡(松谷) 안규동(安圭東)이 썼다. 제1집 편집후기에는 "시조가 예술성 높은 생활시(生活詩)"로 자리하고 "시조문학의 부흥과 향토문학의 재건"을 위하여 『영산강』을 만들었다고 밝히고 있다.

　본문은 시조예술동인회 명의의 〈창간사〉와 〈편집후기〉를 제외하면 동인들의 시조 작품으로 구성되어 있다. 제1집에는 고정흠(高廷欽), 김영자(金英子), 문도채(文道采), 문삼석(文三石), 송선영(宋船影), 양동기(梁棟琦), 이준구(李俊求), 장청(張靑), 정덕채(鄭德采), 정소파(鄭韶坡), 최일환(崔日煥), 허연(許演) 등이 동인으로 이름을 올렸다. 이들 동인들은 주로 광주 지역 학교에서 근무하는 교사 시인들로 구성되었으며, 1인당 5편 내외의 작품을 『영산강』제1집에 발표했다. 이러한 지면 구성은 제3집까지 일관되게 이어졌는데, 다만 제3집에서는 〈특별기고〉 코너를 신설하여 박항식(朴沆植)의 『영산강』, 김교한(金敎漢)의 「바위 그늘에서」,

심혁남(沈爀南)의 「취국가(醉菊歌)」 등의 시조 작품을 소개하고 있다.

이러한 시조예술동인회는 동인지 활동 이외에도 『시조문학』 제27집에 「영산강동인 15인 특집」을 내기도 했다. 하지만 『영산강』은 제4집을 끝으로 발행되지 않았다. 그럼에도 『영산강』은 1970년 7월 광주·전남 지역의 시조 시인들이 결성한 시조예술동인회의 활동 토대가 되었던 잡지라는 점에서 의미가 있다. 개인이 소장한 『영산강』 제1집, 제2집, 제3집을 DB화 하였다. 박을수, 「월암(月巖) 박성의 박사 환력(還曆) 기념호 : 시조동인지 연구 ⑴」, 『어문논집』 제20권, 민족어문학회, 1977.9와 김신중, 「가사 및 시조문학 변천사」, 전남문인협회 편 『전남문학변천사』, 도서출판 한림, 1997을 참고하였다.

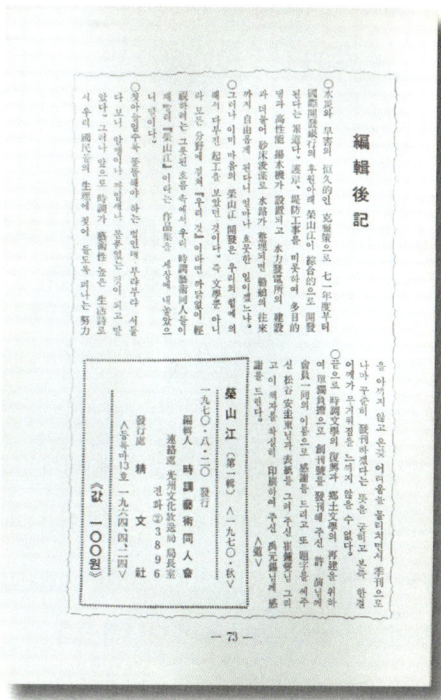
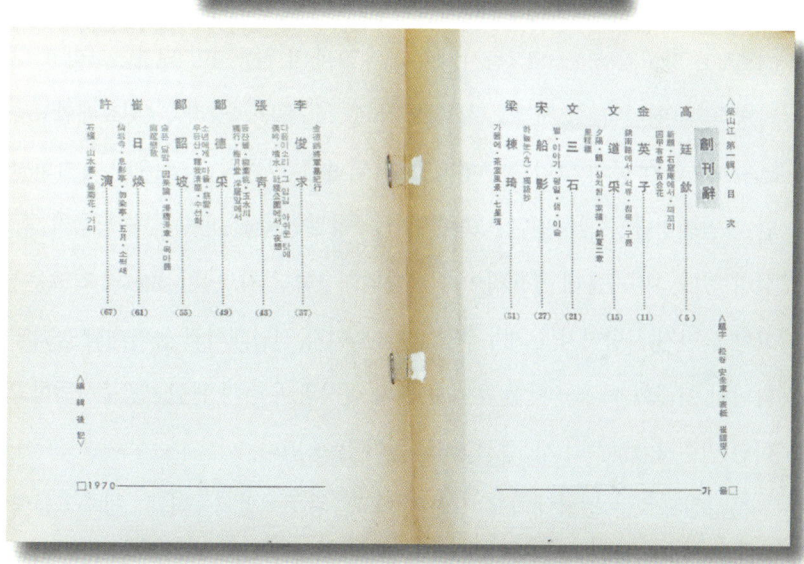

옥주

題　　號	沃州 創刊號	판　　형	15.5×21.3
발 행 일	1958.09.10.	발행편집인	發行: 在光珍島留學生會, 編輯: 朴秉和
표지화·컷	表紙: 朴益俊	간별, 정가	非賣品
면　　수	52	인 쇄 소	山陽印刷株式會社
발 행 처		기　　타	광주

『옥주(沃州)』는 재광진도유학생회(在光珍島留學生會)에서 1958년 9월 10일에 창간한 회지이다. 창간호의 판권사항에 따르면 발행인은 재광진도유학생회, 편집인은 박병화(朴秉和), 인쇄인은 산양인쇄주식회사(山陽印刷株式會社)로 총 52면에 비매품이다. 표지화는 박익준(朴益俊)이 담당하였다.

내용을 보면 명예회장 조병을(曺秉乙)의 〈축사〉「오늘날의 청년」과 진도군수(珍島郡守) 황도익(黃道益)의 〈축사〉「우리는 후배의 원동력이 되자」, 그리고 회장 박병화의 〈창간사〉를 시작으로 〈특별기고〉, 〈수필〉, 〈창작〉, 〈비료배합표(肥料配合表)〉, 〈시〉 등의 코너로 구성되었다. 뒤편에는 「회칙」, 「고문 및 특별회원명단」, 「임원명단」, 「간사명단」, 「회원명단」, 「향토연혁(鄕土沿革)」, 「편집후기」 등이 실려 있다. 이 가운데 부회장이자 전남법대 4학년 차영철(車榮喆)의 기고문 「내 고향을 먼저 사랑하자!」, 재무부장(財務部長)이자 전남대학교 농과대학 농학과 4학년인 이진희(李珍熙)의 「현 우리 농촌의 실정과 우리의 관심」, 광주사범학교 3학년 권순자(權順子)의 시 「동복(冬服)」 등이 눈에 띤다.

특이점으로는 전남대학교, 조선대학교, 광주제일고등학교, 광주고등학교 등 광주지역 대학생과 고등학생들의 통계를 조사하여 기록한 것이다. 진도출

신 학생들의 소속학교, 학년, 고향 주소 등을 기록하였으므로 통계는 신빙성을 가지고 있다고 볼 수 있다. 이처럼 『옥주』는 당시 광주지역에 유학하고 있던 진도출신 학생들의 학술적인 관심과 문학적 소양을 살펴볼 수 있는 자료로 가치가 있다. 개인이 소장한 『옥주』 창간호를 DB화 하였다. 황태묵・이지혜, 「근현대 광주・전남 잡지의 지형과 특성」, 『국어문학』 78호, 국어문학회, 2021을 참고하였다.

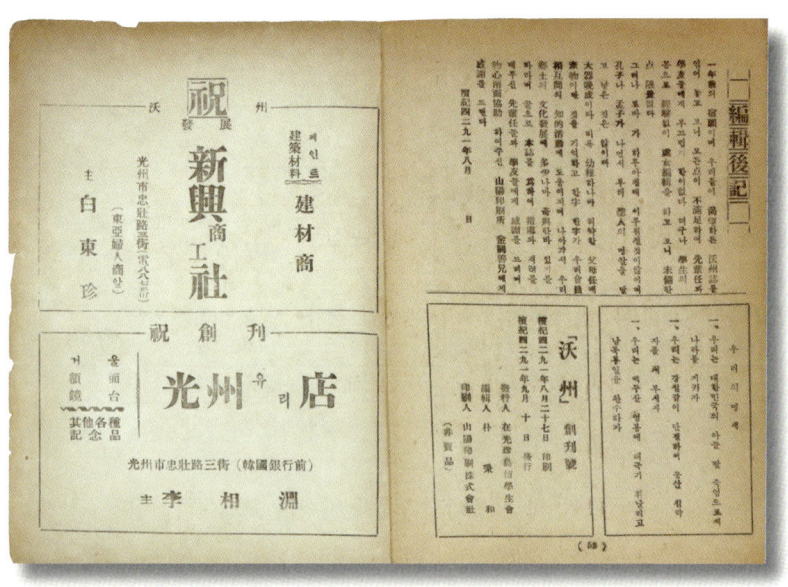

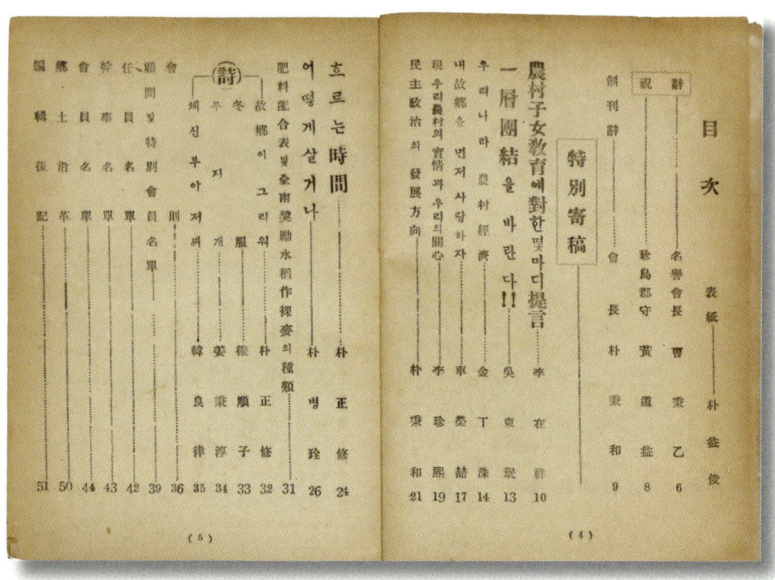

용봉

題　　號	龍鳳 創刊號	판　　형	15×20.5
발 행 일	1970.06.09.	발행편집인	發行: 全南大學校 總學生會 編輯: 全南大學校 總學生會 文化部
표지화·컷	題字: 松谷 安圭東, 表紙·目次畵: 鄭永烈, 內容컷: 정구창·최상준·황태주	간별, 정가	연간, 비매품
면　　수	366	인 쇄 소	國際文化社
발 행 처		기　　타	광주

『용봉(龍鳳)』은 전남대학교 총학생회에서 발행한 교지이다. 『용봉』 창간호는 1970년 6월 9일에 발행되었다. 편집은 전남대학교 총학생회 문화부, 인쇄처는 국제문화사이며, 총 366면으로 구성되었다. 표지 제자는 서예가 송곡 안규동(松谷 安圭東)이 썼고, 표지화와 목차화는 광주 출신의 추상화가 정영열(鄭永烈), 내용컷은 정구창, 최상준, 황태주가 그렸다.

학생회장의 〈창간사〉와 총장 유기춘(柳基春)의 〈권두언〉「개척자의 긍지를 갖자」, 학생처장 정득규(丁得奎)의 〈권두언〉「교양을 위한 알찬 광장되도록」에 이어서, 〈교수논단〉, 〈번역〉, 〈동문기고〉, 〈특집〉, 〈학생논단〉, 〈여학생의 장〉, 〈시〉, 〈독후감〉, 〈꽁트〉, 〈단편소설〉 등으로 카테고리를 구분하여 다양한 글을 실었다. 〈특집〉에서는 '대학'을 주제로 한 전문적인 글들이 게재되었다. 「대학이란 무엇인가?」, 「한국의 대학사」, 「대학인의 자세」, 「대학의 좌표」, 「대학에 있어서 교수연구」, 「대학생의 현실참여」 등의 글과 '세계의 대학'이라는 하위 주제 속에 영국과 네덜란드, 프랑스, 서독, 미국, 일본의 대학에 관한 글이 실렸다. 편집부에서 준비한 〈좌담회〉의 주제 역시 「대학생을 말한

다」이다.

　언론 보도에서 『용봉』 창간호가 1969년에 발간되었다고 알리고 있는데, 1970년 6월 9일에 개교 18주년을 맞이하여 발행된 것이 맞다. 전남대학교 도서관에서 소장하고 있는 『용봉』 창간호를 DB화 하였다. 「50여 년 역사 자치언론기구 '용봉교지' 존폐 위기」, 『전남일보』, 2021.3.25.를 참조하였다.

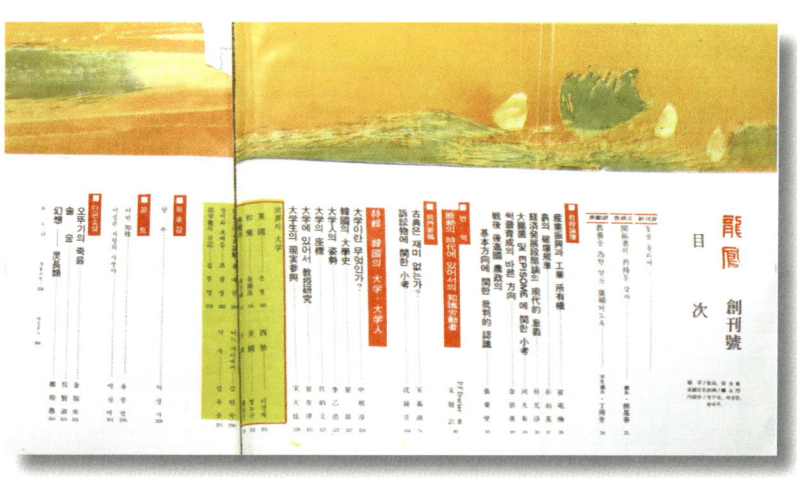
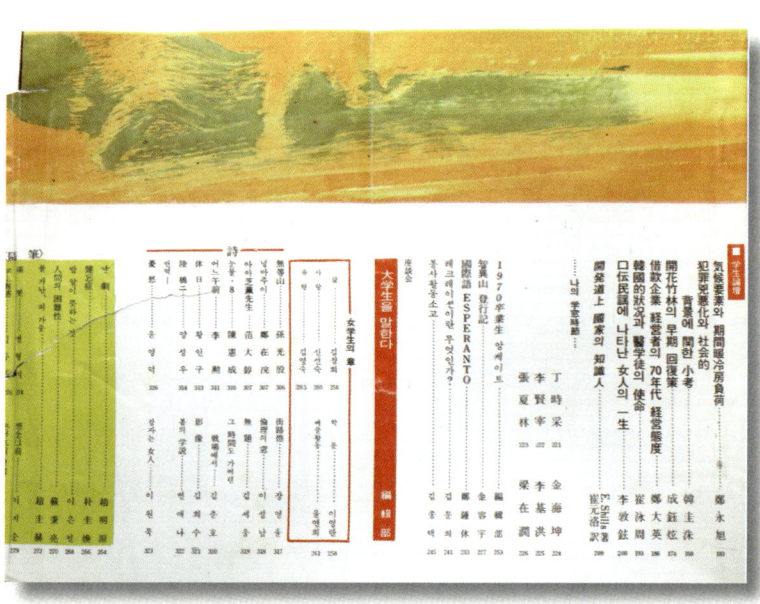

용봉논총

題　　號	龍鳳論叢 第1輯	판　　형	19×26
발 행 일	1972.04.15.	발행편집인	申相淳
표지화·컷		간별, 정가	연간
면　　수	160	인 쇄 소	全南大學校 出版部
발 행 처	全南大學校 人文科學硏究所 (光州市 龍鳳洞 316番地)	기　　타	광주

　『용봉논총(龍鳳論叢)』은 전남대학교 인문과학연구소(全南大學校 人文科學硏究所, 光州市 龍鳳洞 316番地)에서 발행한 논문집이다. 표제 아래 인문과학연구라는 부제가 달려 있다. 전남대학교 인문과학연구소는 1971년 2월에 전남대학교 문리과대학 부설 연구소로 설치되었고, 초대 연구소장에는 신상순(申相淳) 교수가 취임했다. 이듬해에 연구소 논문집인 『용봉논총』의 제1집이 발간되었다. 제1집은 1972년 4월 15일 발행되었고, 전남대학교 출판부에서 인쇄하였다. 총 160면이다.

　『용봉논총』의 기고 규정을 보면 연구논문, 서평, 자료소개, 역문 등을 실을 수 있고, 범위는 인문과학분야의 학술적 내용을 다룬 글로 제한하고 있다. 이러한 성격을 반영하여 제1집에는 〈1960년대의 한국 인문과학 연구현황 특집호〉라는 주제 하에 5편의 논문이 실렸다. 이돈주(李敦柱)의 「1960년대의 국어학 연구 ⑴」, 박준규(朴焌圭)의 「1960년대의 국문학 연구 ⑴」, 김태진(金泰振)의 「미국문학에 대한 한국인의 반응」, 김현곤(金賢坤)의 「한국에 있어서의 불문학」, 임경순(林敬淳)의 「한국어의 특색 구명을 위한 연구」 등의 글이 실렸다.

전남대학교 소속 연구자들이 글을 투고했고, 1960년대 한국 인문과학 연구 현황을 다루는 것이 취지였으나 주로 어문학과 관련된 내용의 글만 게재되었음을 알 수 있다.

현재 인문과학연구소는 전남대학교 인문학연구소로 이름이 바뀌었다. 『용봉논총』은 2006년 제35집까지 발행되었다가 2010년 제36집부터 『용봉인문논총』으로 제호를 개제하였다. 현재 제60집까지 발행되고 있다. 연간으로 발행되다가 연 2회 발간으로 바뀌었다. 전남대학교 도서관이 소장한 『용봉논총』 제1호부터 제9호까지를 DB화 하였다.

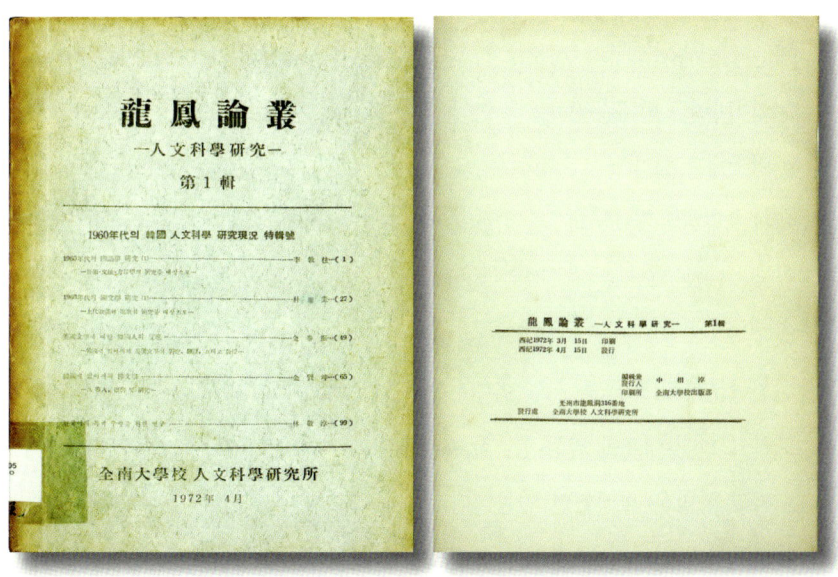

원탁문학

題　　號	圓卓文學 1	판　　형	15×21.5
발 행 일	1967.05.01.	발행편집인	
표지화·컷		간별, 정가	
면　　수	24	인 쇄 소	
발 행 처	광주원탁문학회	기　　타	광주

　『원탁문학(圓卓文學)』은 광주 원탁문학회가 발행한 동인지이다. 1967년 5월 1일에 창간되었다. 창간호는 판권지가 없으나, 앞표지에 발행정보와 목차가 나와 있고, 뒤표지에는 회원 명단과「원탁여언(圓卓余言)」이라는 제목의〈편집후기〉가 나와 있다. 총 24면이다.

　본문의 내용은 회원들의〈시〉,〈소설〉,〈평론〉으로 이루어져 있다.〈시〉에는 권일송(權逸松)의「하오(下午) 7시」, 문병란(文炳蘭)의「가을에」, 박홍원(朴烘元)의「바람」, 범대순(范大錞)의「불놀이」, 손광은(孫光殷)의「노을」, 윤삼하(尹三夏)의「어떤 실감(實感)」, 정현웅(鄭顯雄)의「목소리」, 황길현(黃吉顯)의「다리 위에서」, 김현곤(金賢坤)의「부정형(不定形)」등이〈소설〉에는 안영(安泳)의「같은 얼굴」,〈평론〉으로는 구창환(丘昌煥)의「한국 현대소설의 과제」등이 수록되어 있다.

　원탁문학회 동인 중 시인 범대순은 원탁문학회의 발기인으로서 창립을 주도하고 초대 대표를 맡는 등, 작고 직전까지 거의 반세기 동안 동인회를 주도하고 향방을 결정했던 인물이다. 그의 회고에 따르면, 광주 지역 문단을 활성화시키기 위해 역량 있는 문인들이 규합하여 원탁문학회을 조직했으며,

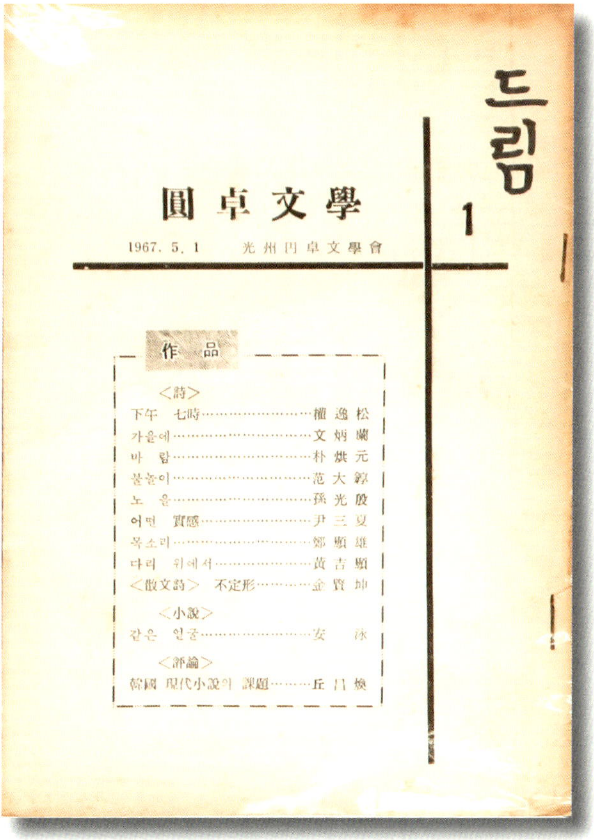

圓卓文學

1967. 5. 1　光州圓卓文學會

드림 1

作品

<詩>
下午 七時…………………權 逸 松
가을에……………………文 炯 蘭
바 람………………………朴 烘 元
불놀이……………………范 大 錞
노 을………………………孫 光 殷
어떤 實感…………………尹 三 夏
북소리……………………鄭 順 雄
다리 위에서………………黃 吉 顯
<散文詩> 不定形…………金 賢 坤

<小說>
같은 얼굴…………………安　　泳

<評論>
韓國 現代小說의 課題………丘 昌 煥

'원탁'이라는 동인 이름은 1967년 1월 광주 YMCA 소회의실에서 열린 발기인 모임에서 그의 제의에 의하여 만장일치로 채택되었다. 고려대 출신으로 조지훈의 지도하에 있었던 범대순을 제외하고, 대부분의 창립 동인들이 김현승의 제자로서 그의 추천을 받았던 등단 시인이라는 점에서, 처음부터 원탁의 출발은 김현승의 정신적 지지 하에 있었다.

원탁은 아서왕의 전설처럼 원탁에 앉아 상하 없이 자유롭고 민주적으로 동등하게 토론한다는 의미를 가진다. 전남대 불문과 교수 김현곤은 시 창작과 함께 『원탁문학』 7-9집에 걸쳐 평론으로 「예술론-천국 이마즈의 원형과 그 변형」을 연재하였는데, 이 글에는 원탁시의 기본 취지인 '원탁'의 정신대로 각자의 개성을 보호하고 존중하여야 한다는 회원들의 입장이 잘 드러나 있다. 이러한 동인의 지향점으로 인해 원탁문학회는 참여문학과 순수문학 진영을 아우르며 특정 이념에 편향되지 않은 색채를 유지했다고 평가받는다.

초창기에는 계간으로 발행되다가(1967년에는 봄, 가을 두 번 발행) 1969년 제10집에서 「〈원탁〉 발언」을 게재한 이후 원탁문학회의 명칭이 '원탁시회' 혹은 '원탁시문학회'로 정착되면서 1970년 제11집부터는 연간으로 「원탁시」가 나왔다. 제10집 이후로 작품 발표가 중지된 회원은 구창환, 조성원 등의 평론가를 비롯하여 안영, 송기숙 등의 소설가와 권일송, 윤삼하, 정현웅 등의 시인들이다.

원탁시문학회는 '비(非)에콜(école)의 에콜'을 모토로 하면서도 '예술의 초월적 지도성의 복고(復古)'를 추구하였다. 또한 '원탁'이라는 제호답게 특정 이념에 치우치지 않고 동인 서로가 동등한 입장에서 참여한다는 원칙을 지키면서 지속적으로 새로운 동인을 영입해 왔다. 현재는 강경호, 강대선, 고선주, 김영박, 김은아, 김정희, 김종, 박판석, 백수인, 백추자, 서승현, 서춘기, 염창권, 오대교, 전숙, 전원범, 함진원, 허갑순 등이 동인으로 활동하고 있다.

이처럼 1960년대에 창간한 『원탁문학』은 11집부터 제호를 『원탁시』로 변경하여 2023년 현재까지 발행되고 있는 장수(長壽) 동인지라는 점에서 광주·전남 지역 문학사에서 중요한 의미를 가진다고 볼 수 있다. 개인이 소장한 『원탁문학』 제1집, 제5집, 제9집과 『원탁시』 제13집, 제17집, 제19집, 제20집을 DB화 하였다. 손광은, 「현대시문학 변천사」, 전남문인협회 편, 『전남문학 변천사』, 도서출판 한림, 1997과 염창권, 「문학동인회 〈원탁시(圓卓詩)〉의 전개 과정 −범대순 시인의 논평을 중심으로」, 『어문논총』 제28집, 전남대학교 한국어문학연구소, 2015.12, 이동순, 「목요시 동인의 '선언'과 변화양상」, 『리터러시연구』 제11권 제3호, 한국리터러시학회, 2020.6, 백애송, 「'원탁(圓卓)시회' 동인의 문학사적 의의」, 『인문사회 21』 제11권 제4호, (사)아시아문화학술원, 2020.8을 참고하였다.

월간전매

題　　號	月刊全每 通卷 第1號	판　　형	15×21
발 행 일	1979.04.01.	발행편집인	沈相宇
표지화·컷	表紙畵: 任直淳	간별, 정가	月刊, 600원
면　　수	153	인 쇄 소	
발 행 처	全南每日新聞社(光州市 東區 光山洞 78)	기　　타	

『월간전매(月刊全每)』는 전남매일신문사(全南每日新聞社, 光州市 東區 光山洞 78)에서 발행한 종합 잡지이다. 표지의 아래쪽에는 '호남 유일의 종합교양지'라고 적혀 있다. 창간호는 1979년 4월 1일에 발행되었고, 발행 겸 편집, 인쇄인은 심상우(沈相宇), 전체 153면으로 가격은 600원이었다. 표지화는 임직순(任直淳)이 그렸다.

본문은 〈권두의 말〉, 〈특집〉, 〈대춘부(待春賦)〉, 〈전남 인터뷰〉, 〈시·수필〉, 〈평론〉, 〈경제논단〉, 〈이것이 문제다〉, 〈뉴스의 초점〉, 〈편집후기〉 등으로 구성되어 있다. 〈권두의 말〉에서 전남매일신문사 사장 심상우는 그동안 호남지방이 "잡지다운 잡지"의 불모지였다고 지적하면서 "참신한 꾸밈과 새로운 알맹이의 종합교양지"를 개발 보급하여 지역사회의 문화발전에 기여하려 했다고 말한다. 특히 호남지방은 예나 지금이나 유능한 문재(文才)와 탁견을 가진 학자, 학술 창작활동에서 남다른 혜안과 소질을 가진 인물들이 전통적으로 많았고, 그 어느 지방보다 그들의 활동이 크게 두각을 나타냈으므로 호남지방은 민족문화의 '뿌리'임을 자부할 만하다고 주장했다. 그럼에도 호남의 인물들을 체계적으로 육성하고 발전시킬 '틀'과 '맥'이 없었다고 말하면

서, 이를 해결하기 위해서 종합교양지를 통한 문화의 집결장을 구축하는 것이 필요했음을 통감했다고 한다.

'호남 유일의 종합교양지'의 창간호답게 〈특집〉으로 '전라인의 참『特質考』라는 날카로운 주제의 글 7편을 실었다. 구체적으로 「지리적 여건과 전남인」, 「전라인의 기질」, 「호남지방의 불교」, 「전라유림의 향기」, 「시가문학 산실로서의 전남」, 「호국의 선열, 고경명」, 「전남여성의 실상」 등의 글이 있다. 당시 한 작가가 전라인들은 '머리가 좋으나 배신을 밥 먹듯이 하고 돌아서면 욕하고 욕에 있어 으뜸'이라는 요지의 글을 썼고, 이는 당연히 사회적 물의를 일으켰다. 이에 대한 반박으로서 이상의 글들이 나오게 된 것이다.

〈편집후기〉를 보면 전남매일신문사의 정신의 하나는 '지역사회 개발에 앞장서 봉사한다'는 기치 아래 지역개발에 참여하는 것이었다. 그런 정신이 『월간전매』의 창간으로 이어진 것으로 볼 수도 있겠다. 또한 편집후기에서는 『월간전매』를 창간하여 호남 잡지사에 또 하나의 새로운 장을 열고 이정표를 마련하게 되었다고 자평하였다. 지역잡지로 자리매김하려는 포부가 상당하였음을 알 수 있다. 전남대학교 도서관이 소장한 『월간전매』 제1호를 DB화 하였다.

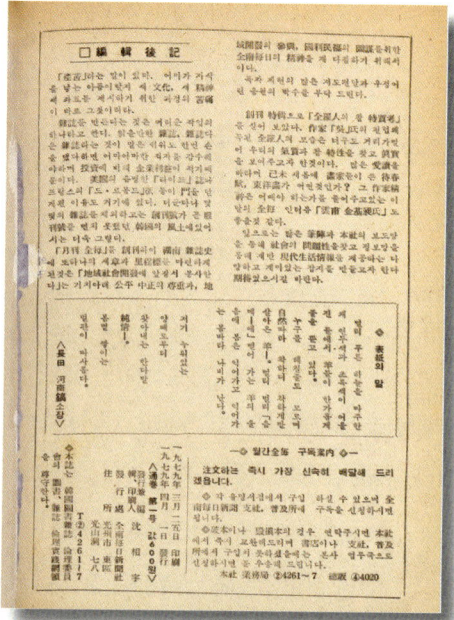
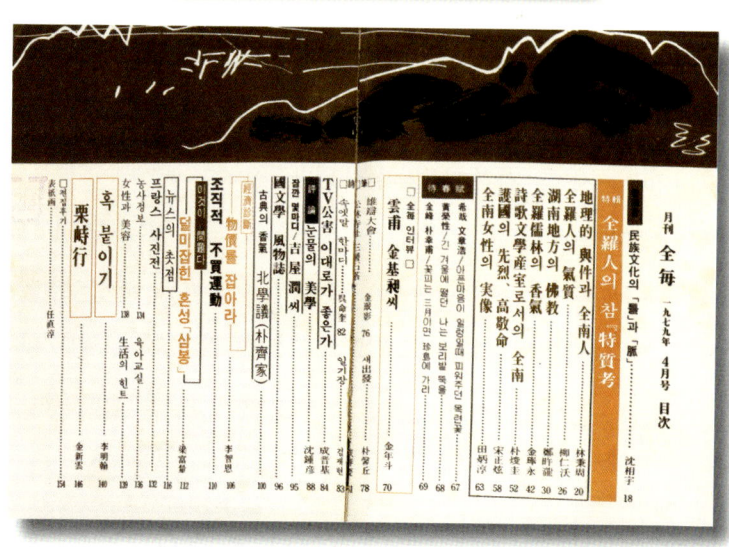

월간해남

題　　號	月刊海南 第1卷 第3號	판　　형	14.7×20.5
발 행 일	1968.11.05.	발행편집인	黃石勳
표지화·컷	題字: 南波 朴鍾永	간별, 정가	月刊, 200원
면　　수	126	인 쇄 소	인쇄: 金泰錫
발 행 처	月刊海南社(全南 海南郡 海南邑 中央里 5)	기　　타	해남, 11월호

『월간해남(月刊海南)』은 월간해남사(月刊海南社, 全南 海南郡 海南邑 中央里 5)에서 발행한 종합지이다. 1968년 8월 7일 전국 유일의 군 단위 잡지로 등록되었으며, 1970년 2월(통권16호)호로 등록 취소로 폐간되었다. 그 중에서 『월간해남』 제1권 제3호는 1968년 11월 5일에 발행하였다. 제3호의 판권사항을 보면, 발행 겸 편집인은 황석훈(黃石勳), 인쇄인은 김태석(金泰錫)이며, 면수는 126면으로 정가는 200원이다. 제자(題字)는 남파(南波) 박종영(朴鍾永)이 썼으며, 표지에는 해남 대흥사(大興寺) 심전교(尋眞橋) 사진, 목차에는 가을과 한해의 회상이라는 제목의 사진 자료가 실려 있다.

본문에 앞서 각 지역의 지도위원(指導委員)이 소개되어 있다. 그 면면을 보면 송봉해(宋鳳海, 해남), 윤영하(尹永夏, 옥천), 임흥태(任興太, 계곡), 이천석(李千石, 마산), 임인도(林仁道, 산이), 박형배(朴亨培, 황산), 김진백(金鎭伯, 문내), 최태휴(崔台休, 화원), 윤수현(尹守鉉, 화산), 이호천(李浩天, 삼산), 천덕운(千德云, 현산), 김낙선(金洛善, 송지), 홍남표(洪南杓, 북평), 박종영(서울), 김홍연(金洪淵, 서울), 윤태현(尹台鉉, 서울), 주흥수(周興洙, 서울), 유신(劉信, 부산) 등이다.

본문의 내용은 〈권두언〉을 비롯하여 〈특집-한번은 말하리라〉, 〈해남관광

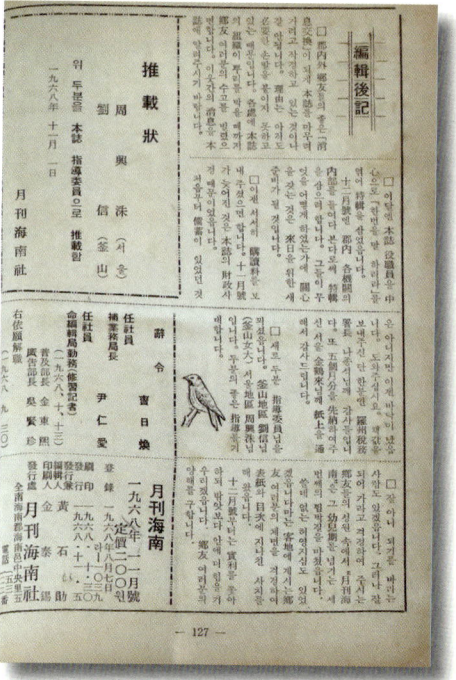

⑵-미황사(美黃寺)를 찾아서〉, 〈잠깐 보세요〉, 〈제언(提言)〉, 〈기사〉, 〈농민독본〉, 〈수필·해남문단〉, 〈논설〉, 〈시·해남문단〉, 〈시·해남중고문예반〉, 〈화제와 뉴스〉, 〈해남고금야사⑵〉, 〈편집후기〉 등으로 구성되어 있다. 눈에 띄는 필자로는 시인 고정희(高靜熙, 1948-1991)가 있다. 고정희는 1967년부터 1968년까지 고성애라는 필명으로 『월간해남』 기자로 활동하며 작품을 발표하기도 했다. 실례로 통권 제9호(1969.6)에는 그의 시 「정원 이야기」가 수록되었다.

『월간해남』은 특히 해남 관련 소식과 해남의 농민들을 위해 농업 관련 글을 자주 실었다. 제3호에서는 「새 향토의 건설을 위하여」, 「해남군수(郡守)와 설사(說辭)」, 「해남여중은 어디로」 등 해남 관련 내용을 〈특집〉으로 다루었으며, 통권 제6호(1969.2) 경우에는 해남군의 효자, 효부, 열녀에 대한 내용을 〈향토의 얼〉로 소개하고 있다. 또한 통권 13호(1969.11)의 경우에는 비닐하우스농업, 4H연합회장, 벼농사, 배추농사, 생활개선과제, 부업장려 등에 대한 기사를 〈특집-흙의 소년 기수들〉로 묶기도 했다. 당시 군 단위에서 종합지를 발행한 사례는 흔치 않은 일이었다. 따라서 『월간해남』은 1960년대 해남의 시대상과 지역민의 창작 작품을 살펴볼 수 있는 잡지라는 점에서 의미를 가진다.

개인이 소장한 『월간해남』 제3호, 제6호, 제9호, 제13호, 제15호를 DB화 하였다.

월간향토

題　　　號	月刊鄕土 창간호	판　　　형	15×21
발 행 일	1971.06.30.	발행편집인	李福柱
표지화·컷	컷: 朴雪樹, 題字: 孫在馨	간별, 정가	월간, 150원
면　　　수	129	인 쇄 소	인쇄인: 유기정
발 행 처	月刊鄕土社(서울特別市 鐘路區 唐珠洞 2-2 영진빌딩 203)	기　　　타	7월호, 社長: 李長榮

『월간향토(月刊鄕土)』는 월간향토사(月刊鄕土社, 서울特別市 鐘路區 唐珠洞 2-2 영진빌딩 203)에서 발행한 종합지이다. 1971년 6월 30일에 서울에서 창간되었으며 통권 제14호(1972년 11월호)까지 발행된 것으로 확인된다. 창간호의 판권사항을 보면, 편집 겸 발행인은 이복주(李福柱), 사장은 이장영(李長榮), 인쇄인은 유기정, 면수는 129면으로 정가는 150원이다. 컷은 박설수(朴雪樹), 제자(題字)는 손재형(孫在馨)이 맡았다.

본문은 발행인 이복주의 〈권두언〉, 월간향토사 사장 이장영의 〈창간사〉, 시인 신석정(辛夕汀)의 〈축시〉「시방 내 등 뒤에서는」을 시작으로 〈향토정담〉, 〈논단〉, 〈학생논단〉, 〈특집〉, 〈향토단체순례〉, 〈시〉, 〈향토의 대화〉, 〈소설〉, 〈자료〉, 〈독자통신란〉 등으로 구성되어 있다. 월간향토사 사장 이장영은 〈창간사〉「향토의 자세」를 통해 "향토문화를 발굴하고 보존 육성"하면서 서울에 사는 "백만 호남 향우의 의사를 집결"시키고 "호남인의 뜻과 정을 나누"기 위해『월간향토』를 창간했다고 밝히고 있다.

이에『월간향토』창간호에는 손재형(국회의원), 김정현(金正炫, 동양화가), 오유권(吳有權, 소설가), 서희환, 이장영(향토문화사 사장)이 참여한 〈향토정담〉「아쉬

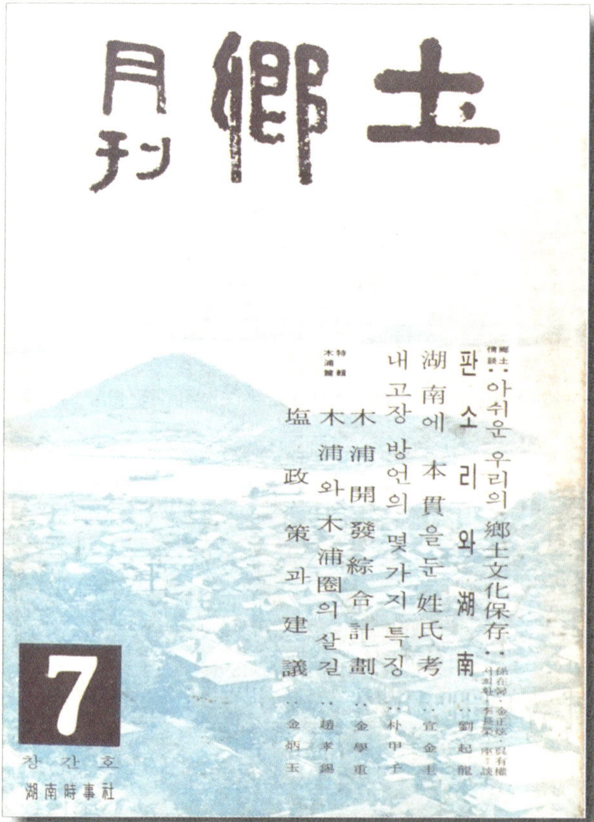

月刊 鄕土

특집: 木浦篇

鄕土: 아쉬운 우리의 鄕土文化保存 ········ 金正徐·金有暢·서재화·李鍾武 南三識

판소리와 湖南 ········ 劉起龍

湖南에 本貫을 둔 姓氏考 ········ 宣金主

내고장 방언의 몇가지 특징 ········ 朴甲千

木浦開發綜合計劃 ········ 金學重

木浦와 木浦圈의 살길 ········ 趙孝錫

塩政策과 建議 ········ 金昻玉

7

창간호
湖南時事社

운 우리의 향토 문화보존」을 비롯해 향토개발 〈특집〉「목포개발 종합계획」, 「목포와 목포권의 살 길」, 조사부(調査部)의 〈향토단체순례-산원회(山園會) 편〉, 최승범(崔承範), 이정항(李貞恒), 진을주 등의 문예 작품, 〈자료〉 형식의 「전라남도연혁」과 「전라북도연혁」 등등 호남의 역사, 사회, 문화, 인물 등과 관련된 글들이 다수 실려 있는데, 이러한 호남 중심의 편집노선은 지속적으로 유지되었다.

이처럼 『월간향토』는 호남인들의 정체성과 애향심을 위한 호남 지역 인사들의 글을 살펴볼 수 있는 잡지라는 점에서 의미가 있다. 개인이 소장한 『월간향토』 제1호를 DB화 하였다.

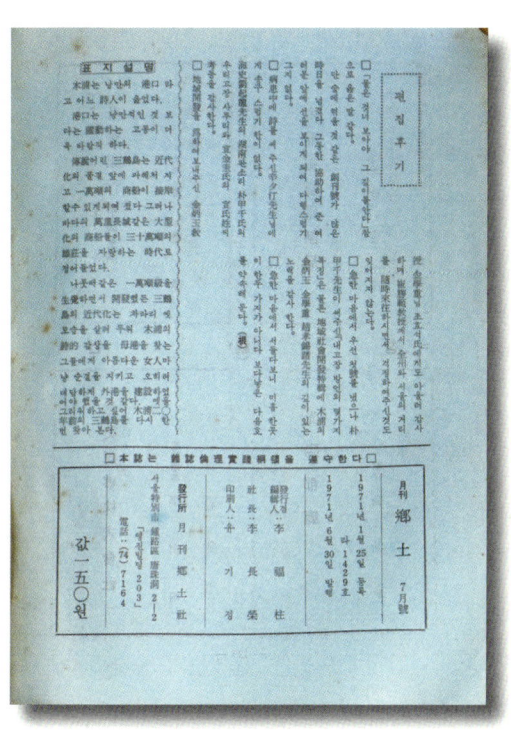

월간호남

題　　號	월간호남 창간호	판　　형	18.5×26
발 행 일	1970.07.01	발행편집인	金泰錫
표지화·컷	題字: 徐喜煥, 畵報: 任龍宰 컷: 朴桓雄	간별, 정가	월간, 300원
면　　수	208	인 쇄 소	흥용출판사인쇄부
발 행 처	호남평론사(光州市 錦洞 30의 2)	기　　타	광주

『월간호남(月刊湖南)』은 호남평론사(湖南評論社, 光州市 錦洞 302)에서 발행한 종합지이다. 1970년 7월 1일에 창간되었다. 창간호의 판권사항을 보면, 발행편집인 겸 인쇄인은 김태석(金泰錫), 인쇄는 흥용출판사인쇄부에서 했다. 총 208면으로 정가 300원에 판매되었다. 화보(畵報)는 임용재(任龍宰), 컷은 박환웅(朴桓雄), 제자(題字)는 서희환(徐喜煥)이 맡았다.

본문은 호남평론사 사장 조정두(趙正斗)의 〈창간사〉, 허연(許演)과 김재현의 〈축시〉, 내무부장관 박경원·국방부장관 정래혁·체신부장관 김보현·전남도지사 김재식·전북도지사 이환의·전남교육감 성동준·전북교육감 설인수·제주교육감 부대현의 〈축간사〉를 비롯하여 〈논단〉, 〈수필〉, 〈특집〉, 〈과학〉, 〈위생〉, 〈순례자의 발길〉, 〈특별기획〉, 〈문화〉, 〈시〉, 〈연재〉 등 다양한 카테고리 하에 여러 편의 글이 실렸다.

조정두가 쓴 〈창간사〉에서는 "날로 다기다양(多岐多樣)으로 세분화해가는 제반 사회현상을 올바르게 파악하고 창의적이고 건설적인 비판과 아울러 공평무사한 보도를 사명으로 하는 종합지"임을 강조하면서 '언론본래의 사명에 입각하여 강건한 의지와 강력성(强力性)있는 자세로 비민주적 비능률적 사

회적 제반 요소를 제거하는데 힘쓰는 동시에 국가이익을 추구하는데 총력을 경주(傾注)' 할 목적으로 『월간호남』이 발간되었음을 상기시켰다.

이러한 의도에 따라 『월간호남』에는 지역과 근대화에 관한 기사가 다수 실렸다. 이러한 항목으로는 북동천주교회를 방문하여 조사한 〈순례자의 발길〉, 지역의 문화적·경제적 쟁점을 다룬 「호남인은 생각하는 전통을 잊어서는 안 된다」, 「전남제조업의 현황과 그 방향」, 「우리 고장의 관광자원과 개발」에 대한 〈논단〉 글 등이 있다. 한편 〈특집〉 항목에서는 '농촌을 위한'이라는 주제 하에 「70년대식 농업개발의 향방」, 「농업근대화와 초지(草地)조성」, 「전남의 쌀 증산책과 그 전망」, 「폐허의 이스라엘을 꽃피운 농업공동정착활동(農業共同定着活動)」과 같이 전남의 농촌 근대화 문제를 다루고 외국의 사례를 소개하는 글들이 함께 실렸다. 그 외에도 〈특별기획〉 형식으로 「아기 길들이기」, 「성교육」, 「의생활」, 「식생활」 등을 소개하는 글들이 함께 게재되었다.

한편 『월간호남』 7호는 1971년 1월 1일에 월간호남사에서 발행되었다. 발행 편집인 겸 인쇄인은 김태석, 사장은 조정두, 인쇄는 월간호남사 인쇄부에서 했다. 총 150면으로 정가 300원에 판매되었다. 제자는 서희환이 담당하였다. 본문은 〈논단〉과 〈수필〉, 〈시〉, 〈동물의 세계〉, 〈순례자 발길〉, 〈호남프로필〉, 〈우리고장〉, 〈장편연재소설〉 등 다양한 카테고리 하에 여러 편의 글이 실렸는데, 전반적으로 남해에 인접한 전남 지역 도시들을 다루고 있는 점이 특징이다.

이러한 『월간호남』은 1970년대 호남의 지역 사회와 지역 정보, 농촌문화의 면모를 살펴볼 수 있는 잡지라는 점에서 의미가 있다. 개인과 전남대학교 도서관이 소장한 『월간호남』 제1호와 제7호를 DB화 하였다.

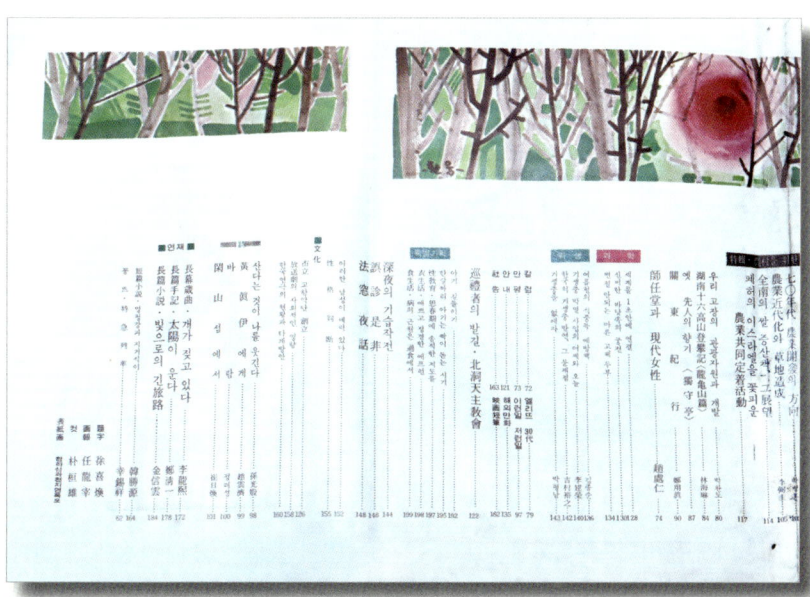

월계

題　　號	月桂 創刊號	판　　형	14×20
발 행 일	1975.02.01.	발행편집인	발행: 조선대학교 체육대학 학생회 편집위원: 朴昇煥·金裕盧·魏昇斗·金貞順
표지화·컷	題字: 李聖洙 表紙畵·目次컷: 황영성	간별, 정가	
면　　수	204	인 쇄 소	국제문화사(광주시 동구 광산동 92)
발 행 처	조선대학교 체육대학 학생회	기　　타	목차 날개 한쪽 펴지지 않음

『월계(月桂)』는 조선대학교 체육대학 학생회에서 발행한 교지이다. 1975년 2월 1일에 창간호가 발행되었고, 인쇄처는 국제문화사(광주시 동구 광산동 92), 지도교수는 김석주(金錫柱), 박인환(朴仁煥), 편집위원은 박승환(朴昇煥), 김유로(金裕盧), 위승두(魏昇斗), 김정순(金貞順)이었다. 제호 옆에 괄호를 하고 '1974'로 표기하였는데, 창간호의 발행 시기를 고려하면 연 1회 발간되었던 것으로 보인다. 제자(題字)는 이성수(李聖洙)가 썼고, 표지화와 목차컷은 황영성이 그렸다. 총 204면이다.

본문은 〈창간사〉와 〈격려사〉, 〈교수 논단〉, 〈특집〉, 〈학생 논단〉, 〈동문 논단〉, 〈기자 탐방〉, 〈특별기획〉, 〈시〉, 〈창작〉 등으로 구성되어 있다. 〈창간사〉는 원문이 소실되어 내용을 알 수 없으나 학생회장 김준옥(金準玉)이 썼고, 〈격려사〉는 체육대학장 최동윤(崔東潤)이 「'비젼'과 사명의식을 갖자」라는 제목의 글을 실었다. 〈교수 논단〉에는 「체육인의 자세」, 「체육대학생과 일반대학생의 운동 적성 비교 연구」, 「지역사회와 보건 체육교사」, 「수영경기의 초보자 지도방법」 등의 전문적인 글이 게재되었고, 〈특집〉은 '어떻게 싸웠나?'라는 부제 하에

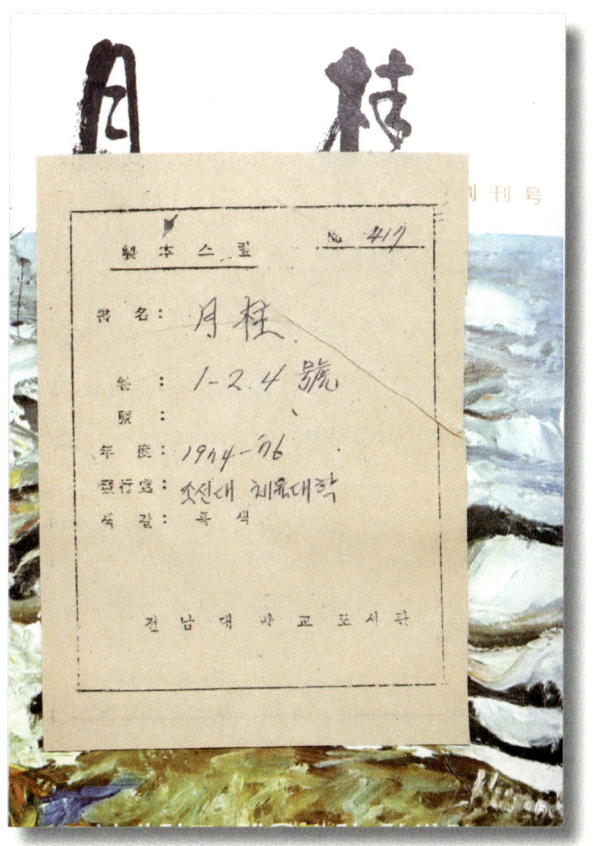

전국체육대회와 한·일 대학 친선 검도대회에 대한 소감과 좌담회 형식의 글이 실렸다. 〈학생 논단〉에서도 중고등학생들의 운동과 체육시간, 럭비, 민속무용 등에 대한 전문적 형식의 글이 게재되었고, 〈동문 논단〉에서는 「청소년의 여가선용(餘暇善用) 장해요인(障害要因)에 관한 조사 연구」, 「육상 체조의 기능 향상을 위한 연구」 등이 실렸다. 〈기자 탐방〉에서는 조선대학교 체육대학 중에서도 전통 있고 실력이 뛰어난 배드민턴 선수들의 합숙소를 찾아가 선수들을 인터뷰 했다. 그리고 학생들의 문학작품을 함께 게재하여 체육대학 학생들의 다양한 재능을 과시하였다. 체육대학 교지는 흔하지 않은 편인데, 외적으로 화려한 잡지의 모양새를 갖추었고 내적으로도 내용이 충실한 편이다. 조선대학교 체육대학은 각종 대회에서 우수한 성적을 거두고 있었는데 그런 위상이 교지 발행에 반영된 것으로 보인다.

전남대학교 도서관이 소장한 『월계』 창간호를 DB화 하였다.

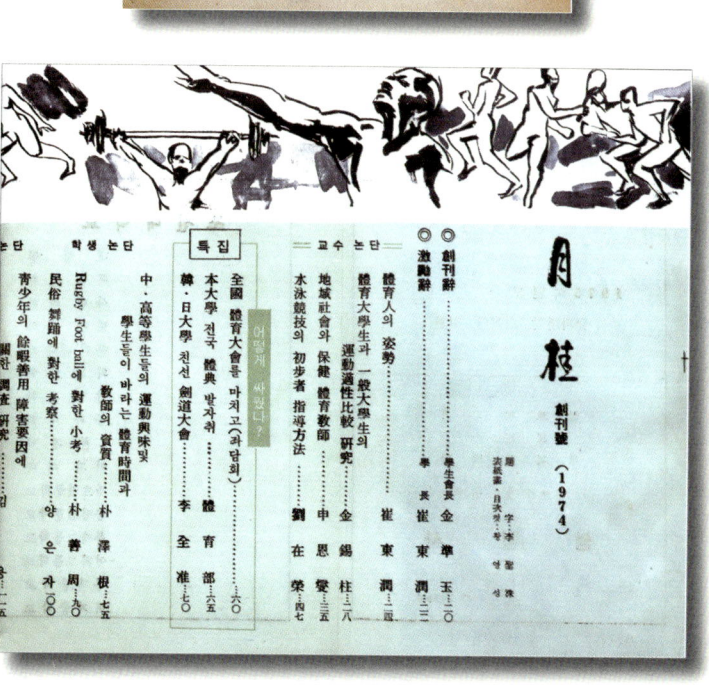
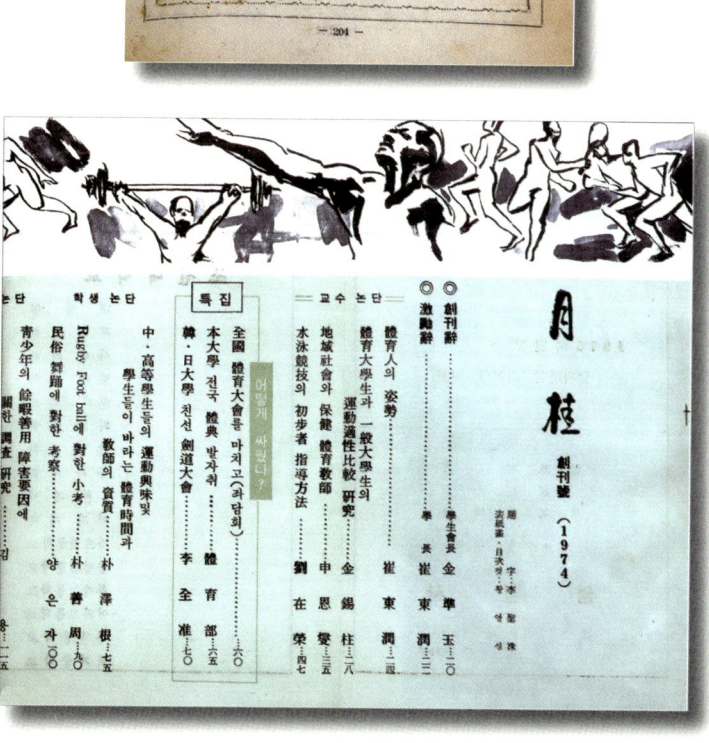

육모정

題　　號	육모정 第2號	판　　형	15×21
발 행 일	1964.12.15.	발행편집인	육모정 文學同人會
표지화·컷		간별, 정가	월간
면　　수	8	인 쇄 소	全南社
발 행 처	光州 朝鮮大學校 附屬高等學校	기　　타	

『육모정』은 육모정문학동인회(六茅亭文學同人會)에서 발행한 타블로이드판 월간 동인지이다. 현재 확보한 제2호는 1964년 12월 15일에 발행되었다. 이로 보아 창간호는 1964년 11월에 발행되었을 것으로 추정된다. 제2호의 판권사항에 따르면 발행 및 편집인은 육모정문학동인회, 발행소는 광주 조선대학교 부속고등학교, 인쇄는 전남사(全南社)이며, 총 8면이다.

본문은 따로 목차가 없이 동인회원들의 작품을 신문과 유사한 형태로 단을 나누어 배치하였다. 이 가운데 인간의 마음을 투명한 글라스 잔에 비유한 손광은(孫光殷)의 축시(祝詩) 「잔(盞)」, 대중잡지의 애독자 살롱 코너를 통해 만난 남녀의 이야기를 다룬 조규상의 콩트 「영하당(零下堂)」, 김행낭의 수필 「일기초(日記抄)」, 이계홍의 단편 「길없는 보행(步行)」, 박순관의 단편 「환상의 시」 등이 주목된다.

눈에 띄는 필자로는 김만옥(金萬玉)이 있다. 김만옥은 1946년 전남 완도출생으로 1975년 29세에 음독자살한 것으로 알려져 있는 시인이다. 중학생 시절 이미 『학원』이란 잡지에 시와 산문을 게재하며 『학원』지의 학생기자로 활약하였고, 1964년 조선대학교 부속고등학교 2학년 때는 광주지역 문인지망생 고등학생들과 함께 '석류', '시향'이란 동인회를 조직해 활동하면서 같은 해 11월 첫 시집 『슬픈 계절의』를 발표해 문단의 주목을 받았다. 이후 고등학교를 졸업하고 1967년 2월 사상계 제8회 신인문학상에 「아침 장미원」 외 3편의 시가 당선되어 문학계에 정식으로 등단하였는데, 『육모정』 제2호에는 김만옥의 초기 시 2편 「영등할머니」와 「아침에 보는 것」이 실려 동인지를 빛내주고 있다. 작고 후에는 김준태의 편집으로 유고시집 『오늘 죽지 않고 오늘 살아 있다』가 발행되기도 하였다.

『육모정』이 몇 호까지 발간하였는지는 확인이 되지 않는다. 다만, 『대하』 제1집 광고지면에 『육모정』 제4호 발행(1965년 5월 20일) 광고가 나와 있다. 육모정문학동인과 대하산문동인의 면면이 겹치는 것으로 보아 육모정문학동인 대부분은 대하산문동인에도 참여한 것으로 보인다. 이처럼 『육모정』은 육모정문학동인회 회원들의 활동과 작품들을 살펴볼 수 있는 자료로서 가치가 있다. 개인이 소장한 제2호를 DB화 하였다. 황태묵·이지혜, 「근현대 광주·전남 잡지의 지형과 특성」, 『국어문학』 78호, 국어문학회, 2021과 유영인, 「완도 여서도 천재시인 김만옥을 아십니까?」, 『오마이뉴스』, 2023년 4월 7일자 기사를 참고하였다.

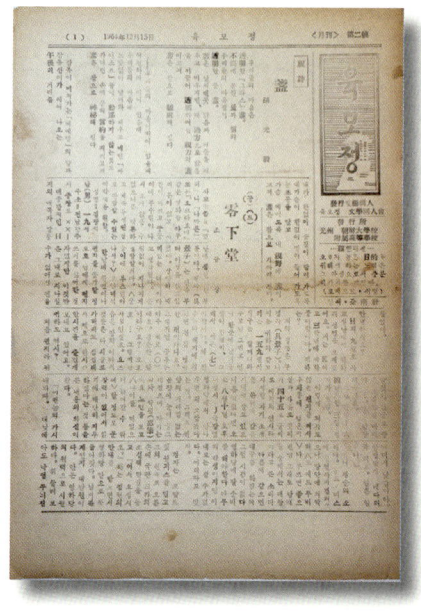

이화학연구지

題　　號	理化學硏究誌 第1卷 第1號	판　　형	19×25
발 행 일	1970.12.30.	발행편집인	發行: 崔柱鉉, 編輯: 安柱昇
표지화.컷		간별, 정가	
면　　수	61	인 쇄 소	全南大學校 出版部
발 행 처	全南大學校 理化學硏究所 (全南 光州市 龍鳳洞318)	기　　타	광주

『이화학연구지(理化學硏究誌)』는 전남대학교 이화학연구소(全南大學校 理化學硏究所)에서 발간한 학회지이다. 『이화학연구지』 제1권 제1호는 1970년 12월 30일에 발행되었다. 판권사항을 보면, 발행인은 최주현(崔柱鉉, 이화학연구소 소장), 편집인은 안주승(安柱昇), 인쇄소는 전남대학교 출판부, 발행소는 전남대학교 이화학연구소(全南 光州市 龍鳳洞 318 全南大學校 文理科大學 內)이다. 총 61면이다.

표지에 나와 있는 목차와 표지 뒷면의 투고 규정, 그리고 연구소 구성원 목록을 제외하면 논문들로만 이루어져 있다. 논문은 모두 7편이 실렸는데, 주로 화학에 관한 글들이고, 마지막에 조동산(趙東山)의 「국악의 음향학적 연구 (I) 가야금 12현의 음역(音域)과 인현(隣絃)간의 음정치(音程値)를 중심으로」라는 글이 실린 것이 특이하다.

『이화학연구지』는 권호의 형태로 발행되었으나 연간인 것으로 보이고, 각 도서관 웹사이트 검색 결과 1982년 12월에 발행된 제13권 제1호가 마지막인 듯하다. 원광대학교 도서관에서 소장하고 있는 『이화학연구지』 제1권 제1호부터 제8권 제1호를 DB화 하였다.

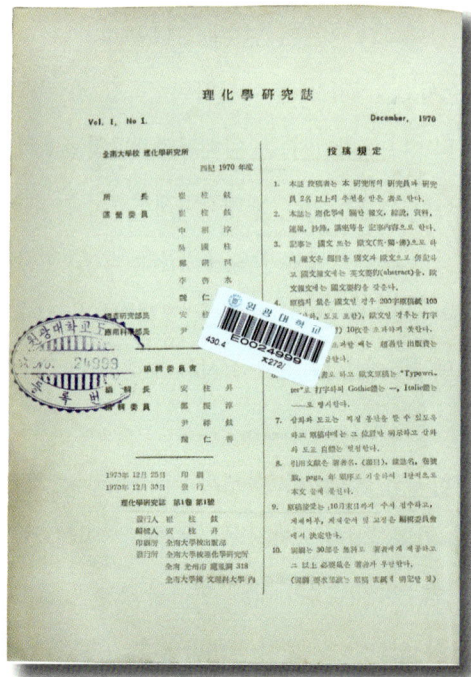

임해지역개발연구

題　　號	臨海地域開發研究 第1輯	판　　형	19×26
발 행 일	1980.09.30.	발행편집인	木浦大學 臨海地域開發研究所
표지화·컷		간별, 정가	
면　　수	244	인 쇄 소	전남대학교 출판부
발 행 처		기　　타	목포

　『임해지역개발연구(臨海地域開發研究)』는 목포대학 임해지역개발연구소(木浦大學 臨海地域開發研究所)에서 1980년 9월 30일에 창간한 학술지이다. 제1집의 판권사항을 보면, 편집 겸 발행은 목포대학 임해지역개발연구소(木浦市 龍海洞), 인쇄소는 전남대학교 출판부, 면수는 244면이다.

　제1집은 〈창간사〉, 〈격려사〉를 비롯하여 〈특집〉과 〈연구논문〉에 총 9편의 논문이 수록되었다. 〈창간사〉는 임해지역개발연구소 소장 배종무(裵鍾茂)가 썼는데, 〈창간사〉에 따르면, 『임해지역개발연구』는 80년대 목포권 지역개발의 전략을 모색코자 탄생한 학술지'였음을 알 수 있다. 또 학장이자 경제학박사 오창환(吳昌桓)은 〈격려사〉에서 '경제적으로 낙후된 임해지역문제 해결을 위해서 연구소의 보다 많고 성실한 노력이 경주되기를 바란다'고 하였다.

　이러한 배경 하에서 〈특집〉은 '목포지역권(木浦地域圈)의 개발전략(開發戰略)에 관한 연구'로 기획되었다. 〈특집〉의 필자로는 임해지역개발연구소 책임연구원 배종무, 연구원 박감순(朴甘淳), 연구원 조경준(曺京準), 연구원 이정갑(李廷甲), 연구원 이동신(李東信) 등이 참여하였다. 논문 가운데 조경준은 「목포

臨海地域開發研究

第1輯 (創刊號)
1980年 9月

特輯 : 木浦地域圈의 開發戰略에 關한 硏究

木浦經濟의 實態와 그 開發戰略 ························· 吉 京 洙···(1)
木浦市 製造業에 關한 分析 ······························· 李 廷 甲···(49)
木浦圈의 社會開發戰略 ····································· 裵 義 茂···(77)
社會間接資本의 都市別 比較 ····························· 李 東 信···(105)
地域社會開發의 敎育的 接近 ····························· 朴 甘 淳···(143)

硏 究 論 文

韓國 中小企業 成長을 위한 經營政策에 關한 硏究 ······· 李 亨 桂···(161)
標準原價制度 實施를 위한 標準設定에 關한 硏究 ········· 金 澤 彦···(191)
特別權力關係와 基本的 人權의 制限 ······················ 孫 東 國···(211)
Virginia Woolf의 小說硏究 ······························· 金 慶 任···(229)

木浦大學 臨海地域開發硏究所

경제의 실태와 그 개발전략」을 통해 지역경제의 발전을 위해서는 지역경제의 개발모형을 진전, 현실화시키는 작업과 함께 지역경제에 관한 통계업무의 근대화가 시급한 과제라고 하였다. 다음으로 배종무는 「목포권의 사회개발전략」에서 목포시가 타 지역에 비해 개발이 안 된 원인은 경제적, 정치적 요인도 있지만 목포시민들의 전근대적 생활태도와 소극적인 개발의지에도 연유한다고 보았다. 따라서 목포시의 사회개발사업을 성공적으로 수행하기 위해서는 시민들이 전근대적인 가치관과 소극적 자세에서 벗어나 진취적 성격을 갖도록 이를 재편성하는 작업이 수행되어야 한다고 주장하였다.

한편 〈연구논문〉에는 다양한 분야의 논문 4편이 수록되었는데, 이 가운데 손동원(孫東源)의 「특별권력관계와 기본적 인권의 제한」과 김경임(金慶任)의 「Virginia Woolf의 소설 연구」 등이 눈에 띈다.

이처럼 『임해지역개발연구』는 목포권 개발을 위한 목포대학 임해지역개발연구소의 연구활동과 더불어 목포대학 교수들의 다양한 학문적 관심사를 파악할 수 있는 자료로서 의의가 있다. 원광대학교 도서관에 소장된 제1집을 DB화 하였다.

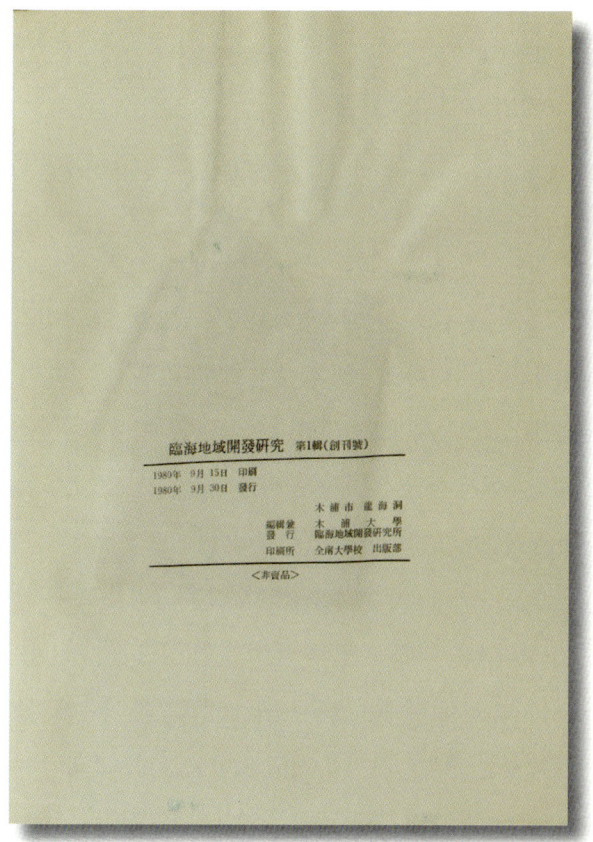

臨海地域開發研究 第1輯(創刊號)

1980年 9月 15日 印刷
1980年 9月 30日 發行

　　　　　　　　木浦市 龍海洞
編輯兼　　　木　浦　大　學
發　行　　臨海地域開發研究所
印刷所　　全南大學校 出版部

<非賣品>

장성향토문화

題　　號	장성향토문화 창간호	판　　형	15×20.7
발 행 일	1973.04.30.	발행편집인	발행: 향토문화개발협의회 편집: 본회문예부
표지화·컷	표지촬영: 이종일, 컷: 허윤히 제자: 손경식	간별, 정가	
면　　수	124	인 쇄 소	호남문화사·한진사
발 행 처		기　　타	장성

　『장성향토문화』는 향토문화개발협의회에서 발간한 향토 잡지이다. 『장성향토문화』 창간호는 1973년 4월 30일에 발행되었다. 창간호의 판권사항을 보면, 발행인은 향토문화개발협의회, 편집인은 본회 문예부, 인쇄소는 호남문화사·한진사에서 하였다. 제자는 손경식이 썼고, 표지는 이종일이 촬영했으며, 컷은 허윤히가 그렸다. 총 124면이다.

　본문의 내용은 〈머리말〉「우리의 참된 얼굴을 그리자」로 시작해서 〈특집〉, 〈좌담〉, 〈고향의 봄〉, 〈향토문원〉, 〈한시〉, 〈장성연구〉, 〈인물연구〉 등으로 구성되었다. 〈특집〉 코너에는 '농촌사회와 향토문화 제문제'라는 주제 하에 「농촌 사회의 특성 분석」, 「새마을 사업의 방향」, 「향토문화의 주체성 문제」, 「장성 발전의 오늘과 내일」 등의 글이 실렸다. 〈좌담〉에는 「장성을 말한다」와 「향토문화 발간에 즈음하여」가 게재되었다.

　〈고향의 봄〉과 〈향토문원〉 항목은 고향을 주제로 한 많은 문학 작품들로 장식되었다. 그리고 〈장성연구〉에는 「장성의 연혁」, 「장성의 산성」, 「장성군 지도」, 「장성의 전설」, 「세시풍속」 등의 글이 있고, 〈인물연구〉에서는 조선 중기의 문신이었던 하서 김인후를 다루고 있다. 마지막으로 향토문화개발협의회 창립취지와 활동보고, 회원 명단 등과 〈편집후기〉로 마무리된다. 『장성향토문화』라는 제목에 걸맞게 처음부터 끝까지 장성을 핵심어로 하는 글들로 채워졌다.

개인이 소장하고 있는 『장성향토문화』 창간호를 DB화 하였다.

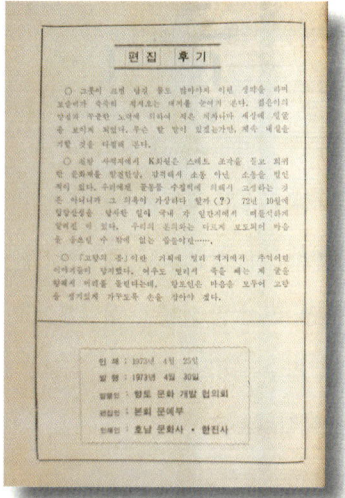
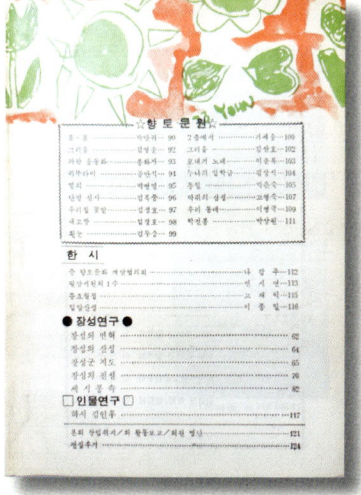
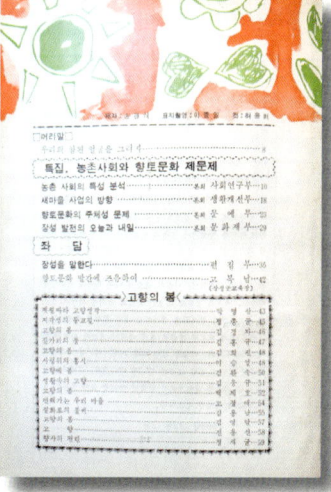

전남공대

題　　號	全南工大 創刊號	판　　형	19×26
발 행 일	1966.02.20.	발행편집인	全南大學校工科大學學生會
표지화·컷	表紙畵: 장명훈, 컷: 김종일 題字: 김철수	간별, 정가	非賣品
면　　수	130	인 쇄 소	全南大學校出版部
발 행 처	전남대학교 공과대학	기　　타	광주

『전남공대(全南工大)』는 전남대학교 공과대학 학생회에서 발행한 교지이다. 『전남공대』 창간호는 1966년 6월 20일에 발행되었다. 창간호의 판권사항을 보면, 편집 겸 발행은 전남대학교 공과대학 학생회, 인쇄는 전남대학교 출판부, 면수는 130면으로 비매품이다. 창간호의 편집위원으로는 이한풍(李漢豊), 심학섭(沈鶴燮), 노용택(魯龍澤), 이행성(李行成), 장기수(張淇洙), 지영섭(池英燮), 최선(崔宣) 등이 참여하였다. 표지화는 장명훈, 컷은 김종일, 제자(題字)는 김철수가 담당하였다.

창간호는 인사말을 제외하면 〈논단〉과 〈좌담〉, 〈실습보고〉, 〈설문〉, 〈문예〉로 구성되어 있다. 학장 오항기(吳恒基)가 「무언(無言)의 겸양을 미덕으로」라는 제목의 〈권두언〉을, 총장 박하욱(朴夏郁)은 「개혁된 기술을 개척하도록」이라는 제목의 〈축사〉를, 학생회장 노의영은 「창간호를 내면서」라는 제목의 〈축사〉를 썼다. 〈논단〉에는 교수들의 논문 12편이 실려 있고 〈설문〉에는 당시 각 학과의 전망이 수록되어 있다. 공과대학 교지임에도 시 5편, 수필 13편, 콩트 1편 등 많은 부분을 〈문예〉에 할애한 점이 인상적이다. 학생들의 작품이 많아 선별해서 수록했다는 〈편집후기〉를 통해 당시 학생들이 가진

창작에 대한 열정을 확인할 수 있다.

한편 『전남공대』 제4집은 1970년 4월 20일에 발행되었고, 국제문화사에서 인쇄하였다. 교지 준비 위원에는 지도교수 정창주, 준비위원 양회수, 김행인, 고영욱, 편집위원 유종복, 손정연, 신정철, 백복규 등이 참여하였다. 제자는 유종복이 썼고, 표지화와 컷은 정구창이 그렸으며, 화보 촬영은 최영

호가 담당하였다. 총 200면으로 구성되었다. 편집후기에 "4월의 네 번째의 묶음"이라는 표현이 있는 것으로 보아, 연간으로 발행되었고 1967년 4월에 창간되었음을 알 수 있다.

첫머리는 〈속간사〉가 장식하고 있다. 학생회장 양회수가 「우리의 사명」이라는 제목의 〈속간사〉를 썼다. 자세한 내용은 나와 있지 않으나 발행이 중단되었던 것은 아닌 것으로 보이며, 여러 고생 끝에 제4집을 발행하게 된 것에 의미를 두기 위한 표현으로 보인다. 이어서 학장 오항기가 「70년도에 들어선 공학도의 사명」이라는 제목으로 일반적인 내용의 〈권두언〉을 썼고, 학생과장 정창주가 〈격려사〉를 썼다.

〈논단〉에서는 '홍수 조절 방법, 새로운 유리, 건축가 발터 그로피우스(Walter Gropius), 체육활동, 해저자원 탐사 및 개발, 전자계산기, 원자력발전소, 자원개발' 등에 대한 전문적인 글이 게재되었다. 책의 뒷부분에는 〈시〉, 〈수필〉, 〈렌즈 밖에서 본 전남공대〉, 〈기행문〉, 〈콩트〉, 〈창작〉 등의 글이 올라 있다. 〈특집〉 기사는 '70년대의 전남공대'라는 주제 하에 학과 별로 글을 실었다. 토목공학과는 건설 실력 배양, 화학공학과는 시대적 인재 양성과 배출, 기계공학과는 광범위한 산업전선에서의 적응, 자원공학과는 지하 해저자원을 다루는 종합공학, 공업교육과는 공학기술자 양성의 요람, 요업공학과는 금속으로 해결 못하는 요업제품의 개발 등을 목표로 삼았으며, 금속공학과는 금속공업이 햇볕을 볼 70년대, 전기공학과는 날로 높아가는 전기공학의 비중, 건축공학과는 예술가이며 기술자가 되려는 포부 등에 대한 기대를 밝혔다. 공과대학의 시대적 배경과 요구를 이해할 수 있는 글들이라 할 수 있다. 부정기로 나왔으며 2004년 제14호까지 발행된 것으로 확인된다.

전남대학교 도서관이 소장한 『전남공대』 창간호와 제4집을 DB화 하였다.

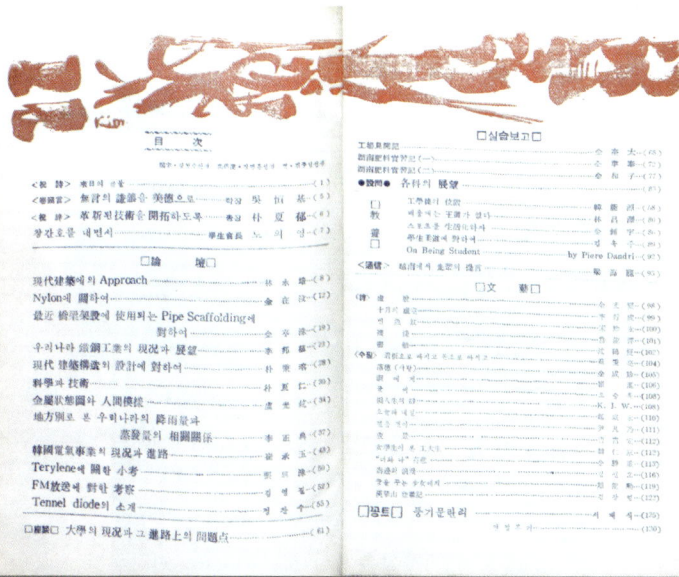

전남교육

題 號	전남교육 通卷 5號	판 형	15×21
발 행 일	1970.04.01.	발행편집인	高淳相
표지화·컷		간별, 정가	월간, 360원
면 수	256	인 쇄 소	
발 행 처	月刊 全南敎育社(光州市 光山洞 92)	기 타	광주, 4월호, 매월 1일 발행

『전남교육』은 전남교육사(月刊 全南敎育社)에서 발행한 교육 관련 월간 잡지이다. 『전남교육』 통권 5호(1970년 4월호)는 1970년 4월 1일에 발행되었고, 발행·편집 겸 인쇄인은 고순상(高淳相)이다. 총 256면으로 구성되어 있고, 정가 360원에 판매하였다. 통권 5호가 1970년 4월 발행인 것으로 미루어 1969년 말에 창간되었음을 알 수 있다. 속표지에는 책의 목적이라 할 수 있는 세 가지 항목이 나열되어 있다. "1. 교육행정의 올바른 전달과 논평, 2. 교육현장과 사회현장과의 유대구현, 3. 교육문화의 창달과 계발"이다. 『전남교육』이 지향하는 바를 대략적으로 알 수 있다.

목차를 보면 크게 〈권두언〉, 〈논단〉, 〈특집〉, 〈연구〉, 〈문예〉란으로 구분되어 있는데, 40여 편의 글들이 빽빽하게 실려 있다. 통권 5호의 〈특집〉 기사는 학교 육성회에 대한 글들로 채워졌다. 「학교 육성회는 교육의 정상화를 위한 자발적인 협찬으로」, 「학교육성회 운영의 문제점」, 「돈과 교육의 관계」 등의 글이 게재되었다. 육성회 문제를 특집으로 삼은 이유는 권두언을 통해 알 수 있다. 〈권두언〉「전국 최하위의 오명을 씻자 –육성회 학부모 참여도를 보고」를 보면 학교 육성회 참여율에서 전남이 전국 최하위를 기록한 것에

대한 반성을 촉구하고 있다. 〈특집〉 기사 외에도 〈법률교실〉, 〈교육상담실〉, 〈교육 연구〉, 〈학교순례〉, 〈영광군 교육 소개〉, 〈인터뷰〉 등의 많은 글이 실렸고, 〈문예〉란에는 〈시〉, 〈수필〉, 〈장편연재소설〉, 〈단편소설〉, 〈세계명작〉, 〈교사수첩〉 등이 있다. 〈교사시단〉과 〈교사산문〉 란은 원고가 적어서 싣지 못했다는 사정이 〈편집을 마치고〉에 나와 있다.

목차 뒷면에는 '제1회 교지(校誌) 콘테스트 심사 발표'가 실려 있다. 1969학년도 전남 도내 초·중·고 교지 콘테스트를 시행하여 25개 학교가 응모하였고, 그 중에서 광주동신중·종합고등학교의 『동신』 창간호가 우수상, 광주숙문국·중·실업고등학교의 『숙문』 3호가 장려상, 목포여자중학교의 『크로버』 10호가 장려상을 수상하였다. 표지와 목차, 체제, 내용을 기준으로 심사하였다고 한다. 『전남교육』이 도내 학교들의 교지 발간과 발전에 영향을 미쳤음을 짐작할 수 있다.

전남대학교 도서관이 소장한 『전남교육』 통권 5호를 DB화 하였다.

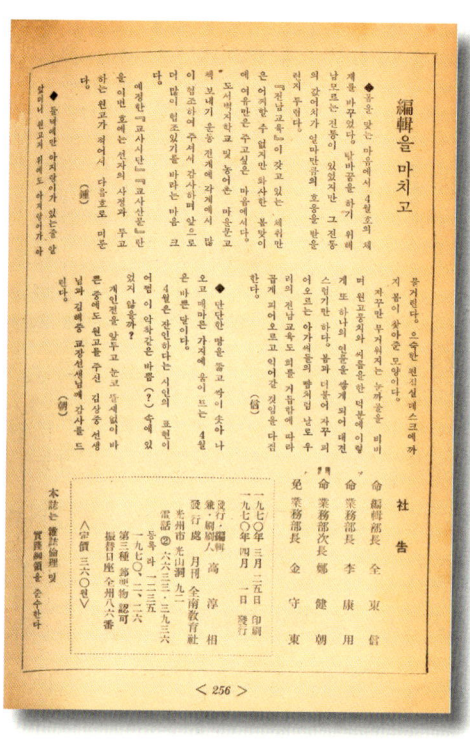

전남농보

題　　號	全南農報 第3卷 第2號	판　　형	14×21
발 행 일	1941.02.01.	발행편집인	美代淸滋
표지화·컷		간별, 정가	월간, 15전
면　　수	23	인 쇄 소	木山印刷所(光州府明治町二丁目八) 인쇄: 濱村增三郎
발 행 처	全南農友會(全羅南道 農事試驗場 內)	기　　타	광주, 매월 1일 발행, 日本語

『전남농보(全南農報)』는 전라남도 농사시험장 내 전남농우회(全南農友會)에서 발행한 회보 또는 농업 전문 잡지이다. 매월 1일에 발행되는 월간지이다. 『전남농보』 제3권 제2호는 1941년 2월 1일 발행되었다. 편집 겸 발행인은 미요 요시자와(美代淸滋), 인쇄소는 광주부 명치정 2정목 8의 목산(木山)인쇄소, 인쇄자는 하마무라 마스사부로(濱村增三郎), 발행소는 전남농우회(全羅南道 農事試驗場 內)이다. 일본어 잡지이며 총 23면으로 정가는 15전이다. 제3권이 1941년 발행인 것으로 미루어 1939년에 창간되었음을 알 수 있다.

미요 요시자와의 〈권두언〉을 시작으로 논에서 벼를 수확하고 나서 그 논에 다시 다른 겨울 작물을 재배하여 토지 이용률을 높이는 작부 방법(畓裏作), 콩과에 속하는 두해살이 풀(紫雲英)의 파종상황과 제주도 토양의 특이성, 겨울철 뽕나무 밭의 시비(施肥) 등에 관한 전문적인 글들이 실렸고, 「요록(要錄)」, 농사 업종별 정보, 그리고 양잠, 축산, 병충해 등에 대한 「농사 상담」, 「이 달의 농사」, 「사령」 등 농업 관련 다양한 정보가 게재되어있다. 일제 말기 지역의 농업 상황을 보여주는 잡지로서 자료적 가치가 있다고 할 수 있다.

개인이 소장하고 있는 『전남농보』 제3권 제2호를 DB화 하였다.

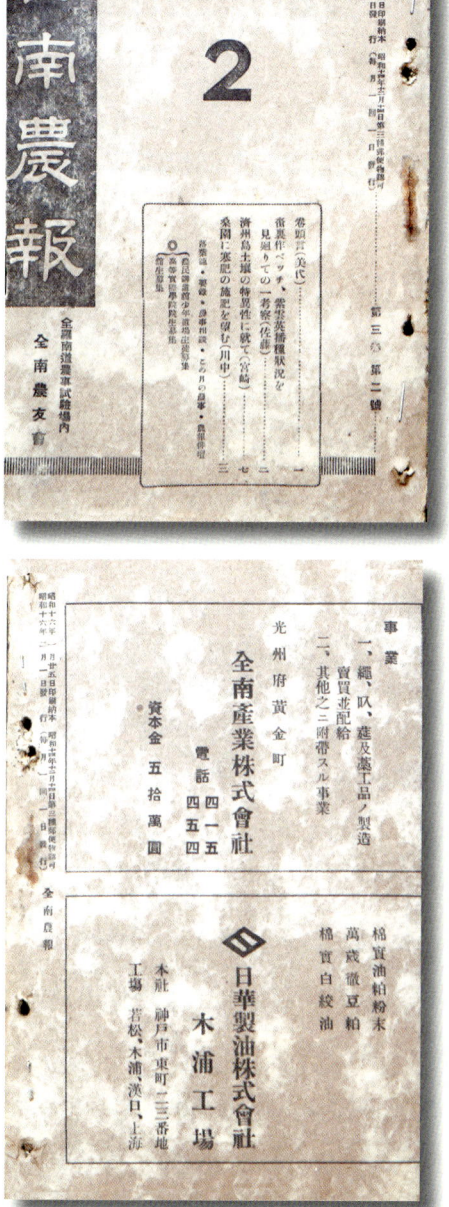

전남농업

題　　號	全南農業 8月號	판　　형	15×21
발 행 일	1973.08.01.	발행편집인	高淳相
표지화.컷	題字: 松谷 安圭東	간별, 정가	월간, 300원
면　　수	244	인 쇄 소	인쇄: 高淳相
발 행 처	全南農業社	기　　타	광주, 매월 1일 발행, 대표: 黃道勛

　『전남농업(全南農業)』은 전남농업사(全南農業社)에서 발간한 농업 관련 월간 잡지이다. 현재 실물로 남아있는『전남농업』은 1973년 8월호뿐이어서 정확한 창간 시기는 확인되지 않는다. 1973년 8월호의 판권사항을 보면, 발행 겸 편집 인쇄인은 고순상(高淳相), 대표 황도훈(黃道勛), 발행소는 전남농업사, 총 244면으로 정가는 300원이다. 제자(題字)는 송곡(松谷) 안규동(安圭東)이 담당하였다.

　속지에는 도선임(道選任) 편집협찬위원(編輯協贊委員)과 편집위원이 소개되어 있다. 편집협찬위원에는 농림국장 고광수(高光洙), 식산국장 최정학(崔正鶴), 수산국장 남만우(南萬祐), 건설국장 이병군(李丙君), 문화공보실장 박일출(朴日出), 지방과장 백주원(白柱元), 새마을지도과장 김선규(金宣圭), 농림국농정과장 고언주(高彦柱), 농림국농산과장 오시권(吳時權), 농림국산림과장 안교순(安敎純), 식산국축정과장 임두일(林斗日) 등등이 참여하였고, 편집위원에는 전남대학교 농대학장 박종만(朴鍾萬), 농대교수 최재진(崔在津), 농대교수 이단철(李段喆), 농대교수 박영준(朴永埈), 농대교수 김동연(金銅淵) 등이 이름을 올렸다. 이처럼 전남도청의 국·과장 18명이 잡지의 편집협찬위원에 참여하고

있는 것으로 보아 『전남농업』은 전남도청 기관지의 역할을 수행한 것으로 추정된다.

이를 반영하듯 본문의 내용은 〈화보〉, 〈그림으로 보는 농사〉, 〈특집〉, 〈벼농사〉, 〈보리농사〉, 〈원예〉, 〈특용〉, 〈축산〉, 〈산림〉, 〈새마을·4H〉, 〈생활·취미〉, 〈농정〉, 〈새마을 소식〉, 〈8월의 농사〉 등 주로 전남지역의 농정 소식과 농축산 관련 정보로 구성되어 있다. 당시 대한민국이 곡물 자급자족이 부족한 때여서인지 '퇴비증산으로 지력(地力) 증진'하자는 〈특집〉을 비롯하여 〈벼농사〉와 〈보리농사〉에 관한 지면을 많이 할애하여 식량자급에 노력하는 모습이 특징이다. 이 밖에 〈축산〉, 〈특용작물〉, 〈새마을 운동·4H〉 등의 코너를 통해 농촌의 부흥과 근대화를 도모하고자 한 점도 주목된다.

이처럼 『전남농업』은 새마을운동이 한창이던 시기 전남지역 농촌경제의 실상과 당면과제를 살펴볼 수 있는 자료라는 점에서 의미가 있다. 개인이 소장한 『전남농업』 1973년 8월호를 DB화 하였다.

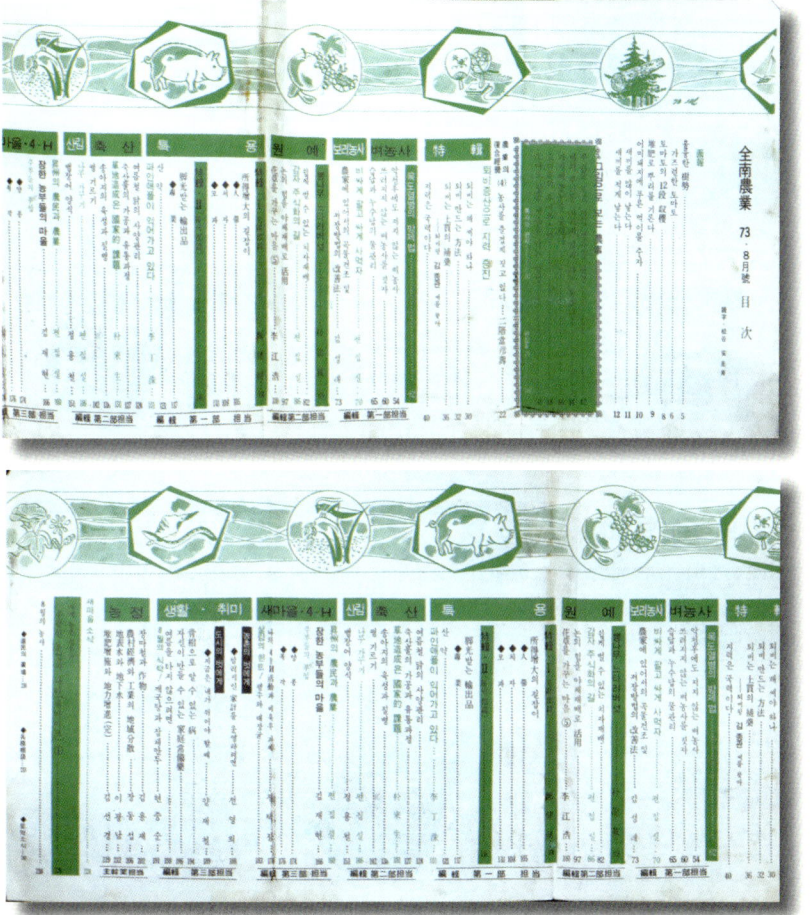

전남문단

題　　號	全南文壇 第1輯	판　　형	15.2×21.2
발 행 일	1973.06.20.	발행편집인	
표지화·컷	컷·表紙: 허윤희, 題字: 金敦熙(集字)	간별, 정가	연간, 비매품
면　　수	164	인 쇄 소	현대문화사
발 행 처	한국문인협회 전남지부	기　　타	광주

『전남문단(全南文壇)』은 한국문인협회 전남지부(韓國文人協會 全南支部)가 발행한 기관지이다. 1973년 6월에 창간되었다. 제2집은 창간호 이후 1년 4개월만인 1974년 11월에 나왔고 이후에는 1년 또는 2년 단위로 발행되었다. 제1집과 제2집의 발행은 한국문인협회 전남지부로 동일하나 인쇄는 현대문화사와 세운문화사(世運文化社)에서 각각 담당하였다. 제1집은 총 164면으로 비매품이었지만 제2집은 134면에 정가 300원으로 나와 있다. 제1집의 〈편집후기〉에 따르면, 표지와 컷은 홍익대 출신의 허윤희가 맡았고, 제자(題字)는 조선시대 명필 김돈희(金敦熙)의 글씨를 집자(集字)하였다고 한다. 제2집의 표지는 문장호(文章浩), 컷은 허걸이 담당하였다.

제1집 본문의 내용은 한국문인협회 전남지부장 허연(許演)의 〈발간사〉 「슬기와 끈기로 지켜온 향토문학」과 예총전남지부장 김남중(金南中)의 〈격려사〉 「전남은 문사(文士)가 많은 곳」을 필두로 〈수필〉, 〈시조〉, 〈동시〉, 〈창작〉, 〈희곡〉, 〈시〉, 〈평론〉 등으로 구성되어 있다. 필진으로는 구창환(丘昌煥), 백완기(白完基), 이한성, 정덕채(鄭德采), 정소파(鄭韶波), 최일환(崔日煥), 문삼석, 박종현, 위영남, 김신운(金信雲), 김제복, 설재록, 이계홍(李啓弘), 이명한(李明漢),

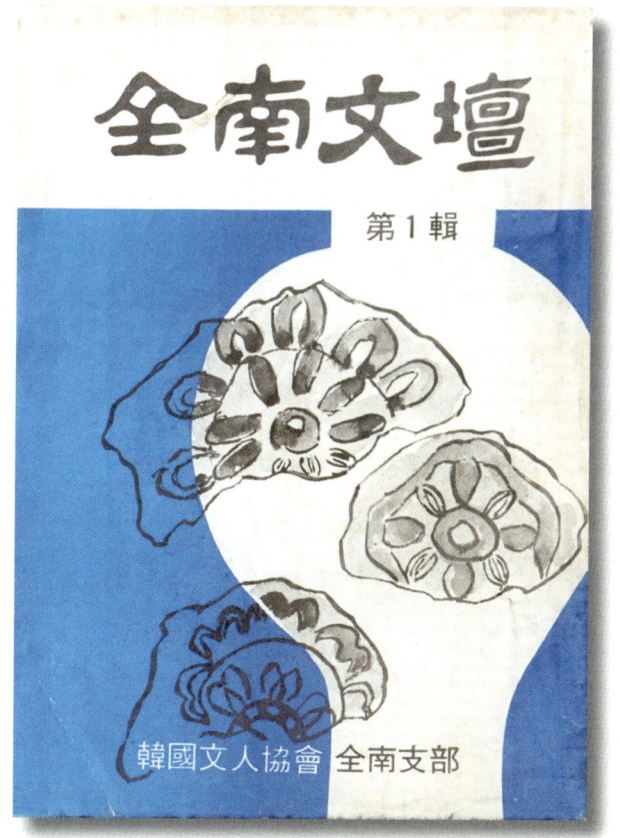

정청일(鄭淸一), 주동후(朱東厚), 한승원(韓勝源), 한옥근(韓沃根), 함수남(咸守男), 김만옥(金萬玉), 김종(金鍾), 문도채(文道采), 박홍원(朴烘元), 손광은(孫光殷), 양성우, 정재완(鄭在浣), 김재흠(金在欽), 김현곤(金賢坤), 문병란(文炳蘭), 범대순(范大錞), 송선영(宋船影), 장효문(張孝文), 진헌성(陳憲成), 차의섭(車義燮) 등이 참여하였다. 이러한 지면 구성은 제8집(1980년 8월)까지 일관되게 이어졌는데 성격상 문예작품이 내용의 상당 부분을 차지하는 특성을 볼 수 있다.

1961년부터 한국예술문화단체총연합회 산하 단체로 출발한 한국문인협회 전남지부는 1970년도부터 허연이 지부장을 맡았으며, 1986년 11월 행정구역 개편으로 광주가 직할시로 승격되자 1987년부터 광주문인협회와 전남문인협회로 분리되었다. 이에 따라 『전남문단』은 1986년 제14집까지 나오다가 1987년부터 『전남문학』으로 제호가 바뀐 뒤 1996년 제31집까지 발행되었다. 『전남문단』은 전남 지역 작가들의 주요한 지면으로 역할을 했으며, 한국문인협회 전남지부(현 전남문인협회, 광주문인협회)의 역사를 파악할 수 있는 중요한 잡지이다.

개인이 소장한 『전남문단』 제1집과 제2집, 제7집과 제8집을 DB화하였다. 허형만, 「문학동인활동변천사」, 전남문인협회 편, 『전남문학변천사』, 도서출판 한림, 1997을 참고하였다.

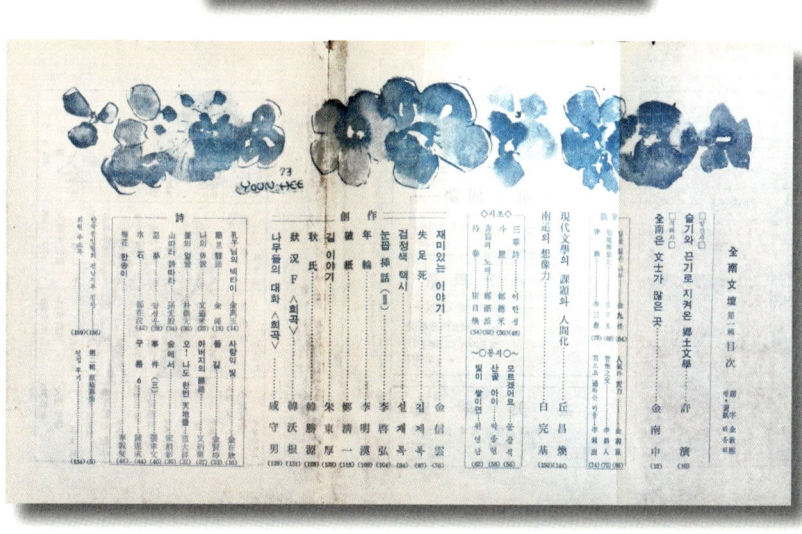

전남법학

題　　號	全南法學 第4號	판　　형	15×20.5
발 행 일	1969.02.10.	발행편집인	全南大學校 法科大學 法學會
표지화·컷		간별, 정가	격년, 非賣品
면　　수	137	인 쇄 소	湖南文化社(光州市 不老洞 111番地)
발 행 처	전남대학교 법과대학 법학회	기　　타	광주

　『전남법학(全南法學)』은 전남대학교 법과대학 법학회(全南大學校 法科大學 法學會)에서 발행한 학회지이다. 『전남법학』 제4호는 1969년 2월 10일 발행되었고, 광주시 불로동 111번지에 있었던 호남문화사에서 인쇄하였다. 비매품으로 총 137면이다. 지도교수는 임광택(林光澤), 김한기(金漢基), 이방기(李邦基), 학생편집위원은 나종웅(羅鍾雄, 3년), 나종문(羅鍾文, 3년), 박종식(朴鍾植, 3년), 이송연(李松淵, 2년), 문연준(文年俊, 3년) 등이다.

　『전남법학』 제4호는 인사말을 제외하면 〈논단〉과 〈번역〉, 〈수필〉로 구성되었는데, 〈논단〉에 17편의 글이 실렸고, 〈번역〉과 〈수필〉은 각 1편뿐이다. 학장 임광택이 〈권두언〉을 썼고, 학생회장 나종웅은 「4호를 내면서」라는 제목의 〈간행사〉를, 법대동창회장인 정시채(丁時采)는 「법학회지 제4호 발간에 제하여」라는 제목의 〈축사〉를 썼다. 〈논단〉에는 법학과 직간접적으로 관련된 논문들이 실렸다. 논문 게재 순서는 앞에서부터 교수, 대학원 졸업생, 대학원생, 법대 졸업생, 법대 재학생의 순서이다. 〈번역〉에는 법대 4학년 나용화가 「미국의 산업재해 보상 문제」라는 글을 번역하여 실었고, 〈수필〉에는 법대 2학년 김영배가 「그날의 소년이」라는 글을 썼다.

이러한 지면 구성은 제9호(1980년 12월)까지 일관되게 이어졌는데, 다만 제9호에서는 학생들의 논문이 보다 확대되는 특성을 볼 수 있다. 이처럼 『전남법학』은 전남대학교 법학과 구성원들의 학문적 관심사와 가치관을 살펴볼 수 있는 자료라는 점에서 의미가 있다. 전남대학교 도서관이 소장한 『전남법학』 제4호와 제5호, 제8호와 제9호를 DB화 하였다.

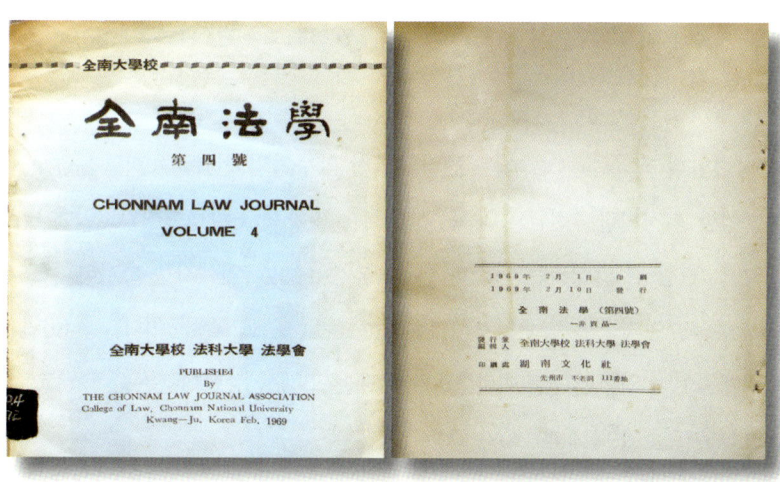

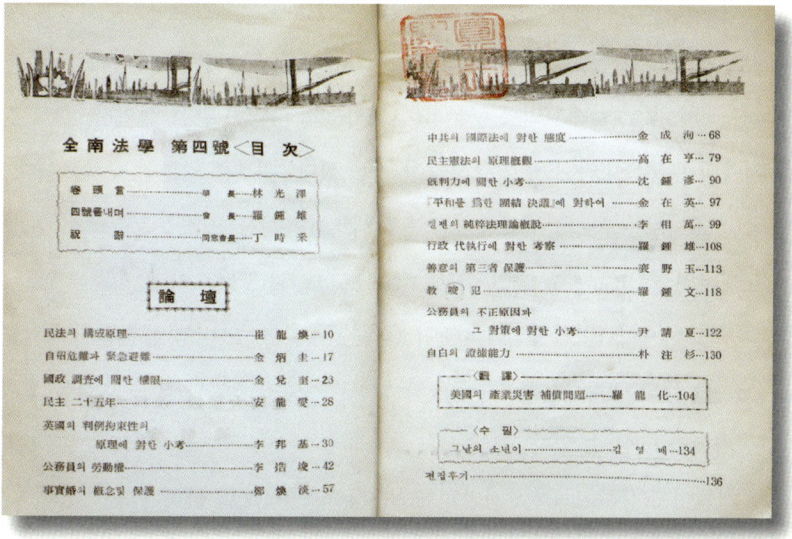

전남의 교육

題　　號	全南の教育 創刊號	판　　형	15×21
발 행 일	1925.12.06	발행편집인	安田保則
표지화·컷	細目 爲, 題字: 장헌식	간별, 정가	季刊, 비매품
면　　수	86	인 쇄 소	광주일보사
발 행 처	전남교육회	기　　타	광주, 日本語

『전남의 교육(全南の教育)』은 전라남도청 학무과의 전남교육회(全南教育會)에서 발행한 회지이다. 『전남의 교육』 창간호는 1925년(大正14年) 12월 6일에 발행되었고, 편집 겸 발행자는 야스다 야스노리(安田保則), 인쇄자는 츠나타니 도키치(綱谷藤吉) 인쇄소는 광주일보사(全羅南道 光州郡 光州面 南門通)이다. 총 86면으로 비매품이며 일본어 잡지이다. 표지 제자는 도지사 장헌식(張憲植)이 썼고, 표지 그림은 호소메 다메(細目爲)가 그렸다.

전남교육회 회장인 마츠이 후사지로(松井房治郎)의 〈발간사〉와 전라남도 도지사 장헌식의 〈축사〉에 이어서 크게 〈학설(學說)〉과 〈연구〉, 〈잡록〉, 〈문조(文藻)〉, 〈휘보〉로 카테고리를 구분하여 교사들의 다양한 글을 실었다. 주로 전남 지역의 보통학교와 소학교 교사들이 글을 썼다. 대부분 일본인 교사들이다. 한국인 교사로는 북평공립보통학교의 강제호(姜濟鎬)가 〈연구〉 부분에서 「보통학교에서의 수업료 징수 방안(普通學校に於ける授業料徵收方案)」이라는 글을 썼고, 나산공립보통학교의 안종열(安鐘烈)이 〈잡록〉 부분에서 「비행정 편승기(飛行艇便乘の記)」를 썼다. 1920년대 초등교육의 상황과 일본인 교사들의 논점들을 보여주는 자료라고 할 수 있다.

개인이 소장하고 있는 『전남의 교육』 창간호를 DB화 하였다.

전남한약

題　　號	全南漢藥 創刊號	판　　형	17.5×23
발 행 일	1977.04.	발행편집인	發行: 社團法人 全南漢藥協會 編輯: 社團法人 全南漢藥協會 學術委員會
표지화.컷		간별, 정가	
면　　수	127	인 쇄 소	韓國印刷工社
발 행 처		기　　타	광주

『전남한약(全南漢藥)』은 사단법인 전남한약협회(全南漢藥協會)에서 발행한 학술지이다. 창간호는 1977년 4월에 발행되었다. 창간호의 판권사항을 보면, 발행은 사단법인 전남한약협회, 편집은 사단법인 전남한약협회 학술위원회(學術委員會), 인쇄는 한국인쇄공사(韓國印刷工社)에서 하였다. 총 127면이다.

본문의 구성은 전남한약협회 소속 회원들의 〈연구논문〉을 중심으로 한약사와 한의학 소식, 한약 용어 풀이, 한약의 효능과 기전, 본초의 성질, 각종 질병의 치료 및 예방, 침구치료, 한약 정보, 회원 동정 등 다양하게 구성되어 있다. 필진으로는 전라남도와 광주시 등에서 한의원과 한약방을 운영하는 한의사와 한약사들이 참여하였다.

수록된 〈연구논문〉 중에 눈에 띄는 것은 다음과 같다. 이명한의「동양의학의 새로운 인식을 위하여」, 광주 본초원 한의사 윤경일의「방약합편(方藥合編)의 고찰과 새로운 임상서(臨床書)의 모색」, 목포 중앙한약방 박종선의「저혈압증의 소고」, 목포 홍약방 홍중대의「심장성 천식(喘息), 천효(喘哮) 치험례(治驗例)」, 한약사 신명렬의「석림(石淋) 신장결석(腎臟結石)」, 광주 서천당한약방 이서규의「보약에 대한 인식」등이 주목된다. 이들 논문은 학술논문으로서 상당히 수준이

높으면서도 국민의 눈높이에 맞추어 환자들에게 과학적이고 학술적인 모습으로 보다 쉬운 접근을 모색하고 있다는 점이 특징적이다. 이러한 논문들은 현대의학 용어와 한의학 용어를 접목시키려 노력하는 모습을 구체적으로 보여주는 예라 하겠다.

　이밖에 창간호에 수록된 글 중에서 눈에 띄는 글로는 성암(惺巖) 정재열(鄭在烈)의 제중(濟衆) 기념비를 소개하는 글(「방(訪) 성암제중비(惺巖濟衆碑)」)이 있다. 정재열은 1941년 81세로 작고할 때까지 화순군민에게 인술을 베풀었다고 전해지는 인물이다. 이 비는 전남 화순여자중학교 교정 안에 자리한 비로, 화순군민이 정재열의 인술을 기념하기 위해 그의 나이 75세 때 세워준 제중비로 알려져 있다. 이처럼 『전남한약』은 사단법인 전남한약협회 회원들의 의학적 관심사와 의료지식을 살펴볼 수 있는 자료라는 점에서 의미가 있다. 개인이 소장한 『전남한약』 창간호를 DB화 하였다.

丹毒	87
膵臟과 急引性 急會神經痛	89
石淋(腎臟結石)	91
小兒痢疾과 胃腸과 嘔吐	94
腎臟與炎症에 對하여	96
腹目 알아보기	100
治腹處方	101
河氣枝 胃腸病 및 胃下垂, 胃散症	103
胃腹方	104
魚腹	106
則石症	108
砭布正氣散処方에 對하여	111
補陰에 對한 論說	118
積中痰欠症에 民用과 柏方	119
肋脹炎에 對한 談症治癒	121
勞 傳羅濟衰褥	123
有 間	126
編編後記	127

전남회보

題　　號	全南會報 創刊號	판　　형	18.5×25.7
발 행 일	1956.01.10.	발행편집인	發行: 田天洙, 編輯: 崔德源
표지화·컷	揮毫: 申翼熙	간별, 정가	非賣品
면　　수	63	인 쇄 소	中央印刷公社(光州市 忠壯路 5街 68番地) 印刷: 姜河奎
발 행 처	在京全南學友會(서울特別市 忠武路 2街 13番地)	기　　타	서울, 主幹: 徐明辰

　『전남회보(全南會報)』는 재경전남학우회(在京全南學友會)에서 발행한 학우회지이다. 창간호는 1956년 1월 10일에 발행하였다. 창간호의 판권사항을 보면, 발행인은 전천수(田天洙), 편집인은 최덕원(崔德源), 인쇄인은 강하규(姜河奎), 발행소는 재경전남학우회(서울特別市 忠武路 2街 13番地), 인쇄소는 중앙인쇄공사(中央印刷工社, 光州市 忠壯路 5街 68番地)이다. 총 63면으로 비매품이다.

　본문은 인사말을 제외하면 〈논단〉과 〈저명인사 프로필〉, 〈수필〉, 〈단편소설〉로 구성되었는데, 〈논단〉에 14편의 글이 실렸고, 〈수필〉은 2편, 〈단편소설〉은 1편뿐이다. 잡지를 펼치면 가장 먼저 보이는 것이 '전남도민의 노래'이다. 이어 당시 민의원(民議院) 의장 이기붕(李起鵬)의 「조국 명월에 이바지하라」는 〈격려사〉를 시작으로, 정치인 해공(海公) 신익희(申翼熙)가 친필로 쓴 〈휘호(揮毫)〉, 회장 전천수의 〈권두언〉, 박성룡(朴成龍)의 〈서시〉, 엄상섭(嚴詳燮)의 〈창간사〉가 차례로 수록되어 있다.

　이후 전라남도지사 민병기(閔丙祺)의 「학도의 의무를 재인식하라」, 문교부 고등교육국장 안용백(安龍伯)의 「분열을 삼가라」, 동아일보주필 고재욱(高在旭)

의 「먼저 인격을 양성하라」, 전남경찰국장 김종원(金宗元)의 「애국애족(愛國愛族)하라」, 전남방직주식회사 사장 김형남(金瀅南)의 「국제성 인간형을 창조하라」, 초대 본(本)학우회장 장영식(張榮植)의 「친목과 결사」 등 〈축사〉 글 6편이 수록되어 있는데, 이어지는 민의원 황성수(黃聖秀)의 「나의 학창생활」, 연희대

학교(延禧大學校) 교수 서석순(徐碩淳)의 「학생과 시간」, 민의원 조영규(曺泳珪)의 「전남학우에게 보내는 글」 등 역시 축사적 성격을 띤다.

〈논단〉으로는 「국내정치의 개관」, 「농업은행의 창설과 전망」, 「국난타개와 우리의 각성」, 「농촌의 구급제(救急劑)인 축산업」, 「전남의 역사적 고찰」, 「한국계(韓國契)의 기원과 그 발전」, 「외국원조와 경제부흥의 진로」, 「갈등의 극복」, 「민주선언 제1장」, 「한국의 내외정국」, 「이상과 현실의 조화」, 「소위 호남기질의 비판」, 「민족문학에 있어서의 시조의 위치」 등 13편의 비평문이 실려 있다. 이 외에도 「재경전남학우회의 족적(足蹟)」, 〈저명인사 프로필〉 등을 통해 서울에 있는 전남출신의 명망가 인사를 대외적으로 알리고 있다. 또 〈단편소설〉에는 미국에서 활동 중인 소설가 박상식(朴尙植)의 단편 「태양의 그림자」가 수록되어 있기도 하다.

한편 〈명단선(名單選)〉에는 재경전남학우회의 임원 명단과 함께 서울소재 대학교의 전남출신 학생들의 간사 명단이 수록되어 있다. 이를 통해 당시 전남출신 대학생들은 본 잡지를 매개로 상호 소식을 주고받으며 커뮤니티를 형성하고 있었음을 확인할 수 있다. 잡지 끝부분에는 「우리의 맹세」가 나와 있다. "1. 우리는 대한민국의 아들 딸, 주검으로서 나라를 지키자. 2. 우리는 강철같이 단결하여 공산침략자를 쳐부수자. 3. 우리는 백두산 영봉에 태극기 날리고 남북통일을 완수하자"이다. 이를 볼 때 반공사상이 당시 대한민국의 지배적인 이념이었음을 알 수 있다. 개인이 소장한 『전남회보』 창간호를 DB화 하였다.

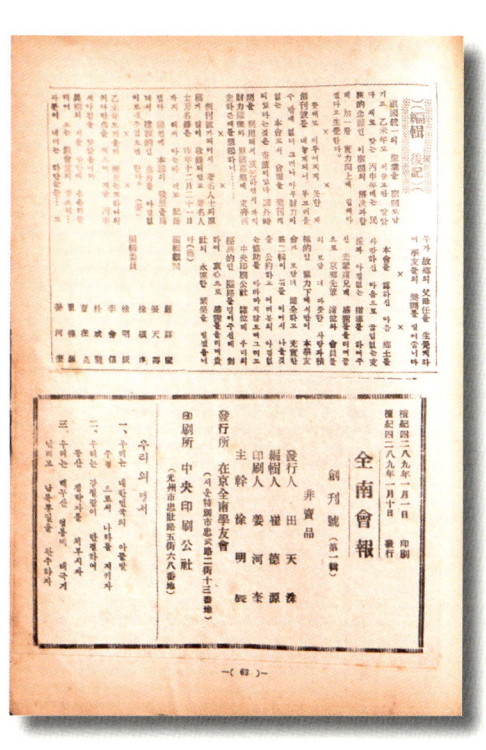
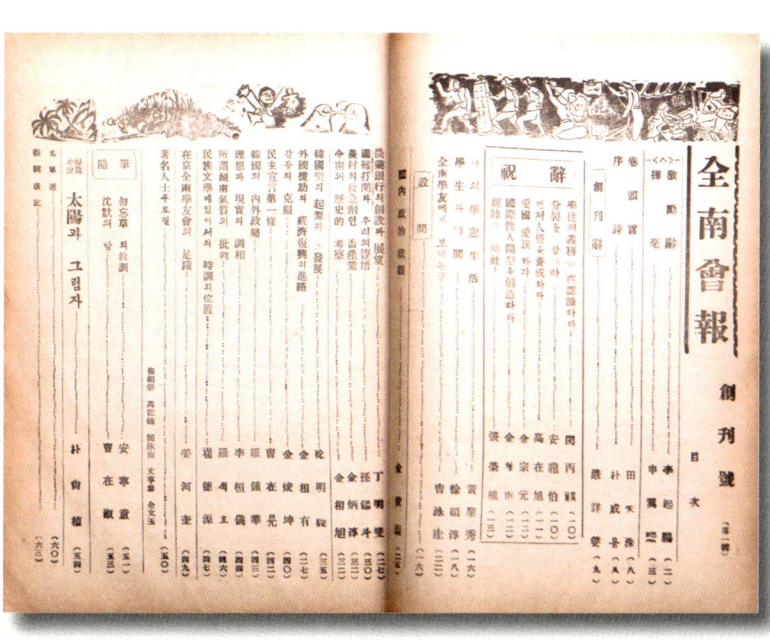

전일그라프

題　號	全日그라프 통권 제49권	판　형	25×34
발 행 일	1975.01.01	발행편집인	發行: 金南中
표지화·컷		간별, 정가	월간, 500원
면　수	70	인 쇄 소	제판: 부산 제일인쇄재료사 인쇄: 姜炫澤
발 행 처	全南日報社(光州市 錦南路 1街 1)	기　타	광주, 1월호

　『전일그라프(全日그라프)』는 전남일보사(全南日報社, 光州市 錦南路 1街 1)가 월간으로 발행한 종합지이다. 1971년 1월 1일에 창간되었다. 『전일그라프』 통권 제49권은 1975년 1월 1일에 발행되었다. 지리산을 배경으로 한 표지 사진은 강봉규가 촬영하였다. 판권사항을 보면, 발행인은 김남중(金南中), 인쇄인은 강현택(姜炫澤), 제판(製版)은 부산 제일인쇄재료사, 발행소는 전남일보사, 면수는 70면이며, 정가는 500원으로 되어 있다.

　잡지 끝부분에는 "본지는 그간 제반물가와 제작비의 여건에도 불구하고 350원의 발행가를 지속해왔으나 만부득이 신년호부터 500원으로 인상하오니 양지하여 주시기 바랍니다."라는 「사고(社告)」가 나와 있다. 이에 따르면, 『전일그라프』의 가격 인상에 대한 사측의 고민이 깊었음을 알 수 있다.

　본문의 내용은 사진 화보를 중심으로 지역 및 국내외 정치·사회 소식, 도정 홍보, 농업 정보, 해외토픽, 문학 작품 등 다양하게 구성되어 있다. 구체적으로는 〈내 고장 소식〉, 〈전남지정문화재 시리즈〉, 〈도시 특집〉, 〈전남 가볼만 한 곳〉 등의 기획 연재물로 꾸준히 지역 소식과 문화를 전파하면서 〈새마을소식〉, 〈월남전소식〉을 통해 당시 국가 정책 방향을 알리는데 일정한 지면을 할애한 점이 특징적이다.

전남일보사가 1974년 1월에 창간한 월간 『포토전매(全每)』, 전북신문사가 1973년 9월에 창간한 월간 『포토전북』보다 이른 시기에 사진을 편집 노선의 중심에 위치시킨 잡지라는 점에서 『전일그라프』는 1970년대 시대상을 시각적으로 확인할 수 있는 자료로서 의미를 지닌다. 개인이 소장한 『전일그라프』 제49권과 제70권을 DB화 하였다.

조대문학

題　　號	朝大文學 第5輯	판　　형	15×21
발 행 일	1964.10.30.	발행편집인	편집: 정철인
표지화·컷		간별, 정가	
면　　수	135	인 쇄 소	朝鮮大學校印書館
발 행 처	朝鮮大學校 文理科大學 文學硏究室	기　　타	제2권 제3호, 개교18주년 기념호, 47면으로 시작해서 181면으로 끝남

　『조대문학(朝大文學)』은 조선대학교 문리과대학 문학연구실(朝鮮大學校 文理科大學 文學硏究室)에서 발간한 문학 관련 연구 논문집이다. 창간호의 발행사항은 확인되지 않는다. 해제본은『조대문학』제5집(제2권 제3호)인데, 판권지가 누락되어 있어 정확한 발행정보는 확인되지 않는다. 다만, 겉표지와 속지에 1964년 10월이라는 글씨가 씌어 있고, 뒤표지에는 '1964. Oct. 30'이라 인쇄되어 있는 것으로 보아『조대문학』제5집은 1964년 10월 30일에 발행되었음을 알 수 있다.

　『조대문학』제5집은 겉표지에 '개교 18주년 기념호'라고 씌어 있으며, 속지에는 "개교 18주년을 맞이하여 설립자이신 박철웅(朴哲雄) 총장님께 이 책자를 올립니다."라고 표기되어 있다. 제호 아래에는 목차가 나와 있는데, 인사말이나 서문 등의 글이 없이 바로 국어학, 고전문학, 현대문학, 외국문학에 관한 논문으로 이어진다. 어떤 이유에서인지 본문이 47면으로 시작하여 181면으로 끝나는 점이 특이하다.

　『조대문학』제5집에는 조선대학교 문리대 교수들과 문리대 출신 중·고등학교 교사 6명이 필진으로 참여하였다. 구체적인 내용을 보면, 정철인(鄭哲仁)

의「현대비평의 의미론적 양상」, 이종출(李鐘出)의「황조가(黃鳥歌) 논고 – 특히 문헌해석의 문제점을 중심으로」, 장태진(張泰鎭)의「국어의 은어(隱語)에 있어서 – Fundamental Number의 어사(語辭)에 관하여」, 구창환(丘昌煥)의「상처받은 세대 – 황순원의『나무들 비탈에 서다』를 논함」, 최용재(崔鎔裁)의「이상(李箱)의 소설을 통해서 본 '나'의 정신적 편력」, 서주열(徐州烈)의「전남방언과 경남방언의 등어선(等語線) 연구」등 다양한 주제의 논문들이 수록되어 있다.

책 말미에는『조대문학』제1집에서 제5집까지의 주요목차와「조대 문학의 밤」이 소개되어 있다. 소설가 문순태(당시 4학년)의 사회로 개최한「조대 문학의 밤」행사에는 당시 300여명이 참석하여 50면의 낭독 작품집을 발간 배부했다는 점을 밝히고 있다. 개인이 소장한『조대문학』제5집을 DB화 하였다.

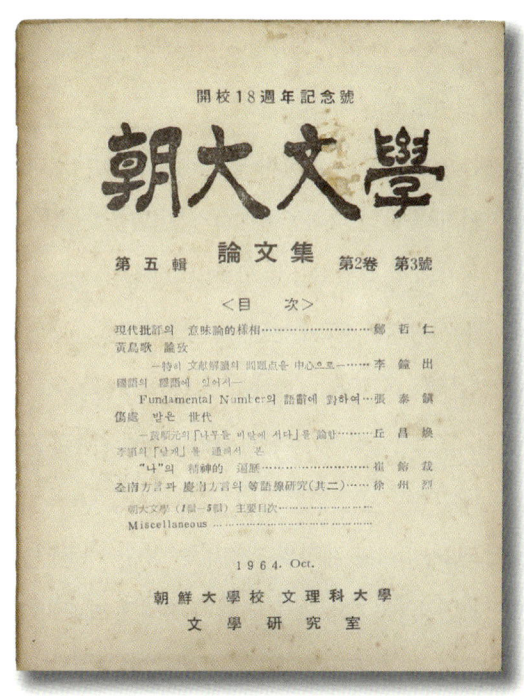

조대학보

題　　號	조대학보 제4호	판　　형	14.5×20
발 행 일	1970.08.15.	발행편집인	발행: 조선대학교 총학생회 편집:『조대학보』편집위원회
표지화·컷		간별, 정가	연간, 비매품
면　　수	374	인 쇄 소	조선대학교 인서관
발 행 처	조선대학교 총학생회	기　　타	광주, 영인본

『조대학보(朝大學報)』는 조선대학교 총학생회에서 연간으로 발행한 교지이다. 1967년에 창간되었다.『조대학보』제4호는 1970년 8월 15일 발행되었고, 『조대학보』편집위원회에서 편집하였다. 지도교수는 이종출, 편집위원장 이삼교, 편집위원 모상담, 최한묵, 오종진이었다. 인쇄는 조선대학교 인서관에서 하였고, 총 374면으로 비매품이다.

『조대학보』제4호는 대학교 교지의 규모에 걸맞게 다양하고 많은 글들이 실렸다. 설립자이자 총장인 박철웅(朴哲雄)의「내일을 개척할 불굴의 자세」라는 제목의〈격려사〉와 총학생회장 유상종의「창조의 전통을 살리자」라는 제목의〈발간사〉를 시작으로〈교수논단〉,〈교수수필〉,〈특집〉,〈동문기고〉,〈앙케트〉,〈학생논단〉,〈교양〉,〈학생수필〉,〈학생시(詩)〉,〈창작〉,〈지상(紙上)미술·사진전〉,〈토막·상식〉,〈한시(漢詩) 감상〉,〈편집후기〉등으로 구성되어 있다.

이 가운데서 제2차 5개년 계획의 빈틈없는 성공을 바라는 하나의 제언으로 '지역 사회 개발'이라는〈특집〉을 기획한 것이 눈에 띈다. 이〈특집〉에는 사범대 교수 김영원의「지역사회 개발을 위한 역사 문화적 고찰—전남의 사

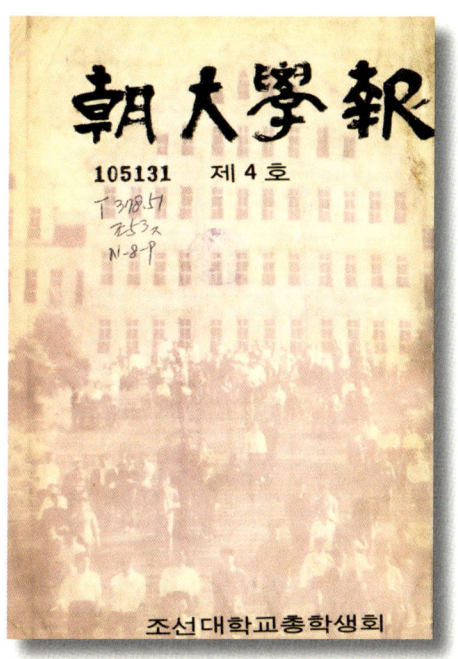

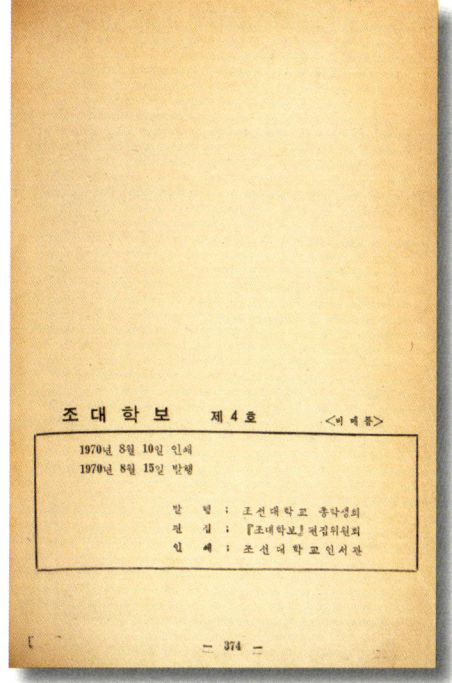

적과 거석문화를 중심으로」, 법정대학 교수 박병홍의 「한국 농업 생산력 형성의 특수성」, 의과대학 부교수 강종환의 「교육개발과 교육 의식—교육 신풍 운동에 즈음하여」, 법정대학 전임강사 김익현의 「지역 사회 개발운동이 걸어온 길」, T · 동인(박길복 · 김의식 · 이알란 · 이생현 · 조충현 · 안상엽 · 최한호)의 「제1 수원지 관광개발 계획안」 등의 글이 게재되었다.

이에 더해 「학생 봉사활동의 성과와 문제점—농어촌 여름봉사 활동 보고 좌담회」 형식의 〈특집〉을 마련한 것도 주목된다. 전남지역 구성원들이 지역 사회 개발과 봉사에 많은 관심을 가지고 있었고 시대적으로도 지역 개발이 중요한 쟁점이었음을 확인할 수 있다. 전남대학교 도서관이 소장한 『조대학보』 제4호를 DB화 하였다.

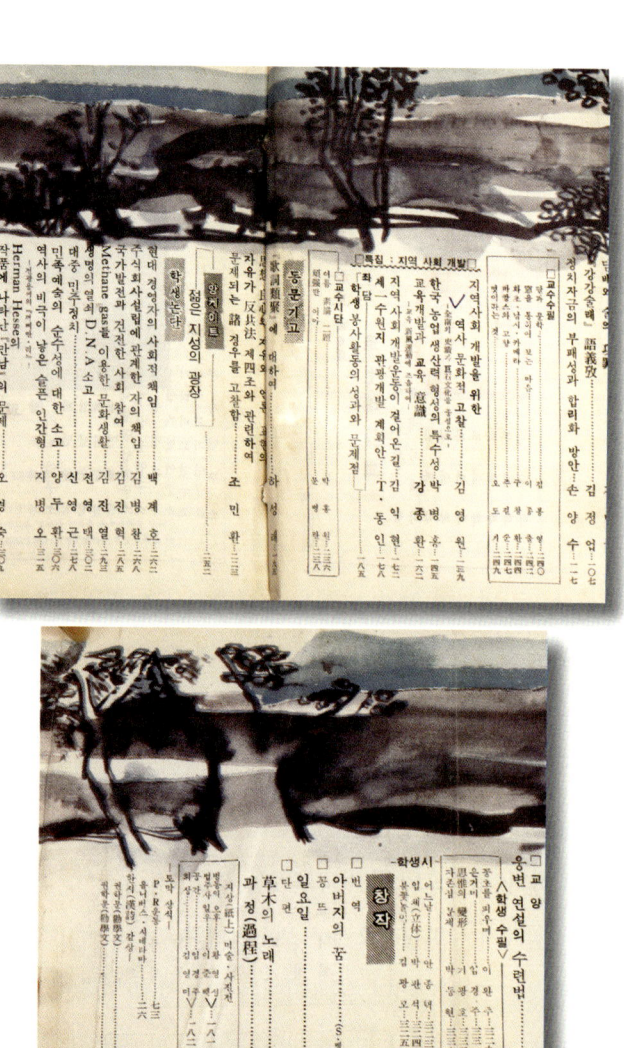

주간시사

題　　號	週刊時事	판　　형	15.5×21
발 행 일	1951.08.07.	발행편집인	
표지화·컷		간별, 정가	주간, 비매품
면　　수	28	인 쇄 소	
발 행 처	光州地區美國公報院	기　　타	광주, 宋寅明中領 木浦地區衛戍司令官

『주간시사(週刊時事)』는 한국전쟁 시 광주지구 미국공보원(光州地區 美國公報院)에서 주간으로 발간한 잡지다. 해제본 『주간시사』는 판권지가 누락되어 있어 발행정보는 확인되지 않으나 겉표지 상단에 1951년 8월 7일이라고 표기되어 있는 것으로 보아 이 인쇄일자에 발행된 것으로 추측된다. 이는 1951년 7월 10일 개성에서 열린 첫 휴전회담을 전하는 〈권두언〉을 통해서도 확인할 수 있다. 하지만 여타의 기록이 전무하여 현재로서는 몇 호로 발행되었는지 확인이 불가하며, 창간호의 발간사항 역시 확인되지 않는다.

해제본의 앞표지는 해군목포지구 위수사령관(海軍木浦地區 衛戍司令官) 송인명(宋寅明) 중령을 그린 것이며, 뒤표지에는 3·8선 이북 전황도(戰況圖)가 그려져 있다. 면수는 28면으로 비매품이다. 전시에 발행한 주간시사지답게 본문의 내용은 주로 한국전쟁 당시에 일어난 여러 가지 군사적·사회적 사건에 관한 내용들을 다루고 있다.

일별하면 「개성회담의 진행」, 「전선뉴스」, 「정전회담」, 「활약하는 자유국 모습(사진)」, 「충무공정신에 살자(목포해군경비부사령관 송인명 해군중령 회견기)」, 「국제소식」, 「지방소식」, 「내가 본 미국의 도서관」, 「금연의 비결」, 「미국의 대한원조(對韓援助)」, 「철장막내단신(鐵帳幕內短信)」, 「역사를 개조하는 소련」, 「주간일지(週刊日誌)」, 「사진사 스탈린」 등으로 구성되어 있다.

이 가운데 「전선뉴스」에는 B29·B26편대의 활약소식과 당시의 전시상황 등이 자세하게 수록되어 있으며, 「활약하는 자유국 모습」에는 치료를 받고 있는 유엔군 병사 사진을 수록하여 한국전쟁에 유엔군이 희생하고 있음을 독자들에게 알리고 있다. 또한 「내가 본 미국의 도서관」에서는 미국의 문화, 문물, 문명을 소개하면서 미국이 강대국이며 발전한 국가임을 독자들에게 자연스럽게 각인시키고 있다. 동시에 「미국의 대한원조(對韓援助)」에서는 미국과 UN이 우방이며 한국을 도와주는 국가이자 단체임을 강조하고 있다. 반면 「역사를 개조하는 소련」, 삽화 「사진사 스탈린」 등을 통해서는 공산주의와 공산주의 국가를 적대시하고 은연 중 반공의식을 강화하려는 의도를 내보이고 있다. 개인이 소장한 『주간시사』를 DB화 하였다.

진도

題 號	珍島 通卷8號	판 형	13×19
발 행 일	1971.12.01.	발행편집인	金兌曄
표지화·컷		간별, 정가	월간, 200원
면 수	118	인 쇄 소	인쇄: 金兌曄
발 행 처	珍島公論社 (진도군 진도면 성내리 49-9)	기 타	진도, 12월호 편집장: 박주언, 회장: 曺大煥

『진도(珍島)』는 진도공론사(珍島公論社, 진도군 진도면 성내리 49-9)가 월간으로 발행한 종합지이다. 1971년 12월 1일에 발간한 『진도』 통권 제8호의 〈권두언〉에 따르면, '진도인의 벗 『진도』는 1971년 1월에 창간되었다.' 제8호의 판권사항을 보면, 발행편집 겸 인쇄는 김태엽(金兌曄, 진도공론사 사장), 편집장은 박주언, 회장은 조대환(曺大煥), 총 118면으로 정가는 200원이다.

본문의 내용은 진도공론사 사장 김태엽의 「저물어가는 71년을 되돌아본다」라는 제목의 〈권두언〉을 시작으로 〈초대석〉, 〈탐방기〉, 〈특집〉, 〈수필〉, 〈내 고장 순례〉, 〈김정호 칼럼〉, 〈상록수 교사〉, 〈생활난〉, 〈시〉, 〈동시의 나라〉, 〈명작순례〉 등으로 구성되어 있다. 구체적으로 〈초대석〉에는 각계 인사들을 필자로 교육, 종교, 농업에 대한 논설 6편이 실려 있으며, 〈특집〉에는 제12회 '전국민속예술경연대회'에서 「국무총리상을 탄 진도 들노래」를 비롯하여 불교, 카톨릭, 개신교 성직자들과 발행인이 참여한 「제1회 진도종교지도자 좌담회」 등이 수록되어 있다.

또한 〈탐방기〉에는 「이세약방 편」, 「제수당약방 편」이, 〈내 고장 순례〉에는 「용장산성」이, 〈상록수 교사〉에서는 「박상조 씨를 찾아본다」 등을 통해 진

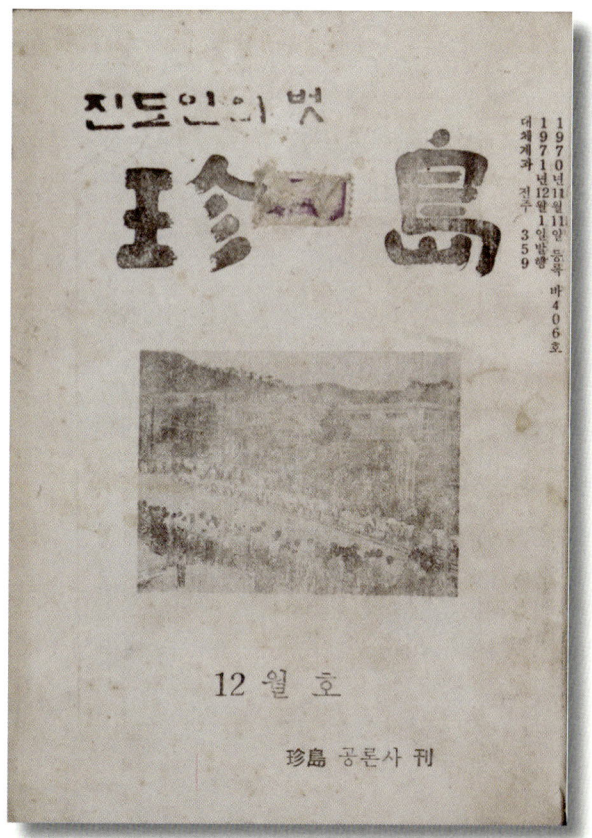

도군의 인물과 명소를 독자들에게 알리고 있다. 이 밖에도 진도군의 주민과 학생, 교사, 기관 인사들을 중심으로 〈시〉, 〈수필〉 등의 문예면이 꾸려져 있다. 특히 본문의 사이사이에 '사고(社告)', '우리의 자랑 월간 진도', '축 당선사례', '손의원 국감반장으로 오시다', '진도택시' 등의 기사와 광고를 게재하여 진도군과 출향 인사들의 소식을 소개하고 있는 점이 인상적이다.

제8호의 필자 가운데 눈에 띄는 필자로는 김태엽이 있다. 진도공론사를 설립하여 사장으로 일한 김태엽은 전남일보 기자, 진도여자중학교 교사 등으로 재직하면서 지역의 언론과 교육발전에 노력한 인물이다. 이런 연장선상에서 『진도』를 발간하고 이와 함께 외주 업무를 담당했지만 어려운 출판 환경 속에서 진도공론사는 결국 운영난으로 문을 닫았다. 『진도』는 군 단위에서 발행한 잡지이지만 내용이 다양하고 진도군민의 교양을 선도한 잡지라는 점에서 가치가 있다. 개인이 소장한 『진도』 제8호를 DB화 하였다.

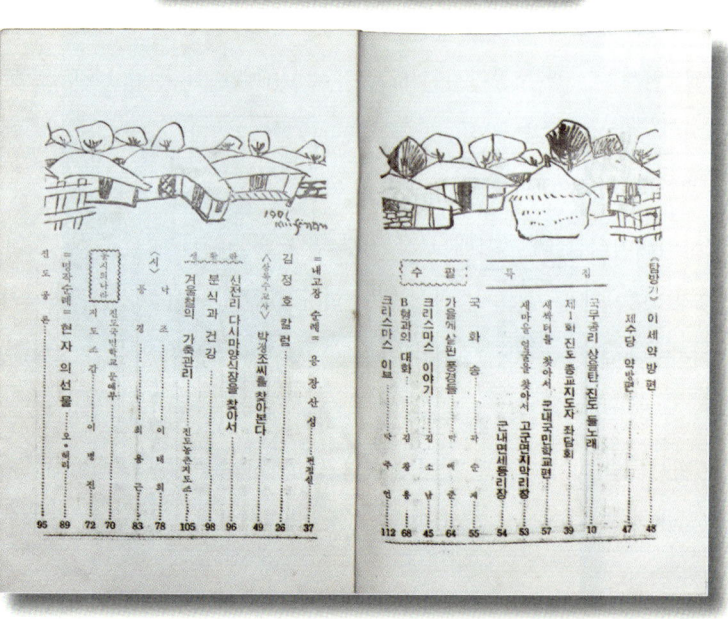

청구

題　　號	靑丘 創刊號	판　　형	15×21
발 행 일	1957.10.15.	발행편집인	鄭부
표지화.컷	表紙·目次·扉畵: 吳天	간별, 정가	非賣品
면　　수	148	인 쇄 소	光州東亞社印刷所
발 행 처	光州須彼亞女子中高等學校 (光州市 楊林洞 256番地)	기　　타	광주, 開校50周年記念號

『청구(靑丘)』는 광주수피아여자중고등학교(光州須彼亞女子中高等學校, 光州市 楊林洞 256番地)에서 발간한 교지이다. 광주수피아여자중고등학교는 1908년에 개교하였는데, 『청구』 창간호는 '개교 50주년 기념호'로서 1957년 10월 15일 발행되었다. 편집 겸 발행인은 정부(鄭부), 발행처는 광주수피아여자중고등학교, 인쇄처는 광주 동아사인쇄소(光州 東亞社印刷所)이다. 총 148면으로 비매품이다. 표지와 목차, 비화(扉畵)는 오천(吳天)이 그렸다.

책 내용은 제5대와 제10대 교장을 역임한 유화례(Miss Florence E. Root) 선교사의 〈머리말〉과 제11대 교장 정부의 「도의(道義)와 여성교육」, 도상욱의 「그리스도인의 즐거움」, 김광선의 「수피아 오십년 약사」 등의 글과 〈기고〉, 〈여학생 논단〉, 〈창작〉, 〈낙수집(落穗集)〉 등으로 구성되어 있고, 〈교직원 명부〉, 〈졸업반 학생 명부〉, 〈편집후기〉 등으로 이어진다. 특기할만한 점으로는 명사들의 시가 게재된 것이다. 〈기고〉 항목에는 박두진(朴斗鎭)의 「젊으신 신(神)에게」, 모윤숙(毛允淑)의 「밀밭에 선 여인」, 김해성(金海星)의 「강물」 등의 시가 실렸다.

〈편집후기〉를 보면 박두진과 모윤숙의 시를 『청구』에 실을 수 있었던 것에는 김해성의 역할이 컸던 것으로 보인다. 수피아여자고등학교 국어교사로 재직했던 이수복(李壽福) 시인의 「푸른 하늘 아래 서서」도 실려 있다. 문학사를 장식하는 인물들의 비교적 초기 작품을 발견할 수 있다는 점에서도 『청구』의 가치를 찾을 수 있다. 개인이 소장하고 있는 『청구』 창간호를 DB화 하였다.

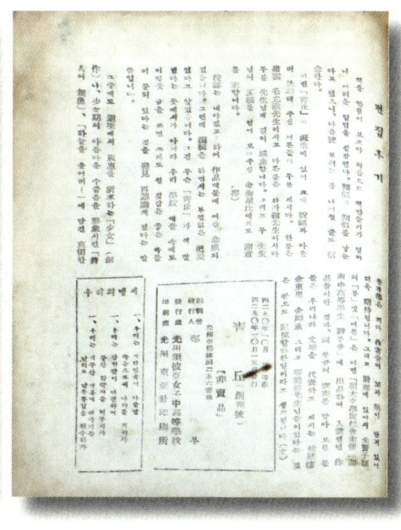
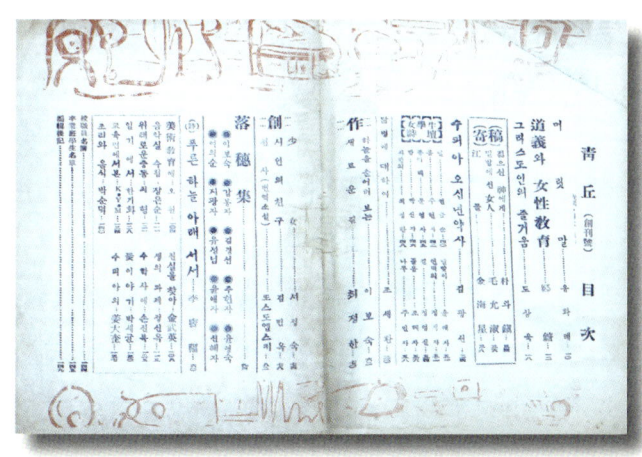

청죽

題　　號	靑竹 創刊號	판　　형	15.3×21.7
발 행 일	1955.07.15.	발행편집인	發行: 徐源三, 編輯: 潭陽中高等學校 學徒護國團文藝部
표지화·컷	裝幀·揷畫: 林秉기	간별, 정가	연간, 비매품
면　　수	130	인 쇄 소	南鮮印刷工業社(光州市 黃金洞 57番地)
발 행 처	潭陽農業中高等學校學徒護國團	기　　타	담양

　『청죽(靑竹)』은 담양중학교·담양농업고등학교(현 담양공업고등학교)에서 발행한 교지이다. 창간호는 1955년 7월 15일, 제2호는 1956년 9월 5일에 연간으로 발행하였으나 제3호는 1959년 2월 25일, 제4호는 1960년 6월 29일에 발행하였다. 이로 보아 『청죽』은 부정기적으로 간행된 제3호를 제외하면 연간으로 발행되었음을 알 수 있다.

　창간호와 제2호의 판권사항은 동일한데, 발행은 서원삼(徐源三), 편집은 담양중고등학교 학도호국단 문예부(潭陽中高等學校 學徒護國團 文藝部), 인쇄는 남선인쇄공업사(南鮮印刷工業社, 光州市 黃金洞 57番地)에서 하였다. 창간호의 장정(裝幀)과 삽화(揷畫)는 임병기(林秉淇)가 하였고, 제2호의 장정은 장기창(張基昌), 내용 컷은 박석재(朴錫載)가 맡았다. 비매품으로 면수는 각각 130면, 143면이다.

　창간호의 본문 내용은 교장 서원삼의 〈창간사〉와 교감 김종욱(金鍾旭)의 〈축사〉「학도의 길」을 시작으로 〈농촌의 기사(技士)〉, 〈논설〉, 〈웅변원고〉, 〈시단〉, 〈단상(斷想)〉, 〈수필〉, 〈창작〉, 〈동요〉, 〈만화〉, 〈콩트〉, 〈본교연혁초(本校沿

革抄)〉, 〈학생호국단조직표〉, 〈졸업생명부〉, 〈편집후기〉 등으로 구성되어 있다.

특기할만한 점으로는 몇몇의 글을 제외하고는 주로 재학생들의 글이 지면을 가득 채우고 있다는 것이다. 이 가운데 눈에 띄는 재학생 글로는 고3 황의영(黃義映)의 「광주학생독립운동 기념탑 제막식에 제(際)하여」가 있다. 광주학생독립운동 기념탑 제막식에 참석하여 그날의 상황을 생생하게 기록한 글이라는 점에서 당대적 의미가 있다. 한편 눈에 띄는 외부 인사로는 시인 허연(許演)이 있다. 훗날 한국문인협회 전남지부장을 역임한 허연은 특별기고 형식으로 「내가 숨 지울 때」라는 제목의 시를 실었다.

〈본교연혁초〉에 따르면, 담양중학교는 해방 후 1946년에 개교하였고, 담양농업고등학교는 한국전쟁 중인 1951년에 개교하였는데, 〈졸업생명부〉에는 담양중학교 제7회 졸업생 명단과 담양농업고등학교 제1회(1953년도), 제2회(1954년도) 졸업생 명단이 수록되어 있다. 책의 말미에는 〈편집후기〉와 함께 편집위원일동 사진과 명단이 나와 있는데, 남학생 편집위원으로 임병기, 지봉길(池奉吉), 정영선(程永善), 홍운표(洪雲表), 서동열(徐東烈), 김형곤(金炯坤), 여학생 편집위원으로 김연희(金連姬)가 참여하였고, 교사 편집위원으로는 박진철(朴眞哲), 국봉모(鞠奉模)의 이름이 올라가 있다.

창간호의 지면 구성은 『청죽』 10호까지 일관되게 이어졌는데, 다만 〈만화〉 코너는 제2호까지 보이고 이후로는 지면에서 사라지는 특성을 볼 수 있다. 이러한 『청죽』은 담양농업중고등학교 학생들의 당대적 의식과 문학적 관심사를 살펴볼 수 있는 교지라는 점에서 의미가 있다. 개인이 소장한 『청죽』 제1호-제4호, 제8호-제10호를 DB화 하였다.

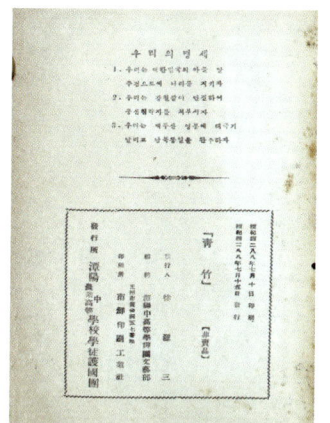
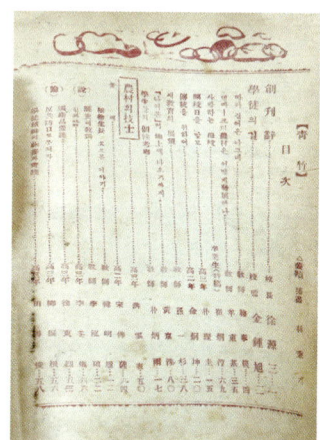
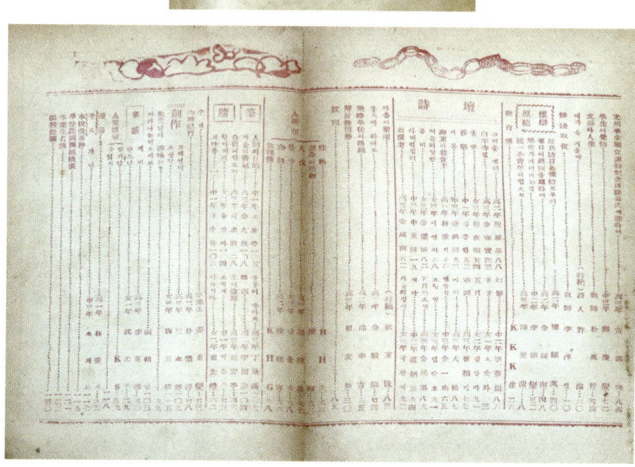

청해진

題　　號	淸海鎭 第1號	판　　형	15.3×21.3
발 행 일	1976.06.10.	발행편집인	발행: 在京완도 학우회 편집위원: 이정채·김영주·정성호·신순호
표지화·컷		간별, 정가	비매품
면　　수	139	인 쇄 소	행정고시사
발 행 처	在京莞島郡學友會	기　　타	

『청해진(淸海鎭)』은 재경완도군학우회(在京莞島郡學友會)에서 발간한 잡지이다. 현재 확보한 제1호의 판권사항에 따르면, 1976년 6월 10일에 발행되었으며 발행은 재경(在京)완도 학우회, 인쇄는 행정고시사이며, 총 139면의 비매품이다.

내용을 살펴보면 이정채(李正彩)의 〈권두언〉과 송현섭(宋炫燮)의 〈축사〉, 송기천(宋基千)의 〈격려사〉와 함께 완도 출신 독립운동가를 살펴본 이월송(李月松)의 「독립투사들의 행적을 중심으로-한국 속의 완도」, 장보고(張保皐)의 삶을 담아낸 김영주(金永柱)의 「청해대사(靑海大使) 장보고」 등이 눈에 띤다. 이밖에도 김철준의 「한국사학(韓國史學)에서 본 남북통일의 문제」, 박광태(朴光泰)의 「민주사회와 지성인의 사명」, 정승석(鄭承碩)의 「철학에 대한 일반적인 선입관의 반성」 등이 실려 있다.

이처럼 『청해진』은 1976년 당시 서울에 거주하던 완도출신 인사들의 삶과 생각들을 살펴볼 수 있는 자료로서 가치가 있다. 개인이 소장한 『청해진』 1호를 DB화 하였다. 황태묵·이지혜, 「근현대 광주·전남 잡지의 지형과 특성」, 『국어문학』 78호, 국어문학회, 2021을 참고하였다.

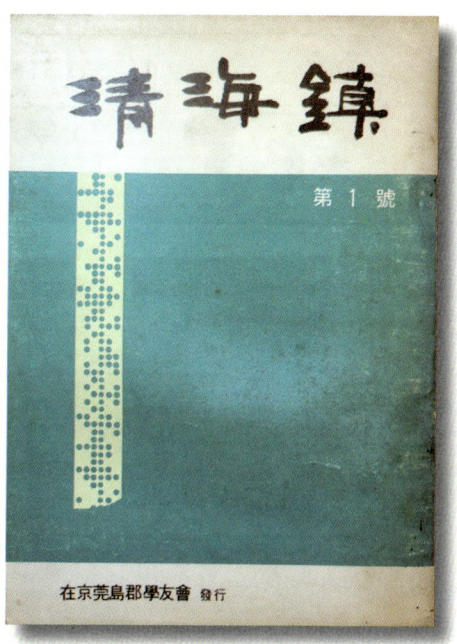

청해진

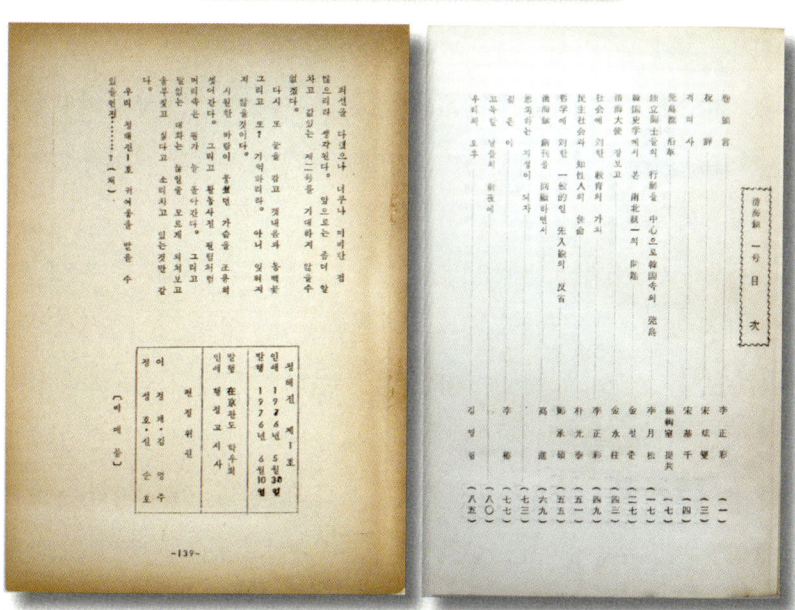

청호

題　　　號	靑湖 1	판　　　형	15.5×21
발 행 일	1976.02.20.	발행편집인	편집: 목포청호문학회
표지화·컷	표지화: 김암기, 표제: 양문열	간별, 정가	
면　　　수	83	인 쇄 소	항도인쇄공예사(목포시 금동 2가 7) 인쇄: 김광진
발 행 처	목포청호문학회	기　　　타	목포

『청호(靑湖)』는 청호문학회(靑湖文學會)에서 1976년 2월 20일 창간한 동인지이다. 1집의 판권사항에 따르면 편집은 목포청호문학회, 인쇄는 향도인쇄공예사(목포시 금동 2가 7)로 총 83면이다. 청호문학회는 목포 초중고교에서 교사로 재직하는 40대 문인들이 주축이 되어 목포의 풍토를 회복하자는 취지로 결성하였으며, 창간 동인으로는 김신철(金信哲), 김재희(金在囍), 김학래(金鶴來), 문성원(文聖媛), 박순범(朴洵範), 양문열(梁文烈), 이태웅(李太雄), 최일환, 최재환(崔才煥) 등이 참여하였다.

　내용으로 들어가면 창간사나 축사 등은 없고 〈시〉와 〈수필〉 두 부분으로 나누어 시 28편과 수필 2편 등 총 30편의 작품을 싣고 있다. 이 가운데 김신철의 시「대연각 호텔의 크리스마스 이야기」는 대연각 호텔 화재사건을 모티브로 하고 있고, 김학래의 수필「겨울밤」은 차가운 날씨와 삭막한 인심 속에서 고향의 온정을 그리워하는 마음을 잘 표현했다. 특히 최재환의「고추잠자리」는 1976년 중앙일보·소년중앙에서 50만원의 원고료를 내걸고 작품을 공모했을 때 동시부(童詩部)에 당선된 작품이다.

그런데 이들 중 김신철, 김학래와 박승범은 1969년 5월에 『목문학(木文學)』을 발행한 목문학 동인들이기도 하였다. 이런 점으로 미루어 『청호』는 1960-70년대 목포 지역 동인들의 활동을 잇는 가교 역할을 한 잡지로 볼 수 있다. 제1집 이후 발행 사항을 알 수 없으나 1983년 『시문학』에 「눈 먼 고기떼」, 「어느 채탄부의 일기」가 천료되어 등단한 정기석이 청호문학회에서 활동한 것으로 미루어 한동안 청호문학회 동인은 유지된 것으로 보인다.

이처럼 『청호』는 1976년 당시 목포지역에서 활동한 청호문학회 회원들의 문학세계를 살펴볼 수 있는 자료로 가치가 있다. 개인이 소장한 『청호』1집을 DB화 하였다. 황태묵·이지혜, 「근현대 광주·전남 잡지의 지형과 특성」, 『국어문학』 78호, 국어문학회, 2021을 참고하였다.

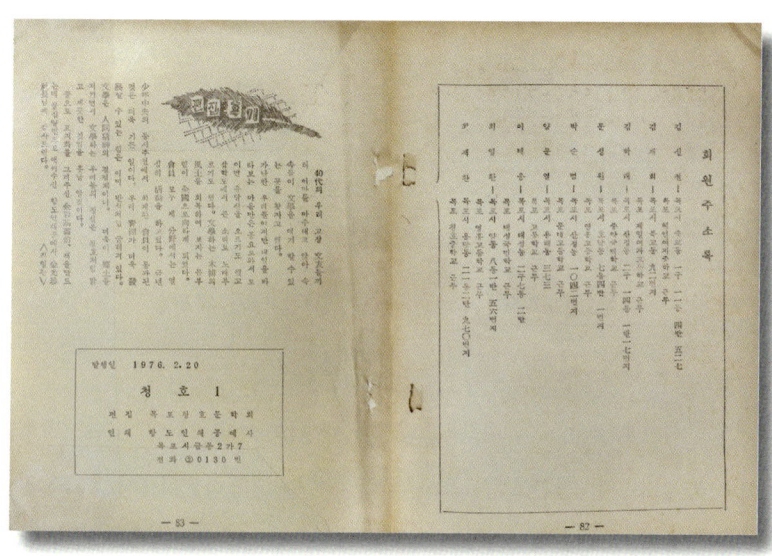

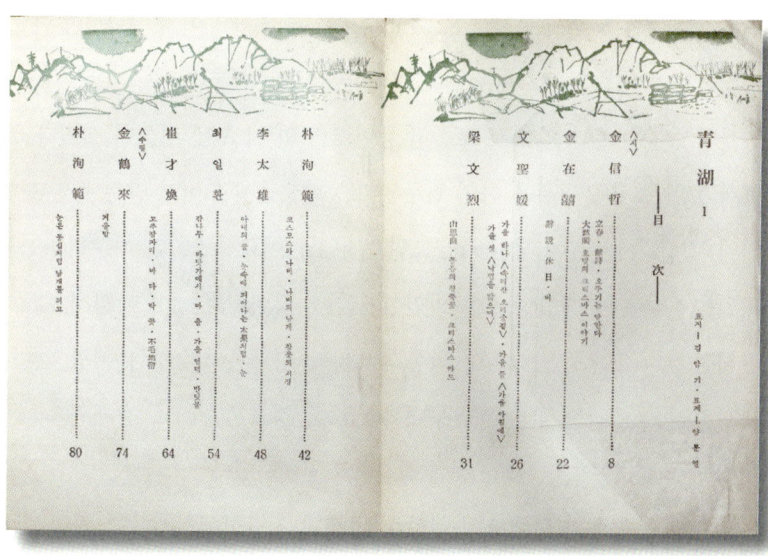

토풍시

題　　號	土風詩 創刊號	판　　형	15×21
발 행 일	1976.05.15.	발행편집인	
표지화·컷		간별, 정가	年刊
면　　수	39	인 쇄 소	現代文化社
발 행 처	全南學生時調協會	기　　타	광주, 同人誌

『토풍시(土風詩)』는 전남학생시조협회(全南學生時調協會)가 연간으로 발행한 시조 동인지이다. 창간호는 1976년 5월 15일에 발행하였다. 창간호의 판권사항을 보면, 발행소는 전남학생시조협회, 인쇄소는 현대문화사(現代文化社), 연락처는 전남 광주시 충장로 3가 15번지(반공웅변학원 내)이며, 총 39면이다.

창간호의 내용은 정소파(鄭韶坡), 송선영(宋船影), 배봉수(裵鳳洙) 등 시조 시인들의 〈서(序)〉를 시작으로 토풍시 동인 21명의 시조 및 평론이 실렸다. 토풍시 동인은 시조 공부를 하던 광주의 고등학생들이 모여서 만든 동인 단체인데, 창간호에는 김어채(金魚釆), 조인숙(曺仁淑), 이표선(李彪善), 이문희(李汶姬), 이일용(李一龍), 송숙희(宋淑禧), 임인섭(林仁燮), 장미정(張美定), 이범재(李範載), 안혜정(安惠貞), 오종문(吳鍾文), 박한숙(朴漢淑), 장재은(張宰銀), 문혜광(文惠光), 오형진(吳亨鎭), 강순심(姜順心), 문태복(文泰福), 정효정(鄭孝貞), 김채원(金采源), 이영도(李永道), 이호우(李鎬雨) 등이 필진으로 참여하였다.

토풍시 동인을 지도했던 송선영은 1975년 전남학생시조협회 창립 이후 17년간 동인을 지도한 것으로 전해지며, 전남학생시조학회 출신 시인으로는 김종섭, 오종문, 이재창 등이 있다. 창간호 판권지에 따르면『토풍시』는 연간지로 나와 있으나, 1991년에 이르러서야 제6집이 발행된 것으로 확인된다. 『토풍시』는 전국 최초의 고등학생 시조 동인지로 시조 동인지 역사를 살필 때 중요한 잡지이다. 개인이 소장한 『토풍시』 창간호를 DB화 하였다. 「송선영 연보」, 『시조시학』 통권 제62호, 고요아침, 2017.3을 참고하였다.

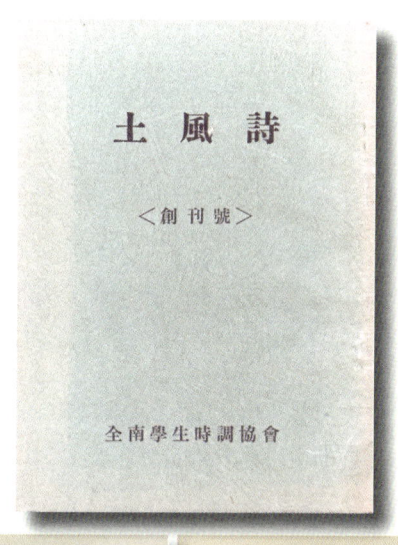

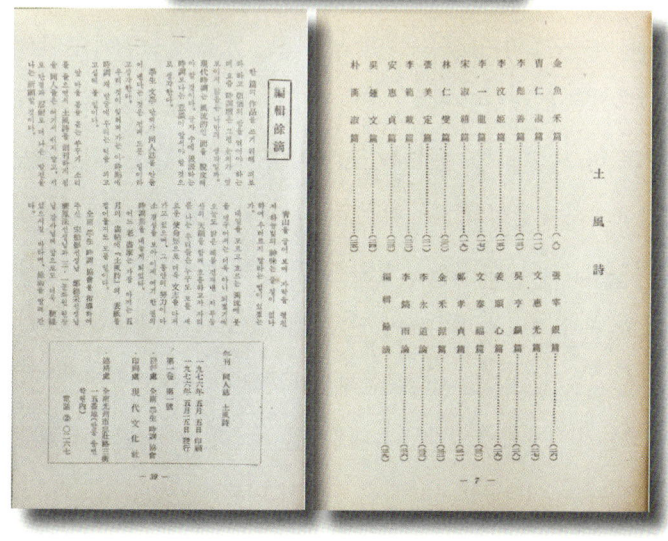

통일문제연구(전남대학교)

題　　號	統一問題硏究 第1輯	판　　형	17×24.5
발 행 일	1974.10.15.	발행편집인	發行: 鄭得圭, 編輯: 統一問題硏究所
표지화·컷		간별, 정가	非賣品
면　　수	154	인 쇄 소	全南大學校 出版部
발 행 처	統一問題硏究所	기　　타	광주, 본문 29-30면 결락, 129-150면 결락

『통일문제연구(統一問題硏究)』는 전남대학교 통일문제연구소에서 발간한 학술지이다. 『통일문제연구』 제1집은 1974년 10월 15일에 발행하였다. 판권사항을 보면, 발행자는 정득규(鄭得圭), 편집자는 통일문제연구소, 전남대학교 출판부에서 인쇄하였다. 총 154면으로 비매품이다. 책의 구성은 창간사나 머리말, 편집후기 등이 없고, 목차와 영문 목차, 본문, 판권지로만 구성되어 있다.

통일문제연구소의 '규정'을 보면, 연구소는 통일 및 보안에 관한 제반사항을 학술적으로 조사 연구하여 한국의 통일과 안보체제 확립에 공헌하는 것을 목적으로 하고 있다. 『통일문제연구』의 내용도 이와 같은 통일문제연구소의 규정에 조응하여 작성되었다. 본문은 정득규와 전남대학교 문리과대학 조교수 박하일(朴河一)이 쓴 「북한의 통일전략의 양면성에 대한 분석 및 대비책」이 창간호의 맨 앞자리에 배치되어 있다. 다음으로 전남대학교 농과대학 최재율(崔在律) 교수의 「남북한 사회문화체계의 비교와 그 척도에 관한 연구」, 박하일의 「북한의 연방제 통일방안에 대한 대비책」, 전남대학교 문리과대학의 최웅(崔雄)·이홍길(李洪吉)이 쓴 「북한 사관의 이론적 구명」, 정득규·박하일의

「분단국의 통일정책과 공존정책의 균형유지 방안」이라는 글이 실려 있다.

책의 간행에 정득규와 박하일이 중요한 역할을 했다는 것을 짐작할 수 있는데, 책의 발행자이기도 했던 정득규는 통일문제연구소의 소장으로, 책에 실린 5편의 논문 중에서 2편의 논문에 공동저자로 이름을 올리고 있다. 정치학을 전공했던 정득규는 1984년 전남대학교 제11대 총장으로 재임하였으나, 재임 한 달여만에 피로에 식중독이 겹쳐 치료 중 별세하였다.

전남대학교 도서관이 소장한 『통일문제연구』 제1집을 DB화 하였다.

통일문제연구(조선대학교)

題　　號	統一問題硏究 제1집	판　　형	17×25
발 행 일	1979.02.28.	발행편집인	發行: 朝鮮大學校 統一問題硏究所 編輯: 統一問題硏究所編輯委員會
표지화·컷		간별, 정가	非賣品
면　　수	74	인 쇄 소	朝鮮大學校出版局(光州市 東區 不老洞 17)
발 행 처	朝鮮大學校 統一問題硏究所	기　　타	광주, 본문 15-16면 결락, 67-68면 결락

『통일문제연구(統一問題硏究)』는 조선대학교 통일문제연구소(朝鮮大學校 統一問題硏究所)에서 발간한 학술지이다. 현재 확보한 『통일문제연구』 제1집은 간기가 명시되어 있지는 않다. 그러나 조선대학교 동북아연구(구 통일문제연구) 홈페이지에 1979년 2월 창간되었다는 정보가 있고, 『통일문제연구』 제2집이 1980년 2월 29일에 발행된 기록으로 보아 제1집은 1979년 2월 28일에 발행되었음을 알 수 있다.

제2집의 판권사항을 참조하면, 발행은 조선대학교 통일문제연구소, 편집은 통일문제연구소 편집위원회이며, 조선대학교 출판국(光州市 東區 不老洞 17)에서 인쇄하였다. 비매품으로 창간호는 74면, 제2집은 101면으로 되어 있다.

제1집의 경우 창간호임에도 불구하고 창간사, 머리말, 편집후기는 물론 판권지도 없고, 목차와 본문으로만 구성되어 있는 점이 특징적이다. 표지에는 『통일문제연구』라는 한자 제호 아래 NATIONAL UNIFICATION RESEARCH라는 영문 제호가 부기되어 있다.

창간호 본문에는 4편의 학술 논문이 실려 있다. 최성준(崔聖俊)이 쓴 「한국의 평화통일원칙이 실현되었을 때 예상되는 여러 국제정치문제에 관한 연

統一問題研究

NATIONAL UNIFICATION RESEARCH

THE NATIONAL UNIFICATION RESEARCH CENTER
CHOSUN UNIVERSITY

朝鮮大學校統一問題研究所

구」가 창간호의 첫 번째 글을 장식하고 있다. 다음으로 김영휴(金永休)가 「북한의 재판제도에 관한 연구」라는 논문을 실었고, 오수열(吳洙烈)의 「일본 방위정책과 한국안보」, 최성종(崔成宗)의 「일·중공 평화우호조약이 한국평화통일 외교정책에 미치는 영향」이라는 논문이 이어진다.

조선대학교 통일문제연구소는 1970년 3월 한반도 통일과 국가발전 전략에 관한 연구와 국제학술교류를 목적으로 설립되었다. 설립 시점을 고려하면 학술지 간행은 상당히 늦은 편이다. 이후 조선대학교 동북아연구소로 연구소 명칭이 변경되었다가 현재는 조선대학교 사회과학연구소와 통합되어 사회과학연구원이 되었다. 이에 따라 연구소 발행 학술지도 『통일문제연구』에서 『동북아연구』로 제호가 변경되었다. 『동북아연구』는 연 2회 발간되어, 2023년 현재 제38권 1호까지 발행되었다. 한반도를 포함하여 동북아시아의 지역 및 국제관계를 연구의 대상으로 하고 있고, 한국연구재단 등재지이자 전문학술지로서 명맥을 이어가고 있다.

전남대학교 도서관이 소장한 『통일문제연구』 제1집과 제2집을 DB화 하였다.

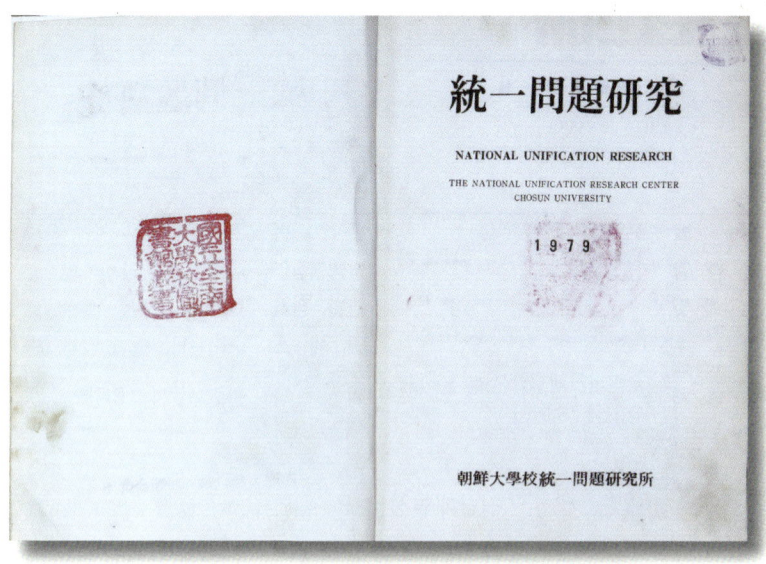

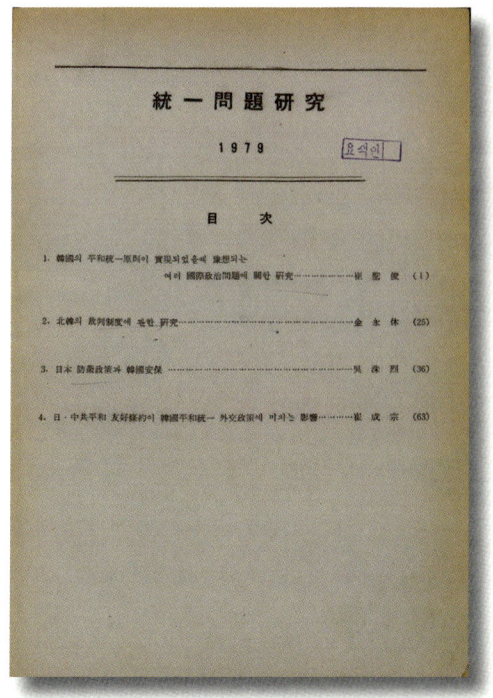

포토전매

題　　號	포토全每 通卷 第4號	판　　형	25×34
발 행 일	1974.04.30.	발행편집인	沈相宇
표지화·컷		간별, 정가	月刊, 350원
면　　수	66	인 쇄 소	全南每日出版局, 인쇄: 沈相宇
발 행 처	全南每日新聞社(全南 光州市 光山洞 78番地)	기　　타	광주, 1974년 5月號

　『포토전매(포토全每)』는 전남매일신문사(全南每日新聞社, 全南 光州市 光山洞 78番地)에서 월간으로 발행한 종합지이다. 1974년 1월 30일에 창간호(1974년 2월호)를 발행했다. 『포토전매』 통권 4호(1974년 5월호)는 1974년 4월 30일에 발행하였다. 판권사항을 보면, 발행·편집·인쇄인은 심상우(沈相宇), 발행소는 전남매일신문사, 인쇄소는 전남매일출판국(全南每日出版局)이며, 총 66면으로 정가는 350원이다.

　본문의 내용은 사진을 중심으로 〈도정소식·도정보고회〉, 〈어린이날 특집〉, 〈교육계 소식〉, 〈내·외 빅뉴스〉, 〈수출전선(戰線)〉, 〈명장(名匠)④〉, 〈소문난 별미집〉, 〈국내외 만화〉, 〈이 달의 안부·소전(素荃)〉, 〈아틀리에 탐방〉, 〈이색 취미클럽④〉, 〈5월의 캘린더〉, 〈내 고향(해남편)〉, 〈나의 애장품〉, 〈흘러간 앨범〉, 〈변모하는 내 고장〉, 〈화제(話題)〉, 〈승리관의 24시간〉, 〈내조(內助)의 매력 포인트〉, 〈학원탐방〉, 〈로컬뉴스〉, 〈해외 연예〉, 〈해외 토픽〉, 〈미니뉴스〉, 〈각종 행사〉, 〈이 달의 무드〉, 〈5월의 농사정보〉 등 다양한 기사로 구성되어 있다.

　특별히 『포토전매』 1974년 5월호는 당시 시대상을 반영하듯 새마을운동,

대통령, 긴급조치, 반공 관련 글들이 다수 게재되어 있는 점이 특징적이다. 66면 내외로 사진을 편집한 이러한 지면 구성은 일관되게 이어졌는데, 『포토전매』는 1980년 7월호까지 발행되었던 것으로 확인된다. 이처럼 사진을 편집 노선의 중심에 위치시킨 1970년대 호남 지역 잡지로는 전남일보사가 1971년 1월에 창간한 월간 『전일(全日)그라프』, 전북신문사가 1973년 9월에 창간한 월간 『포토전북』 등이 있다.

한편 『포토전매』를 창간한 전남매일신문사는 1967년에는 『전남연감(全南年鑑)』을 발행하였고, 1969년에는 지역사회연구소를 발족시키는 동시에 1974년 9월 2일에는 『전매어린이』를, 1979년 4월 1일에는 『월간전매』를 창간하였다. 하지만 1980년 11월 25일 지방신문 통폐합조처에 따라 『전남일보』와 통합되었다. 이러한 『포토전매』는 광주전남 지역뿐 아니라 국내 각 분야의 사건과 소식을 사진과 함께 다뤘다는 점에서 시각 자료로서 가치를 지닌다. 개인이 소장한 『포토전매』 통권 제4호, 제6호, 제8호, 제14호를 DB화 하였다.

학생문단

題　　號	학생문단 창간호	판　　형	15×21
발 행 일	1972.03.01.	발행편집인	발행: 한국문협전남지부 학생문단 편집부 편집: 河聲來
표지화·컷	컷: 金在衡	간별, 정가	150원
면　　수	101	인 쇄 소	남선인쇄공업사, 인쇄: 朴南宗
발 행 처	精文社	기　　타	광주

『학생문단』은 한국문협 전남지부 학생문단 편집부가 발행한 문예지이다. 1972년 3월 1일에 창간되었다. 창간호의 판권사항을 보면, 발행은 한국문협 전남지부 학생문단 편집부, 편집은 하성래(河聲來), 인쇄는 남선인쇄공업사, 인쇄인은 박남종(朴南宗)이며, 총 101면으로 정가는 150원이다. 컷은 교사 김재형(金在衡)이 맡았다. 창간호의 발기인은 김관희, 김영희, 김용섭, 민경옥, 백공기, 윤중웅, 최원호, 허종구 등 8인이었으며, 창간호 필진에는 중고등학교 재학생들 중심으로 2명의 대학생이 포함되었다.

본문의 내용은 학생문단 발기인 일동의 〈발간사〉와 한국문협 전남지부장 허연의 〈격려사〉「사족(蛇足)」이라는 제목의 시작품을 비롯하여 〈시〉, 〈수필〉, 〈창작〉, 〈시선소감(詩選所感)〉, 〈소설독후감(小說讀後感)〉, 〈발기인명단〉, 〈편집후기〉 등으로 구성되어 있다. 발기인들은 「모든 학생들의 참여를 바라며」라는 제목의 〈발간사〉를 통해 『학생문단』이 '문예동인지'라고 규정했으나, 학생들의 작품 응모를 거쳐 선별 게재하는 형식을 취했기 때문에 『학생문단』을 동인지로 보기는 어려울 듯하다.

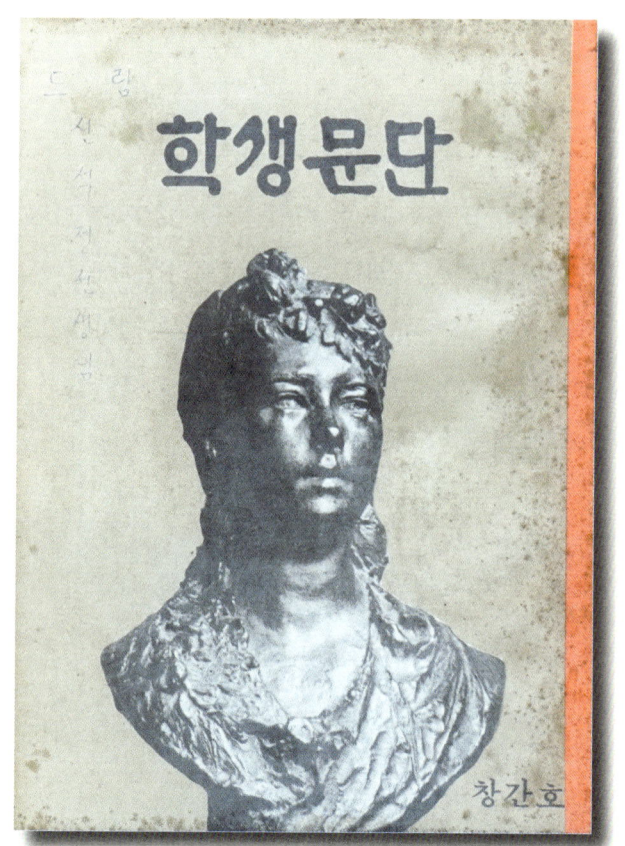

창간호에 수록한 작품 중에서 눈에 띄는 작품으로는 중앙일보 현상모집 시조부문 당선작인 김종(金鍾)의 시조 「가을에」와 원광대학교 현상문예당선작인 정종국의 소설 「소문」이 있다. 이들 작품은 심사 없이 창간호에 실리기도 했다. 창간호의 〈시선소감〉은 장청(張靑)이 맡았고, 〈소설독후감〉은 하성래가 맡았다.

『학생문단』은 전라남도 중고등학생을 위한 전문 문예지로 학생들의 창작지면을 확대한 잡지였다는 점에서 의미를 가진다. 개인이 소장한 『학생문단』 창간호를 DB화 하였다.

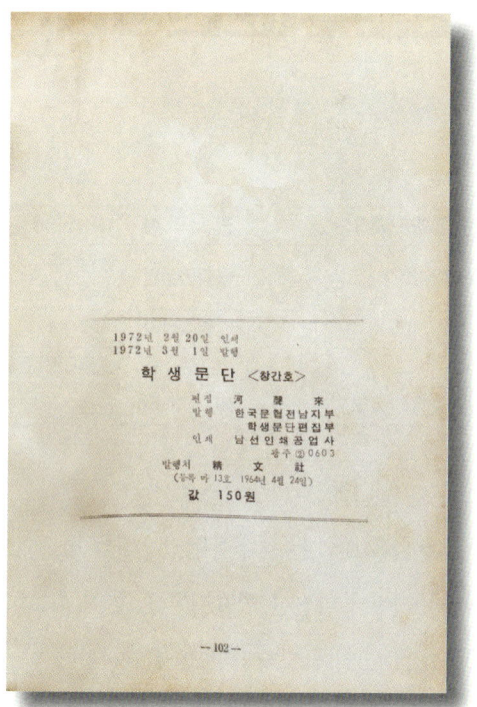

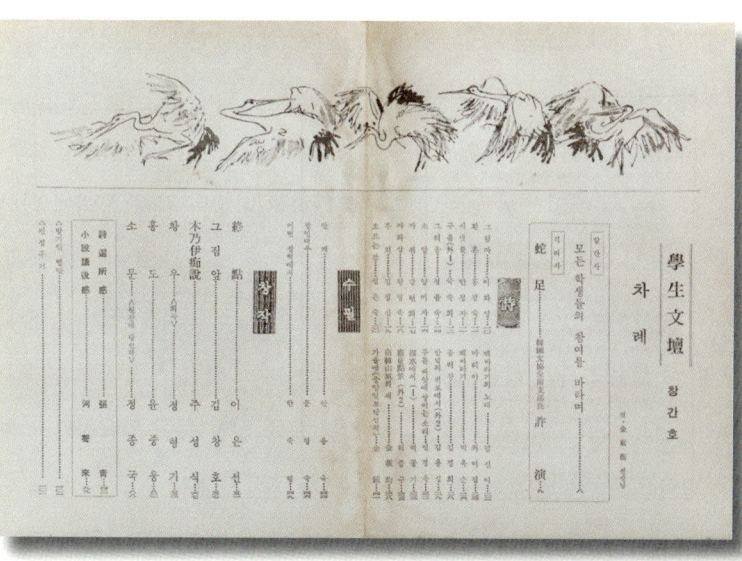

학생지도연구(순천농업전문대학)

題 號	學生指導硏究 第2輯	판 형	19×25.6
발 행 일	1980.12.25.	발행편집인	發行: 李相來, 編輯: 順天農業專門大學 學生指導硏究所
표지화.컷		간별, 정가	
면 수	94	인 쇄 소	光信印刷工業社, 印刷: 鄭炯珍
발 행 처	順天農業專門大學	기 타	순천

　『학생지도연구(學生指導硏究)』는 순천농업전문대학 학생지도연구소(順天農業專門大學 學生指導硏究所)에서 발간한 학술지이다. 현재 확보한 『학생지도연구』 제2집은 1980년 12월 25일에 발행되었고, 판권사항에 따르면 편집은 순천농업전문대학 학생지도연구소, 발행인은 이상래(李相來), 발행소는 순천농업전문대학, 인쇄소는 광신인쇄공업사(光信印刷工業社), 인쇄인은 정형진(鄭炯珍)으로 총 94면이다.

　제2집에는 머리말이나 인사말은 따로 없으며, 총 4편의 논문이 실려 있다. 이 가운데 서인석(徐仁錫)은 「본 전문대학 재학생의 환경 실태에 나타난 문제성 조사 연구」에서 학생들의 현실적인 거주에 대한 대책 마련과 전체 학생을 수용할 수 있는 기숙사 건축, 통학버스 운행, 장학 제도와 학비 면제 제도의 운영, 취업과 진학을 뒷받침할 수 있는 제도 마련, 비농가(非農家)와 비농업계(非農業係) 고교 출신 학생들을 위한 교육 실시 등이 필요하다고 하였다. 다음으로 김봉민(金奉珉)은 「한국의 교육 목적 변천사 연구」를 통해 현재 한국 교육의 목적은 청소년들이 사회의 보다 높은 생활에 적응하여 각 사회

집단에서 자기 책임을 다하며 유효한 경제적 사회적 문화적 봉사를 할 수 있도록 하는 것이라고 하였다.

　이처럼『학생지도연구』는 1980년 당시 순천농업전문대학 학생들의 학업 및 생활의 실태를 살펴볼 수 있는 자료로 가치가 있다. 우석대학교 도서관에 소장된『학생지도연구』제2집을 DB화 하였다. 황태묵·이지혜,「근현대 광주·전남 잡지의 지형과 특성」,『국어문학』78호, 국어문학회, 2021을 참고하였다.

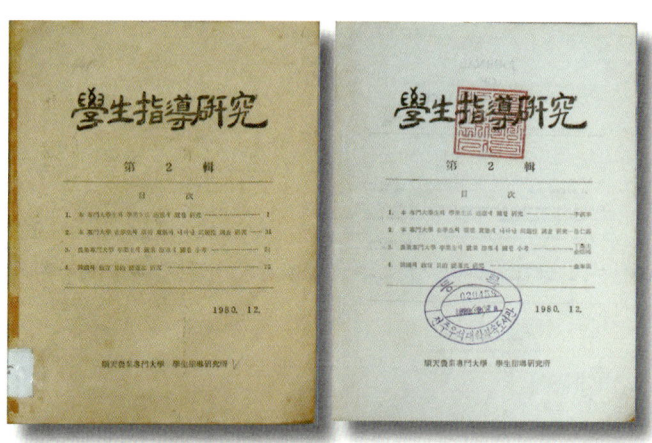

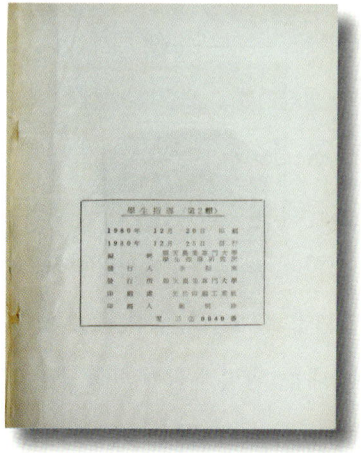

학생지도연구(광주교육대학)

題　　號	학생지도연구 제4집	판　　형	19 × 26
발 행 일	1978.01.10.	발행편집인	發行: 朴井圭, 編輯: 朴炳鶴
표지화.컷		간별, 정가	非賣品
면　　수	119	인 쇄 소	三和企業社(光州市 東區 瑞石洞 468-9)
발 행 처	全南文化社	기　　타	광주

　『학생지도연구』 제4집은 광주교육대학(光州敎育大學) 학생지도연구소(學生指導硏究所)에서 1978년 1월 10일에 발행한 학술지이다. 제4집의 판권사항을 보면, 편집은 박병학(朴炳鶴), 발행은 박정규(朴井圭), 발행처는 전남문화사(全南文化社), 인쇄는 삼화인쇄사(三和印刷社, 광주시 동구 서석동 468-9)이며, 면수는 119면으로 비매품이다.

　제4집에는 발간사 없이 3편의 논문과 〈부록〉이 수록되었다. 이 가운데 고연규(高鍊奎)는 「國土統一(국토통일)의 沮害要因(저해요인) 分析(분석)」을 통해 "국방건설과 경제건설을 병진시키고 모든 분야에서 북한공산집단을 압도할 수 있는 국력배양에 총력을 경주하여 북괴(北傀)가 감히 넘나 볼 수 없는 체제적 안정을 이룩함으로써 우리의 「힘」이 저축될 때 한반도에도 서서히 조국통일의 여명이 밝아 올 것이다."라고 주장하였다. 다음으로 송승석(宋升錫)은 「實存主義(실존주의) 敎育哲學(교육철학)에서 본 敎師敎育(교사교육)의 方向(방향)」에서 교사교육의 목표, 내용, 방법과 함께 학생 생활지도 방식에 대해 제시하며 교사교육을 담당하는 사람들은 항상 그의 전인격과 인가성을 교육활동에 투입하여 학생들에게 인격적인 모범과 인간적인 감화를 주어야 한다고 하였다. 〈부록〉으로는 「學生指導硏究所(학생지도연구소) 運營計劃(운영계획) 및 活動報告(활동보고)」가 실려 있다.

이처럼 『학생지도연구』는 광주교육대학 학생지도연구소가 가진 학술적인 역량을 살펴볼 수 있는 자료로 가치가 있다. 원광대학교 도서관이 소장하고 있는 제4집을 DB화하였다. 광주교육대학·광주교육대학동문회 공편, 『光州敎育大學五十年史 : 1938-1988』, 광주교육대학, 1988을 참고하였다.

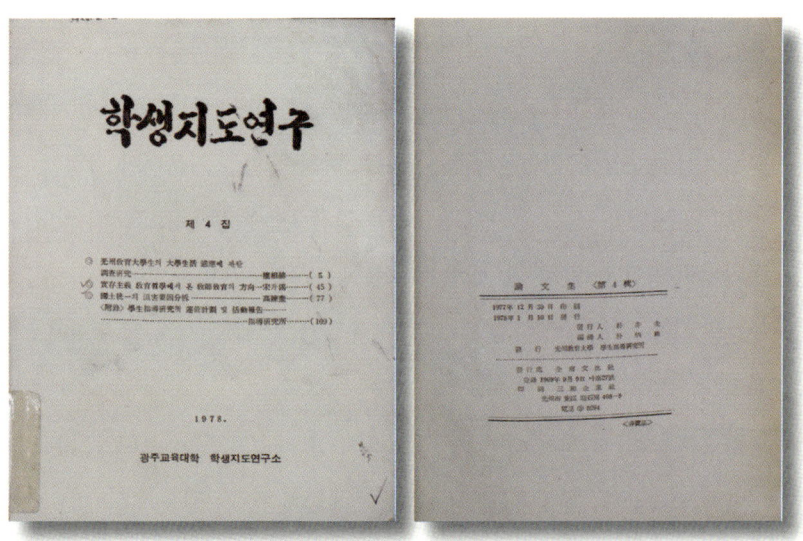

한듬문학

題　　號	한듬文學 第1輯	판　　형	15×21
발 행 일	1972.12.12.	발행편집인	편집: 전남·해남·한듬文學會
표지화·컷		간별, 정가	
면　　수	138	인 쇄 소	
발 행 처		기　　타	해남

『한듬문학(한듬文學)』은 한듬문학회(한듬文學會)에서 발행한 동인지이다. 제1집의 판권사항을 보면 1972년 12월 12일에 발행하였고 편집은 전남·해남·한듬문학회(文學會)이며, 면수는 138면이다.

창간호 동인으로는 김남용(金南用), 김정환, 김상목, 김봉호, 김명표, 노우춘, 민재식(閔在植), 민혜자(閔慧慈), 박창순, 배혜숙(裵惠淑), 박건한, 송희성(宋熙星), 윤경혁(尹庚爀), 윤금초(尹今初), 윤상현(尹相炫), 이동주(李東柱), 이창병, 임충현(林忠鉉), 정재홍(鄭在洪), 주흥수(周興洙), 최성배(崔星培), 한규선(韓圭鮮), 황연명(黃連明) 등 23인이 이름을 올렸다. 하지만 이들 가운데서 김정환, 김명표, 노우춘, 박건한, 이창병 등 5인은 창간호에 작품을 발표하지 않았다. 반면에 동인 명단에 없지만 작품을 수록한 이들도 있다. 채병국과 이광정(李光定)은 시를, 김숙희와 박갑천(朴甲千)은 수필을, 손재형(孫在馨)은 특별기고를 하였다.

제1집의 내용을 보면 〈시〉, 〈수필〉, 〈희곡〉, 〈소설〉로 구성되어 있다. 이 가운데 이동주의 시「고향」, 송희성의 시「생명의 장」, 정재홍의 시「비」, 한규선의 시「바다」, 윤상현의 시「원주(原住)」, 민재식의 시「주락(凋落)」, 김숙희의

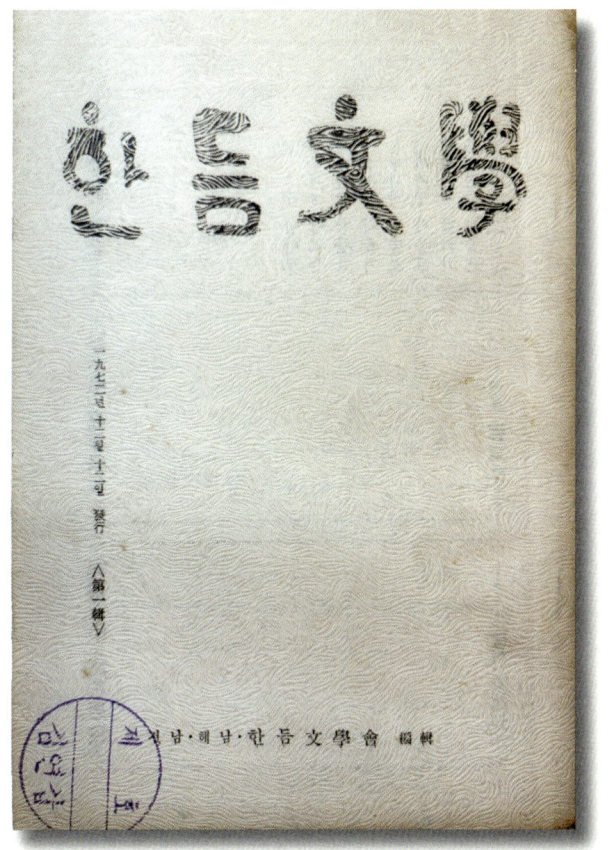

수필「아이」, 주흥수의 수필「사슴과의 대화」, 박갑천의 수필「텔레비전」, 김봉호의 희곡「피의 삽화」, 최성배의 소설「움직이는 박제」등이 눈에 띤다.

한편 외부 필자 중에서 주목되는 인물로는 진도출신으로 국회의원을 역임한 한국 서예의 거장 소전(素田·素荃) 손재형이 있다. 손재형은 특별기고한 수필「한듬절」에서 '한듬'의 어원이 두륜산을 뜻하는데, 이는 해남을 상징하는 말이고 대흥사 절에 갈 때 한듬 간다고 했다 알린다. 소전은 우리나라에서 '서예'라는 말을 최초로 만들어 사용한 사람으로, 추사 김정희「세한도(歲寒圖)」를 일본에서 사비로 들여온 인물이기도 하다.

『한듬문학』 발간 이전 해남지역에는 1959년에 두륜문학회가 결성되어 『두륜문학』이라는 잡지가 11권까지 발간되었으나 지속적인 운영이 어려워 발행이 중단되었다. 그러다 1972년 1월 희곡작가 김봉호를 주축으로 한듬문학회가 결성되었고 그해 동인지 『한듬문학』을 창간하였다. 이후 『한듬문학』은 2002년 제18집까지 나오다가 2003년 제19집부터 명칭을 『해남문단』으로 변경하였다.

이처럼 『한듬문학』은 당시 해남지역에서 활동하고 있던 문인들의 작품을 살펴볼 수 있는 자료로 가치가 있다. 개인이 소장한 제1집을 DB화 하였다. 황태묵·이지혜,「근현대 광주·전남 잡지의 지형과 특성」, 『국어문학』 78호, 국어문학회, 2021과 디지털해남문화대전(http://haenam.grandculture.net/haenam)을 참고하였다.

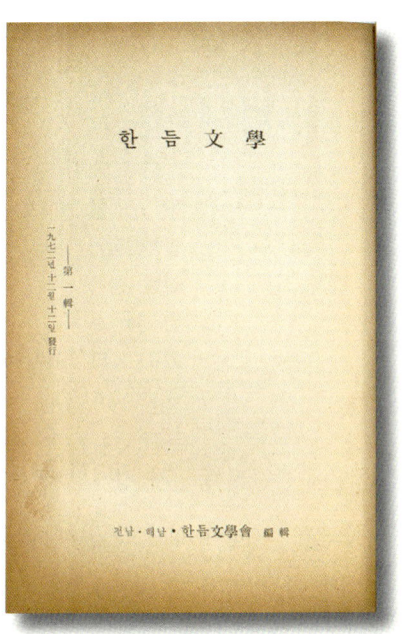

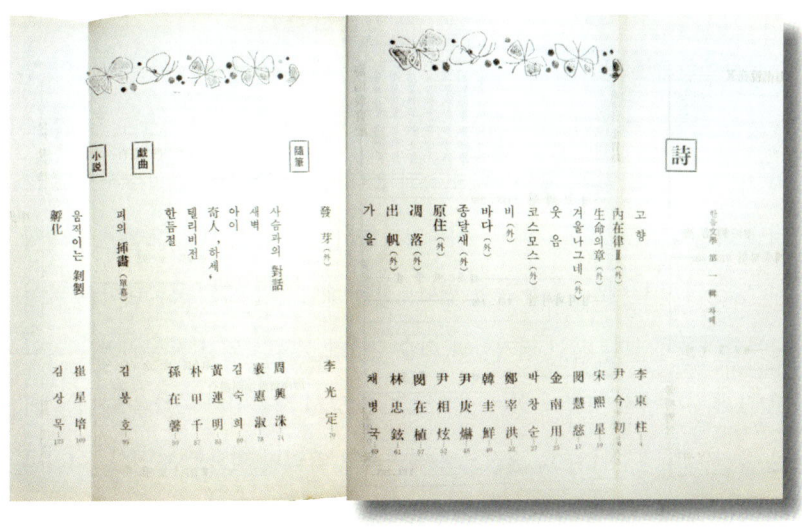

한련

題　　號	旱蓮	판　　형	17.2×24.4
발 행 일	1967	발행편집인	
표지화·컷		간별, 정가	
면　　수	32	인 쇄 소	
발 행 처		기　　타	표지인쇄, 내지등사본

『한련(旱蓮)』은 1967년에 발간된 동인지 성격의 잡지이다. 속표지에 '숙명여대 국문과 4학년 목포출신 김송희 양께 드립니다'라는 글이 적혀있다. 서지사항은 나와 있지 않으며, 발간사 및 편집후기도 없어 간행 의도나 지향점을 파악하기 어렵다. 다만 창작시기를 함께 적어 놓은 작품들이 있는데, 1959년부터 1962년 3월 사이로 되어 있다.

본문에는 김상윤, 김재곤, 명기환, 박광호, 박희재, 정장선 등 총 6명의 작품들이 수록되어 있다. 시가 주로 수록되어 있으나 수필, 희곡 등도 몇 편 보인다. 그 가운데 범죄 패거리에 소속된 10대들의 이야기를 희곡형식으로 그려낸 박광호의 「十代들」, 떠난 이를 그리워하는 마음을 시로 표현한 박희재의 「당신의 빈뜰에서」 등이 눈에 띤다. 전남 해남 출신으로 동국대학교 국어국문학과를 졸업한 시인 명기환과 화순 출신으로 동아일보 논설위원을 역임한 김재곤이 필자 명단에 있는 것으로 보아 당시 서울에서 대학을 다니는 전남 출신 대학생들이 주요 필진으로 참여하고 있었던 것으로 보인다. 이러한 『한련』은 학생들의 문예작품을 모아 잡지로 발간했다는 점이 특징이다.

개인이 소장한 『한련』을 DB화 하였다.

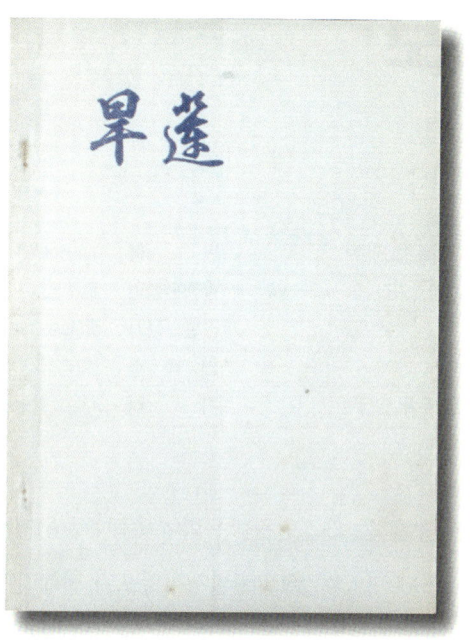

早蓬

차 례 〈가나다 順〉

김 신 옥 편
  산속에서 생각한다 1
  나 인 된 3
  갈대가 울고있다 4
김 재 곤 편
  계절이 주고간 詩 6
  못 말을 7
  小 品 8
양 기 환 편
  어느 해변의 노래 10
  海 圖 12
박 광 호 편
  꽃 15
  十 代 圖 17
박 희 거 편
  당신의 빛물에서 24
  餘 燼 28
편 창 근 편
  少 年 30
  어느 애 끓는 날에 31
  갈 가 지 32

함평학보

題　　號	咸平學報 創刊號	판　　형	14.5×20.5
발 행 일	1960.07.25.	발행편집인	金德成
표지화·컷		간별, 정가	非賣品
면　　수	114	인 쇄 소	印刷:田東溢
발 행 처	在京咸平學友會	기　　타	서울, 함평

『함평학보(咸平學報)』는 재경함평학우회(在京咸平學友會)에서 발행한 학우지이다. 창간호는 1960년 7월 25일에 발행하였으며 편집인 및 발행인은 김덕성(金德成), 인쇄인은 전동일(田東溢), 발행소는 재경함평학우회이다. 창간호의 편집위원으로는 전동일, 이명재(李明宰), 김홍주(金洪柱), 이청(李靑)이 참여하였다.

재경함평학우회는 서울에서 대학을 다니는 함평 출신 학생들이 모여 만든 학우회로, 책 말미에 120명의 대학생들 이름과 대학 이름이 기록되어있는 것으로 보아 전남 함평 출신의 우수한 인재들이 서울에서 학업을 이어나가고 있었던 것으로 보인다.

본문의 앞부분은 학우회 회장 김덕성의 〈창간사〉와 시인 이수복(李壽福)의 〈서시〉 「고향의 하늘 밑에서」 외에 5편의 〈축사〉로 구성되었는데, 민의원(民議院) 김의택(金義澤)과 재경함평군친목회 회장 김찬현(金贊鉉)이 〈축사〉를 썼고, 동양약품회사 사장 김현철(金鉉哲)은 「창간에 제(際)하여」라는 제목의 〈축사〉를, 삼양교역주역식회사 사장 김철(金哲)은 「재경함평학우들에게」라는 제목의 〈격려사〉를, 아세아영화사 사장 이재명(李載明)은 「창간을 축하한다」라

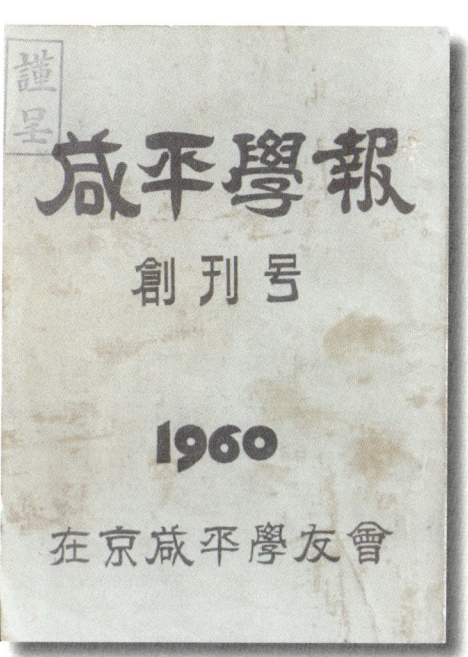

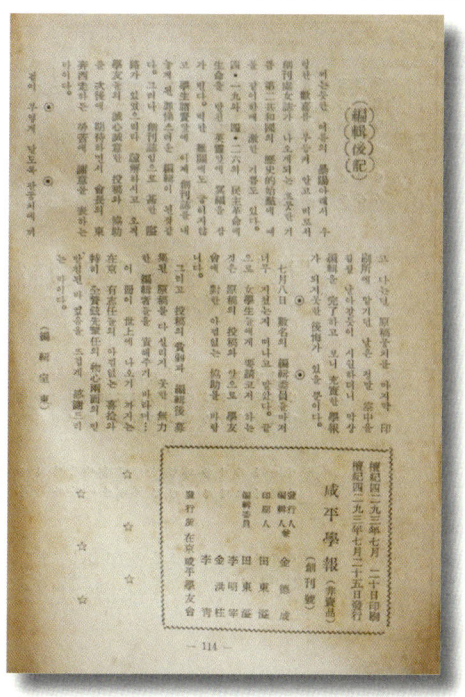

는 제목의 〈격려사〉를 썼다.

그 다음으로 한국생산성본부 조사과에 근무하는 이명범(李明範)의 「한국 농촌경제를 종합 진단한다」라는 특별기고문이 있으며 〈논단〉, 〈수상(隨想)〉, 〈일기〉, 〈시단〉, 〈창작〉 등이 차례대로 수록되어 있다. 이 가운데 〈논단〉에는 중앙대 정외과 이명재의 「학생과 현실참여」, 중앙대 상학과 김귀동(金貴同)의 「학생과 정치」, 연세대 정외과 노순영(魯淳永)의 「내셔널리즘과 국제평화」, 경희대 법과 전병두(全炳斗)의 「헌법개정론」, 성균관대 법과 조성욱(趙成郁)의 「정당방위에 관한 소고」, 감리교 신학대학 김영진(金永鎭)의 「건설자(建設者)들에게 호소함」, 연세대 이공대학 안민수(安珉洙)의 「원자력과 신시대」, 서울사대 화학과 이상남(李相湳)의 「학생과 교양」, 경희대 영문과 김기현(金기鉉)의 「4월 혁명의 교훈과 학도」, 덕성여대 약학과 이청의 「여성과 교양」 등 다양한 주제의 논문이 실려 있음을 알 수 있다. 이어 학우회 회원들의 문예작품으로는 수필 3편, 일기 2편, 시 6편, 창작 2편 등이 수록되어 있다.

한편 책 말미에는 「학우회의 걸어온 길」, 「함평의 이창(異窓)」, 「학업의 등대(燈台)」 「동양육영회(東洋育英會)」, 「재경함평학우회회칙」, 「재경함평학우회회원명단」과 「편집후기」 등이 보인다. 『함평학보』에 실린 특별기고문과 다양한 주제의 논문과 작품들은 당시 함평출신 대학생들의 지적 소양이 높았을 뿐만 아니라 정치, 경제, 사회, 문화, 과학, 교양, 여성, 문예 등 사회 다방면에 걸쳐 관심이 상당히 많았음을 잘 보여주고 있다. 개인이 소장한 『함평학보』 창간호를 DB화 하였다.

咸平學報 創刊號

目次

創刊辭
- 祝辭 ……………………………… 金 鈗
- 創刊辭 ……………………………… 李 澤 鎬
- 序詩
- 激励辭
- 創刊을 祝賀한다 ……………………………… 金 明 濟

祝辭
- 祝辭
- 創刊辭
- 激励辭
- 創刊을 祝賀한다

論壇
- 韓國農村經濟를 綜合診斷한다 ……………………………… 李 明 揆
- 學生과 現實參與 ……………………………… 金 貴 寧
- 原子力과 新時代 ……………………………… 金 澤 永
- 建設者들에게 呼訴함 ……………………………… 魯 炳 年
- 憲法改正論 ……………………………… 金 成 郁
- 내호남의 소감과 國際平和의 小考 ……………………………… 安 玩 澤
- 正常防衛에 關한 ……………………………… 金 永 絢
- 學生과 政治 ……………………………… 李 相 浦
- 四月革命의 敎訓과 學徒 ……………………………… 기
- 女性과 敎養 ……………………………… 金

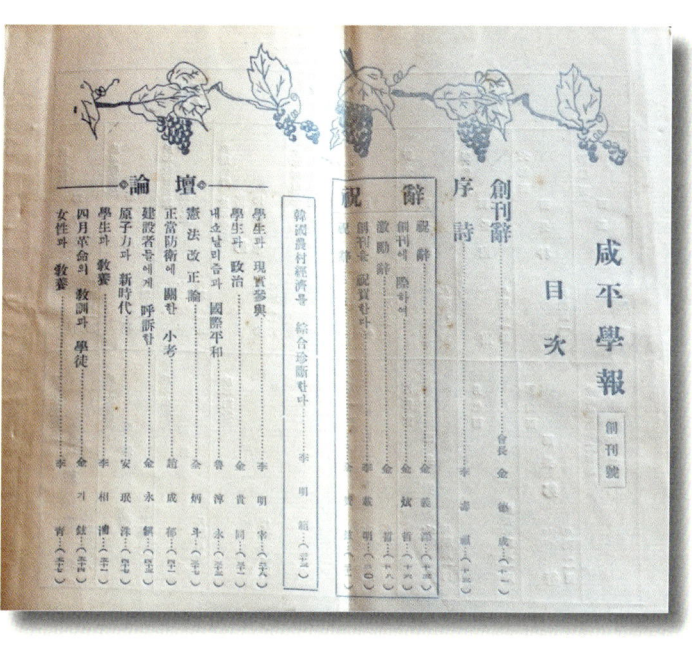

隨想
- 大學生活의 鳥瞰圖 ……………………………… 李 時 虞
- 幻像의 女人에게 ……………………………… 金 炳 儀
- 庶民의 繡 ……………………………… 李 相 鎬

詩壇
- 어느날의 日記 ……………………………… 金 鋼 澤
- 日處世 ……………………………… 李 生 行
- 故鄉의 노래 ……………………………… 金 鵬 野
- 樹路 ……………………………… 石 昌 鉉
- 피리부는 집탈 ……………………………… 元 基 善
- 郷愁 ………………………………
- (집會이의 境遇)

創作
- 來日의 外界 ……………………………… 田 東 燮

告發者
- 學友會의 걸어온 길 ……………………………… 金 洪 柱
- 咸平의 異彩 ……………………………… 金 德 成
- 學業의 綜合臺
- 東洋育英會
- 在京咸平學友會의 柳
- 在京咸平學友會員 名單

編輯後記
- 編輯室

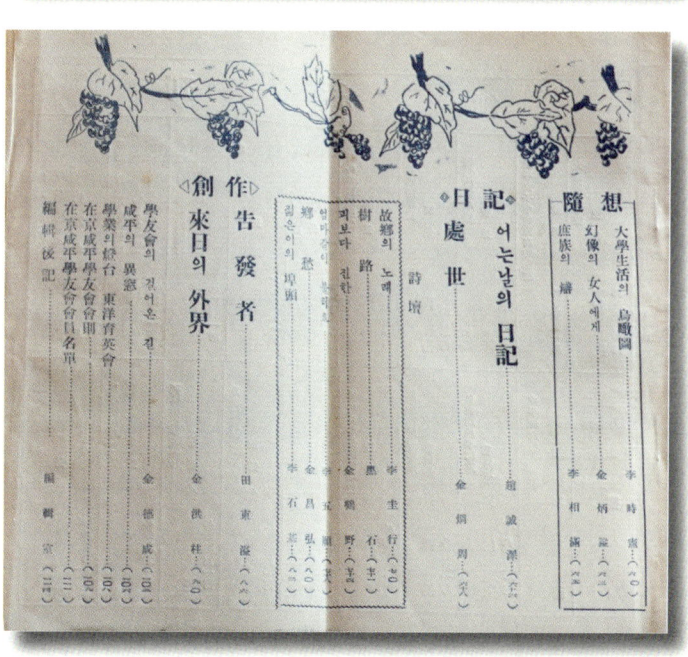

해바라기

題 號	해바라기 제17호
발 행 일	1969.01.05.
표지화·컷	교지·컷: 김진열 사진: 이홍빈
면 수	167
발 행 처	전남여자중고등학교

판 형	14.8×20.5
발행편집인	발행: 이대로, 편집: 전남여중고 문예반
간별, 정가	
인 쇄 소	무등상행인쇄부
기 타	광주

『해바라기』는 전남여자중고등학교에서 발행한 교지이다. 현재 확보한 『해바라기』 제17호의 판권사항에 따르면, 제17호는 1969년 1월 5일에 발행되었고, 발행인은 이대로, 편집인은 전남여중고 문예반, 인쇄처는 무등상행인쇄부로, 총 167면이다. 교지의 컷은 김진열, 사진은 이홍빈이 맡았다. 중학생 편집위원으로는 고명서, 김유남, 장계옥이, 고등학생 편집위원으로는 유경원, 양숙정, 황경진이 참여하였고, 지도교사로는 이계석, 김귀태, 정화순이 이름을 올렸다. 대흥특수인쇄사, 영등포양장점, 동아출판사 광주지사, 송광사 등에서 교지의 발간을 후원하고 광고를 실었다.

본문은 교장 이대로의 〈권두언〉을 시작으로 〈논단〉, 〈졸업특집〉, 〈생활관수기〉, 〈독후감〉, 〈좌담회〉, 〈백일장특집〉, 〈시〉, 〈보고〉, 〈프로필〉, 〈앙케트〉, 〈수필〉, 〈스케치〉, 〈서한문〉, 〈일기〉, 〈창작〉, 〈해바라기 "뉴스"〉, 〈편집후기〉 등의 코너로 구성되었으며, 뒤편에 「장학회 활동 보고」, 「도서관 활동 보고」, 「교직원 명단」이 실려 있다.

이 가운데 교사인 김정길은 「지학이란 어떤 학문인가」라는 제목의 〈논단〉에서 1969년부터 고등학교 2학년 과정에서 독립된 과목으로 다루게 되는 지

편집후기

소용돌이치는 시간 속에서 한 해가 또 저물어 가고 있다. 거리에는 눈이 쌓이고 세모를 목전에 둔 사람들의 걸음걸이도 바쁘기만 하다.

작년 이만 때는 교지가 나와 크리스마스의 선물로 어린문에게 나누어 주었지만 금년에는 여러 가지 사정으로 늦어진 것이 미안하다.

시간은 없고, 마음은 그저 바쁘기만하여 더욱 심난대 마진 첫고 더미와의 씨름도 끝났으니 시 원스러워야 할 터인데 그저 허탈감과 서운함만이 뒤감긴다. 시간에 쫓기어 번번이 손질하지 못한 미고를 그대로 활자화하게 된 말 안과 안타까움이 뒷맛을 씁슬하게 한다. 욕심이 너무 커서 그런 거라고 말을 타지만 웃어 넘기기가 피곱다.

금년에는 기창 이렇게 되었지만 내년에는 참으로 아담합고 충실하고 맛있는 교지를 만들어야 하겠다.

부디 허물을 닫하기 전에 보람찬 내일을 위한 도약의 준비를 해 주기 바란다.

이 교지의 표지와 컷을 위해 노고해 주신 김 진엽 선생님과, 바쁘신 가운데 노고를 아끼지 않으셨던 고 국어과 선생님께 충심으로 감사를 드린다.

끝으로 인쇄 기간이 짧아 야근까지 하시며, 노고해 주신 을판사 제위께 심심한 사의를 표하며 건투와 번영을 빌어 마지 않습니다

〈석〉

| 1968년 12월 25일 인쇄
1969년 1월 5일 발행

해 바 라 기
〈제17호〉

발행인 이 내 로
편집인 전 남 여 중, 고,
       문 예 반
인쇄처 무등상반안해우
       전화 ②4147. 0750 | 편 집 위 원
지도교사
       이 재 석
       김 귀 배
       길 화 순
학생위원
(중) 고 명 신 김 유 남
      장 계 숙
(고) 유 경 원 양 숙 정
      황 경 천 |

(167)

학(地學) 즉 지구과학에 대해서 소개하고 있다. 또 고등학교 학생회장 정채옥의 「졸업의 정점에 서서」, 중학교 3학년 장계옥의 「숱한 그리움들이」, 중학교 3학년 김유남의 「졸업을 앞둔 마음」 등의 〈졸업특집〉에는 졸업을 마주하는 학생들의 여러 가지 감상들이 잘 표현되었다. 또 고등학교 1학년 박오복은 『『성난 아내』를 읽고』라는 독후감을 통해 미국 남북 전쟁 당시 흑인과 여성의 인권에 대한 자신의 생각을 서술하였다.

이처럼 『해바라기』는 당시 전남여자중고등학교 학생들이 학교생활을 하며 느꼈던 여러 감상들이 잘 담겨져 있는 자료로서 가치가 있다. 개인이 소장한 『해바라기』 제17호를 DB화 하였다. 황태묵·이지혜, 「근현대 광주·전남 잡지의 지형과 특성」, 『국어문학』78호, 국어문학회, 2021을 참고하였다.

해 바 라 기

제 17 호

표지·김 길림병   사진·이윤민

차 례

《권두언》
새로운 전통의 창조자가 되자 ······················· 교장 이 대로 ··· (14)

논 단
현대 가정 생활을 위한 제언 ··············· 고·교장 박경주 ··· (16)
내가 본 우리 학교 ··················· 중·교감 정용상 ··· (19)
지학이란 어떤 학문인가? ······················· 김길길 ··· (22)
제2 외국어의 교육적 가치 ······················· 안진선 ··· (33)
〈특별기고〉 감사하는 생활 ············· 동창회장 이순욱 ··· (24)

졸업특집
작은 발자취 ······························· 학생회장(중) 고 말선 ··· (25)
졸업의 정점에 서서 ······················· 학생회장(고) 날세육 ··· (26)
중한 그리움들이 ····································· 장지옥 ··· (27)
졸업을 맞은 마음 ····································· 김유일 ··· (28)
현재마지막 ··· 정진아 ··· (30)
학급 탐방 ··· 갈입빈 ··· (31)

〈생활관 수기〉 소록섬에서 보낸 가을회 3일 ··· 민옥주 ··· (35)

독후감
버스를 읽고 ······································· 이정 ··· (37)
성난 아래를 읽고 ································· 박호목 ··· (38)

〈하남리〉 학생회를 1년간 맡고 나서 ··················· (40)

일장특집
저울이 오면 ····································· 성숙민 ··· (48)
겨울이 오면 ······································· 강정이 ··· (50)
인이 푸른 주련 ····································· 이길순 ··· (52)
아 친 ··· 홍단두 ··· (53)
아 침 ··· 강영희 ··· (54)

시
바람 ············· 김인이 (58)   퀴로 ············· 밀알란 (64)
일터 ············· 신문기 (59)   장 ················· 이병희 (65)
교룡리 ··········· 장복기 (61)   칙설이 지는 주말 이익 (66)
먹벡이 ··········· 김계희 (62)   인터 ··············· 김인아 (125)

보고
전남 G. S 집료미에 참가하고 ···················· 주성회 (68)
전국 자유교육 심시 대회에 다녀와서 ················ 성속경 (70)

〈주요질〉 우리가 본 스승 ···················· 중등부 편집반 ··· (73)

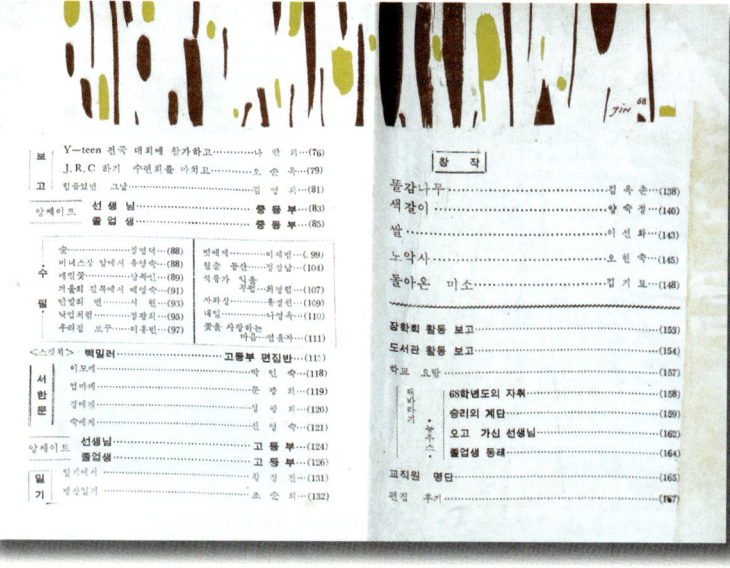

보고
Y-teen 전국 대회에 참가하고 ·················· 나란희 ··· (76)
J.R.C 하기 수련회를 마치고 ····················· 오순욱 ··· (79)
탑늘있던 그날 ····································· 김정희 ··· (81)

앙케이트
선 생 님 ··································· 중 등 부 ··· (83)
졸 업 생 ··································· 중 등 부 ··· (85)

수필
술 ··············· 정병덕 (88)   반에게 ········· 이채민··· (99)
비너스상 앞에서 유상속 (88) 달을 문산 ····· 정영남 (104)
대민꽃 ··········· 양석인 (89) 석복가 임음 ··· 장버형 (107)
겨울회 김책에서 배웅속 (91)   무링 ··············· 나영숙 (109)
반발회 번 ······ 서 현 (93)   자학상 ··········· 황영희 (109)
낙엽처럼 ······· 정황의 (95)   대일 ··············· 나영숙 (110)
우리집 모두 ··· 이윤민 (97)   꽃을 사랑하는 마음 윤동록··· (111)

〈스켓치〉
백밀러 ································· 고등부 편집반 ··· (115)

서한문
이모께 ··· 박민속 ··· (117)
업마께 ··· 문장희 ··· (119)
형예계 ··· 심정희 ··· (120)
숙제 ··· 서 남 ··· (121)

앙케이트
선생님 ··· 고 등 부 ··· (124)
졸업생 ··· 고 등 부 ··· (126)

일기
일기에서 ··· 창정희 ··· (131)
영상일기 ··· 초순희 ··· (132)

창작
돌감나무 ······································· 김옥훈 ··· (138)
색갈이 ··· 양숙경 ··· (140)
쌀 ··· 이선화 ··· (143)
노악사 ··· 오현숙 ··· (145)
돌아온 미소 ··································· 김기묘 ··· (148)

장학회 활동 보고 ··· (153)
도서관 활동 보고 ··· (154)
학교 요람 ··· (157)
68학년도의 자취 ··· (158)
승리의 계단 ··· (159)
오고 가신 선생님 ··· (162)
졸업생 동래 ··· (164)
교직원 명단 ··· (165)
편집 후기 ··· (167)

해전문화

題　　號	海專文化 第七號	판　　형	15×21
발 행 일	1976.01.11.	발행편집인	발행인: 박재남, 편집인: 학예부
표지화·컷	題字: 車在錫, 標紙畵: 南農 構成: 崔德源, 目次 컷: 雅堂	간별, 정가	부정기, 비매품
면　　수	189	인 쇄 소	인쇄: 전동일
발 행 처	목포해양전문학교	기　　타	

『海專文化(해전문화)』는 목포해양전문학교에서 발행한 교지이다. 목포해양전문학교는 1950년 개교한 목포수산상선고등학교의 후신으로, 1973년에 해양전문대학으로 개편되었다가 1993년 국립목포해양대학으로 바뀌었고 지금은 국립목포해양대학교로 교명을 변경하였다. 창간호를 확보하지 못해 창간 당시의 상황은 파악하기 어렵다. 다만 현재 확보한 제7호와 제8호의 판권사항을 보면 제7호는 1976년 1월 11일에 발행하였고, 발행인은 박재남, 편집은 학예부, 인쇄는 동아인쇄사이며, 총 189면이다. 다음으로 제8호는 1977년 1월 11일에 발행하였고, 발행인과 편집은 제7호와 동일하며, 총 243면이다.

제7호와 제8호의 대략적인 구성은 순서에 약간 변화가 있지만 큰 차이는 없다. 학교장 박재남(朴在南)의 〈권두언〉, 학감 조창희의 〈격려사〉, 학도호국단 연대장의 〈발간사〉를 시작으로 〈논단〉, 〈시원〉, 〈독후감〉, 〈수필〉, 〈소설〉 등의 문학작품을 수록하는 형태이며, 교육목표, 졸업생·교직원 명단, 수상자 명단과 〈편집후기〉 등이 부록으로 실려 있다. 다만 제7호에는 〈학생코너〉, 〈봉사활동기〉, 〈전방시찰〉 코너가 있고, 제8호에는 〈실습기〉, 〈입영기〉, 〈해양훈련기〉라는 코너가 있다.

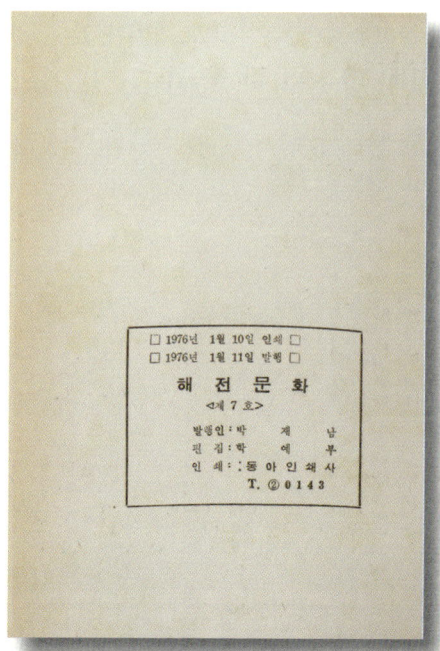

이 가운데 제7호 〈논단〉에 실린 조기웅의 「해양(海洋)의 역사(歷史)」, 제8호 〈교수논단〉에 수록된 박재남의 「해양(海洋)·수산계(水産係) 학교수업(學校修業) 연장(延長)에 대한 고찰(考察)」, 제7호에 실린 박금수의 수필 「나는 아르바이트 생도」와 문행규의 수필 「나무관세음보살」, 제8호에 실린 조성근의 시 「향수」, 최웅의 수필 「기숙사」 등이 눈에 띤다.

이처럼 『해전문화』는 목포해양전문학교 구성원들의 학문적 관심과 문학적인 경향을 함께 살펴볼 수 있는 자료로 가치가 있다. 전남대학교 도서관이 소장하고 있는 제7호와 제8호를 DB화하였다. 목포해양대학교50년사 편찬위원회, 『목포해양대학교 50년사 : 1950~2000』, 목포해양대학교 2000을 참고하였다.

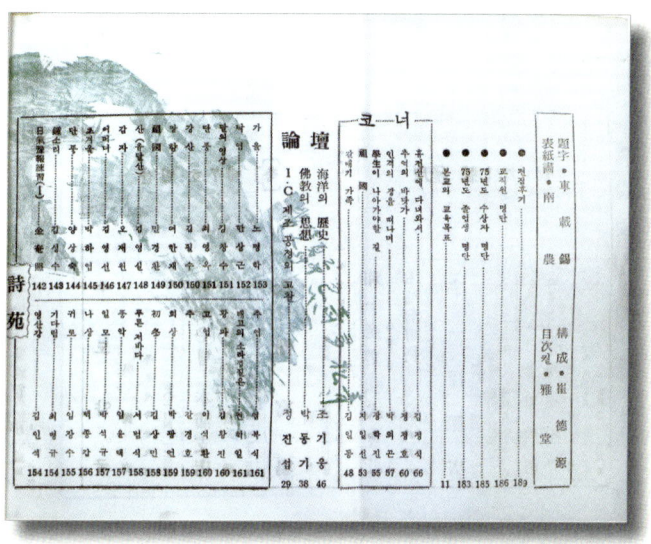
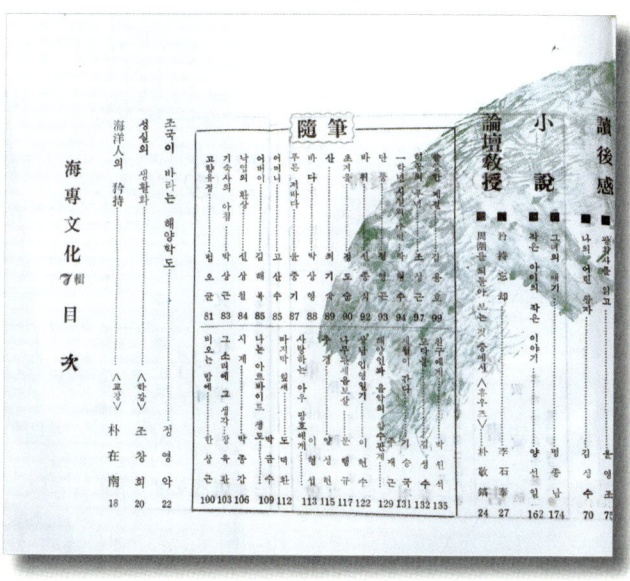

행화촌

題　　號	杏花村	판　　형	18×25
발 행 일	1964.11.20.	발행편집인	발행: 김기홍, 편집: 청향회문학부
표지화.컷		간별, 정가	비매품
면　　수	23	인 쇄 소	
발 행 처	강진청향회	기　　타	강진 군내 초중고교 백일장 작품집, 등사판

『행화촌(杏花村)』은 강진군에 소재한 초·중·고교를 대상으로 백일장을 진행하고 선정된 작품들을 모아 1964년에 강진 청향회에서 발행한 작품집이다. 판권사항을 보면 1964년 11월 20일에 발행되었고, 발행인은 김기홍, 편집인은 청양회 문학부, 발행처는 강진 청향회로 총 23면에 비매품이다.

내용을 보면 〈시부〉와 〈작문·수필부〉로 나뉘어 구성되었다. 〈시부〉는 다시 「중고등시부」와 「초등동시부」, 그리고 「선외(選外) 가작 작품」으로 나누었다. 회장 김기홍의 「글밭을 고장이 되기를 바라며」라는 글을 시작으로 〈시부〉에는 중고등생의 시 작품 8편, 초등생의 동시 작품 6편, 선외 가작 작품에는 시 4편과 동시 4편이 실려 있고, 〈작문·수필부〉에는 초중고학생의 작문과 수필 총 8편이 수록되었다. 그 뒤로는 정문석의 「작품 선후평」과 문학부에서 쓴 「작품집을 내면서」라는 글이 실렸다. 정문석이 입상 작품에 대한 선후평을 총 7면에 걸쳐 자세히 기록하고 있는 점이 특징적이다.

목차를 보면 같은 제목의 시나 작문, 수필이 다수 존재하는데, 이를 통해 백일장의 주제를 살펴볼 수 있다. 중고등시부의 주제는 '가을과 하늘과 창', '들판'이고, 초등동시부의 주제는 '단풍잎'과 '들길'이며, 작문·수필부의 주제는 '도시락', '우리집', '농부', '가을이 오면' 등이다.

이처럼 『행화촌』은 당시 강진지역의 초중고교생들의 문학적인 소양을 살펴볼 수 있는 자료로 가치가 있다. 개인이 소장한 『행화촌』 1964년 호를 DB화 하였다. 황태묵·이지혜, 「근현대 광주·전남 잡지의 지형과 특성」, 『국어문학』 78호, 국어문학회, 2021를 참고하였다.

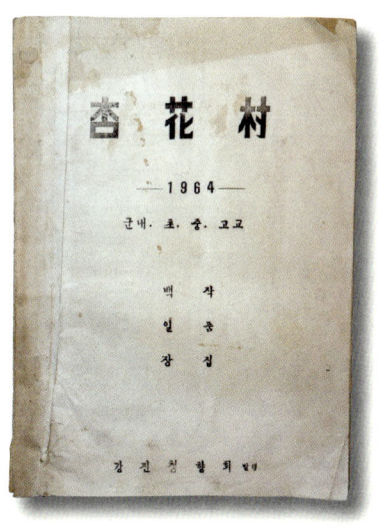

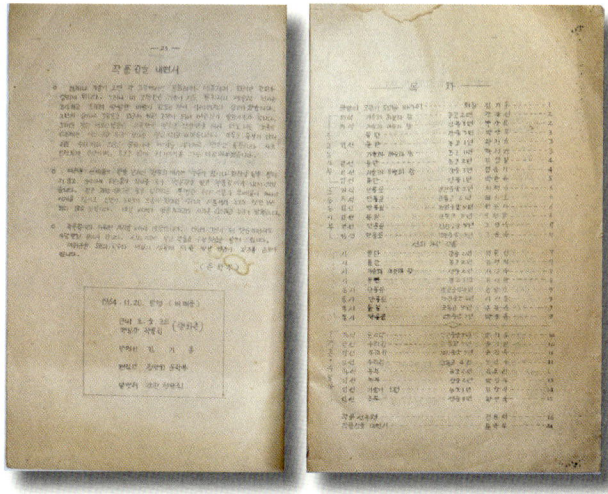

향림

題　　號	香林 創刊號	판　　형	15×21
발 행 일	1954.07.26.	발행편집인	發行: 劉龍吉, 編輯: 順天農林高等學校 學徒護國團文藝部
표지화·컷	裝幀: 裵春景	간별, 정가	非賣品
면　　수	97	인 쇄 소	호남신문사
발 행 처	順天農林高等學校	기　　타	순천, 뒤표지 탈락

『향림(香林)』은 순천농림고등학교(順天農林高等學校)에서 발행한 교지이다. 순천농림고등학교는 1935년에 공립학교로 개교하여 1982년에 국립순천대학교로 바뀐 학교이기도 하다. 『향림』 창간호는 1954년 7월 26일에 발행되었다. 창간호의 판권사항에 따르면, 발행인은 유용길(劉龍吉), 편집인은 순천농림고등학교 학도호국단 문예부(學徒護國團 文藝部), 인쇄소는 호남신문사이고 총 97면으로 비매품이다. 교지의 장정(裝幀)은 배춘경(裵春景)이 맡았다.

교장 유용길은 〈창간사〉에서 '20여 성상(星霜) 묵묵히 자라와 천여 명의 인재를 낸 동시에 칠백여의 학도를 담아 이를 육성시키고 있는 순농(順農)을 상징하는 것이『향림』이며, 이『향림』이 내용의 충실을 완성하여 농촌의 모범이 되고 농촌문화의 선구적 역할을 다해주기를 바란다'고 하였다.

목차를 보면 교장 유용길의 〈창간사〉를 비롯하여 교사와 학생들의 글 사이사이에 〈논설〉, 〈창작〉, 〈수필〉, 〈시〉 등의 코너를 나누어 배치하였다. 이 가운데 교사 임병주(林炳柱)는 「우리나라의 소설발달의 특수사정」이라는 글을 통해 한국 근대소설이 반세기에 걸쳐 발달할 수밖에 없었던 특수한 사정을 논증하였고, 교사 강화선(康華善)은 「산업부흥은 기술로 해결 – 일인일기(一人

一技)교육에 대하여」를 통해 '과학의 생활화 생활의 과학화를 도모하는 일인일기의 유능인 양성이야 말로 한국전란으로 폐허가 된 조국의 강토를 복구하여 산업을 부흥 발전시킬 수가 있는 것'이라고 하여 과학과 기술훈련을 강조하였다. 다음으로 교사 김정담(金正淡)의 「감의 번식에 대하여」, 교사 박병호(朴秉昊)의 「과수(果樹)의 적과(摘果)와 격년결과(隔年結果) 방지」 등의 글은 농림학교답게 농업과 관련된 내용으로 지면을 채웠다.

또한 임과(林科) 2학년 윤광현(尹光鉉)의 수필 「공상의 힘」, 임업과(林業科) 3학년 장종팔(張宗八)의 수필 「결혼」, 농업과 3학년 주영길의 시 「황혼(黃昏)의 언덕」, 축과(畜科) 2학년 강규봉(姜圭奉)의 시 「계명(啓明)」(목차에는 「계명(啓明)의 암시」라고 되어 있음), 임업과(林業科) 3학년 최창규(崔昌圭)의 창작 「소년」, 축과(畜科) 2학년 김여철의 「소록도 기행」 등 학생들의 문학 작품들도 눈에 띤다.

이처럼 『향림』은 한국전쟁 직후 순천농림고등학교의 교직원 및 학생들이 가진 농업전문지식과 문예활동을 살펴볼 수 있는 자료로서 가치가 있다. 개인이 소장한 『향림』 창간호를 DB화 하였다. 황태묵·이지혜, 「근현대 광주·전남 잡지의 지형과 특성」, 『국어문학』 78호, 국어문학회, 2021을 참고하였다.

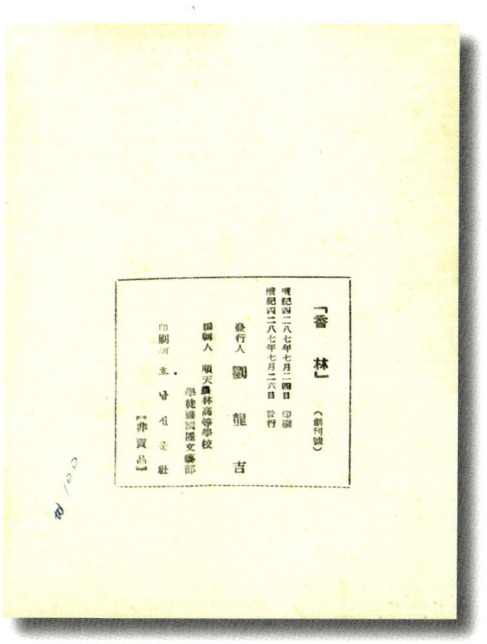

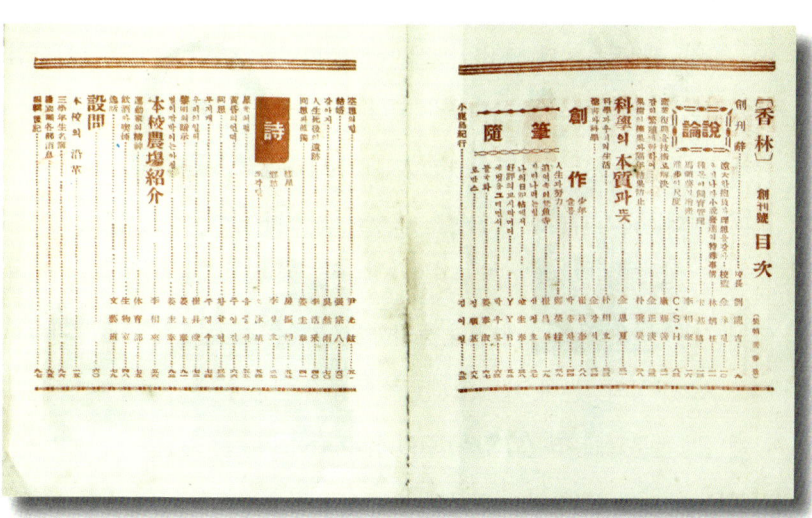

호남문화연구

題　　號	湖南文化研究 제1집	판　　형	14×20
발 행 일	1963.12.30.	발행편집인	편집: 全南大學校 附設 湖南文化研究所
표지화·컷		간별, 정가	
면　　수	본문 113, 부록 57	인 쇄 소	全南大學校 出版部
발 행 처	全南大學校 湖南文化研究所	기　　타	영인본

『호남문화연구(湖南文化硏究)』는 전남대학교 호남문화연구소(全南大學校 湖南文化硏究所)에서 발행한 학술지이다. 전남대학교 호남문화연구소는 현 전남대학교 호남학연구원(湖南學硏究院)의 전신으로, 지역 연구를 통해 한국문화 발전에 기여한다는 목적으로 1963년에 설립되었다. 『호남문화연구』는 이러한 목적에 부응하기 위해 1963년 12월 30일에 창간되었으며, 제2집은 1964년 9월 30일, 제3집은 1965년 9월 30일에 발행되었다. 이로 보아 『호남문화연구』는 연간으로 발행되었음을 알 수 있다.

제1집의 판권사항을 보면, 편자(編者)는 전남대학교 부설 호남문화연구소, 조판·인쇄는 전남대학교 출판부(全南大學校 出版部)이다. 면수는 본문 113면, 부록 57면을 더해 총 170면으로 꾸려졌다. 면수를 제외하면 제2집과 제3집의 편자와 조판·인쇄 정보는 제1집과 동일하다. 본문은 〈논문〉, 〈과학〉, 〈자료〉, 〈휘보〉로 구성되었는데, 대체로 〈논문〉이 주를 이룬다.

제1집 〈논문〉에는 5편의 글이 실렸다. 구체적으로는, 김원용(金元龍)의 「호남선사(湖南先史)고고학의 이삼문제(二三問題)」, 정종(鄭瑽)의 「한민족의 경우―그 인간성과 세계관의 소묘(素描)」, 이을호(李乙浩)의 「전남 강진에 남긴 차신

계절목고(茶信契節目考)」, 정익섭(鄭益燮)의 「미인가사고(美人歌詞攷)-계보설정(系譜設定)을 위한 시론(試論)」, 홍순탁(洪淳鐸)의 「자산어보(玆山魚譜)와 흑산도방언」 등이 수록되어 있다.

제2집에는 호남을 주제로 한 이을호, 이병도(李丙燾), 박종홍(朴鍾鴻)의 강연이 특집으로 실렸다. 이때 이을호는 「호남문화의 개관」, 이병도는 「지리역사상으로 본 호남」, 박종호는 「사상사적으로 본 호남」에 대해 강연하였다. 제1집과 제2집에 걸쳐서 전남의 지정문화재를 소개하고 있는 점도 인상적이다. 제3집은 거문도(巨文島) 특집으로 이재룡(李載龒), 정익섭, 홍순탁・이돈주(李敦柱), 문형만(文炯滿) 등의 거문도 관련 논문 등과 자료 소개로 「거문도영함견문기(巨文島英艦見聞記)」가 실려 있다.

이처럼 『호남문화연구』는 전남대학교 교수와 호남 연구자들의 지역 연구에 대한 학문적 경향과 관심사를 살펴볼 수 있는 자료라는 점에서 의미가 있다. 개인이 소장한 『호남문화연구』 제1집-제3집을 DB화 하였다.

投稿規定

一、내용은 우리나라 「鄕土文化」발전에 새로움이어야 한다.

一、기고문은 국문 한문 영문 및 기타 외국어인 경우에는 기어코 국문으로 그 「요약」을 첨부하여야 한다.
 외 요지 전문의 二〇〇자 원고용지 一〇〇장 내

㉠ 논문은 橫書로 원칙으로 하며
㉡ 본 연구소 사년 일월간에 발표된 논문이어야 하며
㉢ 「鄕訣」(본 연구소 발간 연간물)에 기고된 논문이어서는 안된다.
㉣ 원고의 우수자는 고료를 드리며
㉤ 특집인 경우에는 본 연구소의 계획에 따라 기재된 논문에 대하여는 그 연구소의 업무로 본 연구소에서 보호할 수 있다.

湖南文化研究

1963年 12月 25日 印刷
1963年 12月 30日 發行

編者　全南大學校 附設
　　　湖南文化研究所
組版
印刷　全南大學校 出版部

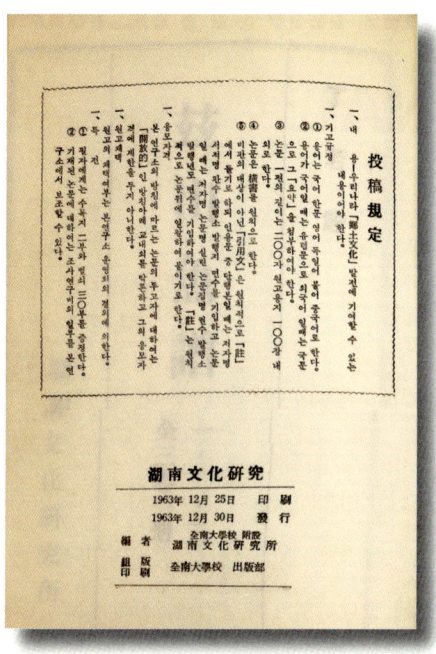

湖南文化研究

第 一 輯

論　叢

湖南先史考古學의 二三問題 …………… 金元龍 …(1)
韓民族의 境遇 ………………………… 郎 琯 …(15)
　—그 人生觀과 世界觀의 家議—
全南康津의 날긴 茶信契簡目考 ………… 李乙浩 …(31)
　—丁茶山 遺稿別考 第一輯—
美人歌辭攷 ……………………………… 丁益燮 …(39)
　—系譜設定을 爲한 試論—
茲山魚譜와 黑山島方言 ………………… 洪淳鐸 …(75)

科　學

全羅南道 초마리 ………………………… 金鍾元 …(63)

資　料

全南의 指定 文化財 紹介(上) …………… 魯錫俊 …(105)
茲山魚譜 (上) …………………………… 丁若銓 …1-57

彙　報

HONAM MATHEMATICAL JOURNAL

題 號	HONAM MATHEMATICAL JOURNAL VOLUME 1. NUMBER 1.	판 형	18.5×26
발 행 일	1979.07.30.	발행편집인	編輯: 支部 編輯委員會
표지화·컷		간별, 정가	연간
면 수	81	인 쇄 소	全南大學校 出版部
발 행 처	大韓數學會 全羅·齊州支部	기 타	광주, 영문

『HONAM MATHEMATICAL JOURNAL』은 대한수학회(大韓數學會) 전라·제주지부(全羅·齊州支部)에서 발간한 학술지이다. 1권 1호(VOL 1, NO 1)은 1979년 7월 30일에 발행하였으며, 1권 4호(VOL 1, NO 4)는 1982년 8월 30일에 발행되었다. 이로 보아 『HONAM MATHEMATICAL JOURNAL』은 연간으로 발행되었음을 알 수 있다. 1권 1호의 판권사항을 보면, 총 81면이며 전남대학교 출판부(全南大學校 出版部)에서 인쇄하였다.

『HONAM MATHEMATICAL JOURNAL』에 논문을 투고하려면 대한수학회 전라·제주지부 회원이거나 비회원의 경우는 회원 2인 이상의 추천을 받아야 가능했다. 수록된 논문의 종류는 순수수학, 응용수학 및 수학교육에 관계된 연구논문 및 강연초록이다.

논문 가운데는 이석영의 「An extension of Robertson's theorem」와 소광호의 「A note on Smooth Affine Varieties」, 박원순의 「On the direct products and sums of presheaves」, 김홍기의 「A study on paracompactness in convexity」 등이 주목된다.

이처럼 『HONAM MATHEMATICAL JOURNAL』는 전라·제주 수학자들

의 학문적 경향과 학술적인 관심사를 보여주는 자료로서 가치가 있다. 우석대학교 도서관에 소장되어 있는 1권 1호(VOL 1 NO 1), 1권 4호(VOL 1 NO 4), 1권 9호-1권 11호(VOL 1 NO 9-11)을 DB화 하였다.

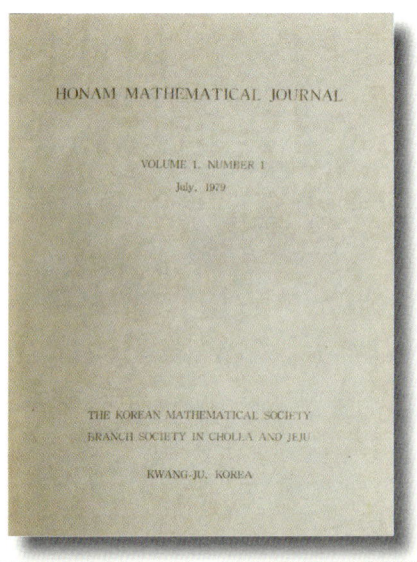
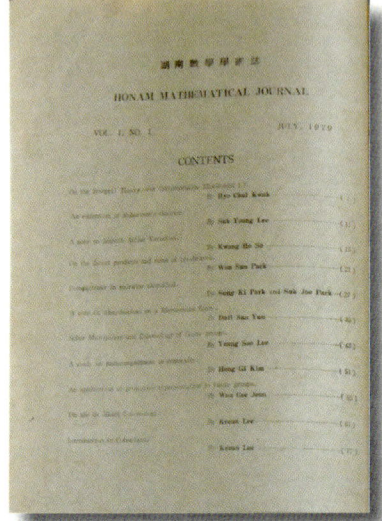
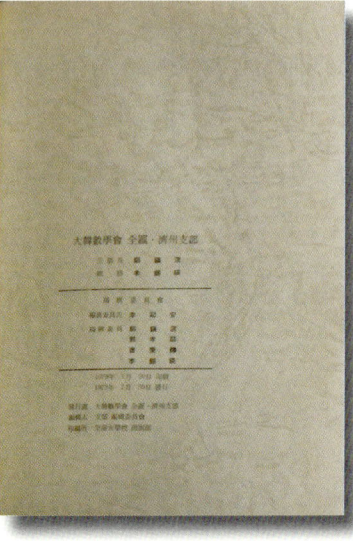

호남불교

題　　號	湖南佛敎 創刊號	판　　형	15×21
발 행 일	1970.01.20.	발행편집인	崔泰鍾
표지화·컷		간별, 정가	비매품
면　　수	31	인 쇄 소	光鮮印刷工業社
발 행 처	淨光中高等學校 湖南佛敎編輯部 (全南 光山郡 松汀邑 仙岩里 1)	기　　타	광산(현 광주), 主幹: 景鐵

『호남불교(湖南佛敎)』는 불교계 사립학교인 정광중고등학교(淨光中高等學校) 호남불교 편집부(湖南佛敎 編輯部)에서 발행한 불교잡지이다. 창간호의 판권사항에 따르면 1970년 1월 20일에 발행되었고, 발행 겸 편집인은 최태종(崔泰鍾), 주간은 경철(景鐵), 발행소는 정광중고등학교 호남불교 편집부(全南 光山郡 松汀邑 仙岩里 1), 인쇄는 광선인쇄공업사(光鮮印刷工業社)이며, 총 31면의 비매품이다.

『호남불교』는 최태종의 〈창간사〉와 서경보(徐京保)의 〈축사〉로 시작되는데 여기에는 민족주의적이고 국가주의적인 색채가 강하다. 예를 들면 최태종은 「역사적 사명감을 갖자」라는 〈창간사〉를 통해 "조국의 근대화는 정신적 근대화가 무엇보다도 중요하며 건실하고 참다운 국민정신은 조국 근대화의 바탕이 된다. 이러한 정신의 함양은 불타(佛陀)의 정신에 투철해야 한다."고 하였다. 동국대학교 불교대학 학장 서경보는 「호남불교 창간을 축하하면서」라는 〈축사〉에서 "불교중흥 없이 국가중흥이 없고 청년학도의 궐기운동이 없이는 민족정신궐기운동을 부르짖을 수 없을 것이다. 이제 『호남불교』가 나와서 호남의 젊은 불교학도들을 민족중흥운동의 최전선으로 내보내여 우리 삼천만

민족과 삼천리금수강산을 최대한 지상낙원화 시키며 지상의 복지생활화 시키려고 하고 있다."라고 하였다.

반면 수록된 글들은 대부분 불교적이거나 불교사상과 관련된 것들이고 저자들도 정광중고등학교 관계자뿐만 아니라 용흥사(龍興寺) 주지 송정암(宋淨庵), 동국대학교 교수 황성기(黃晟起), 보문중고교장(普文中高校長) 이재복(李在福) 등 불교관련 인물들이 많다. 우선 황성기는 「대승불교의 붓다(佛陀)관」을 통해 대승불교에서는 다불사상(多佛思想)으로 부처가 동시에 다수 존재하면서 각각 그 국토를 교화하는 것으로 본다고 하였다. 다음으로 삼장거사(三藏居士)는 「참선의 자세」에서 '불교는 믿음이 아니라 깨달음을 위주로 하는 종교이고 깨닫기 위해 선(禪)을 하며 참선을 위해서는 반드시 화두가 있어야 한다'고 하였다.

이처럼 『호남불교』는 당시 호남지역 불교계의 동향을 파악할 수 있는 자료로서 가치가 있다. 개인이 소장한 『호남불교』 창간호를 DB화 하였다. 황태묵·이지혜, 「근현대 광주·전남 잡지의 지형과 특성」, 『국어문학』 78호, 국어문학회, 2021을 참고하였다.

〈편 집 후 기〉

이것이 편집 후기 로 가리새가 될까요? 이름값은 맞설망정 피들이
엇다가 모회할 무더기 무리 못을 할 습니다.
아무런 경험도 없는 시골나기가 이거 오류를 범하는 일이 아닌가 생
각해 봅니다. 하지만 이 순간에도 가슴 뿌듯한 것은 사실 입니다
만 모으고 모아 불교 포회지된 구실을 해보려고 첫 발 비들을 하
는데 여러 선지식님들의 도움이 수많이 가시니 기저기만 입니다.
그러나 믿가 내 나름대로 우뚝함을 연상하는 채면에는 마음 있진
하지만 선배님들의 힘결을 간절히 고맙으로 신을 수 입니다.
집 앞바다 빠진 노인처럼 중얼거림 만 된것 같습니다. 본교의 제
이거 수가 처음 것이 좋은 심집년체 다르로 무거든 앞으는 내용
와 편말이 성장해보고 싶은 다음 간절하면서----. (정)

(비매품)

一九七○·一·二五 印刷
一九七○·一·二五 發行

湖南佛敎(創刊號)

發行兼
編輯人   崔   泰   鍾

主幹   景   鐵

發行所
全南光山郡松汀邑仙岩里一
淨光中高等學校
湖南佛敎編輯部
電話二三三九番

印刷
光州印刷工業社

~31~

湖南佛敎 (創刊號)

白 巖   李 門 守

目 次

創 刊 辭 ………………… 崔 泰 鍾 ……(1)
祝 辭 ………………… 徐 京 保 ……(3)
싯달다의 出家하신 意味 …… 洪 庭 植 ……(4)
現代에 있어서의 佛敎 ……… 李 石 虎 ……(7)
자기를 등불로 삼는 길 ……… 李 在 福 ……(9)
대승불교의 불다관 ………… 黃 晟 起 ……(11)
參禪의 姿勢 ……………… 三 藏 居 士 ……(14)
曹溪山의 淵源과
普照國師의 結社의 動機 …… 林 錫 珍 ……(16)
宋旲庵 大宗師의 生涯 ……… 宋 淨 庵 ……(18)
金剛經 講義 ……………… 景   鐵 ……(20)
敎學의오람지 淨光中高等學校篇 편집부 ……(23)
[詩] 관음보살의 마음 ……… 金 海 眼 ……(25)
[斷想] 마음의 벗 ………… 月   谷 ……(26)
敎界消息 ………………… 편 집 부 ……(28)
響山童子 ………………… 李 鍾 福 ……(29)
편 집 후 기 …………………………………(31)

호남월보

題　　號	湖南月報 第54號	판　　형	27×37
발 행 일	1931.06.05.	발행편집인	全羅南道地方課 關藤唯平
표지화·컷		간별, 정가	월간, 2錢
면　　수	4	인 쇄 소	印刷: 中田鹿治
발 행 처	全羅南道	기　　타	전라남도, 타블로이드판 매월 1회 5일 발행

『호남월보(湖南月報)』는 전라남도(全羅南道)에서 발행한 타블로이드판 월간 잡지이다. 1931년 6월 5일에 발행된 제54호의 판권사항에 따르면, 매월 1회씩 5일에 발행이 되었으며, 편집 겸 발행인은 전라남도 지방과(地方果) 세키토 유헤이(關藤唯平), 발행소 전라남도, 인쇄인 나카타 시카지(中田鹿治)이고, 총 4면에 정가 2전(錢)이다. 발간목적으로는 산업개발과 사교화(社敎化)를 목적으로 한다고 하였다. 형태와 편집방식은 잡지라기보다는 신문에 가까우며 국한문이 사용되었다.

주요 기사를 살펴보면 1면에는 1931년부터 3년 동안 전라남도에 실시되는 궁민구제사업(窮民救濟事業)에 대한 기사가 실려 있다. 공사비 310만 3천여 원으로 도내 41개소에서 토목공사가 시작되었다는 내용이다. 2면에는 5월 14일에 진행된 영산포농업창고(榮山浦農業倉庫) 낙성식(落成式)에 대한 기사가, 3면에는 도평의회원(道評議會員)으로 이루어진 대만시찰단(臺灣視察團)과 동행했다가 귀국한 지방과장 세키토 유헤이가 「대만시찰감(臺灣視察感)의 편편(片片) 근면(勤勉)에 천혜(天惠)가 겸한 곳」이라는 글을 적어서 싣고 있다. 마지막으로 4면에는 채홍석(蔡鴻錫)의 「농촌야화 향토부흥의 요결」이 수록되었다.

이처럼 『호남월보』는 식민지 시기 전라남도 당국의 정책 일부와 그에 대한 홍보를 살펴볼 수 있는 자료로서 가치가 있다. 개인이 소장한 『호남월보』 제54호를 DB화 하였다. 황태묵·이지혜, 「근현대 광주·전남 잡지의 지형과 특성」, 『국어문학』 78호, 국어문학회, 2021을 참고하였다.

호남학보

題　　號	湖南學報 第1號	판　　형	14.5×21
발 행 일	1908.06.25.	발행편집인	李沂
표지화·컷		간별, 정가	월간, 15錢
면　　수	59	인 쇄 소	普成社(京城)
발 행 처	湖南學會館(京城中署樓洞)	기　　타	매월 25일 발행

『호남학보(湖南學報)』는 호남학회가 1908년 6월 25일에 월간으로 발행한 학보이다. 호남학회는 대한자강회에서 활동했던 이기(李沂)를 비롯한 호남 인사들이 교육을 통해 주권을 회복하자는 의도로 서울에서 창립한 학회였다. 1907년 대동문우회관에서 창립총회를 개최했고, 헤이그 밀사 사건과 고종의 양위, 대한자강회의 해산 등으로 학회 활동을 중단했다가, 1908년 2월에야 활동을 재개하였다. 1908년에 임원진 체제를 본격적으로 갖춘 뒤『호남학보』를 창간했다.『호남학보』는 1908년 6월 25일 제1호를 시작으로 1909년 1월 25일 제8호까지 매달 25일에 발행되었다. 1909년 2월에는 발행되지 않았으며 3월에 제9호로 종간되었다. 종간 이유로는 발행인 이기의 죽음이외에 재정적 어려움도 한 원인이 되었던 것으로 파악된다.

창간호의 판권사항을 보면, 편집 겸 발행인 이기, 인쇄소 보성사(普成社, 京城 中署磚洞), 발행소 호남학회관(湖南學會館, 京城 中署樓洞), 면수 59면, 정가 15전, 매월 25일 발행이라고 되어 있다. 인쇄의 경우에 제4호까지는 보성사에서 하였지만 제5호부터는 신문관(新文舘)에서 인쇄하였는데, 면수는 60면 내외로 꾸려졌다. 본문의 구성을 살펴보면 창간호부터 종간 제9호까지의 목차가 유사하다. 내용은 크게 교육 관련 기사인 「교육변론(敎育辨論)」, 신학문을 분석하는 「각학요령(各學要領)」, 시사적 문제를 다룬 「수사규풍(隨事規諷)」, 한국사의 명인을 소개하는 「명인언행(名人言行)」, 학회 관련 기사인 「본회기사(本會記事)」, 신입회원과 지회 임원록을 담은 「회원명씨(會員名氏)」 등 6개 부문으로 구성되어 있다.

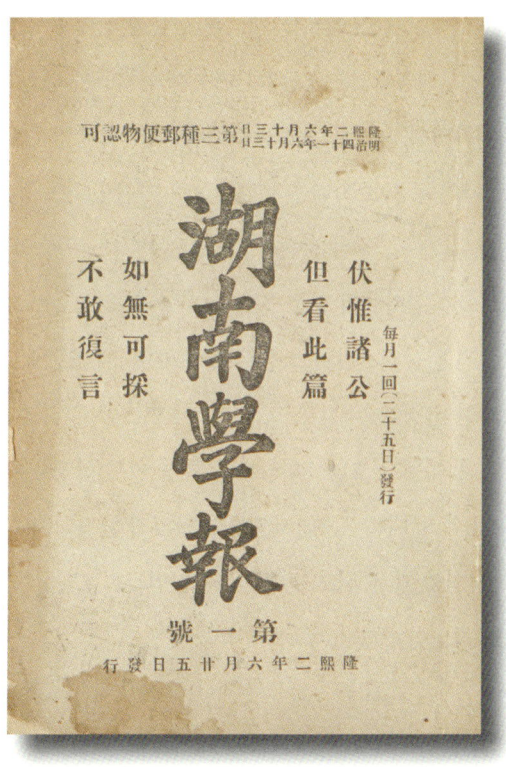

'교육학', '정치학', '한국사', '가정학' 등 신학문과 관련된 계몽적 내용이 주요 편집 노선이었으며, 특히 보통교육과 의무교육 등 서구식 교육의 필요성을 강조하는 글들을 자주 수록하였다. '가정학' 필자는 발행인 이기인데, 제1호에만 기록된 걸로 보아 제2호부터 제9호까지의 글도 이기의 글로 추측할 수 있다. 주요 필진으로는 과거를 치러 입격한 김병윤, 박해창, 유희열을 비롯해 교육 사업가 박영철, 백인기, 심선택, 독립운동가 윤주찬, 천도교 지도자 오지영 등을 들 수 있다. 이들은 당시 다른 학회 회원들이 그랬듯이 진보적인 성향을 가진 인물들이다.

『호남학보』는 국한문혼용체를 채택해 한문학 공부한 유학자 및 신지식인을 주요 독자로 설정하였다. 그러나 여성과 아이들을 대상으로 한 글에는 순한글을 채택하면서 다양한 독자층을 수용하기 위해 노력했다. 실제로 여성(가정주부)과 아이를 위한 지면을 정기적으로 마련했다는 점은 『호남학보』만의 특징이라 할 것이다. 『호남학보』는 근대계몽기 지식인들의 가치관과 신학문 수용 양상, 호남 인사들의 활동 등을 살펴볼 수 있는 중요한 잡지이다. 개인과 일제강점기 군산역사관이 소장한 『호남학보』 제1호, 제2호, 제4호, 제5호, 제6호를 DB화 하였다.

정훈, 「근대 계몽기 호남학회월보의 특성 연구」, 『국어문학』 제71집, 국어문학회, 2019와 황태묵, 「근대전환기 호남의 공론장과 유학적 관계망: 호남학회와 『호남학보』를 중심으로」, 『한국융합인문학』 7-4, 한국융합인문학회, 2019를 참조하였다.

隆熙二年四月二十五日發刊

編輯兼發行人　李　沂

印　刷　所　京城中署磚洞　普　成　社

發　行　所　京城中署樓洞　湖南學會館

注意

本報는每月廿五日에一回發行홈
本會員은會規를依ᄒ야不容不購覽이어니와其他有志諸彦이購覽코저ᄒ시거
든住地와氏名을詳細記送交ᄒ심을要홈
本報代金은第一號外에案月送交ᄒ시되先金을要홈

本報定價表

一　部　　　　新貨十五錢
六　部　先金　　八十五錢
十二部　先金　　一圜六十錢

湖南學報第一號目錄 (橫着)

隨事規諷部
　移官於學　　崔禹洛
　湖南性質　　姜嘩
　宜有頑固　　鄒應禹
　此自家事　　申報照謄
　競爭成事　　朴榮喆
　不獨燐寸　　白寅基

名人言行部
　乙支文德　　楊萬春　幼年必讀抄

本會記事部
　第一回會錄
　本會趣旨　本會規則
　任員錄　捐助錄

會員名氏部
　五十二員（未完）

教育辦論部
　一拌努破　　李沂
　立敎本旨　　邊基纉
　農種普警　　崔東植
　梁氏學說　　李沂

各學要領部
　家政學　　國家學

月報發刊序　　李沂
編次部門
本報讀法　　崔東植
本報祝辭　　劉禧烈　崔俊植
　　　　　　李俅　沈璿澤
　　　　　　朴海昌　尹柱瓚
　　　　　　邊昇基

횃불

題 號	횃불 제36호	판 형	15×21
발 행 일	1961.03.18.	발행편집인	발행: 광주사범학교 학생회 편집: 문예반
표지화·컷	장정표지 및 컷: 우제길 제자: 박종무	간별, 정가	
면 수	244	인 쇄 소	합동인쇄주식회사(광주시 광산동 92)
발 행 처	광주사범학교	기 타	광주

『횃불』은 광주사범학교에서 발행한 교지이다. 현재 확보한 제36호는 1961년 3월 18일에 발행되었으며, 발행인은 광주사범학교 학생회, 편집인은 문예반, 인쇄인은 합동인쇄주식회사(광주시 광산동 92)이고, 총 244면이다. 장정표지 및 컷은 우제길, 제자(題字)는 박종무가 맡았다. 이문석, 장춘수, 윤정남, 한상언, 최한경, 권광국, 조신홍, 박성수 등이 편집위원으로 참여하였다.

내용을 보면 교장 이창업의 〈권두시(卷頭詩)〉와 동창회장 나경수의 「혁명(革命) 담역(担役)에 전력(全力)하라」는 글을 비롯하여 〈논단(論壇) 및 연구(研究)〉, 〈졸업 좌담회〉, 〈우리의 사상〉, 〈학생시단(學生詩壇)〉, 〈창작(創作)〉, 〈졸업생(卒業生) 앙케이트〉, 〈교육실습기(教育實習記)에서〉, 〈기행(記行)〉, 〈활동(活動) Report〉, 〈수필(隨筆)〉 등의 코너로 구성되어 있으며, 앞부분에는 〈학교일기〉와 〈학교 연혁개요〉가 뒷부분에는 〈은사록〉, 〈졸업생명단〉, 〈편집후기〉가 첨부되어 있다.

이 가운데 2학년 이삼행은 「교육과 인간생활」이라는 글을 통해 '국가흥망의 주체인 어린이를 길러 완전한 질서 속에서 살고자 할 때 우리는 교육이란

두 글자를 빼놓지는 못할 것이며 사회악의 시정책(是正策)으로 교육이 일정한 영역에만 그칠 것이 아니라 두루 적용되어 우리의 앞날에 불기둥이 되어야 할 것'이라고 하였다. 다음으로 3학년 노한석은 전라남도의 대표적인 시인 김영랑(金永郞)의 작품을 분석하여 「영랑론(永郞論)」을 실었다. 이밖에 여자 사범학교 학생이라는 이유로 희롱을 당한 경험을 적은 1학년 김현숙의 수필 「사범생」, 가을의 정취를 노래한 3학년 이순금의 시 「잎, 가을, 나」 등이 눈에 띈다.

이처럼 『햇불』은 당시 광주사범학교 학생들의 학업과 문예활동을 살펴볼 수 있는 자료로서 가치가 있다. 개인이 소장한 『햇불』 제36호를 DB화 하였다. 황태묵·이지혜, 「근현대 광주·전남 잡지의 지형과 특성」, 『국어문학』 78호, 국어문학회, 2021을 참고하였다.

目次

卷頭詩
光榮......이창섭 (14)
革命은 祖國의 主力이다......동향회장 나경수 (16)

論給 및 硏究
교육과 인간생활......김 정 (19)
택대義擇堂......우 세 정 (24)
인간과 物理科......홍 시 호 (29)
매스콤스의 인격......권 한 수 (35)
朱 子 학......노 상 이 (40)
아동우기자의 생활에
  관하여......교사 강상배 (46)
譽 翻......교사 주승순 (51)
園藝와 유출......정 기 (59)
졸업 의 감의......＜임 지 주＞(65)
우리의 사상
킬......박 인 재 (77)
지양의 나날속가라기에......김 순 (72)

學生 評增
영복우리의 빛깔증......이 은 제 (87)
다 알......박 양 지 (90)
유 미 잔......초 정 지 (91)
일 가는 나......송 진 (92)
파 자 소......박 성 정 (93)
집 주......양 선 열 (94)
순들 때의......김 나 (95)
마지막 라 술......김 승 주 (96)
양 아 비......을 잔 성 (98)
마지막 화 지......정 화 (99)
너 느 날......강 (10)
마지막 장 소......이 인 주 (101)
伴 奏＜영역＞......프로스큐어신 민지
집 품을 위......(1,2)
泥 土 三 部......올 성 성 (103)
솔 잎 주......송 중 식 (106)
+우실숲기에하며......임승 질 (108)

편집인......광주여자학원 장리
편집인......운 세 택
인쇄인......향동연애주의회사
  ＜광주시 상원 97
     Tel 254＞,
印刷日：1961년 5월 15일
發行日：1961년 5월 8일

장명교지편집......수제선
김......박권주

創作

狂思曲 8變奏......조 성 주 (140)
죽음으로 풀리는......이 충 운 (178)
데 마 가 기......심 양 운 (195)
＜꽃二＞장 春......박 승 구 (357)
＜송별＞나 의 길......김 선 자 (155)
＜이야기＞
후 민 성......영광광주모크나무가
  신문주의사 (200)
후學生당개자의......질 성 주 (105)
殺符實現記에서......면 의 주 (134)
訳 有
세주고원......윤 현 주 (157)
거미를 동소는......강 주 선 (141)
情動 Report
우리속이의......박 호 상 (145)
y-Teen 기간세미의
......마가카이......이 순 근 (149)
쓱Glub 앤군탄형의......＜철성주＞(155)

颺 事
군 등 되다＜서댓니＞......강 순 사 (105)
자동의......임 동 수 (103)
언......양 두 수 (111)
순주 생활의......정 의 우 (112)
내 이들의 걸고......나 신 선 (116)
여용손 조랑갈......정 동 운 (118)
우 지 경......강 정 선 (121)
해정수울의 하고......김 정 주 (12,)
가 신......조 재 자 (124)
園......돌 성 순 (125)
背 出 방 명......교사 박 탁 수 (129)
燕見 감했......교사 이 재 담 (131)
소 상 주......＜철주＞(50)
울림 성정 명......＜철주＞(311)
학교 일 기......＜태잔 주＞(7)
학교 연대 계요
편집후기

흑조

題　　號	黑潮 제6집	판　　형	15.6×21.3
발 행 일	1979.01.05.	발행편집인	편집: 주정연·최병두
표지화·컷	表紙: 金弘度, 題字: 金基昇	간별, 정가	부정기
면　　수	59	인 쇄 소	
발 행 처	黑潮詩人會	기　　타	목포, 속간호, 주간: 정설헌

『흑조(黑潮)』는 흑조시인회(黑潮詩人會)에서 1966년 12월 1일에 창간한 동인지이다. 현재 확보한 제6집은 1979년 1월 5일에 발간되었고, 주간은 정설헌(鄭雪軒), 편집은 주정연(朱定延)·최병두(崔炳斗)가 맡았다. 총 59면으로 단원(檀圓) 김홍도(金弘度)의 랑구도(浪驅圖)를 표지로 썼으며, 제자(題字)는 김기승(金基昇)이 썼다.

흑조시인회는 전라남도 목포지역에서 활동하는 시인들로 구성된 동인 단체로, 제6집에 필자로 참여한 동인은 권태운(權泰雲), 양동온(梁棟榅), 이생연(李生淵), 이재용(李載湧), 정설헌. 주정연, 최병두 등 7인이다.

본문은 인사말을 제외하면 동인들의 작품으로 구성되어 있다. 이 가운데 앞부분에는 『흑조』의 제5집의 속간을 격려하는 권일송(서울), 김영삼(충북대), 문도채(광주), 박용래(대전), 박종화(대한민국예술원), 신동집(대구), 이기반(전주), 임헌도(공주사범대), 조병화(서울), 진헌성(광주), 허연(광주) 등 전국 시인들의 격려사가 실렸다. 이를 통해 『흑조』는 제5집이 복간호인 것을 확인할 수 있다.

제6집에는 특집으로 〈정설헌시선집〉이 실려 있는데 〈편집후기〉에 따르면 "작으나마 오늘을 살아온 한 시인의 시정신을 내비치지는 기획"으로 제6집

에 처음 시도되는 것이라고 했다. 이러한 특집에는 「서시(序詩)」, 「원경(遠景)」, 「사행시(四行詩)」, 「당신」 등 14편의 시와 함께 정설헌의 시세계를 해설하는 최병두의 글 「나를 잠기게 하고 취하게 하는 시」 등이 담겼다. 이어서 동인인 권태운, 양동온, 이생연, 이재용, 주정연, 최병두의 시 총 16편이 수록되었으며, 그 뒤로 독자시(讀者詩)로 이향희(李香姬)의 「낙엽」과 이생연의 〈발문(發文)〉 「화려해질 날을 기다리며」가 담겼다.

이처럼 『흑조』는 흑조시인회 동인들의 문학활동과 시세계를 살펴볼 수 있는 자료로 가치가 있다. 개인이 소장한 『흑조』 제6집을 DB화 하였다. 황태묵·이지혜, 「근현대 광주·전남 잡지의 지형과 특성」, 『국어문학』 78호, 국어문학회, 2021을 참고하였다.

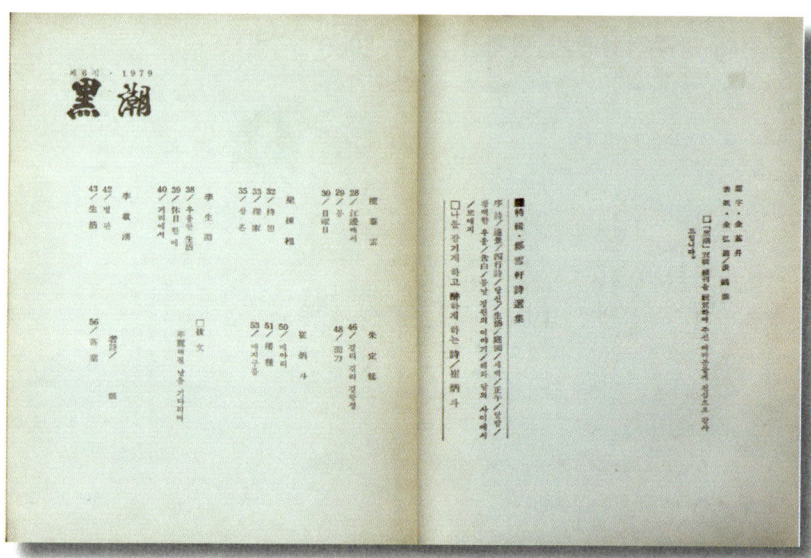

한국로컬리티총서 ②

근현대 광주전남잡지 해제집(1900-1980)

인 쇄 2023년 11월 27일
발 행 2023년 12월 1일

발 행 처 신아출판사
발 행 인 서정환
기   획 국립군산대학교 인문도시센터
지 은 이 김기성, 김민영, 김진흠, 서상진, 오원환, 이정욱,
        이지혜, 전영의, 정영효, 하채현, 황태묵
주   소 전라북도 전주시 완산구 공북1길 16
전   화 (063) 275-4000
팩   스 (063) 274-3131
이 메 일 sina321@hanmail.net
출판등록 제465-1984-000004호

ISBN 979-11-93055-17-5 (93010)
값 30,000원

이 책의 저작권은 저자에게 있습니다. 서면에 의한 저자의 허락없이 내용의 일부를 인용하거나
발췌하는 것을 금합니다.
All rights reserved including the rights of reproduction in whole or in part in any form.

Printed in KOREA
· 저자와 협의, 인지는 생략합니다.
· 잘못된 책은 바꿔 드립니다.